KB117702

해방하는 철학자

일러두기

- 옮긴이가 독자의 이해를 위해 덧붙인 글은 괄호 안에 '옮긴이'를 표기하였다.
- 책 제목은 『 』, 잡지나 신문 이름은 《 》, 단편, 논문, 영화, 드라마, 노래 제목은 〈 〉 안에 표기하였다.

해방하는 철학자

혼란한 삶을 깨우는 철학하는 습관으로의 초대

줄리언 바지니 지음
오수원 옮김

How to
Think Like
a Philosopher

다산
초당

배우고자 하는 열망으로 넓어지는
더 좋은 사유의 세계

2008년 세계철학대회에 참석하기 위해 한국을 방문하는 영광을 누렸다. 정부 고위 인사까지 개막식에 참석하는 등 모든 사람이 5년마다 열리는 이 대회의 개최에 큰 자부심을 가진 것처럼 보였다. 열린 마음과 넉넉한 정신으로 배움이 있는 곳이라면 어디든 달려가 배우고자 하는 한국인의 열망을 반영하는 것 같았다.

이 책을 읽으면 알겠지만, 이런 자세는 단순히 '좋은' 태도가 아니다. 이는 추론의 필수적인 요소다. 좋은 사상가는 다양한 관점과 새로운 아이디어에 관심을 두는 폭넓은 시야의 소유자다. 안타깝게도 내가 살고 있는 영국에서는 이러한 관심을 장려해야 한다. 우리는 너무 고립되어 있고, 우리 전통을 너무 자랑스러워하며, 다른 사람들이 우리에게 무엇을 제공할 수 있는지에 충분히 관심을 기울이지 않는다. 이러한 자국 문화에 대한 자부심과 강점에 대한 자신감이 자만심으로 이어져서는 안 된다. 더 많은 이해를 쌓을 수 있는 플랫폼이 필요하다.

한국 독자들이 이 책을 읽으면서 자국의 지적 전통이 가진 많은 강점을 발견하고 인정하되, 다른 나라에서 온 사람이 제시하는 새로운 관점만큼 세상을 또 다르게 이해할 수 있기를 바란다. 마찬가지로 동아시아가 아직 알지 못하는 것을 서양이 가르칠 수 있다고 생각하지 않는다. 좋은 추론의 기본 원칙은 보편성이다. 그러나 다른 전통과 다른 학문은 각자의 보편적 시각에서 어떤 측면은 더 강조하고 다른 측면은 덜 강조한다. 문화 간 접근 방식의 가장 큰 장점 한 가지는 자신의 문화가 경시하는 부분과 지나치게 강조하는 부분을 발견할 수 있다는 것이다. 여러분에게는 분명해 보이는 것이 서양 독자에게는 전혀 분명하지 않을 수 있다. 그 반대의 경우도 마찬가지다.

이 책은 결코 단순한 사용 설명서가 아니다. 스스로 생각하도록 초대하는 책이다. 이 내용을 그냥 받아들이는 것에 그치지 않고 의문을 제기하는 자신을 발견하길 바란다. 어쩌면 한국인의 눈에는 서양인의 눈에 보이지 않는 약점을 발견할 수도 있다. 발견한다면 내게도 알려주길 바란다.

차례

철학하는
습관으로의 초대

어리석은 일에 제일 쉽게 휘말리는 것은 영리한 사람들이다.
영리해질수록 자신이 단순한 일에 휘말리리라
생각지 못하기 때문이다.
따라서 영악한 사람일수록 단순한 함정에 빠져버린다.

— 표도르 도스토옙스키, 『죄와 벌』

인류는 이성을 잃었는가, 아니면 애초에 이성을 가져본 적도 없는가? 어느 시대건 이성이 쇠퇴한다며 아쉬워하는 곡소리가 들리지 않은 적은 없지만, 오늘날 곡소리는 어느 때보다 우렁차고 빈번하며 또 절망적이다. 그렇다고 이성적 사고를 쉽사리 할 수 있었던 시대가 과연 있는가? 이 역시 쉽게 떠올리기 힘들다.

대부분 사람이 글을 읽을 줄 몰랐던 시대, 모든 글이 교회나 국가의 엄격한 통제를 받고 책은 감히 엄두조차 못 낼 정도로 비쌌던 시대, 이단으로 정치나 종교의 누명을 쓰고 교수대에 빈번하게 올랐던 시대, 그리고 과학적 지식이라곤 티끌만큼도 없는 각종 거짓 이론이 세상을 지배했던 시대. 엄밀한 이성적 사고를 하려 애쓴다는 것이 과연 어떤 일이었을지, 과연 가능키나 한 일이었을지 한번 상상해 보라. 불과 50년 전만 해도 지극히 편파적인 신문과 소수의 텔레비전, 라디오 채널에서 주요 정보를 얻었다. 지금 위키피디아가 하는 역할은 공공 도서관이 담당하고 있었지만 자료도 부족했을뿐더러 검색도 쉽지 않았다.

전문가들은 늘 자신의 시대가 특히 타락하고 비이성적이라고 선언하고 싶어 한다. 하지만 철학자들은 이성의 실패는 어느 시대에나 있었으며 심지어 팽배한 현상이었다는 사실을 잘 알고 있다. 우리가 사는 지금 이 시대에 생각을 더 잘해야 한다는 급박한 요구가 분명히 있긴 하다. 그러나 지금 더 나은 사유를 해야 하는 건 결국 우리가 지금에 존재하기 때문일 뿐 다른 이유는 없다.

음모론, 기후변화 부정, 백신 회의론, 돌팔이 치료법, 종교 극단주의 등 한때 주변부에 머무르던 어리석은 관념은 지금 중심 무대로 진출하고 있다. 반면 과거에 주류로 존경받던 인물과 사유는 지금은 대책 없이 무지한 것으로 치부되어 주변부로 밀려나는 듯 보인다. 기후 재앙을 코앞에 두고 세계의 정치 지도자들이 하찮은 문제 따위에 열중해 왔다는 사실을 밝히는 데는 그리 대단한 전문 지식이 필요하지 않다. 스웨덴의 10대 소녀 그레타 툰베리Greta Thunberg가 '기후를 위한 학교 파업'이라는 1인 시위로 몸소 보여주었듯 말이다. 미국, 브라질, 헝가리같이 교육 수준이 높고 부유한 선진 사회에서 수많은 시민은 주류 정치를 단념하고 혐오스러운 몇몇 포퓰리즘 선동가에게 표를 던졌다. 나쁜 사유가 초래한 불행이다.

다행히 좋은 사유가 우세할 때를 보여주는 사례도 많다. 인간의 독창성과 지성을 드러내는 여러 징표가 있다. 신속한 코로나19 백신 개발, 빈곤 인구의 대규모 감소, 인종·여성 차별이나 동성애 혐오 같은 차별의 비합리성과 해악에 대한 이해의 향상 등이 그러한 징표다.

더 나은 이성적 사유를 원한다면 수천 년 동안 올바른 사유를 전공으로 삼아온 철학자들에게서 많은 것을 배울 수 있다. 오늘날은 새로움과 혁신에 열광하는 시대다. 하지만 과거의 가장 위대한 교훈은 다시 배워야 할 가치가 충분하다. 시대를 초월한 지혜는 실제로 늘 시대를 초월한다.

물론 내가 하는 말에 모든 철학자가 동의하지는 않을 것이다. 왜냐하면 철학자란 사람들은 몇몇 기본적인 사안에 대해서조차 의견 일치를 보지 못하기 때문이다. 아니, 오히려 기본적인 사안일수록 불화가 더욱 심하다. 게다가 철학이 엄밀한 이성적 사유를 독점하고 있지도 않고 형편없는 사유가 철학에 없는 것도 아니다.

그러나 철학은 다른 어떤 학문보다 올바르게 사고해야 할 필요 자체에 주력하는 유일한 학문이라고는 말할 수 있다. 다른 모든 학문에는 의지할 수 있는 구체적인 도구가 있다. 과학자에게는 실험이, 경제학자에게는 자료가, 인류학자에게는 참여 관찰이, 역사학자에게는 문서가, 고고학자에게는 유물이 있다. 하지만 철학자를 위해서만 특별히 저장해 둔 특수 정보란 없다. 철학에는 의지할 도구가 없는 셈이다. 다만 철학자들은 어떤 안전망도 없이 생각하는 독특한 능력을 배운다. 전문 지식에 의존하지 않으면서 더 나은 사유를 하는 방법을 원한다면 철학보다 더 나은 모델을 찾기란 쉽지 않을 것이다.

그런데도 철학적 사고 원리를 요약해 놓은 여러 책을 보면 정작 가장 중요한 사항 몇 가지는 빠져 있다. 철학을 공부하는 사람들은 논리적 추론의 규칙, 피해야 할 오류 목록, 연역과 귀납의 차이 등을 배운다. 이러한 내용이 중요하지 않다는 말은 아니다. 그렇지만 이들만으로는 충분하지 않다.

운전을 생각해 보자. 운전자 대부분은 기어 변경 방법, 제한속도 등을 알고 있다. 하지만 이러한 원리와 기술을 숙지하고 있다고 해서 반드시 좋은 운전자가 되지는 않는다. 운전에서 가장중요한 것은 운전자의 **태도**다. 운전 중 얼마나 집중하고 주의를기울이는지, 안전하고 효율적으로 운전하겠다는 충분한 동기가있는지, 다른 도로 사용자를 얼마나 충분히 배려하는지 등이 운전에서 가장 중요한 요소다. 마찬가지로 우리의 사유에서 가장중요한 기술 역시 태도다.

올비른 대도는 철학적 사고를 성공적으로 수행하는 데 필수적인 성공 인자다. 논리적 능력을 빠짐없이 갖췄더라도 통찰이부족해 최고의 철학자가 되지 못하는 사람은 바로 이 성공 인자가 부족한 사람이다. 태도라는 성공 인자를 일종의 덕virtue, 혹은미덕이라고 할 수도 있겠다. 고대 그리스 철학에서 덕이란 좋은삶, 더 나아가 좋은 사유에 도움이 되는 습관, 태도, 성격 특성을 의미했다.

좋은 사유를 위해 특정한 사고 습관과 태도가 필요하다는 입장을 덕 인식론virtue espitemology이라고 한다. 사유를 할 때 그저 컴퓨터 프로그래밍 같은 절차를 숙달하고 말아서는 안 된다는 것이다.

나는 철학자들과 더불어 30년 넘게 철학을 공부하고 읽고 쓰고 이야기하면서 '덕 인식론'이라는 성공 인자가 없다면, 비판적 사유 능력이란 기껏해야 파티에 모인 사람에게 깊은 인상을 주거나 다른 사람의 주장을 격파하는 데나 쓰는 고급 기술에 불과하다고 확신하게 되었다. 진정 훌륭한 이성적 사고와 단순한 명석함을 구분해 주는 것이 무엇인지에 주목해야 한다. 소위 명석하다는 사상가들은 지겹고 지루하며, 세계에 대한 이해와 인간 상호 간의 이해를 돕는 철학의 역사적 사명에 아무런 도움이 되지 않는다.

나는 철학자를 그저 평범한 철학자가 아닌 훌륭한 철학자로 만드는 요소와, 어떤 사안이건 세계에 관한 사유를 훌륭한 통찰로 만드는 요소가 무엇인지 알아보려 한다. 따라서 이 책은 철학적 문제에 대한 통찰이나, 철학자들이 문제에 대해 생각해 온 방식을 그대로 제시하는 데서 그치지 않을 것이다. 나는 철학적으로 생각하는 습관이 정치나 인생의 문제를 해결하고, 자기 계발이나 성공을 도모하며, 세상을 이해하는 데 어떻게 적용되는지까지도 보여주고 싶다.

또 하나, 이 책에서는 세계에서 손꼽히게 훌륭한 철학자 및 사상가들과 지난 몇 년간 나누었던 수십 건의 인터뷰를 활용하려 한다. 대다수 철학자가 인터뷰 중 자신의 연구 방식을 지나가듯 언급하거나 인터뷰 내용과는 별 상관없는 이야기를 하곤 했다. 나는 이런 이야기가 철학적 방법에 관한 설명보다 더 의미심장함을 깨달았다. 물론 전 시대를 초월해 존재하는 위대한 철학적 연구도 몇 가지 언급할 것이다. 대부분은 내가 교육받은 서양 철학 전통에서 나온 예시지만 그 원리만큼은 보편적이다. 이 점은 앞으로 세계의 여러 다른 철학에 대해 간간이 언급하는 부분에서도 확인할 수 있다. 한편 여성은 역사적으로 철학에서 남성만큼 많은 발언권을 확보하지 못했다. 그래서 가능한 한 훌륭한 여성 철학자들의 이야기를 많이 인용하려 했다. 그렇더라도 남성 철학자의 비중이 높아지는 것은 불가피했다.

훌륭한 사유를 하는 사람이 되는 길에 숨겨져 있는 수많은 함정 또한 살펴보려 한다. 다른 도구와 마찬가지로 논리적 사고 역시 아무리 좋은 의도로 뒷받침해도 잘못 적용하고 오용할 수 있다. **덕 인식론의 특징 중 한 가지는 경계와 겸손이다.** 자신이 뛰어난 사상가라고 생각하는 사람은 누가 됐건 경계하라. 진정한 천재는 나르시시즘에 빠진 채 거울에 비친 자기 모습에 현혹되지 않는다.

또 한 가지 이 책이 '명석한 사고'를 가르쳐주는 다른 책들과 다른 점은 제대로 사유하기가 매우 어렵다는 진실을 회피하지 않는다는 것이다. 물론 철학자처럼 생각해 보라는 권유를 하면서 그 과제가 어렵다는 사실을 숨긴다면 그건 정직하지 못하다. 사유가 어렵지 않다는 식으로 사탕발림이 지나치면 결국 영양분 없는 싸구려 과자를 집어 먹는 것이나 다를 바 없다.

시간에 쫓기는 관심 경제 체제attention economy(소비자의 관심을 파악한 후 그에 맞는 관심 상품이나 서비스를 제공하여 소비자를 유인하는 시장을 형성하는 것—옮긴이)에서 살아가는 우리는 싸구려 지식의 유혹을 받는다. 우리는 지름길, 시간 절약, 인지 가속기를 원한다. 이러한 사유는 지나치게 빨리 효용의 한계에 도달한다. 그 바람에 쓸모없다며 잘라내 버린 것들로 인해 오히려 대가를 치러야 하는 상황이다. 더 이상 싸구려 지식을 찾으려 해서는 안 된다. 오히려 통째로 잘라버려야 한다. 사유를 지금보다 더 쉽게 하려 들지 말고 제대로 하도록 노력해야 한다.

더 나은 사유에 도달하려면 연습이 필요하다. 따라서 이 책이 때로 활발한 정신 운동을 제공하지 못한다면 아무 쓸모 없다. 일단 각 장의 도입부에 배치한 표도르 도스토옙스키의 경구를 지적 운동을 해볼 기회로 받아들여 주길 바란다. 이 경구를 소셜 미디어에서 마주하는 밈처럼 '좋아요'를 누르고, 고개를 끄덕이고, 공유하고, 곧 잊어버리고 마는 '정제된 지혜'로 받아들여선 안 된다. 나는 독자 여러분이 각 경구가 들어 있는 각 장의 맥락에서 그 경구의 의미와 각 장과의 관련성을 스스로 생각해 보았으면 한다.

나는 철학을 지지하긴 하지만, 케임브리지대학교를 포함한 많은 대학의 철학과에서 자랑스럽게 주장하듯 철학자들이 **항상** '이전 가능한 사고능력'(가르칠 수 있고 배울 수 있는 능력—옮긴이)을 공급하는 최고의 교육자라는 주장은 믿지 않는다.[1] "터무니없는 말은 철학자들이 이미 다 했다"라는 키케로의 저 유명한 말 때문만은 아니다. 많은 철학자가 자신의 전문 영역을 벗어나면 형편없는 생각을 드러내는 일이 많았다는 불편한 진실 때문이다. 따라서 나는 여러분이 철학자처럼 생각해서는 **안 될** 때가 언제인지, 혹은 적어도 어떤 특정한 시기에 어떤 특정한 철학자처럼 생각해서는 안 되는지까지 지적해 보려 한다.

이 책을 읽는다고 해서 여러분이 위대한 사상가가 될 수 있다고 약속은 못 하겠다. 하지만 메시나 호나우두가 훌륭한 선수인 이유를 알기 위해 꼭 세계 최고의 축구선수가 되어야 하는 것은 아니지 않은가. 마찬가지로 공자나 칸트가 되어야만 그들의 천재성을 이해하고 그들에게 뭔가 배울 수 있는 것은 아니다. 다만 더 나은 사유를 하는 비결을 탐구함으로써 최선의 자신이 되는 현실적인 희망을 품어보자는 것뿐이다.

1장

집중
—

좋은 생각이란
주의를 기울이는 데서 나온다

◇ 주의를 기울이려면 먼저 올바른 사고방식이 필요하다.

◇ 관찰한 것에서 성급한 결론을 내리지 말라.

◇ 우리의 시야를 가리는 것은 무엇인가?

◇ 불편한 진실을 무시하지는 않았는가?

자연은 인간의 허락을 구하지 않고,

인간의 소망에 무심하다.

자연법칙을 좋아하건 말건

인간은 자연을 있는 그대로 받아들여야 하고,

결과적으로 자연의 모든 결말을 받아들여야 한다.

보다시피 벽은 그저 벽이다.

— 표도르 도스토옙스키, 『지하생활자의 수기』

대학원생이던 시절에 내 지도 교수였던 심리철학자 팀 크레인Tim Crane이 인생에서 가장 따뜻하면서도 단호한 조언을 해줬다. 바로 내가 쓰는 글의 편집자가 되어보라는 것이다. 글을 꼼꼼히 검토하면서 무엇이건 정확하고 엄밀하지 않은 부분은 모조리 찾아내는 법을 배워야 한다는 뜻이다.

이게 좀 희한한 조언처럼 들릴 수도 있다. 구체적인 내용이 없어 막연하기 때문이다. 크레인 교수는 내가 타당하지 않은 논리를 펴고, 주장을 부정확하게 요약하고, 사실을 잘못 알고 있다고 말하지는 않았다. 물론 나는 아마 그 세 가지 잘못을 다 저지르고 있었을 것이다. 그러나 크레인 교수는 이런저런 잘못을 지적하는 대신 그 잘못뿐만 아니라 다른 결점까지 고치는 가장 좋은 방법을 정확히 짚어주었다. 그 후로 나는 모든 낱말, 모든 추론에 훨씬 더 많은 주의를 기울이게 되었다.

그렇게 해서 3년쯤 지나 논문을 끝낼 수 있었다. 크레인 교수의 충고는 효과가 있었다. 본말을 전도하는 실수를 바로잡아 주었기 때문이다. 논리적 사유에서 발생하는 온갖 형식적 실수는 근본적으로 인지 부주의의 결과다. '엉성한 사고'라는 말은 이런 실수를 가리키는 아주 적확한 표현이다. 충분한 주의를 기울이지 않을 때 논리적 사고가 엉키기 때문이다. 집중이야말로 논리와 비판적 사고를 가르치는 세간의 공식 지침이 놓치고 있는, 훌륭한 사유의 가장 중요한 비결이다.

아무리 훌륭한 논리적 사유라도 사유하는 주제에 제대로 집중하지 않으면 실패하기 마련이다. 예를 들어 민권 운동이 정점에 도달한 지 이미 반세기가 지났는데도 '블랙 라이브스 매터 Black Lives Matter' 운동(미국 내 흑인에 대한 공권력 남용을 비판하는 의미로 시작된 사회운동 ─옮긴이)을 해야 하는 이유는 무엇일까? 여성이 투표권을 획득한 지 수십 년이 지났는데도 모든 민주주의 사회에서 체계적인 미소지니 misogyny(여성에 대한 뿌리 깊은 편견과 차별을 가리키는 말 ─옮긴이)가 여전히 존재하는 이유는 무엇일까? 이러한 질문을 다시 하는 이유는 설득력 있는 주장이 없어서가 아니다.

성별, 피부색 또는 문화나 민족적 배경과 상관없이 누구나 동등한 권리와 기회를 누려야 한다는 명제는 오랫동안 진지한 논쟁의 대상이 되지 못했다. 누구나 당연하게 여기는 원칙이 되었기 때문이다. 그러나 누구도 별 이의를 제기하지 않는 이러한 원칙도 수 세기 동안의 압제와 엘리트 권력이 사람들의 생각에 층층이 심어놓은 편견과 무지를 완벽히 파고들어 없애지는 못했다. 명확하게 사고하는 것과 사안을 마음에 새기는 것은 전혀 다른 문제다.

문제를 꼼꼼히 생각했다고 해도 추상적인 수준에 머무르고 있다면 실제로 충분히 생각했다고 할 수 없다. 사유는 머릿속에서만 굴리는 개념 수준에 그치면 빈곤해진다. 외부와 동떨어진 인식은 세계에 대한 생생한 경험과 충분히 연결되지 못한다. 그러한 인식은 우리의 행동을 바꾸지 못하고 마음속 깊이 자리 잡은 믿음도 변화시키지 못한다. 생각이 머리를 벗어나 마음속으로 들어가고 다시 행동으로 발현되려면 어떻게 해야 할까? 세계와 다른 사람들에 대한 세심한 관심과 주의에 뿌리를 두고 있어야 한다.

이렇듯 사고할 때 세심한 주의를 기울이는 데는 강력한 사회적 차원의 검토가 뒤따른다. 세상이 자신에게 어떻게 보이는지에만 관심을 두지 말고 다른 사람에게 세상이 어떻게 보이는지에도 관심을 두어야 한다. 따라서 인종차별, 미소지니, 그리고 환자 권익단체와 같은 문제를 생각할 때는 다른 사람, 특히 그 문제에 가장 많은 영향을 받았거나 여전히 받고 있는 사람들의 경험과 증언에 주목해야 한다.

◆

철학사에서 철학의 이러한 사회적 차원의 역할은 대체로 인정받지 못했다. 많은 철학자가 철학에 사회적 차원의 개입이 필요함을 본격적으로 이해하게 된 것은 비교적 최근의 일이다. 과거에는 과소평가되었던 커뮤니티나 네트워크 및 타인의 역할이 지식 형성에 미치는 영향을 연구하는 접근법을 **사회 인식론**이라고 한다.

사회 인식론의 핵심 개념 중 하나는 증언이다. 누구도 모든 사안의 진실을 혼자서 확인할 수는 없다. 따라서 다른 사람의 증언에 의존해야 한다. 그러나 누구에게 의존해야 하는가? 언제? 무슨 목적으로? 그리고 부당하게 누락되는 것은 누구의 증언인가? 특정 사람들의 증언이 들리지 않는 이유는 무엇인가?

이렇게 어떤 사람들의 관점은 부당하게 무시당하거나 주변화되는 반면 다른 사람들의 관점에는 과도한 가중치가 부여되는 현상을 '증언의 불의testimonial injustice'라고 한다. 미란다 프리커Miranda Fricker와 래 랭턴Rae Langton 같은 현대 철학자들은 여성의 목소리가 침묵을 강요당하거나 최소한 제대로 들리지 않도록 약화되어 왔다는 사실을 강조했다. 랭턴은 사회에서, 특히 포르노그래피에서 섹슈얼리티를 논의하고 묘사하는 방식이 여성의 성적 선택 능력을 저해한다고 주장했다. 여성의 거절은 절대로 액면 그대로 받아들여지지 않는다. 그 이유는 사람들이 대체로 여성의 '아니요'라는 거절을 두고 그녀가 사실은 '그저 콧대 높은 척하고 있을 뿐'이라고 해석하거나 '싸구려로 보이고 싶지 않아' 한다고 보거나, 좀 더 노골적으로 '마음속으로는 다들 원해'라고 치부하는 데 익숙하기 때문이다.

다른 사람의 말을 **귀담아듣는 것**과 그의 의견을 항상 **따르는 것**은 다르다. 예를 들어 만약 내가 여성을 향해 휘파람을 부는 행위가 성차별적이라고 주장하는데, 다른 사람이 그런 휘파람을 좋아하는 여성이 있다는 점을 지적한다고 해서 내가 그의 의견을 따라야 하는 것은 아니다. 그 여성의 생각에 동의하지 않는 다른 여성들이 많기 때문이다.

그렇다고 특정 사안에 가장 직접 영향받는 다수를 대상으로 여론조사를 하면 충분할까? 그렇다 해도 정답을 얻을 수 있는 것은 아니다. 성차별적 규범이 깊게 뿌리내린 가부장 사회에서는 다수의 여성이 그저 현상 유지에 만족한다고 대답할 수도 있기 때문이다. 의사가 환자보다 실제 환자의 몸 상태를 더 잘 알고 있는 때도 있는 법이다.

다른 사람의 말을 맹목적으로 받아들이는 것은 주의 깊은 경청이 아니라, 그 말을 그저 수동적으로 듣고 무조건 받아들임을 의미한다. 반대로 진정한 경청이란 그저 듣는 데서 그치지 않고 대화에 적극적으로 관여하는 것이다. 따라서 진정한 경청은 당연히 의견 차이를 수반할 수 있다. 상대가 비판이나 반대를 감당하지 못한다고 생각하는 것은 그를 존중하는 행동이 아니다.

똑똑한 경청을 하려면, 다시 말해 상대방의 말을 귀담아들으려면 말하는 내용뿐 아니라 말하는 사람에게도 주의를 기울여야 한다. 가령 사람들은 트랜스젠더를 위한 최선을 바라고 그들의 경험과 욕구에 온전히 귀를 기울이려 한다. 하지만 모든 트랜스젠더의 생각이 같은 것은 아니다. 그러므로 트랜스젠더의 권익을 위해 목소리를 내는 단체가 아무리 세력이 크다 해도 모든 트렌스젠더를 대변할 수는 없다.

◆

훌륭한 사유에는 논리력을 키우고 과학과 통계에 관한 문해력을 키우려는 노력도 필요하다. 좋은 사유에 필요한 것이 주의를 기울이고 상대의 말에 집중하는 것뿐이라면, 이런 노력까지 기울여야 할 이유가 무엇일까? 논리력과 과학 및 통계 등의 학문은 좀 더 치밀하게 주의를 기울일 도구를 제공해 주고, 도대체 무엇에 주목하고 무엇을 모색해야 할지도 가르쳐주기 때문이다. 그러나 이런 도구를 차치하고라도, 단순히 주의를 집중하기만 해도 사유는 놀라울 만큼 진전할 수 있다.

나는 사유란 곧 **집중력**이라고 생각한다. 물론 집중이 쉽다는 뜻은 아니다. 사실 집중을 하려면 엄청난 노력이 필요하다. 집중 attend이라는 낱말의 기원만 보아도 알 수 있다. attend의 ad는 라틴어로 '어느 쪽을 향해'를 의미하고, tendere는 '뻗다'라는 뜻이다. 이 낱말을 문자 그대로 해석하면 '어딘가를 향해 뻗는다'는 의미다. 주의를 기울이고 집중하기 위해서는 일단 사유하는 대상이나 문제에 가까이 다가서려고 노력해야 한다.

attend에는 결혼식에 참석하는 것처럼 '어디에 있다, 참석하다'라는 의미도 있다. 주의를 기울일 때는 마음이나 육신을 딴 곳에 두지 않고 주의를 기울일 대상과 장소에 온전히 두어야 한다. 또한 프랑스어 동사 attendre에는 '기다린다'는 의미가 있다. 이는 바라는 수확을 얻기 위해서는 인내와 끈기가 필요함을 상기시켜 준다.

집중이 올바른 사유에서 가장 중요하다는 사실을 좀 더 설명하기 위해, 서양 철학사에서 몇 가지 사례를 살펴보겠다. 예를 들어 "**나는 생각한다. 그러므로 나는 존재한다**"라는 명제를 보자. 철학에 문외한인 사람이라도 이 문구 정도는 인용할 줄 안다. 심지어 라틴어 **코기토 에르고 숨**cogito ergo sum까지 알고 있는 사람도 많다. 17세기 프랑스 철학자 르네 데카르트가 쓴 이 세 낱말은 우리가 철학에 관해 알고 있다고 생각하는 것을 모두 구현한 듯이 보인다. 스스로 생각한다는 것cogito, 존재sum 그리고 무엇보다도 논리적 논증ergo의 구성에 관해 말하기 때문이다.

그뿐만 아니라 데카르트의 이 명제는 가능한 한 가장 짧은 형태로 하나의 논증 모델을 제시한다. 전제('나는 생각한다')에서 출발하여 '그러므로'라는 말의 신호를 받아 결론('나는 존재한다')을 추론하는 모델이다. 이 같은 논증은 우리가 진리라고 믿는 전제에서 결과를 도출하는 과정을 통해 새롭고 놀라운 결론을 드러낸다. 전제와 결론을 명시적으로 연결하여 형식적으로 새로운 결론을 도출하는 논증이다. 이러한 논증법은 일반적으로 논리적 사고의 패러다임으로 간주된다. 이런 패러다임을 탁월하게 활용하는 전문가들이 바로 철학자다. 이런 이유에서 논리적인 사고를 가장 잘하는 방법은 철학을 통해서 배운다는 말도 논리적으로 들리는 것이다.

하지만 내 생각에 앞의 두 단락에서 제시한 논증 모델은 철학과 논리적 사유에서 '형식적' 논증의 중요성을 지나치게 과장하여 섣부르게 일반화할 수 있다. 다시 말해 나는 철학적 논증에 필요한 것이 무엇인지에 관해 의견을 냈다. 그러나 의견을 내면서 나는 논증을 구성하기보다는 정확히 **기술하려** 했다.

철학이야말로 논증 기술을 가르치는 최고의 선생이다. 이 주장을 도출하려면 "추론은 결론을 끌어내는 것이다"와 "추론을 전문으로 하는 분야는 철학이다"라는 두 문장이 필요하다. 그러나 내 결론의 주장이 한 일은 앞에서 이미 말한 두 가지의 함의를 명시적으로 표현한 데 지나지 않는다. 내 결론이 타당한지 확인할 때 중요한 것은 전제에서 결론에 이르는 **과정** 분석이 아니다. 내 주장의 **가정**이 타당한지 분석해서 확인하는 일이 중요하다.

논증은 훌륭한 사고의 패러다임이 맞는가? 철학자는 정말 이러한 논증의 전문가인가? 이 질문에 답하려면 논리적 추론이 논리적 사유에서 하는 역할이 실제로 무엇인지, 철학자는 얼마나 자주 그리고 얼마나 잘 그러한 추론을 활용하고 전개하는지 주의 깊게 살펴보아야 한다. 이 모든 과정에서 특정 사안에 대한 기술이 자기가 설명하려는 바를 제대로 포착하고 있는지 주도면밀하게 살펴야 한다. 이런 의미에서 올바른 사유에는 추론 자체보다

주의와 집중이 훨씬 더 필요하다.

　주의 깊게 집중하다 보면 자신이 발견한 내용에 깜짝 놀랄 수도 있다. "나는 생각한다. 그러므로 나는 존재한다"라는 데카르트의 명제를 다시 떠올려보라. 이 명제는 과연 논증인가? 그렇게 보일 수 있다. 어쨌거나 '그러므로'라는 접속사를 포함하고 있기 때문이다. 하지만 이 명제가 논증이라 해도 그다지 흥미로운 논증은 아니다. "그러므로 나는 존재한다"라는 결론은 '나'라는 표현이 들어간 어떤 진술에서도 도출할 수 있기 때문이다. "나는 술을 마신다. 그러므로 나는 존재한다" 혹은 "나는 핑크색이다. 그러므로 나는 존재한다"가 논증이 아닐 이유가 있을까? 없다. 이 명제들 모두 타당한 논증으로 보인다.

　하지만 형식논리적인 관점에서 보면 이러한 논증은 순환적이다. "나는 존재한다"라는 결론이 "나는 생각한다" 혹은 "나는 술을 마신다"라는 전제에 이미 내포되어 결론이 참이 될 수밖에 없기 때문이다. "나는 생각한다" "나는 술을 마신다" "나는 핑크색이다"라고 말할 때 나는 이미 '나'라는 주체가 존재한다고 상정한다. 데카르트의 '논증'은 '나'에게 귀속되는 활동이나 자질을 골라내어 '나'에게 붙일 뿐이다. 결국 나라는 존재 자체를 증명하지는 못한다. 그러므로 결론의 바탕이 되는 전제보다 결론이 알려주는 정보가 더 **적다**. "나는 생각한다. 그러므로 나는 존재한다"라는 데카르트의 명제가 무언가 정보를 제공하는 것처럼 보이는가? 그 이유는 그것이 "나는 생각한다"에 이미 함축되어 있던 것, 즉 "나는 존재한다"라는 명제를 좀 더 명시적으로 말하기 때문이다.

이제까지 한 이야기로 미루어보아 그렇다면 데카르트는 철학사에서 우뚝 솟은 탁월한 천재가 아니라 대단치 않은 철학자에 불과했을까? 철학은 인간 사유의 정점이 아니라 자명한 사실을 말하는 현학적 기술에 불과한가? 바라건대 둘 다 사실이 아니다. 데카르트는 바보가 아니었다.

"나는 생각한다. 그러므로 나는 존재한다"라는 명제를 썼을 당시, 그는 이미 그 명제가 "나는 술을 마신다. 그러므로 나는 존재한다"와 논리 구조가 같다는 사실을 알고 있었다. 그러나 그는 "나는 생각한다. 그러므로 나는 존재한다"라는 명제에는 "나는 술을 마신다. 그러므로 나는 존재한다"라는 명제와 다른 특별한 뭔가가 있다고 믿었다. 『철학의 원리』에서 그는 다음과 같이 주장했다. "'나는 보고 있다. 고로 나는 존재한다'라거나 '나는 걷고 있다. 고로 나는 존재한다'라는 명제를, 사유가 아니라 신체 활동인 시각이나 걷기에 적용할 수 있느냐고 묻는다면 그 대답은 확실하지 않다는 것이다."[1]

왜 그럴까? 논증에서 결론이란 앞의 전제가 확실해야 그에 따라 확실해진다. 그러나 걷기와 보기의 경우에는 전제 자체가 확실하지 않다. 예컨대 "나는 걷고 있다"라는 말은 틀렸을 수도 있다. 실제로 걷는 게 아니라 꿈을 꾸고 있을 수도 있고 컴퓨터 시뮬레이션 속에 있을 수도 있다. 사실은 의자에 앉아 가상 세계에 완전히 몰입해 있는데도 길거리를 두 발로 활보하고 있다고 잘못 생각할 수도 있다. 따라서 "나는 걷고 있다. 그러므로 나는 존재한다"라는 명제는 형식적으로 타당할 수 있지만 "나는 걷고 있다"의 진실성을 증명할 수는 없기 때문에 진리라는 결론이 도출되지 않는다. 진리임을 입증할 수 없는 논증은 실패한다.

정상적인 상황이라면 자신이 걷고 있는 것처럼 느끼는데, "나는 걷고 있다"라는 말이 진실인지 아닌지 의심할 까닭은 전혀 없다. 그러나 데카르트는 일상생활에서 우리가 하는 사유에 관해 조언을 하려던 것이 아니었다. 그는 특정 철학 프로젝트를 뒤쫓고 있었다. 바로 **모든** 지식의 확고한 기반을 세우기 위해 우리가 진리라고 절대적으로 확신할 수 있는 것을 확정하는 프로젝트다. 따라서 그는 어떤 의심의 여지도 없이 진실**일 수밖에 없는** 것이 무엇인지 알아야만 했던 것이다.

데카르트의 프로젝트는 우리가 존재하는지 **여부**뿐 아니라 **어떤 종류의** 존재인지까지 확인하려고 노력했다. "나는 술을 마신다. 그러므로 나는 술 마시는 존재다" 또는 "나는 핑크색이다. 그러므로 나는 핑크색 존재다"라는 명제는 논리적으로 맞는 말이다. 그러나 우리가 실제로 술을 마시고 있거나 색깔을 있는 그대로 본다고 절대적으로 확신할 수 없다. 그러므로 여기서 나온 결론 또한 의심스러운 전제에 기반을 두고 있다. 술은 환각 혹은 후각적인 환영일 수도 있고 내가 일시적으로 색맹이 될 수도 있다.

그러나 "나는 생각한다"는 술이나 시각과는 다르다. 왜냐면 의심이라는 바로 그 행위야말로 우리가 생각에 몰두하고 있다는 뜻이고 이는 생각을 하는 행위만큼은 거짓일 수 없음을 보여주기 때문이다. 설사 내가 생각하고 있지 않다고 생각하더라도 그 자체가 결국은 내가 생각을 하고 있다는 사실을 입증한다.

이제 우리는 데카르트가 형식 논증을 만들고 있던 것이 아니었음을 알게 되었다. 오히려 데카르트는 의심할 수 있는 것과 의심할 수 없는 것을 식별하기 위해 자신의 경험에 주의를 기울이고 있었다. 그 결과 그는 우리가 당연하게 여기는 거의 모든 것이 거짓일 수도 있다는 사실을 발견했다. 나 아닌 다른 사람은 사실 모두 정교한 로봇이나 꼭두각시일 수도 있다. 우리는 육체로 구성된 유기적인 세계가 아닌 꿈속이나 가상 세계에서 살고 있을 수도 있다. 그러나 우리는 단 한 가지, 우리가 생각하고, 더 넓게는 우리가 의식하고 있다는 사실만은 의심할 수 없다. 내가 초콜릿을 맛본다면 초콜릿은 존재하지 않을 수도 있지만 그 맛은 존재한다. 내가 음악을 듣고 있다면, 그 누구도, 혹은 그 어떤 것도 음악을 연주하지 않았을 수 있지만 어쨌든 나는 여전히 그 음악을 듣는다. 여러분이 지금 이 낱말들을 읽고 있다면, 이 책은 존재하지 않을 수도 있지만 어쨌든 이 낱말들은 여러분의 생각에 존재하고 있다.

따라서 데카르트는 자아의 성질을 가장 명확하게 설명한 『성찰』에서 자신의 결론을 논증 형식으로 제시하지 않는다. 이 결론에 '그러므로'는 없다. 대신, 그는 의심에 대한 자신의 실험이 도출한 결론은 "이것만큼은 나와 떼어 놓을 수 없다. 나는 있다. 나는 존재한다. 이것만큼은 확실하다"라고 말한다.

결국 서양 철학에서 가장 유명한 데카르트의 명제는 사실 논증이 아니라 일련의 집중적인 관찰을 증류해 뽑아낸 정수인 셈이다. 철학자들의 모토는 **코기토 에르고 숨**cogito ergo sum이 아니라 **아텐도 에르고 숨 필로소푸스**attendo, ergo sum philosophus, 즉 "**나는 주의를 기울인다. 그러므로 나는 철학자다**"가 되어야 한다. 최상의 철학적 사유의 핵심은 논증을 구축하는 것이 아니라 세심한 주의를 기울이는 것이기 때문이다.

데카르트가 한 것이 논증이 아니었음은 이제 알겠다. 하지만 데카르트의 관찰은 어떻게 평가해야 할까? 역시 주의를 기울이되 이번에는 더욱 면밀하게 살펴보면 된다. 데카르트는 우리가 존재한다는 결론으로 우리를 안심시키는 데서 멈추지 않았다. 한 걸음 더 나아가 자아의 일부 중요한 특징도 알 수 있다고 재빨리 결론을 내렸다. 가령 정신은 쪼갤 수 없고 비물질적이며 육체와는 완전히 달라 서로 분리할 수 있다는 결론이다.

하지만 그 이후로 철학자들은 대부분 데카르트가 지나치게 성급했다는 판단을 내렸다. 육체 없이 정신을 사고할 수 있다는 이유로 육체와 정신이 반드시 다르다고 본 데카르트의 결론이 섣불렀다는 것이다. 그러나 물이 H_2O가 아니라거나 도깨비가 실재한다고 생각할 수 있다고 해서, H_2O가 아닌 물이 있다거나 정원 끝에 도깨비가 살고 있다는 뜻은 아니다. 단순한 상상 가능성(또는 상상 불가능성)에서 경험적·현실적 결론으로 섣불리 비약해선 안 된다는 교훈이다.

내가 하고 싶은 말은 실제적인 의미에서나 중요한 의미에서 **관심과 주의를 기울이고 집중하는 자세가 바로 논리적인 사고법 자**

체라는 것이다. 데카르트의 테제에 대한 가장 강력한 반대를 생각해 보라. 18세기 스코틀랜드의 철학자 데이비드 흄은 "일부 철학자들은 우리가 자아라고 부르는 것을 매 순간 직접 의식하고 있다고 상상한다. 이들은 우리가 **자아**의 존재와 존재의 지속을 느끼며, 증명이라는 근거를 넘어 자아의 완벽한 정체성과 단순성을 확신하고 있다고 생각한다"라고 썼다. 이때 흄이 누구를 염두에 두고 있었는지는 거의 의심의 여지가 없다.[2]

나로서는 소위 **나 자신**이라고 부르는 것을 파고 들어가 알아보려 할 때마다 늘 더위나 추위, 빛이나 그늘, 사랑이나 혐오, 고통이나 쾌락 같은 특정한 지각에 부딪히게 된다. 지각 없이는 **나 자신**을 포착할 수 없고 지각 이외에는 어떤 것도 관찰할 수 없다.

독자 여러분도 직접 시도해 보라. 생각을 하고 경험을 하는 '나'를 살피려 애써보라. 당장 내 경우를 보자. 이 글을 쓰고 있는 지금 나는 배 속을 뭔가 갉아 먹는 듯한 느낌이 든다. 귓전에는 희미한 소리가 울리며 발바닥이 약간 쑤신다. 옆방에서는 라디오 소리가 들린다. 귓가에서 떠나지 않는, 좀 짜증스러운 곡조가 반복되는 느낌이다. 게다가 알고 보니 나는 손가락이 키보드를 누르기 직전까지는 내가 무슨 단어를 입력하는지 인식조차 못하고 있었다. 이러한 경험을 묘사하고 나니 내 자아에 관해 모든 것을 다 묘사한 셈이다. 나로서는 이들 외에 내가 관찰할 수 있는 더 이상의 '자아'는 없다. 그렇다면, 흄의 말대로, 나 자신은 그저 '지각의 묶음'(혹은 지각의 다발)에 불과할 수도 있다.[3]

흄은 자신의 관찰이 논증이 아니라는 사실을 알고 있었다. 그는 "누군가 진지하고 편견 없는 성찰을 한 후 나와 생각이 다르다고 한다면 나로서는 그를 설득할 길이 없다고 실토할 수밖에 없다"라고 했다. 우리가 할 수 있는 일이라고는 그저 그에게 우리 견해에, 지금 이 경우에는 우리의 주관적 경험의 성격에 좀 더 주의를 기울여달라고 요청하는 것뿐이다.

우리는 사물이 피상적으로 어떻게 보이는지에 너무 집착한 나머지 사물이 실제로 어떻게 존재하는지 보지 못하는 것 같다. 세심하게 주의만 기울이면 진실을 밝힐 수 있는데도 말이다. 우리는 마치 제대로 보지도 않고 그림을 그리는 아이와 같다. 하늘을 그려야 하는데 땅과 하늘을 이어주는 지평선은 아랑곳없이 하늘은 무조건 위에 있다고 생각해 무턱대고 종이 맨 위쪽에 하늘을 그리는 아이 말이다. 눈에 빤히 보이는 것들 속에 숨은 존재의 진실은 우리 자신에 대한 진실을 비롯하여 또 얼마나 많을까?

사실은 엄청나게 많은 것이 숨겨져 있다. 20세기 초 이후 유럽 대륙의 지배적인 철학 사조이며 에드문트 후설Edmund Husserl이 도입하고, 시몬 드 보부아르Simone de Beauvoir, 장 폴 사르트르Jean-Paul Sartre, 마르틴 하이데거Martin Heidegger와 같은 철학자들이 발전시킨 현상학에 따르면 그렇다. 현상학이 현상을 강조하게 된 계기는 18세기 프로이센 철학자 이마누엘 칸트의 철학에 대응할 필요가 생기면서부터였다.

칸트는 우리는 **물자체**(누메나noumena)는 알 수 없고, 단지 **우리에게 보이는 것**(현상, 페노메나phenomena)만 알 수 있다고 주장했다. 현상학자들은 이 주장을 진지하게 받아들여 **경험을 통해 우리에게 주어진 세계야말로 우리의 세계이자 우리가 알기를 바랄 수 있는 유일한 세계**라고 결론지었다. 우리는 우리와 따로 존재하는 세계를 알 수 있다는 생각을 그만두어야 한다. 우리와 독립적으로 존재하는 세계는 알 수 없는 세계로 '괄호 치기'를 해야 한다는 말이다.

후설은 '괄호 치기'를 **현상학적 판단중지**(에포케epoché)라 불렀다. 후설이 말했듯이 '사물 자체things themselves'로 돌아가기 위해서는[4] 우리가 경험하는 바대로의 세계인 '사물 자체'를 '물자체物自体, things in themselves'(칸트가 말하는 우리와 독립적으로 존재하는 것—옮긴이)에 대한 형이상학적 선입견 없이 주의 깊게, 더 자세히 들여다보아야 한다. 이러한 접근법은 정확하고 엄밀하게 기술해야 하므로 세심하게 주의를 기울여야 한다. 후설의 말대로다. "나는 가르치려는instruct 것이 아니다. 나는 앞서서 이끌 뿐이다. 내가 보는 것을 가리키고 기술만 할 뿐이다."[5]

현상학적 접근이 시사하는 바는 이렇다. 우리 자신이 경험하는 '자아'에 주의를 기울이는 일과, 자기 주변의 '세계'에 주의를 기울이는 일을 분명하게 구분할 수 없다는 것이다. 세계에 주의를 기울이려면 먼저 그 세계가 우리에게 어떻게 나타나는지부터 살펴봐야 한다. 우리에게 현상으로 나타나는 세계 외에 다른 주의를 기울일 만한 것은 아예 없기 때문이다. 사물의 겉모습을 뚫고 더 심층적인 차원을 연구하는 과학조차 현상 세계의 구조 속으로 더 깊이 들어갈 뿐이다. 과학도 세계 이외의 것을 살피지는 못한다.

세심한 주의를 기울이는 지적 습관은 순수 철학 밖에서도 많은 수확을 거둔다. 위대한 과학자의 특징 중 하나는 남들이 간과했던 것을 알아차리는 능력이다. 1928년에 발견된 페니실린을 예로 들어보자. 발견은 알렉산더 플레밍Alexander Fleming이 휴가를 떠나며 실험실에 놔두었던 박테리아 페트리 접시에서 기묘한 패턴을 알아보면서 시작되었다. 그는 좀 더 주의 깊게 관찰한 후 '곰팡이 주스'를 발견했고, 여기서 결국 페니실린을 찾아냈다.

플레밍의 발견에 관해 읽다 보면, 우리같이 평범한 사람도 페트리 접시에서 그 신기한 패턴을 알아챌 수 있지 않았을까 싶은 상상에 빠지게 된다. 그러나 실제로 우리의 관심은 전부터 지니고 있던 믿음과 기대에 사로잡힌 채 쉽사리 풀려나지 못한다. 따라서 적극적으로 찾지 않는다면 자명한 것조차 쉽게 놓쳐버린다.

예를 들어 인터넷에는 '변화 맹시change blindness'를 보여주는 영상이 많다. 변화 맹시란 특정 장면이나 광경을 일단 인식해 버린 다음에는 거기서 일어나는 변화를 알아차리지 못하는 현상이다.[6] 어떤 실험에서 사람들은 대화 중에 자신이 대화하던 상대가 바뀐 것조차 알아차리지 못했다.[7] 또 다른 실험에서 사람들은 공을 쫓아다니는 데 너무나 몰두한 나머지 고릴라 복장을 한 사람이 스크린을 가로질러 걸어가서 자기 가슴을 툭툭 치는데도 알아차리지 못했다.[8] 우리의 관심은 여러모로 엉뚱한 방향으로 향할 수 있다. 특히 우리가 적극적으로 초점을 맞추려고 하지 않을 때 더욱 그렇게 된다.

◆

주의를 기울일 만한 대상을 인식하고 판단하는 일에서 철학자들이 보통 사람보다 항상 더 월등했던 것은 아니다. 그리스의 희곡작가 아리스토파네스Aristophanes가 『구름』이라는 자신의 풍자극에서 철학자들, 특히 자신의 스승 소크라테스를 두고 뜬구름 잡는 허황한 세상에 살고 있다고 조롱한 적이 있다. 그 이후 철학자들은 늘 일상 세계와 제대로 접촉하지 못하고 있다는 비난을 들었다.

소크라테스를 조롱의 대상으로 삼았는데도 플라톤은 철학자들이 현실 세계와 접촉하지 못한다는 비웃음을 칭찬으로 받아들였던 것 같다. 플라톤의 대화 『테아이테토스』에 등장하는 소크라테스는 철학자들이 (중요한 문제에 몰두하느라) "법정이나 원로원 또는 다른 공공장소가 어디에 있는지조차 모른다"라고 말한다.[9] 밀레투스학파의 창시자 탈레스Thales of Miletus도 마찬가지다. 탈레스에 관한 일화에서도 플라톤은 탈레스의 편을 드는 듯 보인다. "별을 연구하느라 늘 위만 올려다보고 다니다가 구덩이에 빠지자 재치 있는 트라키아 하녀가 그를 비웃었다고 한다. 하늘에 있는 사물을 알고 싶어 했던 나머지 자기 발 바로 앞에 있는 구덩이조차 보지 못했기 때문이다."

하지만 나는 이 문제에서는 플라톤이 틀렸다고 생각한다. 훌륭한 철학자라면 중요한 것과 사소한 것, 큰 것과 작은 것을 연구할 때 우열이나 우선순위가 있다고 가정하지 않는다. 그러한 가정이 눈을 가려 통찰을 불가능하게 만들기 때문이다.

프랑스 철학자 로제 폴 드루아Roger-Pol Droit는 재치 넘치는 베스트셀러 『사물들과 함께 하는 51가지 철학 체험How Are Things?』에서 일상에 철학적 관심을 두라고 촉구했다. 원제목의 "사물은 어떻게 존재하는가"라는 질문은 두 가지 층위에서 작동한다. 하나는 존재론의 층위, 또 하나는 구체적 사물의 층위다. 존재론적 층위는 철학자들이 늘 관심을 쏟아왔던 실재의 근본적인 성질에 관한 것이다. 하지만 드루아는 우산, 서랍, 기차표, 병따개와 같은 **구체적인** 사물이 어떻게 존재하는지에 관한 두 번째 층위, 즉 구체적 사물의 층위에서 더욱 구체적인 질문을 던져야 한다고 주장한다.

구체적인 물건은 우리가 어떻게 사는지, 우리가 어떤 존재인지에 대해 무엇을 말하는가? 드루아의 책은 시시한 장난에 불과해 보일지도 모른다. 그러나 사실 그의 취지는 사뭇 진지하다. 모든 것을 전혀 다른 시각으로 살펴봄으로써 세계를 철학적으로 보자고 독려하기 때문이다. 그는 이렇게 말한다. "나는 태도를 바꾸고, 보는 눈을 바꾸며, 여러분이 일상적인 삶과 세계를 느끼는 바로 그 방식을 바꾸려 노력합니다."

드루아는 여러 철학자가 언급해 왔던, 철학의 천진난만한 성격을 환기하고 있다. 철학의 천진난만한 성격에 관해 이사야 벌린Isaiah Berlin은 이렇게 말한 바 있다. "철학자는 유치한 질문을 고집하는 어른이다."[10] 드루아 역시 비슷한 말을 남겼다. "철학의 근원에는 항상 유치한 면이 있습니다. 철학이 제아무리 복잡하고 정교해지더라도 거기에는 어린 시절 처음 느꼈던 놀라움이 잠재되어 있기 마련이죠."

　일상을 강조하는 철학은 세상에 많다. 중국, 인도, 일본의 철학자들은 올바른 식사법, 앉는 법, 그리고 일상에서 사람들과 관계 맺는 법을 가르친다. 인간의 삶과 자연을 온전히 이해하고 싶다면서 일상에 충분한 주의를 기울이지 않는다면, 몇 가지 중요한 세부 사항을 놓칠 수 있다.

◆

　세심하게 주의를 기울이려면 우선 자신이 올바른 정신 상태를 유지하고 있는지부터 확인해 보아야 한다. 그래서 많은 철학적 전통이 마음의 준비를 중요한 지적 훈련으로 강조해 왔다. 송나라의 위대한 유학자 주희는 "책을 읽고 싶으면 먼저 마음을 고요한 물이나 맑은 거울처럼 가라앉혀야 한다"라고 썼다.[11] 그는 책을 읽기 전에 먼저 호흡을 가다듬고 차분히 앉아 마음을 다스려야 책의 내용을 더 온전히 이해할 수 있다고 조언했다.

　인도 철학 역시 세심한 주의력을 강조하며 명상을 중요시한다. 명상하면서 마음을 고요하게 해야 진정한 지각과 통찰을 얻기 때문이다. 인도 철학에서 명상은 워낙 중요한 문제라 앉는 법과 호흡법에 관해 꼼꼼한 지침을 제시한다.

인도 철학의 전통에서 도덕적 가치는 마음의 준비와 주의력에 깃들어 있다. 올바른 정신 상태는 '맑고 순수하다'라고 묘사된다. 훌륭한 생각을 하는 사람은 명석할 뿐 아니라 진실한 마음과 의도를 지녔다는 점에서 나쁜 생각을 하는 사람과 구별된다. 가령 인도의 고전 『니야야 수트라Nyāya Sūtras』는 진정한 지식에 기반을 둔 진심 어린 **토론**과 수단을 가리지 않고 말싸움에서 이기는 것만을 목표로 하는 **논쟁**을 구별한다.

반면 서양 철학은 인간으로서의 미덕과 탁월한 논리적 사유 사이의 연관성을 이따금 암시만 하고 넘어간다. 드문 예가 하나 있다면 버나드 윌리엄스Bernard Williams이다. 윌리엄스는 **정확성**accuracy과 **진정성**sincerity을 '진실을 찾는 데 중요한 두 가지 미덕'으로 보았다. 그는 사유를 전문 기술에 불과한 것이 아니라 인격의 표현이라고 이해하고 다음과 같이 말했다.

> 정확성이란 미덕은 진실을 찾고 사안을 올바르게 이해하려 노력하는 미덕입니다. 진정성이란 미덕은 다른 사람들에게 그 진실을 정직한 방식으로 전달하는 미덕입니다.

진정성은 우리를 자기기만으로부터 지켜주는 동시에 정확성을 높여준다. 윌리엄스가 보기에, 이러한 미덕을 기반으로 연구가 이루어지지 않으면 진실에 도달할 수 없다. 바로 그러한 이유로 "니체는 정직이야말로 다른 미덕을 압도하는 지적 덕목이며, 정직을 위해서는 용기가 필요하다고 말년까지 강조했다"라고 윌리엄스는 덧붙였다.

지적인 미덕과 윤리적인 미덕이 갖는 연관성은 비트겐슈타인이 버트런드 러셀에게 말했던 견해에서도 찾아볼 수 있다. "훌륭한 인간이 되기 전에 어떻게 논리학자가 될 수 있겠습니까?"라는 견해다. 비트겐슈타인과 러셀의 전기를 모두 집필했던 레이 몽크Ray Monk가 설명하듯, 어떤 사안에 관해서건 명확히 사고하기 위해서는 "명확한 사고에 방해가 되는 것을 모조리 제거해야" 한다. 제거해야 할 방해물에는 인간적인 결점도 물론 포함된다. 철학을 하면서 자신에게 정직하기 위해서는 지성뿐만 아니라 정직해야겠다는 의지도 필요하다.

몽크는 훌륭한 인격과 훌륭한 논리적 사고 사이의 흥미로운 연관성을 지적한다. "논리와 윤리는 하나이며 동일하다"라는 비트겐슈타인의 명제는 개연성이 없어 보일지 모른다. 하지만 몽크의 말대로 '명료성을 향해 가차 없이 나아가는 추진력'을 갖추려면 명료한 정신과 순수한 의도가 꼭 필요하다. 자기나 타인을 기만하는 사람은 이를 달성할 수 없다. **철학자처럼 논리적으로 생각하기 위해서는 무엇보다 자신이 올바른 이유로 논리적인 생각을 하고 있는지 혹독할 만큼 정직하게 확인하는 작업부터 시작해야 한다.**

그런 이유에서 논리적 사유를 수행하는 사람의 인격은 이들의 사유에 대한 평가와 무관하지 않다. 러시아의 여러 장군과 정치인이 우크라이나를 향해 '특별 군사 작전'을 시작한 이유가 파시스트와 싸우고 나토의 침략을 막기 위해서였다고 주장했을 때 그들은 정직하지 못했다. 따라서 우리는 그들의 주장을 의심하게 되었고, 나아가 더 그럴싸해 보이는 그들의 선언마저 회의적으로 보게 되었다. 영리하지만 동기가 불량한 사람은 위험하다. 이런 사람은 진실보다는 자신의 이익을 위해 설득력 있어 보이는 주장을 펼치기 때문이다.

어떤 주장이나 논증을 볼 때는 그 주장이나 논증을 펼치는 사람의 동기와 이해관계를 비롯하여 관련된 모든 것에 주의를 기울여야 한다. 심지어 그 주장을 하는 사람이 우리 자신일 때도 마찬가지다. 아니, 주장을 하는 사람이 우리 자신일 때는 특히 더 세심하게 살펴야 한다.

◊ 무엇이건 주의를 기울여 살피기 전에 먼저 올바른 사고방식을 갖추어야 한다. 맑은 정신과 집중할 수 있는 에너지가 필요하다. 호흡 명상 같은 형식적 훈련이 도움이 된다면 활용하라.

◊ 자신이 진실이라고 생각하는 것이 아니라 실제 진실에 주의를 기울이라. 자기 경험이 실제로 어떤지, 상황이 실제로 어떻게 돌아가는지 관찰하라. 선입견은 대부분 깊숙이 자리 잡고 있어 명료하게 보이지 않으므로 없애기 어렵다.

◊ 관찰한 내용에서 성급한 결론을 도출하지 않도록 주의하라. 어떤 사안이 우리에게 말해주는 것과, 우리가 그 사안의 의미라고 생각하는 것, 혹은 그런 생각에서 도출하는 것을 올바로 식별하지 못할 때 대부분 실수를 저지른다.

◊ 주의력을 흩트리는 것을 경계하라. 우리의 시야를 가리고 올바른 것을 보지 못하도록 방해하는 것은 무엇인가?

◊ 확증 편향에 주의하라. 자신의 선입견에 부합하는 증거만 취사선택하고 다른 불편한 사실을 무시하지는 않았는지 확인하라.

◊ 다른 사람의 말을 귀담아듣고 적극적으로 대화하라. 특히 생각하던 바의 실체에 가까운 경험을 한 사람들의 이야기를 들으라. 타인의 의견을 존중하되 무조건 수용하지는 말라.

◊ 중요한 것과 하찮은 것을 이미 알고 있다고 가정하지 말라. 뭔가 중요하지 않다고 여겼던 생각에서 정작 간과한 것은 없는지 살피라.

2장

질문

———

당연해 보이는 주장이어도
질문하고 의심하라

◇ 진정으로 질문이 필요한 사안에 질문하고 있는가?

◇ 올바른 형식을 갖춘 질문인지 점검하라.

◇ 질문을 던지는 자신의 동기가 무엇인가?

내 생각에 가장 지혜로운 사람은

한 달에 단 한 번이라도 자신을 바보라 부를 수 있는 사람이다.

요즘에는 있다는 얘기조차 들어본 적 없는 능력이다.

— 표도르 도스토옙스키, 〈보보크〉

"모든 것에 질문을 던지라. 들은 말을 그대로 믿지 말라."

고상한 견해다. 이런 말을 하는 사람은 다른 사람에게도 스스로 사실을 확인하고 실험해 보라고 독려할 것이다. 비판적 사고의 전도사 같다. 그러나 사실 이 말의 주인공은 평평한 지구 음모론으로 미국에서 둘째가라면 서러울 정도의 악명을 떨쳤던 마크 사전트Mark Sargent이다.[1]

사실 사전트 같은 음모론자는 회의적인 질문의 위험성을 제대로 보여준다. 아무리 지적인 사람이라도 숙련된 방식으로 질문하지 않으면 엉뚱한 결론에 도달할 수 있다. "모든 것에 질문을 던지라"라는 단순한 명령은 올바르게 질문하는 방법을 알려주지 않는다. 모든 것을 똑같이 혹은 같은 방식으로 질문해야 하는 것은 아니다. 해답을 찾지 못하는 질문이라고 해서 다 끔찍한 것도 아니다. 해답을 찾기 위한 질문이 아니라, 질문을 위한 질문을 하지 않으려면 어떻게 해야 할까? 먼저 질문이 언제 중요하고 언제 무의미한지부터 알아야 한다. 질문은 신중해야 한다. 아리스토텔레스가 말했듯이 질문은 누구나 할 수 있다. 어렵지 않다. 그러나 올바른 것에 대해, 올바른 정도로, 올바른 시기에, 올바른 목적으로 질문하기란 쉽지 않다.

질문은 비판적 사유에서 의문의 여지 없는 핵심이다. 파키스탄계 영국인 학자이자 사회참여 지식인이기도 한 지아우딘 사르다르Ziauddin Sardar는 고등학생 시절, 이븐 투파일Ibn Tufail의 『하이 이븐 요크단의 생애를 통해서 본 인간 이성의 개발The Improvement of Human Reason: Exhibited in the Life of Hai Ebn Yokdhan』이라는 책을 읽은 뒤로 일단 질문하고 의심하는 것이 자신의 방법론이 되었다고 말한다. 사르다르는 12세기에 쓰인 이 책이 '이슬람 최초의 소설'인 동시에 '아마도 최초의 본격 철학 소설'일 것이라고 이야기한다. 소설의 주인공 요크단은 섬에서 혼자 살면서 "별과 주변 동물에 관해 묻고 생각하기 시작하고, 이러한 생각을 통해 창조주가 있다는 결론에 도달한다"라는 것이 사르다르의 설명이다.

요크단과 마찬가지로 사르다르에게도 탐구의 필수 요소는 어떻게 해야 훌륭한 질문을 던질 수 있을지 자문해 보는 것이다. 사르다르는 다음과 같이 말한다. "질문은 언제 타당한 질문이 될까요? 질문은 언제 질문이 아닌 것이 될까요? 대답이 무의미할 정도로 대답의 틀을 미리 만들어버리는 질문은 언제 이루어질까요? 적절한 질문을 던지는 것이 바로 내가 하고 싶었던 일입니다."

모든 질문이 묻거나 답해야 할 가치가 있는 것은 아니다. 세무 조사원이 "언제부터 탈세를 시작했나요?"라고 묻는 경우를 생각해 보자. 이 질문에는 당신이 탈세했다는 가정이 애초부터 깔려 있다. 이를 **복합 질문의 오류** the fallacy of the complex question라고 한다. 논란이 되는 문제를 애초에 전제하고 시작하는 데서 비롯되는 오류다. 위의 질문은 탈세를 했는지와 언제부터 했는지 두 가지 사실 여부를 모두 따져보아야 하는 문제다. 이를 한 문장에 넣어 '언제' 탈세했는가에 초점을 맞추면서 탈세를 기정사실로 만들어버리는 데서 오류가 발생한다. 이러한 오류는 특히 정치 분야에서 수사적 전략으로 흔히 쓰인다. 가령 "대체 총리는 언제부터 리더십을 보여줄 것인가?"라는 질문에 답하려면 총리는 자신이 아직 리더십을 보여주지 못했다는 가정을 받아들여야 한다. 일상에서도 사람들은 흔히 특정 사실을 전제하고 답변을 유도하는 질문을 던진다. 거짓말을 하지 않았을 수도 있는 상황에서 "왜 거짓말했어요?"라고 묻거나, 정작 자신이 남의 시간과 관심을 더 뺏으려고 이기적으로 굴면서 상대에게 "대체 언제까지 그렇게 이기적인으로 행동할 거예요?"라고 묻는 것이다.

우리는 지나칠 만큼 자주 잘못된 질문을 던진다. 1960년대부터 현재까지 활발히 활동하는 미국 철학자 존 설John Searle은 "철학자 대부분은 다른 철학자의 글을 읽으면서 물려받은 멍청한 문제 목록을 갖고 있습니다. '다른 철학자'가 다루지 않았던 멍청한 문제도 많을 겁니다"라고 말한다. 존 설은 철학에서 가장 많이 제기되는 질문은 그저 묻는 데 익숙해져 버린 질문에 불과하며 가장 대답이 필요하고 중요한 질문이 아니라는 사실을 간파했다.

일상에서 우리는 늘 잘못된 질문을 던진다. 많은 사람이 담배도 끊지 않고 고주망태가 되도록 술을 마시면서도 상추에 묻은 극소량의 농약이 위험하지 않을지 호들갑 떨며 걱정한다. 보수주의자는 사람들이 응당 받을 권리보다 더 많은 복지 혜택을 요구하는 건 아닌지 의심하지만 경제에 훨씬 큰 위협이 되는 세금 회피와 탈세는 별다른 질문 없이 넘어간다. 아마 대부분 사람은 자기 인생의 목표를 달성하는 데 지나치게 몰두한 나머지 그 목표가 올바른지는 충분히 생각하지 못했을 것이다.

잘못된 질문 하나는 모든 사유를 마비시키는 회의주의로 덜컥 이어진다. 철학에서 제일 근본적인 질문 중 하나인 "앎이란 어떻게 가능한가?"라는 질문을 예로 들어보자. 온갖 것에 대해 이 질문을 던지고 나면, 확실한 답은 도대체 존재할 수가 없다는 사실을 금세 깨닫게 된다.

비가 오네. 그걸 어떻게 알지? 보고 느낄 수 있잖아. 컴퓨터 시뮬레이션 속에 살고 있는지, 아니면 유난히 생생한 꿈을 꾸고 있는지, 누군가 네 커피에 환각제를 탄 건 아닌지 어떻게 알아? 바보 같은 소리 좀 작작 해! 그건 대답이 아니잖아…

난 그를 사랑해. 그걸 네가 어떻게 알아? 그냥 알아. 누구나 자기 마음을 아니까. 그가 아니라 그 사람을 사랑한다는 생각을 사랑하는 건 아닌지, 아니면 진정한 사랑이 아니라 일시적인 사랑의 열병에 걸린 건 아닌지 어떻게 알 수 있지? 그런 걸 알 수 있는 사람이 어디 있어? 바로 그거야!

확실하게 알 수 있는 것은 아무것도 없다는 당연한 믿음에서 **알 수 있는** 것은 하나도 없다는 심한 회의론으로 슬쩍 넘어가기란 그리 어렵지 않다. 이런 결론에 스릴을 느끼는 사람들도 있다. 하지만 이러한 태도는 해롭다. 무엇이건 믿어야 할 근거를 아예 없애고 믿음에 따라 행동해야 할 근거까지 없애버리기 때문이다.

다행히 회의론이 거는 딴지에는 치명적인 결함이 있다. 불합리한 요구를 한 다음 그 요구를 충족시킬 수 없다며 불평불만을 늘어놓는다는 것이다. 지식이 '의심이란 의심은 **모조리 싹 다** 뛰어넘어야' 한다면 어떤 지식도 그 기준을 통과할 수 없다. 물론 가능성이 대단히 희박하긴 하지만 우리가 사는 세계가 환각, 시뮬레이션, 꿈일 가능성도 완전히 배제할 수는 없다. 우리의 감각이 우리 주변의 환경을 체계적으로 잘못 재현하고 있을 수도 있다. 오직 나만이 의식을 가진 유일한 생명체이고 다른 모든 사람은 홀로그램이나 로봇일 수도 있다. 나라는 존재가 애초에 없을 수도 있다. 최소한 일정 시간 동안 살아온 개체로서는 존재하지 않았을 수 있다. 나는 겨우 2초 전에 만들어졌는데, 몇십 년을 산 기억이 내 두뇌에 이식되었다는 의미에서 말이다. 아니면 내가 미쳤을 수도 있다. 이런 이야기는 정말 말도 안 되는 듯 보이나 수천 년 동안 그 누구도 가능성을 완벽히 배제하지는 못한, 해결되지 않은 문제다.

일루미나티(18세기 후반 프로이센에서 활동하다가 해산되었다고 알려진 비밀 결사체—옮긴이)가 세상을 지배하고 있지 않다는 것은 입증할 수 있을까? 그 역시 입증할 도리는 없다. 설사 지배한다 해도 증거가 은폐되어 있어 지배하고 있는지 아닌지 오리무중이다. 또한 파트너를 온종일 감금해 두거나 일거수일투족을 추적하지 않는 한 그가 바람을 피우는지 아닌지는 100퍼센트 확신할 수 없다. 그러니 의심과 불안을 거두지 않고 100퍼센트 확실한 증거를 요구하는 태도는 편집증으로 가는 지름길이다.

◆

회의론과 지나친 의심에 대응하는 방법은 무엇일까? 회의론의 결점, 즉 도무지 말이 안 될 만큼 높은 수준의 증거를 요구하고 있다는 결점을 지적하는 것이 올바른 대응 방법이다. 회의론자들은 성취 불가능한 과제를 설정해 놓고 과제를 달성하지 못했을 때 '실패'라고 외친다. 회의론자로서는 참 쉽겠지만 그 대가는 엄청나다. 상대를 실패로 몰아넣고 승리했다며 의기양양해하면서도 속으로는 허무감밖에 들지 않는다. 아무 상황에서나 의심의 눈초리를 던지고 보는 행동은 철학을 빙자한 게임에 지나지 않는다. 이러한 태도는 진실을 향한 진지한 탐구와 거리가 멀다.

기후변화를 예로 들어보자. 우리는 무슨 일이 일어나고 있는지, 그래서 무엇을 해야 하는지 예전보다 훨씬 더 명확히 알게 되었다. 하지만 기후변화에 관해 우리가 알고 있는 지식은 여전히 불명확하다. 태양 활동 패턴이 변화하고 있을 가능성도 없지 않다. 태양 복사열이 감소하면 온실가스 증가세가 둔화해 기후변화 폭이 줄어들 수도 있다. 그럴 가능성은 있다. 하지만 그 가능성을 믿고 도박에 뛰어들 수는 없다.

확실성을 요구하는 행위는 요구하는 자와 요구받는 자 모두에게 적용되기 때문에 어리석고 자기 패배적이다. 타이태닉호 갑판에 선 채 그 큰 배가 가라앉는다는 보장이 없지 않느냐며 구명정을 타지 않으려는 사람을 상상해 보라. 이러한 행동의 근거 자체를 틀렸다고 할 수는 없다. 타이태닉호가 가라앉지 않을 수도 있으니까 말이다. 하지만 타이태닉호가 계속 떠 있을지 역시 확신할 수 없기는 마찬가지이므로 이런 논리로 구명정에 타지 않으려는 행동은 부적절하다. 어떤 행동을 하든 사람들은 불확실성에 근거하여 움직이기 마련이다. 모든 선택은 불확실하지만 그렇다고 해서 모든 선택이 **똑같이** 불확실하지는 않다.

철학 분야에 본격적인 회의론자는 드물지만 회의론이 제기하는 문제는 여전히 교과서를 가득 채우고 있다. 안타깝다. 존 설의 주장에 따르면, "철학의 주된 목적은 회의주의에 답하는 것이다"라는 데카르트의 생각을 받아들인 이래 철학은 '300년에 걸쳐 실수'를 저질러 왔다. 하지만 300년은 과소평가된 수치다. 회의론과의 대결은 소크라테스 이래 고대 그리스인의 주요 관심사였으며,

인도 철학에서도 역사가 길다(소크라테스가 맞서 싸웠던 소피스트 역시 회의주의학파에 속한다고 할 수 있다—옮긴이). 하지만 나는 "회의론을 심각하게 생각하지 않아요"라고 말하는 존 설과 같은 입장이다. 회의론과 대적하려는 노력에도 그 나름의 장점이 있을 것이다. 하지만 회의론이라는 거대한 용을 처단할 때까지 철학 전체가 마냥 손 놓고 기다릴 순 없지 않겠는가.

어떤 것도 100퍼센트 확실히 알 수 없다는 깨달음은 중요하다. 일단 이를 이해하면 추가적인 질문의 역할이 확실성을 다시금 확립해 주는 것이 아님을 알 수 있다. 이어지는 질문은 우리의 생각이 얼마나 확고한지 우선 그 근거를 검증한다. 그 후 궁극적으로는 그 믿음이 바위처럼 견고하지 않다는 사실을 받아들이게 만드는 것이 질문의 역할이다.

질문을 던지는 행위를 본래 부정적으로 여기는 까닭은 아마 회의론 때문일 것이다. 사실 '의문 제기'는 의심하고 문제를 설정하는 행위다. 의심과 문제 설정을 위한 질문은 철학 교육에서 장려된다. 하지만 나쁜 논증에 주의를 기울이는 데 온통 정신을 쏟다 보면 자신이 찾아낸 증거에 정신이 팔려 좋은 논증까지 놓칠 수 있다. 잘못된 것만 보다 보면 정작 올바른 것을 알아보지 못하게 되는 법이다.

예를 들어, 나는 유기농 식품이 우수하다는 주장에 항상 의구심을 품었다. '유기농'의 실제 의미가 무엇인지 질문을 던지다 보면 개념의 결함과 한계가 훤히 드러난다. 유기농과 비유기농을 구분하는 기준은 자연에서 났는지가 아니다. '유기농'이라는 라벨의 사용을 통제하는 사람들이 개발한 기준에 따른다. 어떤 농부가 유기농 방식으로 농사를 짓는 이웃과 똑같은 방식으로 농사를 짓더라도 인증 비용을 내지 않으면 그 식품은 유기농이 아니다. 같은 이유로 일부 식품은 100퍼센트 유기농 재료로 만들었지만 법적으로 유기농이란 라벨을 붙일 수 없다.

유기농 식품이 순수하고 깨끗하다는 순진한 주장도 부적절하다. 유기농이라고 해서 화학 비료를 하나도 사용하지 않았다는 의미는 아니다. 아무리 유기농 비료라도 화학 물질이 포함되어 있다. 살아 있든 죽어 있든 모든 것에는 화학 물질은 들어 있기 마련이다. 유기농 식품이 건강에 더 좋다는 주장도 입증되지 않았다. 예컨대 유기농 우유의 영양소 함량이 아주 조금 더 높다면 이는 목초 사료를 먹인 소에서 짜낸 우유이기 때문이다. 또 유기농이 아닌 일반 농작물에 함유된 수준의 살충제가 건강에 심각한 위험을 초래한다는 증거도 없다. 그리고 아무리 유기농 식품이라도 그 자체로 위험할 수 있다. 2011년 한 독일 유기농 농장에서 대장균이 발생하여 53명이 사망한 사건도 있었다. 유기농 식물의 동물 복지 기준은 비교적 높은 편이지만, 비유기농보다 유기농을 확대해야 한다는 주장은 현대 의학보다 대체 의학을 중시해야 한다는 주장과 마찬가지로 비과학적인 도그마에 불과하다.

이 모든 이유에도 나는 유기농을 반대하지는 않지만, 유기농이라는 라벨이 미덕이라도 되는 양 생각하는 사람들과 다르게 진부한 미사여구를 꿰뚫어 보는 내 능력에 우월감을 느낀 것은 아니다. 나의 회의론은 의심할 줄 아는 철학자가 아무런 의심도 하지 않는 무리를 상대로 거둔 작은 승리에 불과하기 때문이다.

하지만 또 다른 의미에서 나는 충분히 질문하지 못했다. 나는 유기농 식품에 장점이 있다고 말하는, 순진하고 지나치게 열광적인 견해를 아무 근거도 없다는 이유로 무너뜨리긴 했지만 그 정도는 전혀 어렵지 않다. 하지만 과학을 근거로 유기농 옹호론을 공격하면서 나는 유기농 식품이 대다수 다른 대체 식품보다 선호할 정도의 장점이 있느냐는 미묘한 질문은 외면하고 있었다.

내가 믿는 바에 따르면 이 질문에 대한 대답은 대체로 '그렇다'이다. 유기농 인증을 받지 않은 훌륭한 농장도 많고 그중 일부는 지속 가능성과 동물 복지 측면에서 평균적인 유기농 농장보다 나은 것도 사실이다. 그러나 정작 슈퍼마켓 진열대에서는 고도로 산업화되고 집약적인 농업의 결과물인 식품이냐 아니면 유기농 식품이냐 둘 사이의 선택밖에 없을 때가 많다.

예외도 있겠지만, 산업화된 농업 시스템은 대체로 동물을 물건처럼 취급한다. 동물에게 먹이로 주는 곡물과 콩은 삼림을 벌채한 토지에서 재배한다. 또 화학 비료에 의존해 단일 재배 방식으로 작물을 대규모 재배하여 환경을 파괴한다. 야생동물 서식지를 잠식하면서 생물 다양성도 위협한다. 유기농이라는 대안은 물론 불완전하기는 하나 이런 산업화 상품보다는 거의 대부분 낫다고 할 수 있다.

물론 어느 쪽으로건 적절한 주장을 하기에는 문제를 지나치게 빨리 훑어본 느낌이 있다. 여러분이 이 문제를 자세히 살펴본 후 완전히 다른 결론에 도달할 수도 있다. 사실 내가 말하려는 요점은 유기농이냐 아니냐 하는 특정 사안의 실체가 아니다. 이러한 사고의 습관과 구조가 중요하다. 질문을 하다 보면 질문들이 마치 생명력을 얻은 듯 논리는 내팽개치고 자기 마음대로 뻗어나가기 쉽다는 사실을 명심해야 한다. 유기농의 단점을 찾으려는 부정적인 작업으로 인해 그 대안이 갖는 장점과 더 큰 결점을 간과하는 결과를 초래한 나의 사례를 참조하라.

◆

　다른 사람의 주장과 아이디어에 질문을 던지는 데 그치지 말라. 자신의 동기와 의제와 목표에 대해서도 질문해야 한다. 대부분 사람과 다르게 생각하는 자기 능력을 과시할 기회에 전전긍긍하고 있지는 않은가? 상대방을 깔아뭉개려는 싸움에 집착하다 보니 부정과 긍정 사이에 균형을 맞추지 못하고 있지는 않은가? 그리고 애초에 질문은 왜 하는가? 궁극적인 목표는 무엇인가? 예를 들면 유기농 운동의 주장을 검증해 보려는 것인가, 아니면 여러 방법 중 가장 훌륭한 농사 방법을 판단하려는 건가? 거의 모든 아이디어마다 그 장점을 과장하는 열성 팬이 있기 마련이다. 그 사람들의 주장만큼 그 아이디어가 훌륭하지는 않을 수도 있다. 그래도 현재라는 상황에서는 그것이 최고의 선택일 수 있다.
　질문을 통해 결점과 단점을 찾는 데서 그치지 말고 강점과 장점도 찾으려 해야 한다. 또 목표, 동기, 목적 그리고 자신의 인격에 대해서도 질문해야 한다.

가차 없는 질문은 좌절감을 줄 수 있다. 도덕철학자 필리파 풋 Philippa Foot이 내게 던진 오래된 농담에는 많은 진실이 담겨 있다. "철학자란 상대의 질문을 받고 대답하면서 상대가 애당초 자신이 무슨 질문을 했는지조차 잊어버리게 만드는 인간이다"라는 농담 이다. 풋은 자신이 얼마나 많은 것을 모르는지 놀라울 정도로 솔 직하게 인정했던 철학자다. 2차 세계대전부터 21세기 초반까지 활동하는 동안 풋은 글을 거의 쓰지 않았다. 자신이 가치 있는 말 을 할 수 있을 정도로 어떤 문제를 잘 이해하는 단계에 도달했다 고 여기지 않았기 때문이다. 그녀는 더 큰 이해를 향한 첫 단계란 **자신이 이해한다고 생각한 것을 사실은 이해하지 못했다고 인식하는** 일이라고 믿었다. 이러한 인식을 하게 되면, 자신이 아는 바가 자 명한 것이라는 생각이 들 때 불안해진다.

'자명성 the obvious'은 얻어들은 지혜를 진리로 혼동할 위험을 내포한다. 어떤 사안이 의심할 수 없을 만큼 자명해 보이는 이유 는 그것이 의심할 여지 없이 자명해서가 아니다. 우리가 그것을 의심할 역량이 부족하기 때문이다. 과거에는 (많은 유럽인의 시각에 서 볼 때) 아프리카인이 유럽인보다 지적으로 모자라고, 여성에게 는 노동이 적합하지 않으며, 물고기는 고통을 느끼지 못하고, 동 성애는 역겨우며, 해는 뜨고 지고, 물체는 단단한 물질로 이루어 져 있고, 대중음악은 예술이 아니라는 것을 자명하게 여겼다.

철학자의 강점 중 하나는 자명한 진실처럼 보이는 것에 질문 을 던지도록 훈련받는다는 사실이다. 예컨대 철학자들은 자아가

지속적으로 존재하는가, 세계는 물질로 이루어져 있는가, 우리는 사물을 직접 지각하는가, 우리에게는 자유 의지가 있는가, 세계는 과학이 설명하는 그대로 존재하는가, 미적 판단은 단지 취향의 문제인가, 말은 사물에 대한 기호인가 등 자명해 보이는 문제에 질문을 던진다.

이러한 질문이 얼마나 생산적인지를 보여주는 예로 최근 영국 철학자 사이먼 크리츨리Simon Critchley가 던졌던 질문을 생각해 보자. 그는 칸트가 "**당위가 적용되는 행위는 물리적 조건에서 가능해야 한다**"라고 쓴 이래 윤리학이 공리로 받아들였던 원칙에 질문을 던졌다.[2] 칸트의 말을 요약하면 "**당위는 가능을 함축한다**"라는 말이 된다. 즉, 누군가 무엇을 **해야 한다**고 말한다면 그 말은 실제로 그 일을 **할 수 있을** 때만 의미가 있다는 것이다. 가령 편찮으신 어머니가 지구 반대편에 계시는데 비행기표를 살 돈도 없는 상태에서 병문안을 **가야 한다**고 말한다면 터무니없다. 내 잘못으로 교통사고가 난 게 아닌데 내가 교통사고를 피했어야 했다고 누군가 불평한다면 그 말 역시 터무니없다. 더 이상 자명한 논증은 없어 보인다. 하지만 크리츨리는 "**당위가 불가능을 함축한다**"라고 주장한다. 불가능한 일을 할 수 있다고 생각해서가 아니다. 다만 '그만큼 했으면 됐어'라는 자기만족을 피하기 위해서라도 가능한 것 이상을 목표로 해야 한다는 의미다. 크리츨리는 칸트를 뒤집은 자신의 주장을 다음과 같이 변호한다. "나의 주장은 더 엄격하고, 그러므로 우리가 따라야 할 윤리적 요구에 더 맞습니다. 윤리학이 무언가를 할 수 있다는 느낌이나 자신의 행위에

만족하는 정도에 머무른다면, 그 정도의 윤리학은 인간에게 앞으로 나아갈 길을 제시하지 못합니다." 하지만 자신에게 더 엄격한 윤리적 요구를 한다면 우리는 좀 더 나은 사람이 될 수 있다. 자신이 줄 수 있는 것보다 더 많이 내어주라고 스스로에게 요구하는 행위는 비현실적이지 않다. 이는 어떻게 해도 자신이 늘 불완전하리라는 것을 겸허히 인정하는 태도다.

칸트의 공리에 대한 크리츨리의 도전은 좋은 질문의 예다. 그는 질문을 통해 다른 사람의 허점을 파고들거나 좋은 평가를 바라지 않는다. 크리츨리의 질문은 의문을 제기당한 대상의 많은 부분을 없애지 않고 그대로 남겨놓는다. 그는 애초에 불가능한 일을 할 수 없는 사람들을 비난하라고 말하는 것이 아니다. 그가 던지는 질문은 질문 자체를 위한 질문이 아니다. **우리가 더 이상 생각할 것이 없다고 쉽게 결론 내버린 지점에서 앞으로 더 나아가기 위한 질문이다.** 그는 "이보다 더 잘할 수는 없었을 것이다"라는 생각을 성찰의 끝이 아니라 시작으로 생각하라고 권유한다.

칸트에 대한 크리츨리의 질문은 가정에 의문을 제기하는 미덕을 보여준다. 가정을 검토하는 일은 철학자가 갖춰야 할 핵심 역량이다. 철학자는 겉으로 강력해 보이는 주장 뒤에 숨은 잘못된 가정을 찾아내는 사람이다. 예를 들어 암 검진, 의료비 지출, 약물 재활은 모두 자명하게 좋은 일이다. 보통은 그렇다. 그러나 그렇지 않을 때도 있다.

영국의 보수주의 철학자 로저 스크러턴Roger Scruton은 어떤 것이 좋을 때, 그것이 더 많을수록 좋다고 생각하는 오류를 **다다익**

선의 오류aggregation fallacy라고 불렀다. 좋은 것이 많다고 해서 항상 좋기만 한 것은 아니다. 오히려 더 나쁠 수도 있다. 모든 것에는 이상적인 수준과 분포가 있다. 케이크 한 조각은 좋지만 열 조각은 너무 많다. 예방접종은 좋지만 접종량을 두 배로 늘리거나 필요 이상으로 많이 접종하면 위험하다.

실제로도 우리는 좋은 것은 많을수록 좋다고 흔히 생각한다. 비타민제는 위험할 정도까지 용량을 끌어올려서 팔고, 사람들은 필요 이상의 보험에 돈을 낭비하며, 가수들은 성공한 음반과 비슷한 음반을 만들겠답시고 창의성 없는 막다른 길로 들어선다. 크리스틴 코스가드Christine Korsgaard는 재화를 공유하면 재화를 증식할 때보다 이익이 더 커질 수도 있는데 이 사실을 보지 못하는 것 또한 다다익선의 오류라고 주장한다. 가령 정부는 공공 도서관처럼 모두에게 혜택을 주는 공간과 서비스에 자원을 더 잘 사용할 수 있는데도 시민 개개인에게 더 많은 혜택을 제공하려 든다. 다다익선의 오류다.

어떤 명제에 깔린 전제가 무엇인지 명확하지 않을 때 다다익선의 오류에 빠지기 쉽다. "좋은 것은 많을수록 좋다"라는 원칙이 명시되는 순간, 뭔가 수상하다는 감을 잡을 수 있다. 이렇듯 명시해야 할 원칙을 빼놓은 채 가정에서 결론을 도출하는 논법을 **생략삼단논법**enthymeme이라 한다. 생략삼단논법을 찾아내는 데 익숙해지면 생각이 어디서 잘못되었는지 금방 파악할 수 있다.

유익한 장내 세균을 늘리려면 무엇을 먹어야 하느냐는 문제를 생각해 보자. 다양한 장내 미생물이 건강에 유익하다는 증거는 많다. 이에 따라 발효 식품에 관한 관심도 증가했다. 소비자들은 발효 식품이 프로바이오틱스라 알려진 다양한 유익균을 함유하고 있어 장을 건강하게 해준다고 생각했다. 그러한 제품 중 하나가 발효유 음료 케피어kefir로, 판매자들은 '장내 미생물 증가'나, '장 친화성' 같은 선전 문구로 광고한다. 좋은 균이 발효 식품에 많이 포함되어 있으니 발효 식품을 섭취하면 장 건강을 증진할 수 있다는 것이 상식처럼 보인다.

그러나 여기에는 의심스러운 가정이 있다. 몸 밖에서 자라는 박테리아가 인간의 장이라는 완전히 다른 환경에서 생존은 물론 번성도 한다는 가정이다. 이 글을 쓰는 지금 시점에도 아직 사실 여부는 밝혀지지 않은 가정이다. 《영국 의학 저널》의 설문 조사 연구는 "프로바이오틱스 보충제는 인체 건강에 여러 유익한 효과가 있다"라고 결론지었지만 특정 식품에 함유된 천연 프로바이오틱스의 효능에 대해서는 아직 결론이 나지 않은 상태다. 인체에는 500종에서 1000종에 달하는 다양한 장내 세균이 존재하는데, 특히 박테리아가 풍부한 식품이라는 케피어에는 고작 40종밖에 없다. 대다수의 장내 세균을 얻는 방법은 특정 음식 섭취가 아니다. 사실 장내 세균의 다양성을 극대화하는 좋은 방법은 식이섬유가 풍부한 음식을 다양하게 섭취하는 것이다.[3]

자신의 가정에 의문을 제기해야 한다는 것은 누구나 알고 있다. 몇 년 전에 한 기업의 프레젠테이션에 참석했다. 발표자는 화이트보드에 '가정하다'라는 단어를 쓰고, 세로줄 두 개를 쳐서 'ass|u|me'으로 만든 다음 "섣부른 가정은 여러분과 저를 멍청이

로 만듭니다"라고 말했다(ass/you/me를 이용한 말장난—옮긴이). 그는 자기만족과 멋쩍어하는 감정이 묘하게 섞인 표정을 지어 보였다. 깔끔하게 요점을 전달하긴 했지만, 지나치게 머리를 쓴 데다, 그 발표자뿐 아니라 다른 이들도 여러 번 했던 말이라 진부하게 들렸다. 어쨌든 가정하는 일은 워낙 자연스러운 성향이라서 우리가 결국 가정하지 않는 법을 알고 있다고 가정하기란 불가능하다.

가정에 의문을 제기하다 보면 가정을 버리게 되는 일도 흔하다. 하지만 질문의 주요 목적은 어떤 아이디어를 반박하자는 게 아니라 그 아이디어를 더 잘 이해하려는 것이다. 예를 들어 흄은 인과관계에 대한 믿음에 의문을 제기했다. 우리는 어떤 일이 다른 일의 **원인**이 되는 과정은 관찰할 수 없다. 관찰할 수 있는 것은 어떤 일 다음에 다른 일이 **뒤따르는** 것뿐이다. 가령 우리는 물이 불을 끄는 것은 볼 수 없다. 불에 물을 끼었고 난 후 불이 꺼지는 것만 본다. 사람들은 인과관계를 **가정**할 뿐 직접 **관찰**할 수 없다. 모든 것은 원인의 결과라는 일반적인 원칙도 증명할 수 없기는 마찬가지다. 논리적 사유는 "모든 결과에는 원인이 있어야 한다고" 요구하지만, 그것이 세상에 인과가 정말 존재하는지를 말해주는 것은 아니다.

흄의 인과론은 많은 논쟁을 불러일으켰다. 그 결과, 이 주제의 문헌이 엄청나게 많이 남게 되었다. 어떻게 해석하든 결국 흄은 인과 법칙이 세상을 지배한다고 보는 우리의 사고방식을 멈출 수도 없고 멈춰서도 안 된다고 여겼던 것이 분명하다. 흄이 인과 관계에 의문을 제기한 이유는 그 근거를 이해하기 위해서지 인과 개념을 버리려는 의도가 아니었다. 인과관계는 반드시 존재해야만 하는 아이디어로, 우리가 세계를 이해하는 방법의 핵심이지만, 그것이 경험이나 이성에 근거하지 않고도 존재한다는 사실을 지적한 것이다.

이러한 시각으로 접근하면 더 건설적인 질문을 던질 수 있게 된다. 예를 들어 종교적 믿음에 의문을 제기하는 무신론자는 종교가 이성이나 경험으로 정당화할 수 없다는 사실을 발견하고, 모든 종교는 헛소리라고 결론짓는다. 하지만 그렇게 자명한 결론이 도출되는데도 그토록 많은 사람이 바보도 아닌데 종교를 믿는 이유는 무엇일까? 더 건설적인 질문은 종교적 믿음이 진실인지 확실히 밝히는 질문이 아니다. 사람들이 왜 종교를 믿는지, 믿음을 갖는다는 것은 무엇을 의미하는지 밝히는 질문이다.

이러한 태도로 질문할 때 우리는 앞으로 나아갈 수 있다. 종교적 믿음이 유사 과학적 추론보다는 주관적 경험에 근거하고, 문자 그대로 사실이라기보단 신화적인 성격을 띠며, 신비와 역설을 받아들이고 있다는 정도까지 말이다. 좋은 질문은 종교를 무너뜨리는 것이 아니라 우리가 종교를 이해하는 방식을 바꾸어놓는다.

자신감과 확신이 필요할 때도 있다. 하지만 가능한 한 명확하게 생각하려고 노력할 때 자신감과 확신의 부재는 미덕이지 악덕이 아니다. 나는 자신의 능력뿐 아니라 철학 자체의 가치에 대해서도 기꺼이 의문을 던지는 사람이야말로 최고의 철학자라는 사실을 발견했다.

영화 〈에일리언〉 시리즈에 대한 철학적 논평으로 유명한 스티븐 멀홀Stephen Mulhall은 철학자들이 가정을 찾아내 의문을 제기하는 일에 관해 다음과 같이 이야기했다.

우리 철학자들이 과학자나 예술가, 또는 다른 일에 종사하는 사람들에게 질문을 제기하려면 철학이라는 자신의 일에 대해서도 질문을 던져야 합니다. 순전히 일관성 측면에서만 봐도 그렇죠. 그렇게 하는 사람은 대단한 일을 하는 것이 아닙니다. 그저 철학자로서 꾸준하고 일관성 있게 철학을 할 뿐이죠. 자신의 철학에 대해 의문을 제기하는 것은 자신의 철학을 대상으로 철학을 한다는 말입니다.

비슷한 맥락에서 심리철학자 대니얼 데닛Daniel Dennett의 말도 의미심장하다. "최고의 철학자라는 사람들은 늘 아슬아슬한 외줄타기를 하고 있습니다. 어느 쪽으로 떨어지건 그냥 무의미하거나 형편없는 짓을 하고 있던 셈이 되어버리니까요. 따라서 이런 철학자들의 철학에 관해 캐리커처 그리듯 간단히 요약하는 일은 쉽긴 하지만 무가치해지기 십상입니다. 아리스토텔레스나 칸트처럼 위대한 철학자를 포함해 어떤 철학자의 사상이건 약간만 비틀어도 지독한 바보처럼 보일 수 있으니까요."

◆

하지만 철학자라고 해서 이러한 자기 의심을 품거나 혹은 자신이 믿는 모든 것에 대한 의문을 제기하는 것은 아니다. 티머시 윌리엄슨Timothy Williamson은 옥스퍼드대학교 와이크햄 논리학 석좌교수라는 권위 있는 직책에 몸담고 있다. 즉 많은 존경을 받는 주류 학자다. 그에게 자신의 철학이 공허할 수도 있다는 불안을 느낀 적이 있냐고 물었더니 그는 단호하게 '아니요'라고 답했다. "많은 경우 사람들이 하는 말이 그저 공허한지 아닌지에 관한 걱정은 실제로 신경증에 가까운 증상입니다." 윌리엄슨은 '헛소리에 빠지는 것'은 철학이라는 '직업의 위험'이라는 데 동의했지만, "그 말을 철학이 본질상 항상 공허한 것이라고 생각한다면 가망 없을 정도로 사안을 과장하는 짓입니다"라고 단언했다.

나는 "철학 일반이 본질상 항상 공허하다"라고 걱정하는 게 아니다. 우리가 하는 철학(또는 사유)의 **종류**나 **사례**가 공허한 건 아닌지를 우려할 뿐이다. 윌리엄슨은 자신이 몸담은 영어권 철학계에 팽배한 스타일에 대해 그다지 걱정하지 않았다. 철학이 지나칠 정도로 전문적인 분야인 것은 사실이나 자연과학과 같은 인간 사유의 다른 다양한 영역과 이어져 있다고 믿기 때문이다. 그러니 그 말이 맞는 경우 철학이 공허하면 인간의 모든 논리적 사유 역시 공허함을 피할 수 없다.

나는 윌리엄슨의 확신이 납득되지 않는다. 그의 태도에서는 철학적이지 않은 자기만족이 보인다. 윌리엄슨 같은 사람은 의당 철학자로서 일반적으로 보이는 것처럼 철학이 과학 및 다른 이성적 탐구와 과연 연속성이 있을지 질문하고 의심해야 한다. 철학이 일부 문제에 잘 통하는 탐구 방법을 전혀 통하지 않는 다른 문제에 적용하고 있을 가능성도 있기 때문이다. 물론 나는 철학이 사용하는 탐구 방법을 다른 문제에 적용할 수 없다고 생각하지는 않는다. 하지만 으레 그러리라고 가정하지 않는 것이 중요하다.

월리엄슨의 말처럼 자신에 대해, 그리고 무엇을 해야 할지에 대해 **항상** 의문을 품는 것은 신경증적일 수 있다. 하지만 **자주** 질문하는 행위는 철학의 건강한 발전에 도움이 된다. 최소한 철학이 자신의 현 상태에 안주하고 오만해지지 않도록 정기적으로 경계하는 데 유익하다. 철학자들은 온갖 것에 의문을 품는 자기 능력에 자부심을 느낀다. 그러면서 의심의 대상에서 자신만, 혹은 자신이 가장 소중히 여기는 믿음만 제외한다면 그건 일관성이 없는 태도다. 좀 더 심하게 말하자면 위선이다.

비판적 사유의 중요한 여러 측면이 다 그렇듯 질문이 중요하다는 사실은 어렵지 않게 알 수 있다. 하지만 질문을 잘하는 습관을 체득하기란 어렵다. 서구 사회, 최소한 영어권 세계처럼 긍정성 숭배가 만연한 사회에서는 더더욱 그렇다. 우리는 다른 사람의 아이디어와 기획에 대해 지나칠 정도로 지지를 보내고, 열정을 보이며, 무조건 긍정적으로 반응하도록 배운다. 누군가 끔찍하게 들리는 사업 구상을 하고 있어도 의심을 드러내 남의 '꿈을 짓밟는' 행위는 예의가 없다고 여긴다. 의문을 제기하여 잘못된 사업 구상으로 큰돈을 손해 볼 가능성을 사전에 차단한다는 생각은 너무 부정적이라 지지할 수 없는 것이다. 문제 제기를 상대에 대한 공격으로 오해하는 요즘 같은 시대, 우리 자신의 가정을 의문시하고 검토해 보는 일의 가치는 그 어느 때보다 더욱 중요하다.

질문하는 법

◇ 진정 질문이 필요한 사안에 질문을 제기하고 있는가? 그저 대다수
  가 질문하고 있는 사안은 아닌지 살펴보라.

◇ 올바른 형식을 갖춘 질문인지 점검하라. 제한된 답안 중에서 선택
  을 강요하는 문제가 있는데, 이런 문제로는 결코 중요한 지점에 도
  달하지 못한다.

◇ 질문을 위한 질문을 하지 말라. 질문을 하는 목적이 무엇인가?

◇ 특정 질문에 답이 없다는 점을 근거로 회의론을 덥석 받아들이지
  말라. 확실한 답이 불가능한 질문에 확실한 답을 요구하지 말라.

◇ 질문을 던지는 자신의 동기를 살피라. 이해 증진이 질문의 목적인
  가? 토론에서 특정인을 이기고 싶은가? 기존의 자기 신념을 옹호하
  고 싶은가?

◇ 질문이 나쁜 해답을 줄줄이 도출한다는 이유로 거기에 빠져들지 말
  라. 좋은 답 하나로 충분할 때도 있다.

◇ 어떤 사안이 자명해 보이거나 당연시되는 듯 보인다면 세밀히 살펴
  볼 가치는 늘 있다.

◇ 엉뚱한 나무를 향해 짖어대고 있진 않은지, 아예 엉뚱한 숲에서 헤
  매는 것은 아닌지 질문할 태세를 갖추라(세부 사항을 잘못 짚고 있거나
  전체를 보지 못하는 것은 아닌지 살피라는 뜻─옮긴이). 자신이 하는 일이
  근본적으로 잘못되었을 가능성에 마음을 열어두어라.

3장

연역

논증이 타당하고 건전한지
단계별로 점검하라

◇ 논증마다 "그러므로 그것이 맞는지" 살펴보라.

◇ 잘못된 논증도 참인 결론을 포함할 수 있으니 유의하라.

◇ 통계나 사실의 의미는 무엇인가?

출처는 어디인가? 결론은 무엇인가?

백 번의 의심이 증거가 되지는 않는다.

   - 표도르 도스토옙스키, 『죄와 벌』

가족 외 사람과의 만남이 금지되었던 코로나19 팬데믹 기간, 영국 총리 보리스 존슨의 다우닝가 10번지 관저는 와인과 치즈, 음악까지 곁들인 사교 모임 장소였다. 존슨 총리는 파티를 열었다는 사실 자체를 부인했으나 경찰 수사 결과 126건의 규칙 위반으로 벌금이 부과되었다. 존슨 총리 본인도 한 건의 위반으로 범칙금을 내야 했다. 이로써 "나는 분명 어떤 규칙도 어긴 적이 없다"라던 존슨의 주장은 거짓이었음이 드러났다. 한 전임 총리는 하원에서 이렇게 꼬집었다. "경애해 마지않는 총리는 규칙을 읽어본 적이 없거나, 규칙의 의미를 이해하지 못했거나—그건 총리 주변의 다른 사람들도 마찬가지였죠—아니면 그 규칙이 다우닝가 10번가에는 적용되지 않는다고 생각했나 봅니다." 존슨은 고의로 규칙을 어겼을 수 있다. 그렇다면 거짓말을 한 셈이다. 아니면 모르고 규칙을 어겼을 수 있다. 그렇다면 자신이 도입한 법도 몰랐다는 뜻이니 총리는 무능하거나 부주의한 사람이 된다.

존슨이 총리 자리에서 쫓겨나지 않았다는 사실로 미루어보아, 옳은 논증만으로는 논증의 결론에 따라 행동하도록 사람들을 설득하기 어렵다. 논증 결론을 충실히 따랐다면 총리는 거짓말을 하거나 혹은 무능하고 부주의하다는 이유로 축출당했어야 한다. 어쨌거나 존슨의 사례는 이미 알려진 사실에서 시작해 논리적으로 뒤따르는 결과를 질문하는 것이 얼마나 강력한 힘이 있는지 보여준다.

논리적 사유의 핵심은 "그렇다면 다음은 무엇인가?"라는 질문이다. 어떤 논증이 논리적인지 검증하려면 "그러므로 그것이 맞는가?"라는 질문만 던지면 된다. 돼지는 다 죽는다는 사실과 퍼시는 돼지라는 사실로부터 퍼시도 죽는다는 결론이 도출되는가? (그렇다.) 어떤 음식에 발암 물질이 포함되어 있다는 사실에서, 암에 걸리지 않으려면 그 음식을 먹지 말아야 한다는 결론이 도출되는가? (아니다.) 〈완다라는 이름의 물고기〉라는 영화의 등장인물 오토가 철학책을 읽는다는 사실에서 오토가 멍청하지 않다는 결론을 도출할 수 있는가? (아니다, 완다의 말처럼 멍청한 사람들도 '무슨 말인지 모를 뿐' 철학책을 읽긴 하기 때문이다.) 진짜 기적이 신뢰할 만한 기록에 남은 적이 없다는 사실로부터 기적이 일어났다는 주장을 믿지 말아야 한다는 결론을 도출할 수 있을까? (그런 편이다.)

논리적 사유에서 가장 중요한 습관 하나는 "그러므로 그것이 맞는가?"라고 질문해 보는 것이다. 논리라곤 전혀 모르더라도 주의를 기울이기만 하면 거의 항상 이 질문에 올바르게 대답할 수 있다. 앞서 예로 들었던 질문을 살펴보자. 다시 생각해 보면 놀라운 결론에 도달할 수 있다. 어떤 음식에 발암 물질이 포함되어 있다는 사실에서 암에 걸리지 않으려면 그 음식을 먹지 말아야 한다는 결론은 도출할 수 **없다**고 했다. 왜 그럴까?

이 문장의 논리는 "독을 피하려면 독이 포함된 음식을 먹지 말아야 한다"라는 논리와 같다. 그러나 좀 더 꼼꼼히 생각해 보면 두 예시 모두 '포함하다'라는 낱말을 사용했지만 독이나 발암 물질이 **얼마나 많은지** 보여주는 지표는 없다. 사실은 둘 다 섭취량이 관건이다. 뜨거운 음료, 가공육, 불에 까맣게 타버린 피자에도 발암 물질이 포함되어 있다. 심지어 아몬드에도 암을 유발하는 사이안화물이 포함되어 있다. 그러나 그 수치는 매우 낮아 일반적인 양을 섭취한 경우 신체 건강에 큰 위험을 초래하지는 않는다. (그러나 오늘날 많은 사람이 정상치를 넘는 양의 가공육을 섭취하고 있다는 사실은 유의해야 한다.) 미량이라도 독소가 포함된 모든 음식과 음료를 피한다면 사람은 굶주림이라는 더 확실한 원인으로 훨씬 빨리 사망할 것이다.

"그러므로 그것이 맞는가?"라는 질문은 퍽 간단하다. 그러나 이 질문을 제기하고 대답하는 방법을 더 깊이 이해하려면 전제에서 결론으로 이어지는 몇 가지 추론 방식을 구분해야 한다. "그렇다면 다음은 무엇인가?"라는 논리적 사유의 표준 형태를 일반적으로 **연역**deduction이라 한다. 일상용어에서는 '연역하다deduce'라는 동사가 너무 느슨하게 사용되지만 논리에서 이 낱말은 매우 구체적인 의미가 있다. 연역에서는 전제(추론의 근거가 되는 진술)가 참이면 **반드시** 참인 결론이 따라와야 한다. 결론이 필연적으로 뒤따르는 경우 그 논증은 **타당하다**고 한다.

앞에서 언급한 예로 돌아가 보자. 모든 돼지가 죽는다는 전제와 퍼시가 돼지라는 전제가 있다면 퍼시가 죽는다는 결론이 **반드시 사실이어야만** 한다. 그다지 새로운 사실을 밝히는 것 같지도 않은 결론을 도출하는 이러한 논증에 한 가지 강점이 있다. 바로 논증의 구조 자체만으로 논증이 타당해진다는 점이다. 따라서 이와 동일한 구조를 가진 논증은 **무엇이건** 타당하다. 구조를 도식화하자면 다음과 같다.

모든 x는 y이다.
이것은 x이다.
그러므로 이것은 y이다.

따라서 가령 "모든 시민은 영주권을 갖고 있고, 나는 시민이므로, 영주권을 가지고 있다"라는 연역 추론 역시 타당하다. 하지만 전제가 거짓이면 타당성은 별 소용이 없다. 시민 모두가 영주권을 가지고 있는 것은 아니라면 연역은 쓸모없다. 논증은 타당하면서 동시에 **건전**해야 한다. 건전한 논증은 전제도 사실이면서 논증도 타당해야 한다.

이게 전부다. 연역은 이렇게 작동한다. 그 밖에 연역에 관한 모든 설명은 주의를 충분히 기울이지 않아 놓쳤을 부분을 조금 더 상세하게 짚는 데 지나지 않는다. 하지만 이것만으로도 대단한 성취다. 안타깝지만 실험심리학이 밝힌 바에 따르면 인간은 대부분 추상적이고 형식적인 추론에 타고난 재능이 거의 없기 때문이다. 그렇다고 너무 낙담할 필요는 없다. 오히려 우리가 실제로 현실 세계의 문제를 해결하기 위해, 특히 다른 사람들과 함께 생각할 때, 추론을 사용하는 데 꽤 능숙하다는 것이 나중에 문제가 된다. 현실은 잊어버리고 논증 구조에만 집중하여 x들, y들, 그리고 추상 명사를 사용해 추론하라는 요청을 갑자기 받으면 어렵다고 생각할 뿐이다. 생존에 필요한 상식과 실용적인 사고능력을 모두 무시한 채 특정한 생각을 하라고 강요당한다면 어쩔 줄 모르고 당황하는 게 어쩌면 당연하다.

대부분 연역법을 처음 접하면 **타당한** 논증과 **건전한** 논증의 차이를 구분하는 데 제법 시간이 걸린다. 이 차이에 대해 해야 할 말은 이미 다 했다. 그래도 이 차이에 관해 처음 들었다면 그 의미를 완벽히 이해하지 못했을 수도 있다. 그러니 한번 연습해 보자. 아래의 논증은 타당한가?

모든 럭비 선수는 우매하고 야만적이다.
에밀리 스카라트는 럭비 선수다.
그러므로 에밀리 스카라트는 우매하고 야만적이다.

정답은 '그렇다'이다. 위의 논증은 타당하다. 타당성이란 전제가 참이면 결론도 반드시 참이 된다는 것임을 기억해 두라. 여기서 핵심 단어는 '만약If'이다. **만약** 모든 럭비 선수가 우매한 야만인이었고, 에밀리 스카라트가 럭비 선수라는 것이 참이라면, 필연적으로 스카라트는 야만인이어야 한다. 모든 돼지가 죽는데, 퍼시가 돼지라면 퍼시가 확실히 죽으리라는 논리와 같다. 그러나 위의 논증에서 전제들은 참이 아니다. 그러므로 논증이 **타당하다** 해도 **건전하지는** 않다. 스카라트가 굳이 변호사를 구해 명예훼손 소송을 할 필요도 없다.

타당성과 건전성의 구분은 간단하지만 그러려면 평생 써온 언어 습관을 버려야 한다. 대다수는 '타당한'이라는 말을 '공정한', '합리적인' 또는 '참된'이라는 정도의 의미로 그때그때 느슨하게 사용한다. 가령 "그건 타당한 말이다"라는 식으로 말이다. 하지만 논리에서 타당한 말이란 없다. 타당성을 따질 수 있는 것은 전제와 결론으로 이루어진 **논증**뿐이다.

타당성과 건전성의 차이를 알았더라도 실제로 어떤 논증이 타당하거나 건전한지 판단하기가 늘 쉽지만은 않다. 다음의 예를 보자.

어떤 음식이 자연에서 났다면 대부분 사람에게 좋다.
블루베리는 자연에서 난 음식이다.
따라서 블루베리는 대부분 사람에게 좋다.

이 논증은 타당하지만 건전하지는 않다. 여러분도 그렇게 생각했기를 바란다. 다시 말하지만 타당한 논증에서는 전제가 참이라면 결론도 참이다. 그러나 독버섯을 식용인 줄 알고 먹어버리는 상황만 떠올려봐도 첫 번째 전제는 참이 아니다. 만약 이를 참이라고 잘못 이해했다면 참인 결론을 보고 오해했을 것이다. 때로는 잘못된 논증이 우연히 참인 결론을 낳기도 한다. 물론 그렇다고 해서 훌륭한 논증이라고 할 수는 없다. 다음을 한번 보자.

나치는 흡연이 건강에 해롭다고 경고했다.
모든 정부는 나치가 했던 일을 해야 한다.
따라서 정부는 흡연이 건강에 나쁘다고 경고해야 한다.

여기서도 타당한 논증으로 올바른 결론을 도출하긴 했지만, 터무니없고 끔찍하며 잘못된 전제가 하나 껴 있다. 논증을 평가할 때는 각각의 주장을 하나씩 따로 평가하지 않는다. 주장과 주장 사이의 **연관성**을 살펴본 후 각 주장이 탄탄한 논리를 구성하는지 살피는 것이다. 아래의 논증을 보자.

인위적인 기후변화가 사실이라면 지난 40년간 지구 온난화 속도는 10년당 약 0.18°C 정도일 것이다.
지난 40년간 지구 온난화 속도는 10년당 약 0.18°C씩 상승했다.
따라서 인위적인 기후변화는 실제로 일어나고 있다.

이 논증의 결론은 참이며 전제들 역시 따로따로 보면 모두 참이다. 그렇지만 이 논증은 타당하지 않으며 당연히 건전하지도 않다. 다시 한번 말하지만 핵심 단어는 '만약'이다. 문제는 **만약 x라면, y**라는 논증이 **만약 y라면, x**라는 논증이 되지는 않는다는 것이다. 예를 들어 "어젯밤에 비가 내렸다면, 땅이 젖었을 것이다"라는 논증은 "땅이 젖었다면, 어젯밤에 비가 내린 것이다"라는 논증과 같지 않다. 비가 오지 않았더라도 땅이 젖었을 수 있기 때문이다. 누군가 물을 뿌렸거나, 세차를 했거나, 어디에서 넘쳐흐른 물에 땅이 잠겼을 수도 있다. 마찬가지로 인위적인 기후변화가 사실이라서 지구의 기온이 상승했을 수 있다. 그렇지만 다른 이유로 기온이 상승했을 가능성도 있다. 이러한 가능성 때문에 오랫동안 기후변화를 부정하는 주장을 여러 사람이 마음 편히 받아들일 수 있었다. 이론적으로 지구 온난화는 태양 활동 혹은 다른 자연 순환의 결과일 수 있다. 그렇지 않다고 말하는 증거가 있을 뿐이다.

이러한 논리적 실수를 **후건 긍정의 오류**fallacy of affirming the consequent라고 한다. **만약 x라면, y이다**라는 전제에서 시작하여 결과인 y가 참이라고 단언한다면 타당하다. 하지만 뒤에 오는 조건인 y가 참이므로 x 또한 참이라고 결론을 내리면 타당하지 않다. 간략히 말해 **x라면, y이다. 그러므로 x이다**라는 식으로 흘러가는 논증의 오류가 후건 긍정의 오류다. 예를 들어 "이 차가 로터스라면, 매우 비싸다. 이 차는 매우 비싸다. 따라서 로터스다"라는 논리는 명백히 오류다.

이 후건 긍정의 오류를 타당한 형태의 논증인 **전건 긍정** affirming the antecedent과 비교해 보자. **만일 x라면, y이다**라는 전제에서 시작하여 x라는 전건이 참임을 확인한다면 y 또한 참이라고 타당하게 결론이 내려진다. 가령 "이 차가 로터스라면 그것은 매우 비싸다. 이 차는 로터스다. 따라서 매우 비싸다"라는 논증은 타당하다. 앞에서 말했던 돼지 퍼시 논증과 같은 형식이다.

이제 설명은 충분하다고 생각할 수도 있겠다. 그렇다면 아래의 논증은 타당한 논증일까?

> 오늘이 5월 1일이면 국제 노동절이다.
> 오늘은 국제 노동절이다.
> 따라서 오늘은 5월 1일이다.

이 논증은 후건 긍정의 오류를 잘 보여주는 사례다. 그러나 그걸 알아차리도록 훈련받은 논리학자가 아니라면 누구에게나 타당해 보일 것이다. 대체 무슨 일이 벌어지고 있는 걸까?

다시 한번 말하지만 논리에서 사용하는 용어는 일반적인 용례와 달리 엄밀한 의미를 지니고 있다. 영어에서 조건의 'if'는 주로 그냥 '만약'을 의미하지만, 때로는 '만약 그리고 오직 그럴 때만if and only if'을 뜻하기도 한다. 예를 들어 부모님이 "방을 정리하면 컴퓨터 게임을 해도 된다"라고 말할 때, 방을 청소하는 조건이 아닌 다른 조건에서도 컴퓨터 게임을 허용할 수 있다는 의미가 아니다. "방을 반드시 정리해야만 컴퓨터 게임을 할 수 있다"

라는 뜻이다. 문맥상 이러한 의미가 명백해 현실에서 이렇게까지 정확히 풀어 말하는 부모는 없다. 반면, "복권에 당첨되면, 베네치아로 휴가 갈 거야"라는 말은 복권에 당첨되지 않으면 절대 베네치아에 가지 않겠다는 의미는 아니다. 문맥상 이 '만약'은 '만약 그리고 오직 그럴 때만'이 아니라 명백히 '그저 만약'에 불과하다.

　　논리학에서 '만약 그리고 오직 그럴 때만'이라는 조건은 쌍조건biconditional이라 하고, 보통 'iff'로 표기한다. 위의 노동절 논증의 '만약if'이라는 낱말은 보통의 맥락에서 '만약 그리고 오직 그럴 때만iff'을 의미하는 것으로 간주된다. 이렇게 읽으면 노동절 논증은 실제로 타당한 동시에 건전하다. **반드시 x라면, y이다**라는 논증에는 **반드시 y라면, x이다**가 함축되어 있기 때문이다. 따라서 사람들이 '만약if'을 사용하는 논리 문제를 자꾸 틀린다고 해서 반드시 멍청하다고 할 수는 없다. 철학에서 '만약if'은 언제나 '그저 만약if'이고, '만약 그리고 오직 그럴 때만iff'은 항상 '반드시 그럴 때만'이다. 사람들이 이런 논리에서 오류를 저지르는 이유는 '만약'이 '그저 만약'인데도 '반드시 그럴 때만'이라고 짐작하거나 그 반대인 경우가 많기 때문이다. 이러한 예시는 조건이 들어간 논증을 판단할 때마다 **'그저 만약if'**을 사용하는지, 아니면 **'만약 그리고 오직 그럴 때만iff'**을 사용하는지 주의 깊게 살펴야 함을 잘 보여준다.

◆

타당한 연역 논증 방법의 핵심은 이제까지 설명한 몇 쪽이면 전부 요약된다. 하지만 너무 좋아하지는 말라. 연역적 논증의 기묘한 점은 그것이 철학과 논리적인 사유 전반의 기준으로 여겨지고 있으나 유용성이 그다지 크지 않다는 것이다. 연역의 강점은 오히려 약점으로 드러난다. 연역이 타당해지려면 결론은 여러 전제로부터 엄격히 도출되어야 한다. 그러나 그 말은 결국 결론에서 찾아낸 모든 것은 **이미 전제에 들어 있다**는 뜻이다. 결론이 하는 일이란 결국 자신을 풀어 이야기하는 것일 뿐이다. 모든 돼지는 죽고, 퍼시가 돼지라는 것을 알고 있다면, 퍼시는 죽는다는 것을 이미 알고 있어야 한다. 따라서 어떤 의미에서 모든 연역적 논증은 증명하려는 내용을 미리 상정하고 있다.

이런 이유로 연역적 논증은 가정 자체가 논쟁의 대상이 될 때 논증을 확정하기 어렵다. 예를 들어 동성 결혼에 반대하는 흔한 논증을 보자. 이에 따르면 결혼은 남자와 여자 사이의 결합이고 동성 커플은 남자와 여자가 아니기에 동성 결혼은 있을 수 없다. 이 논증은 타당하다. 하지만 동성 커플에게도 결혼을 허용하자는 운동의 핵심에는 결혼이라는 제도가 이성애자만의 전유물로 남아선 안 된다는 믿음이 있다. 그러니 결혼은 **반드시** 남자와 여자의 결합을 의미한다는 전제는 자기 주장을 미리 상정한 것에 불과하다. 단언은 논증이 아니다. 부정이 반박이 아닌 것과 마찬가지다. 따라서 전제 중 하나가 논쟁의 소지가 있는 이 논증은 건전한 논증이 될 수 없다.

어떤 논증이 타당성과 건전성이라는 두 조건을 모두 충족하려면 각각 전제에 결론이 이미 내포되어 있어야 한다. 또한 전제들은 합리적 이의를 제기할 수 없어야 한다. 즉 연역적 논증을 통해서는 사실상 새로운 진리가 생성될 수 없다. 그렇다면 애초에 왜 연역법을 사용할까? 한 가지 이유는 결론이 전제에 이미 포함되어 있다는 점이 늘 자명해 보이지는 않아서다.

연역적 논증을 통해 결론을 밝히면 대단히 명쾌해 보인다. 예를 들어 6324 ÷ 37.2라는 수식의 답은 이미 식 안에 포함되어 있지만 실제 계산해 보기 전에는 답이 무엇인지 알 수 없다. 모든 정보가 전제 속에 있을 수 있다. 그래도 결론을 도출하는 작업은 유익한 정보를 제공한다.

때로 우리는 우리가 믿는 것의 논리적 결과를 충분히 생각해 보지 않는다. 최소한 이런 생각을 차근차근 하다 보면 강제로라도 좀 더 정확성을 기할 수밖에 없다. 인간을 위해 생물을 죽이는 것은 항상 잘못이며 따라서 고기를 먹는 것은 잘못이라고 믿는 사람이 있다. 이 사람에게 누군가가 같은 논리로 파리, 식물 또는 박테리아도 죽여서는 안 된다고 지적하게 해보자.

첫 번째 전제에서 표현된 원칙은 충분히 정확하지 않다. 논증을 다시 다듬어 "생존을 위해 필요한 경우가 아니라면 인간을 위해 다른 동물을 죽이는 것은 항상 잘못이다"처럼 더 엄정하게 만들어야 함을 알 수 있다. 이러면 박테리아와 식물 문제는 해결된다. 그러나 아직 파리, 곤충 및 온갖 종류의 해충 문제는 해결되지 않았다. 이를 해결하기 위해 원칙을 더 엄정하게 다듬어야 할 수도 있다. 우리의 믿음에서 정확히 어떤 결론이 뒤따르는지 파악해 보는 행위는 결국 우리의 믿음이 옳은지 점검하는 유용한 방법이 된다.

또 하나 기억해야 할 점은 연역 논증에 여러 단계가 포함될수 있다는 것이다. 두 가지 전제와 결론으로 이루어진 연역 논증 사례는 대개 연역 논증이 어떻게 작동하는지 설명하기 위해 표준적으로 쓰는 가장 간단한 예시다. 단계가 많을수록 실수하기도 쉽기 때문에 필연적으로 뒤따르는 결론을 매우 민감하게 따져야 한다. 이것이 사고력의 핵심이다.

전제를 뒤따르는 필연적인 결론을 파악하지 못하면 자가당착에 빠진다. 예를 들어 음모론을 펼치는 데 정부가 무능한 **동시에** 역사상 가장 놀라운 사실을 은폐할 수 있다는 전제가 필요하다면 그건 뭔가 잘못된 것이다. 두 전제가 모두 옳을 리는 없다. 노골적인 모순은 아니지만 심각한 긴장이 내재한 논증도 있다. 가령 대기업은 이익에만 관심을 두어 환경에 신경 쓰지 않지만, 친환경 기업은 훨씬 효율적이기에 훌륭하다는 주장을 생각해 보자. 후자(친환경 기업이 훨씬 효율적이기에 훌륭하다는 주장)가 사실이라면, 대기업은 탐욕 때문에라도 친환경을 추구해야 하지 않을까? 그렇지 않다면 대기업 경영자들은 탐욕스러울 뿐 아니라 탁월성을 발휘해야 할 분야, 즉 부자가 되는 일에도 매우 서툴다는 결론을 내릴 수밖에 없다.

철학자는 비일관성을 골라내 제거하는 전문가다. 철학자이자 내 친구인 고 제프 메이슨Jeff Mason은 이런 철학자의 특징을 두고 '잠자는 모순을 깨우고야 마는 성질머리'라 불렀다. 철학의 성격에 관해 광범위한 저술을 해온 니컬러스 레셔Nicholas Rescher는 모순을 제거하는 것이야말로 철학의 본질이라고 주장했다.

철학적 문제는 '개별적으로는 그럴듯하지만, 집단적으로 보면 일관성이 없는 주장의 집합'인 **아포리아**aporia 또는 아포리apory를 발견할 때 나타난다. 여러 철학자에 따르면 우리는 지식이 있는 듯 보이지만 우리가 믿고 있는 바가 참된 지식이라는 주장을 뒷받침할 논증은 없는 듯하다. 또 다른 지적에 따르면 우리에게 자유 의지가 있어 보이나 세상이 물리적인 인과에 지배된다면 자유 의지란 불가능한 것일 수도 있다. 이 두 아포리아는 둘 다 개연성이 있어 보이나 둘 다 옳을 수는 없는 두 가지 주장으로 구성되어 있다. 두 주장 중 어느 쪽도 포기하기가 쉽지 않다. 철학자의 과제는 이렇듯 충돌하는 두 믿음을 화해시키거나 둘 중 하나를 포기하여 모순을 제거할 방법을 찾는 것이다. 모순이 제거된 끝에 일관성이 회복된다.

철학자는 눈에 보이는 모순을 제거하는 데 능숙할 뿐만 아니라 다른 사람들이라면 놓쳤을 모순을 발견하는 데도 능숙하다. 오노라 오닐Onora O'Neill은 좋은 예를 제시한다. 오닐은 공직에 나서 평등 및 인권 위원회 위원장으로 큰 기여를 해왔다. 공적 생활의 신뢰를 주제로 글을 쓰던 오닐은 사람들의 신뢰 수준이 낮다는 것을 지속적으로 보여주는 데이터를 보았다. 오닐은 이 결과에서 뭔가 일관성이 없다는 사실을 발견했다. 그 예로 오닐은 자신의 강연 중에 있었던 일을 이야기했다. 한 질문자에게서 수술이 연기되어 외과 의사를 신뢰하지 못하게 되었다는 말을 들었는데, 오닐은 그의 행동에 있던 모순을 지적했다. "만약 그가 외과 의사를 정말 신뢰하지 않았다면, 수술 연기에 기뻐했겠죠."

오닐은 우리의 말과 행동이 일치하지 않음을 발견했다. 사람들은 다른 사람을 믿지 않는다고 말하면서도 항상 신뢰를 요구하듯 행동한다. 전문가를 믿지 않는다면서 의사가 처방하는 약을 먹고, 자기 돈을 고스란히 재정 고문에게 맡겨 투자하게 하고, 전기 기술자에게 돈을 주고 위험할 수도 있는 케이블을 만지게 한다. 사람들은 뉴스를 믿지 않는다고 말하지만 그 말이 진심이라면 뉴스를 보지도 읽지도 않을 것이다.

오닐이 제시한 신뢰의 사례는 대부분 모순이 노골적이지 않음을 잘 보여준다. 한 가지를 대놓고 주장한 다음 그와 정반대로 행동하는 사람은 찾아보기 힘들다. 대체로 모순은 사람들의 말과 행동을 세심하게 조사해 볼 때 비로소 부각된다. 여기서 핵심은 "그렇다면 다음은 무엇인가?"라는 질문이다. 사람들을 정말 신뢰하지 않는다면, 그리고 현실이 이러한 기대치를 그대로 반영한다면 대체 어떤 결론이 도출될까?

도출되는 그 결과를 보려면 여러 단계의 논증이 필요할 때가 있다. 영국의 철학자 토니 맥월터Tony McWalter는 국회의원이 된 다음 이를 활용했다. '테러와의 전쟁'이 한창이던 시절, 그는 재판 없이 최대 90일 동안 용의자 구금을 가능하게 하는 법안이 어떤 결과를 낳을지 걱정이 많았다. 그는 "이렇게 중요한 문제를 이토록 서둘러 처리하자는 제안은 정말 반철학적인 태도입니다"라고 역설했다. "사람들이 철학자에게 기대하는 행동 중 하나는 어떤 제안의 결과뿐 아니라, 결과의 결과, 심지어 결과의 결과의 결과까지 샅샅이 따져보는 행동입니다. 저는 우리가 철학을 하는 이유도 바로 여기에 있다고 생각합니다. 정책은 눈에 보이지 않는 영향을 미치기 때문이죠"라는 것이 그의 논지였다. 그는 이러한 영향을 검토해 본 다음, 결국 재판 없는 구금에 반대했다.

하지만 특정 전제 다음에 뒤따르리라 **생각하는** 결과가 **실제로도** 뒤따르는지 주의를 기울여 확인해야 한다. 논리적 사고의 연쇄가 길어질수록 실수 가능성은 커진다. 마치 말 옮기기 놀이처럼 차례를 거듭할수록 실수가 잦아진다. 맥월터가 참여했던 토론에서 그의 동료 조너선 레Jonathan Rée는 어떤 입장의 실제 함의를 파악할 수 있다고 지나치게 확신하는 것은 위험하다고 경고한 적이 있다. 그는 "결과의 결과의 결과에 관해 이야기하다 보면 철학자라는 자신의 지위에 크게 만족하는 경우가 많습니다. 하지만 일부 철학자들이 결과의 결과의 결과에 관해 이야기하며 결국은 소련, 중국, 나치 독일을 확고하게 지지했다는 사실을 잊지 말아야 합니다"라고 말했다.

하나의 논증 다음에 어떤 결과가 이어질지 생각하는 일조차도 까다로울 수 있다. 환경 위선eco-hypocrisy에 대한 비난을 예로 들어보자. 기후변화에 대처하지 않는 행동이 윤리적으로 문제라고 생각하는 사람이 정작 자신은 탄소 배출량을 늘리는 장거리 비행을 한다면 위선으로 비칠 수 있다. 그러나 기후변화는 개인의 선택으로 해결할 수 없는 문제이므로 정부 간 법적 규제가 반드시 필요하며, 따라서 개인이 장거리 비행을 거부해 봐야 아무런 영향력도 없는 공허한 짓이라고 생각할 수도 있다. 최소한 이렇게 생각하는 사람이 비행기를 타면서 기후 온난화를 가속화하는 행위와 기후 변화를 막고 싶어 하는 그의 바람 사이에 모순은 없다. (여러분은 생각이 다를 수 있지만 말이다.) 한편 다른 개개인이 일회용 컵과 비닐 쇼핑백을 사용하는 것을 비난하면서 정작 자신은 비행기를 탄다면 그런 행동은 일관성이 없다고 말할 수 있다.

◆

일관성은 훌륭한 사유의 주요 특징이고, 훌륭한 사유 여부를 검증하는 기준이기도 하다. 하지만 어떠한 대가를 치르고서라도 반드시 달성해야만 하는 필수적인 자질은 아니다. 랠프 월도 에머슨Ralph Waldo Emerson은 "어리석은 일관성이란 대단치 않은 정치가, 철학자, 종교인이나 추앙하는, 쩨쩨한 허깨비일 뿐이다"라는 명언을 남겼다. '어리석은 일관성'이란 터무니없는 생각, 혹은 최소한의 개연성 부족을 수용하면서까지 달성하는 일관성을 의미한다.

논란의 여지가 있을 수도 있지만 내 생각에는 이 어리석은 일관성의 한 사례가 고대부터 해왔던 **더미의 역설**Sorites paradox을 해결하려는 시도 같다. 더미의 역설은 특정 개념을 언제 적용하고 언제 적용하지 않는지 판단하기 불가능해 보이는 상황에 관해 말한다. '키가 크다는 것'을 예로 들어보자. 작가이자 감독, 배우인 스티븐 머천트는 키가 201센티미터다. 확실히 키가 크다고 말할 수 있다. 그런데 그의 키가 조금 줄어 200.99센티미터가 된다면 더 이상 크다고 할 수 없는가? 물론 아니다. 자, 이제 한 번에 0.1밀리미터씩 줄여나가면서 같은 질문을 계속 던진다고 상상해 보자. 그렇게 미세한 차이로는 사람의 키가 더 크거나 작아진다고 하지 않는다. 하지만 키를 줄여나가는 과정을 충분히 반복한다면 173센티미터까지 내려가서 결코 크다고 할 수 없는 머천트의 동료 리키 저베이스의 키에 도달할 것이다. 계속하다 보면 저베이스의 코미디 쇼 〈인생은 너무 짧아〉의 주인공 워릭 데이비스의 키인 107센티미터까지도 내려갈 것이다.

여기서 아포리아는 큰 키, 중간 키, 작은 키 사이에 분명한 차이가 있을 것 같지만 정작 그 차이를 찾으려면 쉽게 찾을 수 없다는 점이다. 이럴 때 내가 생각하는 가장 그럴듯한 해결 방법은 다음과 같다. 바로 '큰 키'나 '작은 키' 같은 낱말이 본질적으로 막연하다는 사실을 받아들이는 것이다. 어떤 사람은 분명히 키가 크고 어떤 사람은 그렇지 않은데 그 사이가 어느 정도인지는 확신할 수 없다.

이러한 역설이 등장하는 이유는 개념을 마치 수학적 정밀성을 가진 도구처럼 사용해야 한다는 요구가 철학에 존재하기 때문이다. 하지만 유기적으로 진화한 언어가 대체 왜 유기성과는 전혀 상관없는 성격을 가져야 한단 말인가?

개념이 본질적으로 모호하다는 사실을 받아들이기 두려워하는 철학자들도 있다. 이들은 언어를 정확하게 사용할 수 없다면 철학의 엄밀성은 불가능하다고 생각한다. 이들은 정확성을 살리고 싶어 한다. 그래서 용어와 개념이 모호해 보이는 이유는 용어나 개념 자체의 한계가 아니라 우리의 한계 때문이라고 주장한다. 이들에 따르면 실제로 키가 큰 사람과 키가 크지 않은 사람 사이에는 뚜렷한 구분이 **존재하며**, 그 구분의 경계가 몇 센티미터인지 명시할 수 없다고 해서 그 경계가 존재하지 않는 것은 아니다. 그렇다면 결국, 모호성은 우리 머릿속에나 있지 세계 속에는 존재하지는 않는다는 주장이 도출된다.

내가 보기에는 그야말로 멍청한 소리이고, 어리석은 일관성의 전형이다. 하지만 나보다 훨씬 더 명석하다는 철학자들이 이런 주장을 옹호해 왔다. 그중 가장 유명한 사람은 티머시 윌리엄슨이다. 그는 내게 이렇게 말했다. "몇몇 사람들이 이상하게 들리는 가설이 사실일 리 없다고 생각하는 이유가 무엇인지 의문을 품어보아야 합니다. 과학에서는 이상하게 들렸던 많은 가설이 결국은 사실로 밝혀진 적이 많죠."

이러한 태도는 철학은 결국 판단과 기질의 문제라는 사실을 다시금 보여준다. 모호함과 부정확성을 참아주는 너그러움의 정도는 사람에 따라 다르지, 어떤 사람이 다른 사람보다 더 합리적이기 때문이 아니다. "논증이 이끄는 대로 따르라"라는 말은 고상한 원칙처럼 들린다. 그렇지만 나라면 나를 벼랑 끝으로 내모는 논증은 따르지 않겠다.

우리를 벼랑 끝으로 내몰지만 건설적인 결론을 내는 논증도 있다. 예를 들어 흔히들 "생명에는 가격을 매길 수 없다"라고 말한다. 이 원칙이 생명의 가치를 금전적 가치로 환산할 수 없다는 의미라면 누구나 동의할 것이다. 하지만 어떤 사람들은 이 문장을 '생명을 구하기 위해서는 어떤 비용도 아끼지 말아야 한다'는 뜻으로 받아들인다. 그렇다면 이 원칙은 **"생명을 구할 수 있는 자원이 있다면, 어떤 대가를 치르더라도 생명을 구해야 한다"**가 된다. 이것은 좋은 원칙인가?

한 생명을 구할 수 있지만, 한 나라의 문화 및 교육 예산 전체를 투입해야만 가능하다고 상상해 보라. 생명을 구할 수 있는 자원이 있다면 어떤 대가를 치르더라도 생명을 구해야 한다고 믿는다면, 문화 및 교육 예산 전체를 써서라도 생명을 구해야 한다는 것이 논리적 결론이다. 하지만 대부분은 이 결론이 비합리적이므로 이 결론을 도출한 원칙에 문제가 있다고 생각할 것이다.

이는 어떤 논리적 결론에 도달할 때까지 끝까지 논증을 따라가는 연역 논증의 가치를 보여주는 생생한 사례다. 이런 방법을 따르다 보면 때로는 애당초 출발점에 커다란 문제가 있었다는 사실을 발견하게 된다. 이렇게 결론의 오류를 출발점에서 발견하는 것이 바로 **귀류법**reductio ad absurdum이다.

귀류법은 전제의 부조리함을 밝히는 논증 방식이다. 특정 믿음이 논리상 부조리한 결론으로 이어지는 이유는 원래의 믿음에 틀림없이 커다란 문제가 있기 때문이다.

귀류법은 타당한 전제가 참이면 결론도 참이어야만 한다는 연역 논증의 기본 원칙에 따라 작동한다. 따라서 결론이 명백히 거짓이거나 부조리한데 논증이 타당하다면 문제는 틀림없이 전제에 있다. 이 경우 세 가지 중에서 선택할 수 있다. 전제를 거부하거나, 전제를 정교하게 다듬거나, 고통을 감수하고라도 불합리한 결론을 받아들이는 것이다.

일단은 전제를 통째로 거부하기 전에 정교하게 다듬어볼 필요가 있다. 애초에 믿을 만한 명제로 보였다면 아마 일말의 진실이라도 품고 있을 것이다. 앞에서 본 논증의 문제점을 다시 짚어보자. 한 사람의 생명을 구하기 위해 문화 및 교육 예산 전체를 쓴다면 장기적으로는 더 많은 사망자가 발생할 수 있다는 문제가 생긴다. 건강한 국가라면 국민 전체를 대상으로 미래를 위한 지속적인 교육과 자극을 제공해야 한다. 생명 **일반**이 아니라 **하나의** 생명을 구하기 위한 원칙을 세운 것이 전제의 문제점이었다. 전제는 간단히 다음과 같아야 했다. **자원은 무엇보다도 여러 사람의 생명을 구하는 데 사용되어야 한다.**

이랬다면 단 한 사람의 생명을 구하기 위해 우리가 가진 모든 것을 내던지는 불합리성은 피할 수 있다. 하지만 이러면 보건과 국방 분야에 거의 모든 공공 자금을 지출해야 한다는 문제가 생길 수 있다. 이 경우 평균 수명이 더 길어진다는 이유로 삶이 더 빈곤해지는 것은 문제가 되지 않을 수 있다. 가령 생명을 구할 필요가 있는 사람들만 교육하고 나머지 대부분은 11세에 학교를 그만두고 돈을 벌게 하여 생명을 구하는 데 필요한 비용을 충당하게 해야 한다는 결론을 도출할 수도 있다.

이쯤에서 여러분 혼자 "인간 생명에 가격을 매기지 않는다"라는 문장의 의미를 더 정교하게 다듬는 데 몰두할 수도 있겠다. 어쨌든 대부분은 이 귀류법 논증의 결과로 생명을 구하는 일이 공공 지출의 유일한 우선순위여야 한다는 생각을 내려놓을 것이다. 모든 정부 혹은 의료 서비스 제공자는 사람들을 살리기 위해 지출할 금액에 한도를 설정해야 한다. 불쾌하게 들릴 수도 있지만, 냉혹한 현실이다.

하지만 귀류법 논증은 대체로 누구에게도 자신의 전제를 포기하도록 강요하지 않는다는 점에 주의하자. '이를 악물고' 불합리해 보이는 결론을 수용하는 방법도 늘 있기 때문이다. '생명에 매기는 가격'의 경우, 결론적으로 생명을 구하는 일과 관련이 없다면 돈을 아예 쓰지 말아야 한다는 주장은 부조리해 보인다. 하지만 이 주장은 인간이란 자신이 감수해야 하는 도덕적 희생을 꺼리는 존재일 뿐임을 보여준다고 말할 수도 있다. 구성원이 남을 위한 희생을 기꺼이 감수하는 이상적인 세계라면 사람을 살리는 의료 서비스에 필요한 돈을 버는 경제 활동이 필요하다고 여길 것이다. 그러나 교육을 위한 교육, 예술을 위한 예술 따위는 사치이며 낭비라고 거부할 것이다.

사실 도덕철학자 피터 싱어Peter Singer는 이러한 이상세계에서 이루어지는 판단과 매우 유사한 입장을 보여준다. 그는 연못을 지나가다 한 아이가 물에 빠져 허우적거리는데 물에 뛰어들어 아이를 구해낼 수 있다면 그렇게 해야 하냐고 묻는다. 당연히 그래야 한다. 회의에 늦고, 새로 산 양복이 망가지는 한이 있더라도? 여전히, 물론이다. 여러분이 감수하는 희생은 아이의 생명에 비하면 사소하니까. 이제 우리는 "어떤 것이건 나쁜 일을 우리 힘으로 예방할 수 있다면, 그리고 그럼으로써 도덕적으로 중요한 어떤 것을 지킬 수 있다면, 도덕적으로 당연히 그래야 한다"라는 원칙에 동의한 듯 보인다.

자, 이제 여러분은 싱어에게 딱 걸렸다. 고급 커피와 크루아상을 먹는 데 5파운드가 넘게 든다고 가정해 보자. 이 사치스러운 습관을 포기하고 그 돈을 올바른 자선단체에 기부하면 누군가의 시력을 되찾아주고, 말라리아 감염을 예방할 수 있으며, 심지어 생명도 구할 수 있다. 이에 비하면 음식으로 느끼는 쾌락은 사소한 것에 지나지 않는다. 따라서 방금 여러분이 받아들인 원칙에 따르면 나와 여러분은 간식을 모두 중단해야 할 도덕적 의무가 있다. 사실 싱어는 "가능한 한 많이, 조금이라도 더 베풀려면 자신과 부양가족에게 심각한 고통을 주기 시작하는 시점까지는 베풀어야 합니다"라고 말한다. 크루아상만 포기해선 안 된다. 이제부터는 값싼 옷만 남기고, 텔레비전 같은 비싼 소비재도 없애고, 휴가나 외식 따윈 아예 포기해야 한다.

대부분의 사람들은 이런 결론을 귀류법으로 반박할 것이다. 애초에 전제가 틀렸다고 말이다. 지나치게 많은 것을 포기해야 하는 도덕적 원칙은 무엇이건 분명 감당하기 힘들 것이기 때문이다. 그러나 싱어는 기꺼이 그 고통을 감수한다. 그의 도덕률은 극도로 버겁다. 그렇다고 해서 옳지 못하다고 할 수는 없다. "대부분은 자기 소득의 50퍼센트는 기부할 수 있어요"라고 그는 말했다. 그러곤 "하지만 대부분 그렇게 하지 않으리라고 예측할 수도 있죠"라고 덧붙였다. 그는 여기서 포기하지 않고 더욱 적극적인 공세를 취한다. "배고픈 채로 잠자리에 들고, 설사하는 아이를 치료할 여유도 없고, 안전한 식수, 심지어 위생적이지도 않은 식수를 구하기 위해 하루에 두 시간씩 걸어야 하는 사람들도 있습니다. 그런데도 편안한 삶을 누리며 기본적인 욕구는 충족하고 지내는 사람들이 '오페라에 가고 국립 미술관에서 명화를 감상할 수 있어야 풍요로운 삶이지 않을까요'라고 말하는 것은 정말 이기적인 방종입니다."

이것이 바로 전제의 부조리함을 지적하는 귀류법의 문제점이다. 어떤 사람에게는 부조리인 것이 다른 사람에게는 불편하거나 직관과 다른 정도의 진리일 뿐 부조리하거나 터무니없는 정도는 아니다. 사실, 지성을 갖춘 사람이 믿을 수 없을 정도로 터무니없이 부조리한 주장이란 것은 존재하지 않는다.

◆

어떤 입장의 함의를 따라가기는 하지만 전제로 거슬러 올라가지 않고 오히려 반대로 다른 결론으로 건너뛰는 논증도 있다. 바로 **초월 논증**transcendental argument이다. 초월 논증에서는 명백한 참에서 시작하여 그것이 참이라면 또 무엇이 참이어야만 하는지 묻는다. 존 설은 초월 논증을 사용하여 **외재 실재론**external realism 을 확립하려 했다. 외재 실재론이란 외적 세계가 실제로 존재한 다는 믿음이다. 설은 정상正常 담론이라는 것이 존재하고 작동함 을 출발점으로 삼았다. 사람들은 특정 시간에 특정 장소에서 만 나기로 약속하는데, 놀랍게도 실제로 만나는 데 성공한다. 설은 "정상적인 이해라는 것이 가능하려면 공간적, 시간적으로 우리와 독립된 장소가 있고, 그 특정 장소에서 만날 수 있다는 가정이 있 어야 합니다. 이런 것을 외재 실재론이라고 합니다"라고 말한다.

지나치게 단순하다고 생각이 들 수 있지만, 요약이라는 점에 유의하라. 또한 이 외재 실재론을 외부 세계가 대체로 보이는 그 대로 존재하리라는 믿음인 소박 실재론naive realism과 다르다는 점 에도 유의하라. 외재 실재론은 사실 구조적 실재론structural realism 이다. 구조적 실재론은 외적 세계가 겉으로 보이는 모습은 그 세 계가 근본적으로 존재하는 모습과 다를 수 있다고 본다. 즉 외관 과 실재가 매우 다르더라도, 최소한 겉으로 보이는 모습이 체계 적으로 근접할 수 있는 어떤 구조 정도는 분명히 갖고 있으리라 고 믿는다. 가령 시간과 공간은 세계의 두 가지 구조적 특징이다. 시간과 공간에 대한 우리의 경험이 세계의 근본 구조와 체계적인 관계를 맺고 있지 않다면 우리는 데이트를 할 수도, 시간에 맞춰 회의실에 도착할 수도 없다는 논리다.

초월 논증은 허세를 부리는 듯 보이지만 그 기본 원칙은 일상 적인 문제에도 적용할 수 있다. 우리가 던지는 기본적인 질문은 **"이것이 참이라면, 다른 무엇이 참이어야만 하는가?"**이거나, 이보다 더 약한 수준의 질문인 "이것이 참이라면, 다른 무엇이 참일 가능성이 가장 큰가?"이다. 사소하지만 유용한 예를 하나 들어보겠다. 열쇠를 두었으리라 예상한 어떤 곳에서도 찾을 수 없다면 열쇠는 예상하지 **못한** 곳에 있을 것이다. 그리고 열쇠를 써서 집 안으로 들어왔다면 열쇠는 집 안 어딘가에 있어야만 한다. 이런 상황에서 "거기 살펴봤어?"라고 물었다가, **거기에** 열쇠가 있을 리가 전혀 없다는 대답을 들어본 사람이 나만은 아닐 것이다. 어쨌든 열쇠 분실의 요점은 그 열쇠가 어디에 있든 거기 있으리라 예상할 이유가 전혀 없는 곳에 있다는 점이다.

위의 사례를 '현실의 초월 논증'이라 부를 수 있을지도 모르겠다. 하여간 이 사례처럼 가능성이 하나만이 아닌데 무엇이 **반드시** 사실이라고 가정하는 함정을 피해야 한다. 당신의 파트너가 최근 당신이 모르는 번호로 전화를 자주 건다고 해서 그가 **반드시** 바람을 피운다는 의미는 아니다. 당신을 위해 깜짝 파티를 준비 중이거나, 다른 비밀이 있을 수도 있고, 아니면 다른 이유가 있을 수도 있다. "다른 설명이 떠오르지 않는다"를 "다르게는 설명할 수 없다"는 의미로 받아들이는 것은 상상력이 부족한 태도다.

◆

환원 논증과 초월 논증 모두 특정 사실들 사이의 필연적 연관성을 추적한다. 그러나 때로는 겉보기에 참인 주장에서 다른 주장으로 이동하는 과정이 개별 단계를 하나하나 밟아가지 않고 점진적으로 미끄러지듯 이루어지기도 한다. **미끄러운 비탈길 논증** slippery slope argument의 경우 전제에서 원치 않는 결론이 논리적으로 도출될 수도 있다. 다만 보통은 다른 이유, 대체로 심리적인 이유로 불가피한 결론이 도출되는 경우가 더 많다.

미끄러운 비탈길 논증의 사례로 불치병 말기 환자를 대상으로 한 조력 자살 합법화에 반대하는 논의를 살펴보자. 조력 자살에 반대하는 사람들은 조력 자살법으로 돕고자 하는 사람들이 '죽을 권리'를 보장받지 못하는 게 문제가 아니라, 그런 권리가 부여되면 거기서 멈추지 않으리란 게 문제라고 주장한다. 노인, 장애인 그리고 가능한 한 오래 살기 원하는 사람들은 점점 더 부담스러운 존재로 여겨질 것이다. 그러면 이들은 삶을 빨리 마감해야 한다는 압박을 느끼게 될 것이다. 장애인 시인이자 활동가인 제이미 헤일Jamie Hale은 "조력 자살법이 통과되면 대인관계, 경제 문제 또는 사회 문제로 인해 삶을 마감하라는 압박에서 사람들을 보호할 안전장치가 없어질 겁니다"라고 말한 바 있다.[1] 장애인 평등 및 자선단체 스코프Scope의 연구에 따르면 "장애인 대부분은 현행의 조력 자살 금지가 삶을 끝내야 한다는 압박으로부터 자신을 보호해 준다"라고 믿고 있다. 그중 3분의 2는 법 개정에 우려를 표했다.[2]

도덕철학자이자 영국 상원의원이었던 메리 워녹Mary Warnock의 말대로 "미끄러운 비탈길 논증을 사용하는 사람들은 흔히 한 단계가 지나면 바로 미끄러운 비탈길이 나타날 수밖에 없고 그다음에는 끔찍한 결과가 나타날 수밖에 없다는 듯" 말한다. 그러나 보통 논리적으로 불가피한 것이란 존재하지 않는다. 워녹의 말처럼 미끄러운 비탈길 논증은 인간의 본성에 호소한다. 워녹은 이렇게 정리한다.

미끄러운 비탈길 논증은 실제로 '인간 본성이 원래 그렇기 때문에, 일단 뭔가 허용하기 시작하면 인간은 끝까지 가고야 말 것이다'라는 말이나 다름없습니다.

그러므로 미끄러운 비탈길 논증을 평가할 때는 의도치 않은 결과의 위험이 실제로 무엇인지, 비탈길이 덜 미끄럽도록 중간에 놓을 장치가 있을지 질문해야 한다. 조력 자살의 옹호자는 법률 남용이 거의 불가능할 정도로 법을 만들 수 있다고 주장한다. 반대론자는 조력 자살에 대한 대중의 태도가 변하리라 가정하여 법을 만들 수는 없으며 그 커다란 위험을 대체 왜 감수해야 하느냐고 말한다. (위험을 이야기하는 모든 논증이 그렇듯이, 법을 바꾸지 **않을** 경우 여러 사람이 원했던 것보다 더 오래 고통을 겪으며 더 길고 괴로운 죽음을 겪어야 하는 등의 위험 역시 고려해야 한다.)

미끄러운 비탈길 논증은 흔히 미끄러짐이 불가피한 것처럼 제시된다. 그러나 대체로 마구 미끄러져 내려가지 않도록 붙잡아 볼 방법은 있기 마련이다.

◆

코로나19 팬데믹 사태로 세계가 골머리를 앓았던 최근 몇 년 동안 시민들은 재생산 지수(단일 감염자가 만들어내는 감염 환자의 수―옮긴이), 사망률, 기하급수적 증가, 백신 효능 등의 의미를 이해하느라 애를 썼다. 이런 시기를 보내며 통계 해독 능력의 중요성이 두드러졌다. 사실 통계 해독은 철학자의 전공 분야라기보다는 일반적인 비판적 사고의 영역이다. 그렇지만 철학적 사고 습관을 익힌다면 특별한 통계적 훈련을 받지 않더라도 숫자를 더 잘 다룰 수 있다. 철학자는 사실이라고 주장하는 진술에 질문을 던지는 일을 능숙하게 하기 때문이다. **그 사실의 의미는 무엇인가? 그 사실은 어디에서 온 것인가? 그것의 논리적 귀결은 무엇인가?** 숫자에 대해서도 유사한 질문을 하다 보면 금방 숫자가 의미하는 바를 더 잘 이해하게 된다.

사실은 스스로를 대변하지 않는다. 특히 숫자는 말재주가 없어서 의미를 노골적으로 드러내지 않는다. 예를 들어 2021년 3월 유엔 환경계획UNEP이 발표한 음식물 쓰레기 지수 보고서의 통계를 보자. "2019년에 약 9억 3100만 톤의 음식물 쓰레기가 발생했다"라는 통계는 많은 언론의 헤드라인을 장식했다.[3] 엄청나게 많은 양처럼 들리는데 과연 그럴까?[4] 보고서를 상세히 살펴봐야만 이 수치가 먹을 수 있는 음식의 17퍼센트에 해당함을 알 수 있다. 음식을 먹을 때 버려지는 양이 있을 수밖에 없다는 점을 감안하면 우려했던 만큼 끔찍하지는 않다. 여기서 약간의 수학 실력을 발휘해 2019년 전 세계 인구가 76억 7300만 명이라고 볼 때 이 음식물 쓰레기 전부를 인구 수로 나누면 1인당 연간 쓰레기는 평균 109킬로그램 정도 나온다. 일주일에 2킬로그램 정도다.

하지만 여기서 끝이 아니다. 철학자들은 어떤 주장을 접하든 그것에 사용된 용어의 정의를 물어야 직성이 풀리는 사람들이다. 이 보고서에서 '음식물 쓰레기'란 정확히 무엇인가? 예상치 못했던 답에 놀라지 마시라. "음식물 쓰레기 지수의 목적상 '음식물 쓰레기'는 인간 식품 공급망에서 제거된 음식물 및 이와 관련된 먹을 수 없는 부분으로 정의된다." 따라서 곡물의 껍질, 해산물의 껍데기, 뼈 등은 원래부터 먹지 못하는데도 모조리 음식물 쓰레기로 간주한다.

음식물 쓰레기에 관해서는 이러한 정의가 흔히 사용된다. 유럽연합EU은 음식물 쓰레기를 '식품 공급망에서 버려져 회수 또는 폐기된 모든 음식물과 음식의 먹을 수 없는 부분'이라고 정의한다.[5] 영국 정부는 음식물 쓰레기 자료 대부분을 폐기물 및 자원 행동 프로그램WRAP이라는 자선단체에서 입수한다. 이 단체의 조례를 보면 '음식 및 음료 준비 과정에서 발생하되 정상적인 상황에서 먹을 수 없었거나 먹을 수 없는' 불가피한 폐기물을 음식물 쓰레기로 정의하고 있다.[6]

우리는 처리 가능한 음식물 쓰레기를 구체적으로 다루는 통계에 더 관심이 많다. 언론을 통해 간접적으로 접할 때는 어떤 종류의 음식물 쓰레기를 이야기하는지 바로 파악할 수 없을 때도 있다. 그래도 현재 WRAP는 먹을 수 없는 부분을 제외한 통계와 더불어 그 부분을 포함한 통계까지 제공하려 노력하고 있다. 2021년 보고서 헤드라인에 등장한 수치에 따르면 영국에서는 연간 950만 톤의 음식물 쓰레기가 발생하고 이 중 640만 톤은 먹을 수 있는 음식물이었다. 이는 1인당 96톤에 달하는 엄청난 양이다.[7] 미국 농무부 경제연구서비스ERS에서도 음식물 폐기물을 '수확 후 사람이 섭취할 수 있지만 어떤 이유로든 소비되지 않은, 먹을 수 있는 음식물의 양'이라고 정의하고 있다. 이 정의에 따르면 미국 음식물 폐기물은 식량 공급량의 30~40퍼센트에 달한다. 양으로는 1330억 파운드로, 1인당 평균 400톤에 육박한다.[8]

수치의 의미를 좀 더 잘 알게 된 다음에는 자료의 출처를 따져봐야 한다. 출처는 다양하기 마련이며 그중 일부는 다른 출처보다 신뢰도가 더 높다. 앞서 언급한 UNEP 보고서 역시 이 점을 강조한다. "현재로서는 전 세계의 음식물 쓰레기 자료는 구하기도 힘들고 측정 방식도 대단히 다양하다"라는 것이 보고서의 결론이다. 겨우 17개 국가만이 양질의 자료를 보유하고 있다고 평가받았고 42개 국가는 중간 수준의 신뢰도를 부여받았다. 이런 정보를 통해 실제로는 음식물 쓰레기가 추정치보다 훨씬 더 많으리라 예상할 수 있다.

마지막으로 이들 사실로부터 어떤 결론을 도출할 수 있는지 물어야 한다. 파악한 정보가 많지 않다면 손쉬운 해결 방안은 아무 도움도 되지 않는다. 예를 들어, 해답으로 흔히 제시되는 제로웨이스트zero waste(모든 폐기물이 재사용될 수 있도록 장려하며, 폐기물을 방지하는 데 초점을 맞춘 원칙—옮긴이)는 현실적으로 달성하기 어렵다. 수요와 공급이 완벽하게 일치하고, 운송 또는 보관 실패도 없어야 하며, 정확한 양 조절과 더불어 조리 사고도 없어야 한다. 따라서 음식물 쓰레기 비율은 0보다 훨씬 더 높을 수밖에 없다. 그러면 최적의 비율은 어느 정도일까? 지금으로서는 알 수 없다. 그러나 음식물 쓰레기를 주제로 한 수많은 보고서를 통해 지금보다는 훨씬 낮은 숫자이리라고 미루어 짐작해 본다.

지금까지 이야기한 음식물 쓰레기 통계 논의에서 철학적 추론처럼 보이는 말은 없었다. 그러나 통계나 식품 체계에 관한 특별한 지식이 없는 상태에서도 철학적 사고 습관을 통해 논의를 이끌어갔다. 그 결과 헤드라인 보고서를 읽기만 했을 때보다 더 명확한 그림이 그려졌다.

흥미롭게도 이 그림 역시 실제 정확한 수치는 그다지 중요하지 않다. 도출된 결론은 다음과 같다. 전 세계적으로 음식물 쓰레기가 엄청나게 많고 부유한 국가가 가난한 국가보다 음식물 쓰레기를 더 많이 만들어낸다. 음식물 쓰레기에 먹을 수 없는 부분이 포함되기도 하는 등 정확성이 매우 가변적이며 음식물 쓰레기를 줄일 여지가 많다. 양적 자료 조사로 시작해 결국 꽤 많은 질적 정보를 발견했다. 철학적 접근 방식이 이런 결과를 낳는 것은 우연이 아니다. 철학에서는 처음에 던진 질문이 가장 중요한 질문이 아닐 수 있으며 마지막 대답을 끌어낸 질문 역시 가장 중요한 질문이 아닐 수 있다. 다시 말해 질문은 어느 것이나 다 중요할 수 있다.

그중에서도 방금 보았듯이 "통계의 의미는 무엇인가?" "출처는 어디인가?" "논리적 귀결은 무엇인가?"라는 질문으로 수많은 통계에 대해 많은 것을 알 수 있다. 예를 들어, 우리는 어떤 연구 결과가 '**통계적으로** 유의미하다'라고 흔히 말한다. 이 말을 들은 철학자라면 본능적으로 그게 무슨 의미인지 정의하라고 요구할 것이다. '통계적으로 유의미하다'라는 말은 통계상 나온 결과와 같은 결과가 우연히 나올 가능성이 거의 없다는 뜻이다. '가능성이 거의 없다'는 말은 또 무슨 의미인가? 가령 특정 통계상 나온 결과와 같은 결과가 우연히 나올 가능성이 20분의 1 정도라는 뜻이다. 통계적으로 유의미한 결과 20개 중 무의미한 결과는 1개 정도라는 것이다.[9]

하지만 통계적으로 유의미한 수치여도 다른 중요한 의미에서 '유의미'하지 않을 수 있다는 것이 핵심이다. 예를 들어 사망 위험이 두 배 증가했다고 하면 무섭게 들린다. 그러나 원래 1000만분의 1 정도의 확률로 위험성이 매우 낮았다면 사망 위험이 여기서 확실하게 두 배로 오르더라도 거의 문제가 되지 않는다.

이를 **임상적** 의미와 비교해 보자. 어떤 결과가 기대 수명, 증상 완화, 비용 효율성, 의료 개입의 용이함 등에 의미 있는 차이를 초래함을 보여준다면 그 결과를 임상적으로 유의미하다고 한다. 하지만 결과가 통계적으로 유의미하다고 해도 임상적 의미가 자동으로 도출되는 것은 아니다. 그 반대도 마찬가지다. 특정 항암제를 이용한 약물치료가 암 환자의 수명을 통계적 의미에서 '유의미하게' 연장했다는 연구를 예로 들어보자. 하지만 여기서 유의미한 증가란 5.91개월에서 6.24개월로 증가한 열흘에 불과하다. (임상의 대부분의 생각과 달리) 이 정도의 연장이 설사 중요하다고 생각하더라도 치료가 환자에게 미치는 부정적 영향과 비용을 고려하면 이 약을 투여할 가치가 있다고 생각하는 전문가는 거의 없을 것이다.

여기서 통계의 의미를 이해하면 "통계로부터 어떤 결론을 얻을 수 있는가"라는 질문에 대한 답도 얻는다. 물론 답은 "어떤 실제적인 결론도 얻을 수 없다"이다. 통계가 아닌 다른 경우라면 뒤따르는 결론이 자명하지는 않아도 주의만 기울이면 충분히 명확한 결론이 도출된다. 흔한 예로 식품, 음료, 살충제, 세제, 화장품 같은 특정 물질과 하나 이상의 심각한 질병 위험의 증가 사이의 연관성을 보여주는 연구 결과를 들 수 있다. 앞서 언급한 특정 물질은 건강에 좋지 않다고 결론짓기 쉽다. 그러나 세상에 존재하는 거의 모든 것은 우리 몸에 좋을 수도 있고 나쁠 수도 있다. 어떤 것이 건강에 좋은지는 우리 몸의 균형에 어떤 영향을 미치는지에 따라 달라진다. 그런 이유에서 부작용이 있거나 다른 질병을 낳을 가능성이 큰 약을 복용하는 것이 실제로는 건강에 매우 좋을 때도 있다. 어떤 것의 좋은 점과 나쁜 점을 **모두** 알지 못한다면 단지 나쁜 영향이나 효과만을 이유로 그것을 피해야 한다고 주장할 수는 없다.

통계의 출처 역시 질문해야 한다. 앞서 언급한 항암제 연구 자료는 진짜였다. 그러나 통계의 출처는 기득권을 점한 곳일 때가 많음을 유의하라. 예를 들어 초콜릿이 건강에 미치는 순기능을 주장하는 연구가 있다면 혹시 제과업체에서 자금을 지원받은 연구는 아니었는지 주의해서 살펴야 한다. 정직한 연구조차도 기득권의 영향을 받을 수 있다. 사실 많은 연구가 대학의 마케팅 부서에서 작성한 보도 자료를 통해 홍보되고 있다. 이들은 연구자들이 실제 논문에서 강조하는 것보다 통계적 의미를 더 강조한다. 늘 시간 부족을 핑계 삼는 언론은 보통 연구는 읽지도 않고 보도 자료만 보고 기사를 작성한다. 탐사 저널리스트인 닉 데이비스Nick Davies가 '처널리즘'(churnalism, 제품을 대량으로 찍어낸다는 의미의 '천 아웃churn out'과 '저널리즘journalism'을 합성한 말. 사실과 상관없이 모든 자료를 그저 무비판적으로 찍어내기만 하는 기자들을 비판하는 용어―옮긴이)이라고 부른 관행이다.

숫자는 강력한 설득의 무기이므로 통계적 수리 능력을 익히는 일은 분명 가치가 있다. 그러나 일반적인 철학 원칙만 적용해도 자료에 대해 더 명확하게 생각할 수 있다. 누가 뭐라 하건 숫자는 스스로를 대변하지 않는다. 우리가 숫자를 이해하기 전까지 숫자는 숫자에 불과하다.

◆

믿음, 사실, 숫자로부터 엄밀히 논리적으로 도출되거나 도출되지 않는 결론에 주목하는 것이야말로 비판적 사고능력의 핵심이다. 그러기 위해서는 특히 형식논리에 대한 지식이 필요하다고 철학계에서는 흔히들 말한다. 하지만 이는 사람을 지레 주눅 들게 만든다. $\forall x. \exists y. Q(x, y) \wedge \neg \forall u. \exists v. Q(v, u)$ 같은 식은 보기만 해도 식은땀이 난다. 나는 형식논리를 완전히 이해한 적이 없다. 하지만 형식논리를 포기한 사람이 나뿐만은 아니라는 사실, 형식논리 분야를 제외하곤 철학에서 중요하다는 대다수의 연구는 형식논리를 사용하지 않는다는 사실이 위로가 된다.

20세기 영미 철학이 수학적 논리에 지나치게 많은 의미를 부여했다고 말한 분석철학자 힐러리 퍼트넘Hilary Putnam의 주장 역시 위안이 되었다. 퍼트넘은 형식논리가 우리의 사유를 '엄밀하게' 만든다는 갸륵한 목표를 달성하기 위한 기본값이 되어버렸다며 개탄했다. "철학에서 무언가를 엄밀하게 만드는 것이 곧 형식논리를 숙달해야 한다는 의미는 아닙니다. 그래야만 하는 것도 아니고요. 우리는 아직도 한 문장을 형식화하면 그 문장의 '진정한' 의미를 알 수 있다는 생각을 버리지 못하고 있어요"라는 것이 퍼트넘의 견해다. 그는 '정밀과학exact science에서 형식주의를 이어받으면 진정한 진보를 이루리라는 꿈'이 사회학, 경제학, 사회과학 등 다른 학문에도 영향을 미쳐왔다고 생각한다. "수학적 논리의 매력 중 하나는 공식이 신비롭게 보인다는 점이죠. E를 막 거꾸로 쓰잖아요!"라는 농담은 덤이다.

그래도 많은 철학자가 논리를 소중히 여기는 이유는 이해할 만한 가치가 있다. 티머시 윌리엄슨은 "누군가가 영어로 말하는 내용을 기호로 바꾸면, 내용이 복잡한 경우 진술이 더 명확해집니다. 공식은 논리 지도와 비슷해서 논리적 관계를 아주 명확하게 보여주거든요"라고 말한다. 그의 논리 선호는 부분적으로는 그의 기질 문제라고도 볼 수 있다. 그도 자신과 다른 사람도 있다는 것은 인정한다. "물론 그 반대인 사람도 많아요. 기호를 영어로 바꾸어, 기호의 내용을 이해하기를 더 좋아하는 것이죠."

하지만 그런 윌리엄슨조차 형식논리가 꼭 필요하다고 말하지는 않는다. "모든 철학자가 형식적인 방법에 정통할 필요는 없다고 생각합니다. […] 훌륭한 형식논리도 얼마든지 평범한 글로 바꾸어 쓸 수 있습니다. 많은 경우 군이 형식화를 해서 얻는 이익은 별로 없다고 봐야죠." 형식논리 자체를 제외하면 형식적·논리적 증명에 의지하는 실질적인 문제란 거의 없다.

철학적 사유를 하기 위해 반드시 $\forall$와 $\exists$를 구분해야 할 필요가 없다는 사실이 안도가 된다. (궁금한 사람을 위해 설명하자면 '$\forall$'는 '모두에게' 또는 '모든 것에'라는 의미의 보편 양화사universal quantifier이고 $\exists$는 '존재한다'라는 의미의 존재 양화사existential quantifier이다.) 연역 논리의 근본적인 질문은 "그렇다면 다음은 무엇인가?"이다. 우리는 이제껏 난해한 기호를 사용하지 않고도 이 질문에 답하는 방법을 살펴보았다. 사실 대부분의 추론은 형식적이든 아니든 연역의 형식을 전혀 띠지 않는다.

연역은 일관성과 정합성을 확인하는 습관을 심어준다. 따라서 연역의 기본 규칙은 내면화할 만한 가치가 있다. 그러나 대체로 실용적인 목적을 위해서라면 다른 형태의 추론을 살펴보아야 한다. 논리적 측면에서 볼 때 연역보다 완벽하지는 않지만 고맙게도 훨씬 더 유용한 형태의 추론 말이다.

◇ 모든 논증에서 핵심적인 질문은 "그러므로 그것이 맞는가?"이다.

◇ 형편없는 논증도 때로는 참인 결론을 포함하고, 심지어 참된 결론만 포함할 수도 있음을 유의하라.

◇ '만약'이라는 표현을 발견할 때마다 일반 조건의 '만약if'인지, 쌍조건 '만약 그리고 오직 그럴 때만if and only if(iff)'인지 확인하라.

◇ 형식적 오류인 '후건 긍정의 오류'를 파악하라. '만약 x라면, y이다'가 '만약 y라면, x이다'를 수반하지 않는다. 내가 인간이라면 나는 영장류이지만, 내가 영장류라고 해서 반드시 인간인 것은 아니다.

◇ 일관성을 추구하되, 모순을 부조리하게 해결하느니 모순을 해결하지 않고 그대로 두는 편이 낫다.

◇ 귀류법, 혹은 '부조리로의 환원 논증'은 어떤 믿음이 논리적 불합리성을 수반한다면 그 믿음 자체가 문제라고 간주한다. 아니면 부조리해 보이는 것이 실제로 전혀 터무니없지는 않다고 해야 한다.

◇ 합리적으로 보이는 것을 받아들인 결과 그렇지 않은 다른 것도 받아들이게 되는 '미끄러운 비탈길 논증'을 주의하라. 미끄러운 비탈길 논증은 논리적인 경우가 드물고 대체로 심리적, 사회적 사실에 의지한다. 이 비탈길의 미끄러움은 대체로 줄일 수 있다.

◇ 통계나 다른 사실을 보게 되면 다음과 같이 질문하라. 그 의미는 무엇인가? 출처는 어디인가? 결론은 무엇인가?

◇ 통계적으로 유의미하다는 주장을 주의하라. 합리적으로 볼 때 유의미하지 않은 경우가 많다.

4장

귀납
—

주어진 사실을 따라
최선의 결론을 도출하라

◇ 제한적인 정보를 근거로 한 추론은 100퍼센트 확신할 수 없다.

◇ 부족한 근거로 성급히 일반화하지 말라.

◇ 전체가 아닌 이용하기 편한 일부 증거만 살피진 않았는가?

◇ 진술은 가장 간단하고, 포괄적이며, 정합성 있으며
  검증 가능해야 한다.

바보들의 천국에서 행복한 편보다
불행해도 최악을 아는 편이 낫다!

— 표도르 도스토옙스키, 『백치』

인류가 기후변화에 맞서 싸우고, 빈곤을 근절하고, 늘어나는 인구를 먹여 살릴 능력을 갖추게 된다면, 이는 사람들이 연역 논증의 힘에 감동했기 때문은 아닐 것이다. 지금 어떤 일이 일어나고 있고 왜 일어나는지, 그리고 그것을 바꾸기 위해 무엇을 할지에 관한 근거를 충분히 많은 사람이 받아들였기 때문일 것이다. 연역은 여기서 보조 역할을 할 따름이다. 물론 자료를 분석하고 가설과 증거가 일치하는지를 판단하는 등의 연역적 작업은 당연히 필요하다. 그러나 사실에 대한 논리적 추론의 기본 근거는 **경험적**empirical이다. 사실 추론은 관찰과 경험을 근간으로 한다는 뜻이다. 우리는 기후에 어떤 일이 일어나는지 관찰하고 측정한다.

관찰한 내용은 이전의 관찰에 기반을 둔 이론을 바탕으로 해석한다. 특정 관찰에서 일반 이론으로 향하는 추론의 성격은 **연역적**이 아니라 **귀납적**이다. 그렇다면 귀납은 어떻게 작동할까?

과거의 관찰에 의존할 수밖에 없는 현실은 심오한 철학적 질문을 제기한다. 세계에 대한 지식 전체가 제한된 과거 경험에 기반을 두고 있다면, 이 지식이 지금도 정확하고 앞으로도 계속 정확하리라고 어떻게 확신할까? "이런저런 일이 늘 일어나는 것으로 관찰되었다"라는 말과 "이런 일이 항상 일어나고 있으며 앞으로도 계속 일어날 것이다"라는 말 사이에는 논리적 간극이 있다. 내일 중력이 변하지 않는다거나, 물이 분자 변형을 겪으며 미묘하게, 혹은 완전히 원래의 물H_2O과 다른 무엇이 되지 않으리라 누가 장담할 수 있을까? 수 세기 동안 이 '귀납의 문제'로 인해 철학자들은 밤잠을 이루지 못했다.

왜 이 문제를 떨쳐버리지 못했는지 궁금하지 않은가? 귀납이라는 문제는 기껏해야 까다로운 문제에 불과하다. 최악의 경우에는 미친 헛소리에 지나지 않는다. 누가 됐건, 심지어 철학자라 하더라도 '아침에 태양이 떠오를까?' 혹은 '커피를 마시면 이전의 수천 명이 그랬듯이 기분이 좋아질까?' 등을 진지하게 의심하지 않는다. 귀납법은 심오한 철학적 문제를 해결해 보고자 밤낮없이 고군분투하는 철학자들에게나 불면증을 안길 뿐이다. 철학자들에게 불면증은 심각한 병도 아니다.

실용적으로 말해서 귀납에서 얻을 유일한 교훈이 있다면 관찰과 증거에 근거한 믿음은 무엇이라도 항상 100퍼센트 확신할 수는 없다는 것이다. 우리가 살아가는 방식을 바꾸는 믿음은 대체로 과거의 관찰에 기반을 둔다. 그러므로 사실의 문제에 확신이란 없다는 것을 받아들여야 한다. 우리의 데이터는 항상 제한적이다. 그뿐만이 아니다. 우리의 관찰이 이미 과거의 것에 불과하며 관찰한 것보다 관찰하지 못한 것이 항상 더 많다는 사실도 염두에 두어야 한다. 따라서 기초 물리학 및 화학에서는 충분히 검증되어 확정된 것으로 받아들여지는 사실도 일부 있지만, 우리가 다루는 복잡하게 얽혀 있는 실체entity(다른 사물과 관계없이 존재하는 사물―옮긴이)의 세계에서는 그렇게 명확하게 확정된 것은 거의 없다.

이 모두를 받아들이고 경험적 문제에 확실성은 없지만 그래도 자연의 법칙은 **대략** 변함이 없다, 그러니 우리의 믿음도 대부분은 **대략** 참이라고 결론을 내고 싶은 유혹도 든다. 일상에서는 이 정도 결론이면 충분하다는 것이 내 생각이다. 따라서 왜 이 정도 이야기가 엄밀한 의미에서 정확하지 않은 것인지 궁금하지 않다면 이 단락은 읽지 않아도 좋다.

전문적인 의미에서 '대략'이라는 말은 올바른 낱말이 아니다. 어떤 것이 대략 참이라고 말하려면 확률probability에 대해 어느 정도 알고 있어야 한다. 동전은 두 개의 면이 있어서 던졌을 때 앞면과 뒷면이 나올 확률은 각각 50 대 50이라고들 알고 있다. 선진국에 사는 사람이 생애 어느 시점에 암에 걸릴 확률은 대략 50퍼센트이고 암으로 사망할 확률은 약 25퍼센트라고 우리가 짐작하는 것도 인구의 몇 퍼센트가 암에 걸려 죽는지 이미 알고 있기 때문이다. 하지만 자연의 법칙이 변함없다는 일반적인 믿음은 통계적 자료에 기반을 두고 있지 않다. 실제로 일반적인 확률 관점에서 보면 법칙이 변함없을 확률은 100퍼센트라고 판단할 것이다. 모든 관찰이 법칙을 증명해 주기 때문이다. 여기서 철학적 문제는 **과거의 경험만을** 바탕으로 하는 확률 계산이 과연 **모두** 합리적이냐는 것이다. 확률적 **추론**은 귀납이 작동한다고 **가정할** 뿐, 귀납이 **왜** 작동하는지 그 **이유**를 정당화하거나 설명하지는 못한다.

◆

세상에 대한 우리의 믿음 전체에는 필연적으로 의심의 그림자가 드리워지기 마련이다. 그렇다고 해서 이러한 의심이 경험의 빛을 가리도록 방치하면 안 된다. 불확실성이 불가피함을 일단 받아들이자. 경험적 주장을 평가할 때마다 "그것이 **틀릴 수도 있다**"는 이유만으로 그것이 **실제로** 틀린 것처럼 생각해서는 안 된다. 이렇게 하면 경험적 주장이 틀릴 확률을 기정사실로 받아들이는 오류를 피할 수 있다.

설탕을 예로 들어보자. 정제된 설탕이 건강에 좋지 않다는 증거는 많다. 그러나 정제당 자체가 본질적으로 문제가 있다고 **절대적으로 확신**할 만큼 증거가 충분치는 않다. 우리는 설탕이 문제라고 생각한다. 그러나 진짜 문제는 흔히 설탕과 함께 섭취하는 다른 무언가일 **가능성**이 있다. 하지만 이 **가능성**은 설득력이 떨어진다. 그래서 정제 설탕 섭취를 제한해야 한다는 가정 외에 다른 가정하에 행동한다면 바보짓이 된다.

과거는 불완전한 안내자다. 하지만 궁극적으로는 우리가 가진 유일한 안내자다. 이제 정말 어려운 질문으로 옮겨가 보자. 과거의 경험이 우리를 오도했을 가능성을 심각하게 생각해야 할 때는 언제일까? 버트런드 러셀이 들려준 닭 이야기는 유명하다. 닭은 농부가 매일 모이를 주러 오는 경험을 했다. 앞으로도 영원히 그럴 거라고 성급하게 가정했다가 돌연 목을 따러 온 농부의 손에 죽었다. 사실 은유적으로 볼 때 인간의 목은 닭의 목보다 나을 게 없다. 오히려 인간의 목은 항상 비틀리는 신세다. 전쟁, 질병, 재정적 재난, 팬데믹 등은 모두 우리의 미래가 과거와 같으리란 안이한 믿음을 흔들어놓는다. 자연법칙이 하루 만에 갑자기 바뀔까 두렵지는 않다. 하지만 러셀의 닭처럼 일시적 패턴을 영원한 패턴으로 착각하고 있는 건 아닌지 몹시 두렵다.

이러한 걱정은 신경증적이거나 학문적인 걱정이 아니라 실제로 일어날 수 있는 문제에 대한 우려다. 미래에 관해 생각할 때 경험을 근거로 삼으면 완전히 다른, 두 가지 잘못된 결론 중 하나를 도출할 가능성이 늘 있다는 것이다. 그중 하나는 지금 생각하고 있는 상황이 과거와 크게 다르기 때문에 과거의 경험이 적용되지 않는다고 잘못 믿어버릴 가능성이다. 또 하나는 지금 생각하고 있는 상황이 **실제로는** 크게 다른데도 이제까지 익숙한 과거의 또 다른 예라고 잘못 믿어버릴 가능성이다. 정말 유례가 없는 일도 일어나는데 말이다.

경험을 근거로 올바른 예측을 하기란 힘들다. 매년 전문가라는 사람들이 집값, 주식 시장, 선거 결과, 전쟁 등을 예측하지만 대부분 늘 틀린다. 놀랍지도 않다. 거의 모든 일은 매우 다양하고 상호작용하며 변화하는 여러 원인의 결과로서 일어난다. 그러므로 과거는 필연적으로 미래에 대해 정확하지 않은 지침일 수밖에 없다.

그런 이유로 많은 기술이 처음 등장할 때면 아무리 그 분야에 정통한 사람이라도 그 기술이 미래에 어떻게 사용될지 올바르게 판단하기 힘들다. 1977년, 컴퓨터 엔지니어이자 제조업자 켄 올슨은 "집에 컴퓨터를 두고 싶어 할 이유가 없다"라고 말했다. 2007년 마이크로소프트의 전 CEO 스티브 발머는 "아이폰이 유의미할 정도로 시장 점유율을 차지할 가능성은 없다"라고 선언했다. 2013년에 블랙베리의 CEO 토르스텐 하인즈는 태블릿 컴퓨터가 '좋은 비즈니스 모델이 아니며' '5년 후면 더는 태블릿을 가져야 할 이유가 없을 것'이라고 말했다. 최근까지도 인류는 이러한 기술력을 경험하지 못했다. 그래서 이 첨단 기술이 우리에게 어떤 영향을 미칠지 제대로 예측할 수도 없었던 것이다.

인간은 예측에 서툴 수 있다. 그렇다고 가만히 앉아 미래에 일어날 일을 마냥 기다리고 있을 수만도 없다. 이렇게 말하는 사람도 있다. 최선의 계획은 아무런 계획도 세우지 않는 것이며 그저 현재에 충실하게 살아야 한다고 말이다. 그들은 결국 불현듯 눈앞에 다가온 미래를 아무 준비 없이 마주해야 한다. 물론 투자만 하면 안전하고 편안하게 노후를 보낼 수 있다는 믿음으로 은

퇴 계획을 세우는 것도 오만일 수 있다. 그러나 약간의 선견지명만 있으면 노후가 편안할 텐데 아무런 계획도 세우지 않고 인생의 가을을 힘들게 보내는 일 또한 무모하다. 미래는 불확실하다. 그러니 은퇴 계획은 여생을 충분히 즐기도록 대비하는 일종의 비상 계획으로 간주해야 한다.

미래를 잘못 판단할 가능성을 어떻게 낮출까? 늘 변하지 않는 것과 변화 가능한 것에 관한 가정에 의문을 제기해 보라. 미래에 일어날 일의 가장 중요한 특징이 과거의 선례와 비슷할지 다를지도 질문해 보라. 대답하기가 쉽지 않으며 답을 알려줄 알고리즘도 없다. 그러나 적어도 질문을 던지면 섣부른 가정은 피한다. 또 우리의 지침이 될 유용한 경험 법칙도 있다. 고정되고 안정적인 자연법칙을 앞날을 예측하는 지침으로 삼는다면, 자연법칙을 올바르게 이해하는 한 그 결과에 좀 더 놀라지 않을 수 있다.

사람들은 인간 삶의 특정 영역이 얼마만큼 법칙의 지배를 받는지 제대로 판단하지 못한다. 어떤 사람들은 경제 이론을 마치 과학 법칙인 양 신봉하고 경제 모델을 지나치게 신뢰한다. 다른 사람들은 인간이 쉽사리 변하지 않는다는 사실을 인정하지 않고 미래 세대는 다르리라고 섣불리 낙관하거나 비관한다. 또 다른 사람들은 후천적으로 규정된 인간 행동의 특징을 근본적인 본성으로 착각한다. 가령 남성과 여성의 역할이 실제보다 더 고정되어 있다고 믿는 식이다.

◆

예상치 못한 사건이나 상황보다 예상했던 일의 비율을 높이는 데 도움이 되는 가장 유용한 일반 원칙은 데이비드 흄이 제시했다. "현명한 사람은 […] 증거에 비례하여 자신의 믿음을 키우거나 줄인다"라는 원칙이다.[1] 자명하다 못해 진부하게까지 들리는 격언이다. 동의하기는 쉽지만 실제로 따르기는 어렵다.

흄은 이 문제를 논하는 기막힌 예로 '세상의 질서로 보아 창조주는 존재했다'라는 주장을 든다. 이 논증을 유명하게 만든 인물은 윌리엄 페일리William Paley이다. 페일리는 만일 자신이 우연히 어떤 시계를 발견한다면 "내가 아는 한, 이 시계는 항상 거기에 있었을 것이다"라고 가정하는 대신 "이 시계를 만든 사람이 언젠가, 어떤 장소에 반드시 존재했을 것이다"라고 가정하겠다고 주장했다. 시계에 대해서 그런 가정을 한다면 우주 전체에 대해서도 당연히 그렇게 가정해야 한다는 것이 페일리의 주장이다.

그러나 흄은 페일리의 오류를 명확히 알아차렸다. 우리는 경험을 통해 시계를 보고 시계 제작자를 추론할 수 있다. 우리가 아는 모든 것이 시계는 인간이 만든 인공물임을 알려준 덕분이다. 반면 우주 창조와 창조자에 관한 경험은 애당초 존재하지 않는다. "다른 모든 우주가 신에 의해 창조되었으니, 우리 우주도 틀림없이 신이 창조했을 것이다"라고 말할 과거의 선례란 존재하지 않기 때문이다.[2]

창조론의 일종인 설계론은 매우 특수한 논증이기 때문에 일상적인 추론과는 큰 관련이 없다고 생각할 수도 있다. 그러나 사실 설계론은 많은 것을 이야기해 준다. 페일리의 논증이나 그 비슷한 논증의 오류를 아무리 지적해도 이런 논증을 설득력 있다고 생각하는 사람들이 많다. 인간이란 원래 자연 속의 패턴을 찾는 데 열중하는 종이다 보니 너무 빨리 유추하고 비교하는 습관이 들어버렸다. 그래서 조금만 더 세심하게 살펴보면 그 논증이 잘못되었음을 알 수 있는데도 그렇게 하지 않는다. 우리는 작은 경험으로 너무 성급하게 과도한 일반화를 한다. 지나치게 편협한 자료로 지나치게 많은 결론을 도출한다.

이처럼 성급하고 잘못된 일반화를 낳는 한 가지 주요 원인은 **가용성 휴리스틱**availability heuristic 또는 **가용성 편향**이다. 우리는 증거 전체를 바탕으로 추론하기보다 가장 편리하게 이용할 수 있는 증거를 바탕으로 추론하려는 경향이 있다. 때문에 특히 위험이나 확률을 계산할 때 크게 실수할 수 있다. 예를 들어 9·11 테러 이후 자동차보다 비행기가 위험하다고 믿고 많은 사람이 비행기 대신 자동차를 선택했다. 게르트 기거렌처Gerd Gigerenzer에 따르면 그 결과 9·11 테러 이후 12개월에 걸쳐 미국 도로에서 사망한 인원이 평균에 비해 1500명 더 늘어났다. 이는 세계무역센터가 무너졌을 당시 사망한 사람의 절반에 해당하는 수치다. 운전이 덜 위험한 수단이라 쉽사리 판단해 도로에 사람이 몰리며 일어난 비극이었다.[3]

페일리는 또 다른 의미에서 가용성 편향의 희생자다. 필요한 증거가 아무리 찾아도 없을 때 우리는 포기하지 않고 가장 가까운 증거라도 찾으려 든다. 그 근거가 형편없더라도 말이다. 예를 들어 괜찮은 정보를 구할 수 없을 때 사람들은 종종 신뢰할 만한 근거라곤 찾아볼 수 없는 리뷰나 추천 하나에 의지하여 무언가 구매하려 든다. 페일리의 경우, 창조자에 관해 그가 주변에서 이용할 수 있는 유일한 증거는 인공물(시계)과 관련된 것이었다. 신에 대한 증거라곤 없었다. 그러나 페일리는 자신의 패배를 인정하기는커녕, 그 인공물을 '만들고 고안한 이'를 근거로 내세우며 자기 주장을 굽히지 않았다.

이렇듯 비슷하지만 틀린 증거를 사용한 사례가 또 하나 떠오른다. 2026년까지 화성에 유인 탐사선을 보내겠다는 일론 머스크Elon Musk의 약속을 우리가 믿어야 할지를 놓고 누군가 이야기를 하고 있었다. 한 전문가는 머스크가 너무 낙관적인 게 아닌가 생각하다 곧 다음과 같은 사실을 지적했다. 많은 사람은 머스크가 전기차를 그토록 빨리 개발하지는 못할 것이라거나, 그의 위성발사 프로그램이 성공하지 못할 것이라고 말했지만 그들의 예상은 틀렸다는 것이다. 이런 경험에서 그가 얻은 교훈은 머스크가 한 약속은 비현실적으로 들리지만 결국 계속해서 이행되는 패턴을 보인다는 것이었다. 따라서 그는 머스크의 약속을 믿어야 한다고 주장했다.

머스크를 비판하는 쪽에 섰던 사람들이 대체로 언제나 옳았다는 사실은 따로 언급하지 않겠다. (2019년 머스크는 "내년에는 확실히 로봇이 모는 100만 대 이상의 택시가 도로를 달릴 것입니다"라고 말한 바 있다.) 머스크가 전기차에 관해 수백 번 옳았다고 해도 기존의 기술을 개선하는 일과 전례 없는 임무를 맡은 우주선을 화성까지 쏘아 올리는 일은 그 성격이 완전히 다르다. 화성에 사람을 보낸다거나 지구 궤도에 유인 인공위성을 올려놓는 기술적 과제를 생각하면 자율주행차나 배터리 수명 문제는 간단해 보일 지경이다. 이는 **미래에 벌어질 일의 가장 중요한 특징이 과거의 선례와 유사한가 다른가를 묻는 질문이 매우 중요하다**는 사실을 보여준다. 머스크가 자동차와 인공위성 발사에서 입증한 능력을 근거로 화성 탐사 임무도 잘 수행할 수 있다는 주장도 가능하다. 하지만 다시 생각해 보면, 이는 마치 누군가 훌륭한 축구 감독이었다고 해서 훌륭한 오케스트라 지휘자도 될 수 있다고 이야기하는 것이나 다를 바 없다.

경험적 이론은 그 이론이 기반을 두고 있는 증거만큼만 유효하다. 대체로 그 증거는 우리 생각만큼 강력하지 않다.

◆

주장의 핵심을 파악하고 모든 사실을 세심하게 조사하는 일이 일반적으로 올바른 방법이기는 하다. 그러나 특정 사건에서는 오히려 세부 사항을 무시해 버리고 일반적인 진실과 추세에 근거한 판단이 더 나을 때도 있다. 특정 사건을 충분히 알지는 못하지만 '이런 종류의 일'에 대해서는 많이 알고 있을 때 활용하기 좋은 전략이다.

이메일과 전화 사기가 좋은 예다. 어떤 사람이 개인 정보나 은

행 정보를 요구할 때 매번 그럴 만한 정당한 이유가 있는지 파악하기 어렵다. 그럴 때는 사람들이 이런 종류의 정보를 요구할 때는 사기꾼일 가능성이 크다는 대원칙을 적용하는 편이 낫다. 물론 이 원칙은 틀릴 수 있다. 하지만 틀렸다고 해도 그 결과가 치명적이지는 않다. 은행이 여러분과 진정한 거래를 원한다면, 사기꾼으로 착각해 은행 정보를 넘기라는 말을 거부한다고 해서 거래를 포기하지는 않을 것이다.

이러한 종류의 논증을 **메타 귀납**meta-induction이라고 한다. 사건의 세부 사항에 초점을 맞추기보다는 전에 있던 넓은 범주의 경험을 통해 논증하는 방법이다. 메타 귀납은 기적의 치료법, 유령 목격담, 부자로 만들어주겠다는 사기극, 황당한 음모론 등 각 주장이 펼치는 세세한 내용을 굳이 검증해 보지 않고도 믿지 않게 해준다.

메타 귀납은 건강 염려증에 빠진 환자에게도 유용하다. 누구든 몸에 증상이 나타나면 그 원인을 몰라 걱정하기 마련이다. 이럴 때 심각한 병에 걸렸을 가능성은 늘 존재한다. 그러나 의사가 아니라면 성급하게 그 증상에 관한 지식을 지나치게 많이 찾아보는 것은 좋지 않다. 질병 대부분은 그리 심각하지 않다는 점이야말로 우리가 알아야 할 가장 중요한 사실이다. 어떤 특정 질환에 걸렸다고 생각할 만한 정당한 이유가 나올 때까지는 해당 증상을 그저 스쳐 가는 증상 중 하나라고 가정하라. 물론 그렇다고 해서 의사의 진찰을 받지 말라거나 심각한 질환일 가능성을 무시하라는 뜻은 아니다. 다만, 입증되기 전까지는 '아마도 불치병 말기는 아닌' 질환이라고 생각하는 편이 낫다는 말이다.

　메타 귀납은 특정 사례보다는 일반적인 진리에 대한 우리의 지식과 확신이 훨씬 클 때 유용하다. 우리는 어떤 특정한 상황이나 문제를 마주하면 그 세부 사항을 실제보다 훨씬 더 유의미하고 중요하게 여기는 경향이 있다. 그래서 메타 귀납을 충분히 사용하지 않게 된다. 물론 세부 사항은 **중요하다**. 그러나 그중에서도 어떤 세부 사항이 중요하고, 그 의미는 무엇인지 알지 못한 채 무조건 세부 사항에만 초점을 맞추면 자기 능력을 뛰어넘어 생각하는 셈이 된다. 세부 사항에 얽매일수록 실수할 가능성도 커진다. 차라리 아는 것에 집중하는 편이 더 낫다.

　미래를 예측할 때 메타 귀납적 접근법으로 다시 한번 확인되는 사실이 있다. 아주 일반적인 예측, 변할 것이라 생각할 이유가 없는 영구적인 특징에 기반을 둔 예측이 가장 안전하다는 것이다. 예를 들면 사람들은 계속해서 탐욕스럽고 잔인하며 편견을 가질 것이다. 그러나 또 한편으로 우리는 계속해서 친절, 아량, 사랑도 보게 될 것이다. 그러므로 인간이 야만적으로 타락하리라는 두려움은 언젠가 유토피아가 오리라는 희망만큼이나 터무니없다. 굳이 노스트라다무스가 아니어도 이 정도는 예측할 수 있다. 사실은 노스트라다무스가 아닌 편이 오히려 도움이 된다. 노스트라다무스는 누구도 정확하게 예측할 수 없는 크고 극적인 사건을 찾고 있었다. 그가 조금만 더 겸손했더라면 앞날을 더 자주 맞히고 그 대신 덜 유명해졌을 것이다. 대담한 예측은 많은 주목을 받겠지만, 나로 말하자면 누군가 알 수 없는 미래를 자신 있게 말하는 것을 들을 때마다 거만한 사기꾼을 보는 기분이 든다.

◆

　3장과 4장에 걸쳐 정당하고 합리적인 추론 방법 전체를 포괄하는 연역과 귀납을 살펴보았다. 연역으로 진술의 논리적 함의를 파악하고 귀납으로 경험과 관찰을 토대로 하여 결론을 도출한다. 이런 귀납적 방법 중에 **귀추법**歸推法, abduction이라는 최선의 설명을 선택하는 추론 방법이 있다.

　아침에 일어나 바닥에 깨진 꽃병을 발견했다고 가정해 보자. 문과 창문은 모두 닫혀 있고 집 안에는 아무도 없었다. 소규모 지진, 돌풍, 흔적을 남기지 않은 침입자, 정말 커다란 파리, 고양이 등 여러 외적 요인이 원인일 수 있다. 아니면 의식을 가진 꽃병이 갑자기 자기 존재의 무의미함을 깨닫고 선반에서 뛰어내렸을 수도 있다. 집 안 곳곳에 CCTV 카메라나 지진계가 설치되어 있지 않는 한 이 모든 가능성을 검증할 증거를 전부 수집하지는 못한다. 실생활에서는 모든 증거가 결국 하나의 설명을 가리키며 끝나는 추리소설 같은 결말이 거의 불가능하다. 물론 고양이가 범인일 가능성이 가장 크다고 결론 내릴 만한 충분한 근거는 있다. 증명할 수는 없지만 어쨌든 가장 그럴듯한 설명이기 때문이다.

　귀추법이란 간단히 말해 최상의 설명에 가져다 붙이는 그럴 듯한 말이라고 할 수 있다. 어떤 설명이 정말 최선의 설명인지를 검증하는 데는 네 가지 주요 기준이 있다. 첫 번째는 **단순성**

simplicity이다. 모든 요건이 같다면, 복잡한 설명보다는 간단한 설명이 선호된다. 초인종이 울리면 고장이 났거나 다른 기묘한 일이 발생했다고 따로 의심할 만한 이유가 없는 한, 누군가 벨을 눌렀다고 가정하는 편이 간단하다. 꽃병이 깨졌다면 고양이가 습성대로 가구 위로 뛰어올라 꽃병을 넘어뜨렸다는 설명이 간단하다. 다른 설명은 모두 이 설명과는 비교도 안 될 정도로 복잡하다.

이는 두 번째 기준인 **정합성**coherence과도 관련이 있다. 알고 있는 다른 모든 정보와 설명이 일치하는가? 고양이가 가구 위로 뛰어올랐다는 설명은 알려진 정보와 일치한다. 다른 설명은 그렇지 않다. 지진이 났다는 보고는 없었다. 게다가 방에 있는 다른 모든 물체는 마지막으로 봤을 때와 똑같은데 왜 꽃병 하나만 흔들렸을까? 밀폐된 방에 강한 돌풍이 불 수 있을까? 꽃병을 넘어뜨릴 만큼 커다란 파리였다면 집 주변에서 날아다니는 모습을 누구라도 목격했을 것이다. 꽃병 자살설은 입 밖에 내지 않을수록 좋다. 하지만 고양이가 범인이라면 다른 모든 조건은 예상을 벗어나지 않는다.

이제 **포괄성**comprehensiveness 기준으로 넘어가 보자. 가장 좋은 설명은 가능한 한 많은 것을 설명하는 동시에 미진한 부분은 가능한 한 적게 남긴다. 깨진 꽃병에 관한 설명 중 고양이를 제외한 다른 모든 설명은 수수께끼 하나는 해결하지만 더 큰 수수께끼를 더한다.

마지막 기준인 **검증 가능성**testability은 항상 적용되는 것은 아니다. 그래도 일반적으로 우리는 직접 검증할 수 있거나 자체적으로 검증 가능한 예측을 생성하는 설명을 선호한다. 라디오 신호가 잘 잡히지 않는 이유를 파악할 때를 생각해 보자. 수신 사각지대에 있기 때문이라는 가설을 세운다면 신호가 모든 근방에서 똑같이 잘 잡히지 않을 거라 짐작할 수 있다. 그래서 집안을 돌아다녀 보면 쉽게 검증된다. 반면, FBI가 신호를 차단하고 있다는 가설은 어떻게 검증해야 할지 상상하기 힘들다. 깨진 꽃병의 경우 유일한 검증 방법은 고양이 가설이 사실이라면 꽃병 이외의 다른 증거도 있을지 질문해 보는 것이다. 고양이가 그랬다면 적어도 고양이가 움직인 경로에 있는 다른 물체도 같이 움직였을 가능성이 있다.

결국 단순성, 정합성, 포괄성, 검증 가능성이라는 네 가지 기준으로 따져봤을 때 가장 높은 점수를 받는 설명이 가장 좋다. 이 기준을 적용할 때 '다른 모든 것이 같다면'이라는 의미의 **세테리스 파리부스**ceteris paribus라는 라틴어를 함께 쓰면 도움이 된다. 포괄적인 이론은 **다른 모든 것이 같다면** 부분적인 이론보다 낫다. 하지만 그 포괄성의 대가가 터무니없이 불합리해서는 안 된다. 모든 것이 치즈로 만들어졌다는 명제는 매우 포괄적인 이론이다. 하지만 물리학자들이 지금 당장 모든 도구를 내려놓고 이 터무니없는 이론을 받아들여야 하는 것은 아니지 않겠는가.

이러한 네 기준을 적용하면 궁극적으로는 경험에서 얻은 교훈을 바탕으로 추론하므로 귀추법은 일종의 귀납법이다. 그러나 귀추법은 그 나름의 고유한 특징이 있어서 그 자체로 추론의 한 방법이라고 생각할 수 있다.

우리가 제시할 수 있는 최선의 설명이 그다지 좋은 설명이 아닐 때도 있다. 무언가를 찾다가 도무지 찾지 못해 반은 농담으로 "그냥 사라졌나 봐요"라고 말할 때가 있다. 우리는 아무런 설명 없이 지나치느니 차라리 나쁜 설명이라도 하는 편이 낫다고 생각해서 비합리적인 설명이라도 고개를 끄덕이곤 한다. 반대로 최선의 설명을 받아들이느니 차라리 모른다고 인정하는 편이 더 나을 때도 있다.

하지만 대체로 우리는 아무 설명 없이 지나가느니 믿기 힘든 설명이라도 듣고 싶어 한다. 일부 음모론과 설명할 수 없는 미스터리 해결책이 인기를 끄는 것도 이 때문이다. 페루의 나스카 사람들이 사막에 긴 줄을 그어놓은 이유를 알지 못한다면 외계인더러 보라고 그렸다는 가설에 끌릴 수 있다. 진화론이 등장하기 전에는 우주가 어느 지적인 신에 의해 설계되었다는 관념이 많은 사람에게 우주 존재에 대한 최선의 설명으로 여겨졌다. 데이비드 흄과 같은 몇몇 사람들은 일찌감치 그런 설명을 형편없다고 여겼지만 말이다. 그러므로 "그렇다면 이것 말고 다른 설명이 있나요?"라는 수사학적 질문은 아주 신중하게 다루어야 한다.

귀추법을 더 잘 이해하면 많은 사람을 가짜 음모론, 혹은 망상이나 다름없는 생각에서 구할 수 있다. 더불어 귀추법이 왜 그리 매혹적인지까지 알게 된다.

귀추법은 이미 말했듯 단순성을 미덕으로 한다. 14세기 유명한 프란체스코회 수도사 오컴의 윌리엄William of Ockham도 마찬가지였다. 그는 철학자이자 수도사, 신학자로 당대를 대표하는 지성인이었다. 하지만 지금 그의 이름은 거의 전적으로 면도날 때문에 기억되고 있다. **오컴의 면도날**은 복잡한 설명보다는 항상 간단한 설명을 선호해야 한다는 원칙으로 요약된다. 특히 우리가 존재한다고 가정해야 하는 사물의 수와 관련된 원칙으로, 이는 "자명하거나 경험으로 알 수 있거나 성경의 권위를 통해 증명되지 않는 한, 어떤 것도 이유 없이 가정해서는 안 된다"라고 정리할 수 있다. 다수의 원칙이 그렇듯이, 후대 사람들이 명확하게 다듬어놓은 오컴의 면도날은 현재 "**필요 이상으로 실체를 늘리지 말라**Entia non sunt multiplicanda sine necessitate"라고 흔히들 정의한다. 면도날을 이용하여 불필요한 것은 잘라내라는 의미다.

오컴의 면도날은 가장 합리적인 설명을 선호한다. 사례는 어렵지 않게 찾아볼 수 있다. 고양이와 작은 지진이 함께 꽃병을 넘어뜨렸다고 가정하는 것보다는 고양이가 원인이었다고 가정하는 편이 더 합리적이다. 물론 전자도 가능성은 있지만, 이런 기묘한 사건이 동시에 일어났다고 생각할 만한 특별한 이유가 없다면 더 간단한 이유가 선호된다.

하지만 추론의 단순성은 생각만큼 그리 간단하게 적용할 수 있는 도구가 아니다. 제리 포더Jerry Fodor가 지적했듯, "내 이론은 정말 간단하니 당신도 당신 이론보다는 내 이론을 선호해야 한다"는 말의 논리적 결과는 "내 이론은 정말 간단하다. 아무것도 없다. 이보다 더 간단할 수는 없다"라는 논리가 된다. 포더의 주장처럼 이러한 단순성의 대가는 설명과 예측력의 부족, 다시 말해 아무것도 없어지는 것이다. 그래서 다시 한번 말하자면, **다른 모든 것이 같다면** 더 단순한 이론이 바람직하다. 물론 필요 이상으로 실체를 늘리지 말아야 하지만 때로는 더 적은 실체보다 더 많은 실체를 가정해야 할 필요도 있다.

단순해 보이는 설명은 사실은 모자란 설명인 경우가 많다. 2001년 9월 11일 비행기 공격으로 무너진 쌍둥이 빌딩 붕괴에 대한 설명을 살펴보자. 이 붕괴를 이해하려면 구조 공학이 필요하지만 여기서 그 복잡한 공학을 요약하지는 않겠다.[4] 보통 사람이 보기에 붕괴는 문자 그대로 통제된 폭발, 주도면밀한 의도로 이루어진 폭발처럼 보였다. 음모론자들의 주장이 바로 이것이다.

폭발의 원인과 결과의 연쇄는 간단해서 이해하기 쉽다. 폭발물은 철거 때와 마찬가지로 전략적 위치에 있는 건물의 지지 구조를 손상시켜 건물 전체를 아래로 무너지게 한다. 정말 간단하다. 반면, 항공기 충돌로 인한 건물 붕괴라는 공식적인 설명을 뒷받침하는 이론은 항공기 연료 확산, 콘크리트 바닥의 열팽창, 단단한 강철 기둥의 휘어짐, 각층 바닥에 축적되는 압력, 마지막으로 최종 붕괴라는 여러 단계에 걸친 인과관계가 존재한다. 따라서 단순성만 추구한다면 통제된 폭발이었다는 가설이 훨씬 더 매력적이다.

모든 것을 고려해 볼 때, 통제된 폭발이란 가설이 사실상 그다지 간단한 설명이 아니라는 사실을 알아차리려면 훨씬 더 많은 주의를 쏟아야 한다. 우선 오컴이 필요 이상으로 실체를 늘리지 말라고 경고했다는 사실을 기억하라. 공식적인 설명은 확실하게 존재했다고 알려진 실체만으로 폭발을 설명한다. 관제탑, 비행기, 그리고 연료다. 반면 통제된 폭발이라는 음모론은 폭탄뿐만 아니라 폭탄을 설치한 요원과 폭탄 설치를 계획한 사람 등 추가적인 실체가 더 많이 필요하다.

또 알카에다가 주도했다는 가설과 미국 정부가 배후에 있다는 음모론을 비교해 보면 누가 보더라도 후자가 훨씬 더 복잡하다. FBI가 비행기 네 대의 납치를 설계하고, 알카에다가 비행기 납치를 자신이 저질렀다고 나서게 만들고, 거대한 건물 두 채에 폭탄을 설치해 무너뜨리고, 이와 동시에 이 극악무도한 범행에 동조하도록 FBI 내의 모든 사람을 설득하고, 다른 사람에게는 감쪽같이 비밀을 유지했다는 음모론은 너무 복잡하고 허황해 도무지 믿을 수 없다. 이와 반대로 어떻게 테러를 저질렀는지에 대한 알카에다의 설명은 설득력이 더 크다.

모자란 설명을 단순성으로 수용하는 태도는 독약을 의약품으로 받아들이는 태도나 다름없다. '다른 모든 것이 같을 때'라는 원칙은 오컴의 면도날을 단독이 아니라, 다른 기준과 함께 사용할 것을 요구한다. 그 기준은 앞서 보았던 일관성, 포괄성과 검증 가능성이다. 그러나 이 기준들을 적용하더라도 자칫 부주의하면 잘못된 결론에 도달할 수 있다. 귀추법은 설명이 정합성 있고 포괄적이어야 한다고 말한다. 그러나 많은 음모론이 인기 있는 이유가 바로 이 때문이다. 음모론은 모든 것이 서로 잘 맞아떨어지는 방식으로 설명한다. 통일된 하나의 이야기를 만드는 데는 음모가 실패담보다 설득력이 크다. "정부는 모든 것을 통제한다"가 "그런 일이 생길 수도 있다"보다 더 깔끔하다. 그러나 좀 더 깊이 생각해 보면 겉으로 보이는 정합성과 포괄성에는 대가가 따른다. 일단 경험에 비추어 볼 때 말도 안 되는 수준의 권력과 통제력을 배후에 숨은 행위자에게 부여해야 한다. 국가 전체를 속이는 일이 그렇게 쉬웠다면 독재자들은 노골적으로 억압 도구에 의지할 필요도 없었을 것이다.

검증 가능성이라는 네 번째 기준 역시 음모론자들의 손에 놀아날 수 있다. 음모론의 요점은 음모가 비밀이라 증거도 감춰져 있다는 것이다. 따라서 증거 부족을 지금 일어나고 있는 일이 비밀임을 보여주는 확실한 증거라고 꼬아서 해석할 수 있다. 이러한 주장에 대해서는 대단한 주장에 대단한 증거까지는 아니더라도 증거가 있긴 해야 한다고 반박하는 것이 옳은 방법이다. "물론 당연히 증거는 없다. 모든 것이 은폐되어 있기 때문이다"라는 말은 모든 음모론을 믿어야 한다고 터무니없이 정당화한다.

단순성을 넘어 우아함elegance이 진실을 보여주는 징표라고 믿는 사람들도 있다. 물론 듣기 좋은 설명이 미적인 특성을 보일 때도 있다. 수학자는 증명이 우아하다고, 과학자는 이론이 아름답다고 말한다. 그러나 때로는 '우아하지도 정확하지도 않지만 더 잘 어울리는' 설명이 있을 수 있다. 세상은 때로 엉망진창이므로 세상의 작동 방식에 대한 설명도 엉망일 수 있다. 설명이란 흔히 현실이라는 거친 모서리를 깎아내야만 우아함을 얻는다. 세상 만물은 거의 다 불완전하며 불필요한 중복투성이다. 대부분의 유기체는 **클루지**kluge이다. 클루지란 최적성보다는 가용성을 기반으로 특정 목적을 이루고자 **임시방편**으로 진화한, 특정 부분들의 잡동사니 모음이라는 뜻이다. 예를 들어 어떤 지적 설계자가 있다고 가정하고 그가 이족 보행 유인원을 설계했다면, 인간이 지금처럼 허구한 날 디스크 따위로 고생하게 만들지는 않았을 것이다. 따라서 이족 보행은 우연과 환경의 산물, 클루지의 결과다. 어떤 대상을 필요 이상으로 단순하거나 우아하게 만드는 설명은 죄다 의심해 보아야 한다. 오컴의 면도날에 덧붙일 표현이 더 있다. **설명은 단순하되, 설명 대상이 허용하는 만큼만 단순해야 한다.**

◆

비판적 사고를 공식화할 때의 문제는 그것이 논증을 여러 종류(연역, 귀납, 귀추)로 나눈다는 것이다. 실제 우리의 추론은 그리 많지 않은 요소를 사용하는데 말이다. 따라서 사유의 규칙을 따르려는 사람들은 어떤 종류의 논증을 적용해야 하는지 헷갈릴 수 있다. 이럴 때는 그저 "그렇다면 그것이 논리적으로 옳은가?"라는 질문을 던진 후 세심한 주의를 기울이면 특정 논증의 강점과 약점을 쉽게 파악할 수 있다.

마약류 같은 특정 약물을 금지하더라도 사용량이 여전히 많으니 금지는 효과가 없다는 일반적인 논증을 예로 들어보자. 이는 적어도 일부 약물에 대해서는 합리적인 논증 근거다. 그러나 이렇듯 단순한 형태에서 결론이 그냥 도출되지는 않는다. 우선 금지의 "효과가 없다"라는 말이 무슨 뜻인지 물어야 한다. 위 논증의 연역 형식에서는 "특정 약물 금지는 사용을 막지 못한다"라는 전제에서 "효과가 없다"라는 결론이 나왔다. 연역적으로 이 결론이 나오려면 "금지가 효과가 있다면 약물 사용은 없을 것이다"라는 또 다른 전제를 추가해야 한다. 하지만 이는 대단히 의심스러운 전제다. 다수의 정책은 원치 않는 효과를 없애기보다는 단순히 통제할 뿐이기 때문이다. 난폭 운전법이 난폭 운전을 막지는 못하지만 그 법이 없다면 도로가 훨씬 더 안전하지 않으리란 점은 분명하다.

금지의 효과를 평가하려면 그 효과가 무엇인지 파악해야 한다. 약물 사용이 줄어드는 걸까? 아니면 덜 해로운 약물을 사용하게 되는 것일까? 만일 약물 금지법으로 특정 약물의 사용은 상당히 늘지만 그로 인한 해악은 상당히 줄어든다면 만족할 만한 결과일까? 아니면 우리 사회는 특정 약물을 사용하는 행동을 용납하지 않겠다는 선언 자체가 입법의 주된 목적일까? 이런 생각을 하다 보면 약물 금지가 사람들의 약물 복용을 막는지보다 더 복잡하고 미묘한 논의에 빠진다.

일단 원하는 결과를 판단하고 나면 논증은 귀납적 성격을 띠게 된다. 약물 금지법이 약물 이용과 관련 피해에 미치는 영향을 보여주는 증거는 무엇인가? 잘 모르겠지만, 굳이 관심이 있는 사람이라면 증거를 꽤 찾아낼 것이다. 서로 다른 법을 가진 다양한 지역을 비교하고 포르투갈처럼 법이 바뀐 지역에서 어떤 일이 일어났는지 살펴보면 알 수 있다. (얼마나 성공적이었는지 판단하기 위해서는 숫자 추적이 매우 중요하다.) 2001년 포르투갈에서 개인의 마약 이용이 비범죄화된 이후 마약 이용량, 사망률, 범죄율에서 나타난 거의 모든 변화마다 서로 경합을 벌이는 다양한 이유가 있을 것이다. 그러므로 이를 평가할 때는 최선의 설명을 위해 많은 논증을 사용해야 한다. 그러나 전체적인 그림은 분명하다. 아무리 최악의 경우라도 포르투갈의 약물 비범죄화는 마약 관련 문제를 다른 유럽 국가보다 악화시키지 않았다. 최상의 결과는 오히려 문제가 줄어들었다는 것이다.

약물 비범죄화의 장점과 문제점을 생각해 보려면 지금까지 다뤄온 모든 주요 원칙을 적용해 보아야 한다. 사실fact을 확인하고, 주의attention를 기울이고, 어떤 결론이 도출follow되는지 묻는다. 이러한 핵심적인 사고 기술이 습관화되면 합리성이 우리를 어느 방향으로 이끄는지는 대체로 명확하게 알 수 있다. 연역적, 귀납적, 귀추적 논증, 건전한 논증, 타당한 논증의 차이는 기억하지 못해도 괜찮다.

사실을 따르는 법

◇ 증거를 바탕으로 한 추론은 확실성을 보장하지 못한다. 관찰한 정보는 제한적이며 앞으로도 그 정보가 맞으리라 확신할 수 없다.

◇ 현재 혹은 미래의 상황에 대해 질문하라. 가장 중요한 특징이 과거의 선례와 유사한가, 다른가?

◇ 고정되고 안정적인 자연법칙을 따를수록 그 법칙에서 벗어난 이례적인 일이 일어나지 않으리라 확신할 수 있다.

◇ 경험을 바탕으로 성급히 과도한 일반화를 하거나, 지나치게 편협한 자료를 바탕으로 지나치게 많은 결론을 도출해서는 안 된다.

◇ 증거를 믿는 비율을 조절하라. 경험적 이론은 그 이론의 근거가 되는 증거만큼만 유효하다.

◇ '가용성 편향'을 피하라. 증거 전체가 아닌 이용하기 편한 증거를 기반으로 추론하지 말라.

◇ 놀라운 주장을 접하면 출처를 확인하라.

◇ 문제에 대해 충분히 알지 못하면, 자기 능력을 넘어 생각하지 말라. 메타 귀납법을 사용하여 실제 경향은 어떤지 생각해 보라.

◇ 검증 가능, 포괄적, 정합적, 단순성을 기억하라. 다른 모든 조건이 같다면 이 네 가지를 가장 충족하는 진술이 최고의 설명이다.

◇ 오컴의 면도날을 사용하라. 필요 이상으로 실체를 늘리지 마라. 단 필요할 때는 논증을 추가하되 최대한 단순성을 기하라.

◇ 언제나 사실, 주의, 도출 세 가지를 기억하라. 사실을 검증하고, 주의를 기울이며, 논리적인 결론을 도출하라.

5장

언어
—

언어는 우리를 도울 수도
방해할 수도 있다

◇ 용어의 의미를 직접 정의해 보라.

◇ 모호한 표현은 의미를 눈에 띄지 않게 왜곡하므로

특히 경계하라.

◇ 특정 낱말이 특정 문맥에서 어떤 역할을 하는지 살피라.

◇ 낱말의 범주나 지시 대상을 착각하지 않도록 주의하라.

천재성이 내뿜는 모든 생각, 심지어
인간의 두뇌에서 탄생한 온갖 진지한 생각에도
항상 무언가, 어떤 침전물이 남는다.
이 침전물은 타인들에게는 표현할 수 없다.
35년 동안 그걸 주제로 여러 권의 책을 쓰고
강연을 해도 소용없다.

– 표도르 도스토옙스키, 『백치』

"철학 분야에는 이런 생각을 하는 철학자가 늘 있습니다. 우리를 실망하게 하는 것은 말, 우리의 말에 대한 이해라고요." 케임브리지대학교의 철학 교수 사이먼 블랙번Simon Blackburn의 말이다. 이러한 철학자들은 **우리의 언어를 바로잡는 일이야말로 우리의 생각을 바로잡는 강력한 방법이자 어쩌면 최선의 방법**이라고 결론짓는다.

루트비히 비트겐슈타인은 같은 생각을 좀 더 낙관적으로 표현했다. "철학적인 문제는 언어가 휴가를 떠날 때 발생한다."[1] 이런 생각은 비트겐슈타인이 재직한 케임브리지대학교에서 탄생하여 제2차 세계대전 이후 옥스퍼드대학교를 지배했던 일상언어학파의 핵심 철학을 반영한다.

철학자들이 시간, 공간, 의미, 윤리적 선 등에 관한 수수께끼와 역설을 만들어내는 이유는 무엇일까? 일상언어학파 사람들은 이렇게 설명한다. 일상에서 누구나 완벽히 이해하는 개념을 가져와 마치 순수하고 결정적인 본질을 가진 추상적 절대성을 가리키는 개념처럼 사용해서 그렇다고 말이다. 사과가 좋다는 말이 무슨 뜻인지 모르는 사람은 없다. 그런데 철학자들은 '좋음the good'이라 불리는 뭔가가 그 자체로 존재한다고 상상해서 문제를 일으킨다. **모든** 철학이 언어적 혼돈의 결과라고 말하면 과장이겠지만 일상언어학파의 철학자들은 많은 철학적 문제가 세계가 아니라 언어와 관계 있다고 지적하여 우리에게 큰 도움을 주었다.

언어를 제대로 이해하고자 하는 욕망은 20세기 영국 철학만의 기벽은 아니다. 공자는 『논어』에서 한 나라의 재상이 된다면 가장 먼저 할 일이 무엇이냐는 질문을 받는다. 공자의 대답은 '이름을 바로잡는 것'이었다. 당연히 '터무니없다'는 반응이 나온다. 통치자라면 응당 말을 바로잡는 사소한 문제에 신경 쓰기보다 뭔가 실질적인 일을 해야 하지 않는가? 이에 공자는 이렇게 답한다.

이름이 바르지 않으면 말이 자연스럽지 못하며 말이 자연스럽지 못하면 어떤 일도 제대로 이루어질 수 없다. 일이 제대로 이루어지지 못하면 예악禮樂이 일어나지 못하며 예악이 일어나지 못하면 형벌을 적절히 쓸 수 없다. 형벌을 적절하게 쓰지 못하면 백성들은 어쩔 줄 몰라 손발을 둘 곳이 없어진다.

'예악(예법과 음악)'이라니 현대인에게는 이상하게 들릴 수 있지만 일반적인 의미는 분명하다. 지시하거나 가르치는 데 사용하는 어휘가 정확하지 않으면 지시했거나 가르친 사항을 정확하게 따를 수 없다. 개별 용어 하나하나에 이르기까지 언어를 제대로 이해하는 일은 절대적으로 중요하다.[2]

철학적 기질을 가진 사람은 일정 부분 옳거나 부정확한 진술을 따져보지 않고 넘어가는 걸 견디지 못한다. 여러 큰 실수가 사소한 잘못에서 시작됨을 알기 때문이다. 예를 들어 문자로 기록된 범죄는 실제 범죄와 다르고, 특정 원인으로 결론 내린 사망은 그 특정 원인으로 인한 실제 사망과 다르며, 보고된 사건은 실제 사건과 다르다. 그런데도 우리는 범죄, 사망, 사건을 이야기할 때 현상 자체와 현상을 기록한 자료를 제대로 구분하지 않는 경우가 잦다. "범죄가 증가했다"라고 말하지 "범죄 보도가 증가했다"라고 말하지는 않는다. 이러한 구분을 제대로 하지 않으면 커다란 오류로 이어질 수 있다. 효과적인 치안의 결과로 관련 보도가 증가하면 실제로는 범죄가 줄었는데도 일반 시민들은 범죄가 더 늘었다고 생각할 수 있다. 보건 분야에서 보고 체계의 개선으로 건강 이상 사례 보고가 늘어나면 사람들은 병이 더 늘어났다고 착각한다.

이러한 오해를 피하기 위해서라도 사실을 설명할 때는 가능한 한 정확하게 해야 한다. 트집을 잡는 일을 업으로 삼는 사람에게 그 일은 잘못이 아니다. 하물며 좋은 추론을 하는 일이 업이라면 언어의 정확한 사용은 필수다. 그렇다면 말을 잘 이해할 수 있는 최상의 방법은 무엇일까?

오래된 우스갯소리가 있다. 기막히게 웃기지는 않아도 철학자가 어떤 사람인지 단적으로 보여주는 농담이다. 이야기인즉슨, 철학자에게 어떤 진술에 동의하냐고 물어보면 그는 대답 대신 진술의 의미를 묻는다. 자유 의지를 믿습니까? '자유 의지'란 무엇을 의미하나요? 민주주의가 최고의 정부 형태일까요? '민주주의'가 무슨 뜻이지요? 푸딩 드시겠어요? '푸딩'은 무슨 뜻인가요?

'용어를 정의하라'는 요구는 짜증나기도 한다. 그렇지만 단순히 메뉴를 고르는 정도가 아니라 뭔가 심각한 사안이나 진지한 개념을 두고 하는 이야기라면 말이 달라진다. 용어를 정의하라는 요구는 일종의 기본적인 인지 위생관리인 셈이다.

같은 말도 다른 의미로 사용해서 서로 말이 통하지 않는 일이 흔하다. 예를 들어 특정 단체를 '인종차별 기관'이라 부르는 것은 인종차별주의자가 아닌 해당 단체 구성원에 대한 터무니없는 비방일 수 있다고 생각하는 사람들이 있다. 이들은 사실 쓸데없는 논쟁에 귀중한 시간을 낭비한 것이다. 영국 인종평등위원회에 따르면 "제도적 법률, 관습 또는 관행으로 인해 인종차별적 결과가 발생하는 경우, 해당 관행을 실천하는 개인에게 인종차별 의도가 있는지와 상관없이 그 제도와 제도를 실행하는 기관은 인종차별을 저지르고 있는 것이다." 이 지침은 1999년 흑인 청소년 스티븐 로런스Stephen Lawrence의 사망 사건을 다룬 맥퍼슨 보고서 Macpherson Report에서 비롯되었다. 보고서에 따르면 제도적 인종차별이란 '피부색, 문화 또는 출신 민족을 이유로 사람들에게 적절하고 전문적인 서비스를 제공하지 못하는 조직의 집단적 실패'로 정의된다. 제도적인 인종차별에 관한 논의는 일반적인 인종차별과 구별되는 특수한 의미를 명확히 알지 못하면 혼란에 빠질 수밖에 없다.

하지만 때로 문제는 '용어 정의'처럼 간단하지 않다. 핵심 용어를 어떻게 정의할지는 많은 논쟁에서 쟁점이 된다. 예를 들어 "지식이 무엇이냐"라는 질문의 답이 사전을 찾아보는 것만으로 쉽게 나온다면 지식이 무엇인지에 관한 철학적 논쟁은 없을 것이다. 여기에 역설이 있다. 정의하려는 것이 무엇인지 알려면 논의하려는 용어를 이미 알고 있어야 한다. 그러나 해당 용어를 이미 알고 있다면 그건 이미 용어를 정의했다는 뜻 아닌가?

정의正義, justice를 예로 들어보자. 철학자들은 정의가 무엇이며 정의에 필요한 것이 무엇인지에 관해 생각이 다 다르다. 그러나 '정의'의 의미도 모르면서 이에 대해 이야기한다면 어떻게 서로의 차이를 유의미하게 논의할 수 있겠는가? 반면에 이들이 정의의 의미를 이미 알고 있다면 정의를 정의하는 방법에 대해 이미 합의를 본 것 아닌가? 이것이 바로 **분석의 역설**paradox of analysis이다. 1903년에 영향력 있는 영국 철학자 G. E. 무어G. E. Moore가 창안하고 1942년 미국 철학자 C. H. 랭퍼드C. H. Langford가 이름을 붙인 개념이다.[3]

역설의 해결 방법은 어떤 낱말을 올바르게 사용하기 위해서 반드시 그 낱말의 정의를 알아야 하는 것은 아니라는 인식에서 출발한다. 아이들이 낱말의 정의를 먼저 알고 있어야 한다면 결코 말을 배울 수 없을 것이다. 정의는 여러 낱말로 구성되어 있기에 낱말이 정의보다 우선한다. 의미는 다른 곳에서 온다. 비트겐슈타인은 다음과 같이 썼다. "'의미'라는 낱말을 사용하는 (전부는 아니지만) **많은** 경우에 '의미'라는 낱말은 다음처럼 설명할 수 있다. 특정 낱말의 의미는 그 낱말이 쓰이는 언어 내의 용례다."[4] 따라서 낱말을 제대로 사용한다면 의미는 이미 알고 있는 것이다.

이런 일반적인 접근법에 심리학자 엘리노어 로쉬Eleanor Rosch가 경험적 기초를 제공했다. 로쉬에 따르면 우리가 단어 사용법을 배울 때는 먼저 단어의 원형적 쓰임을 배운다. 아이들이 낱말을 배우는 방식은 다음과 같다. 고양이를 가리키며 '고양이'라고 말하고, 사람들을 앉히며 '앉아'라고 말하며, 불 가까이에 손을 가져간 다음 '뜨겁다'라고 말한다. 각각의 경우 낱말의 습득은 가장 원형적이고 모호하지 않은 용례를 사용해 이루어진다.

낱말의 의미는 핵심적인 원형을 넘어 원형과 밀접하게 관련된 사물, 활동 혹은 자질까지 확장된다. 따라서 고양이는 여러 야생 고양이, 심지어 봉제 인형 고양이까지 될 수 있다. 낱말은 문자 그대로의 의미 이외의 뜻으로도 사용된다. 그래서 새는 엄밀히 말하자면 나뭇가지에 서 있지만 나뭇가지에 '앉아 있다'고 표현한다. 또 낱말을 은유적으로 사용해 사람이나 제품이 실제 온도와 관계없이 '핫hot'하다고 말한다.

의미가 원형에서 충분히 멀어지면 낱말의 경계선 용례에 도달한다. '낱말의 경계선'이란 문맥에서 용례가 올바른지 분명하지 않은 경우를 가리키는 말이다. 숲에 통나무가 쓰러져 있다. 내가 앉을 수 있다면 의자인가? 커피가 60도까지 식었다. 여전히 뜨거운가 아니면 그냥 따뜻한가? 이러한 질문에 정확하게 답하라는 요구는 어리석은 짓이다. 대부분의 낱말은 타당한 의미 범위가 정확히 구분되어 있지 않기 때문이다.

때로 의미는 엄격한 정의로 고정**되기도 한다**. '용례로서의 의미'라는 원칙이 모든 낱말에 적용되는 것은 아니라고 했던 비트겐슈타인의 말을 떠올려보라. 과학에서는 힘, 질량, 속도와 같은 용어에 정확한 정의가 주어진다. 또 법적인 이유로 낱말을 엄밀히 정의하여 미성년자와 성인, 직원과 계약자, 부부와 동거인 등을 절대적으로 구분하기도 한다.

'진실'이나 '정의' 같은 개념을 일상 언어에서 문제없이 사용하면서도 그 진정한 의미를 따져볼 수 있는 것은 이런 이유에서다. 이러한 개념은 거의 누구도 문제 삼지 않는 원형적 용례를 지니고 있다. 예를 들어 무고한 사람을 마구 살해하는 행위는 정의롭지 않고, 거짓말은 진실을 말하지 않는다는 뜻이다. 그러나 이런 명확한 사례에서 벗어날수록 더 많은 모호성이 존재하며 사람마다 단어의 사용 방식에 차이가 있다. 일상 언어는 이렇게 개념이 느슨해서 이 느슨한 개념을 더 엄밀하게 만들려는 욕망을 일으킨다.

이러한 욕망은 지식인 공동체의 특징이라기보다는 말하는 사람의 욕구를 반영한 성격상의 기질일 수 있다. 맛이 좋다면 플랫브레드가 피자건 만두건 누가 신경이나 쓰겠는가? 그러나 대체로 효과적인 의사소통과 이해를 위해 가능한 한 표현의 정확성을 기하는 것은 꼭 필요하거나 최소한 큰 도움이 된다.

　다수의 낱말이 여러 의미를 지닌다는 사실을 고려해 보라. 낱말의 한 가지 용례를 실수로 또는 의도적으로 다른 용례로 바꾸는 경우 이를 **모호성의 오류**fallacy of equivocation라고 한다. 예를 들어 영어의 'right'라는 낱말은 '올바른correct', '인간적 또는 법적 권리', '왼쪽의 반대 방향인 오른쪽'을 모두 의미한다. 어떤 일을 할 권리right가 있다고 해서 그 일을 하는 것이 반드시 옳지는right 않다. 하지만 많은 사람이 'right'라는 낱말의 이 두 가지 의미를 간과하는 것 같다. 나는 불쾌하게 굴 권리right가 있지만 그런 행동은 대개 옳지 않다not right. 조금 덜 심각한 예를 들어보자. 자동차를 타고 왼쪽과 오른쪽 중 어느 방향으로 돌아야 할지 고민하는데 'right'라는 대답이 돌아와 가던 대로 가라는 의미로 '옳다'는 뜻인지 아니면 '왼쪽이 아니라 오른쪽'으로 가라는 뜻인지 알 수 없을 때도 있다.

◆

　개념을 더 정확하게 하려는 목적이 진짜 의미를 파악하기 위함이 아니라 의미가 '어떤 것이어야 하는지' 개념의 당위성을 주장하기 위해서일 때도 있다. '정의正義'는 플라톤의 생각처럼 우리가 본질을 발견해 주기만 기다리는, 시대를 초월한 보편 개념이 아니다. 정의는 우리가 그때그때 형성하고 만들어가는 것이다. 정의라는 낱말이 경제적 평등, 생물학적 성별에 따른 차별 철폐, 불우한 어린 시절에 대한 구제 등을 요구하는지는 낱말만으로 알 수 없다. 그렇다고 해서 우리가 원하는 대로 개념을 아무렇게나 규정할 수 있다는 뜻은 아니다. 정의는 일상적 개념에 뿌리를 두어야 한다. 그렇지 않으면 같은 글자를 다른 의미로 사용하는 것일 뿐이다. 그러나 정의正義를 더 정확하게 정의定義하는 다양한 방법 중에 주어진 개념 자체만으로는 어떤 정의로 확정될지 알 수 없다.

가장 싸구려 수사법은 특정 낱말의 의미가 이러저러하다고 규정한 다음 논쟁을 끝내는 것이다. 그러나 규정도 주장이고 주장에는 논증이 필요하다. 어떤 낱말이 특정 의미로 사용된다고 말한다고 논쟁이 끝나지 않는다. 왜 우리가 모두 그런 의미로 그 낱말을 사용해야 하는지 근거를 제시해야 한다.

특정 의미에 대한 언어적 옹호는 대개 은밀하게 이루어진다. 정의는 규정, 서로 약속하는 약정이라는 형식으로 이루어진다. 때론 그 약정도 암묵적이라서 규정이 의심스러워도 눈치챌 수 없다. **약정적 정의**stipulative definitions가 은밀하게 작동하는 방식은 **높은 재정의**high redefinition와 **낮은 재정의**low redefinition 두 가지가 있다. '높은 재정의'는 낱말의 일상적인 의미를 **좁혀 쓴다**. 가령 포퓰리즘 정치인은 자신이 '국민'을 대변한다고 말한다. 하지만 '국민'에 대한 보통의 이해를 감안하면 이 정치인들이 국민 모두의 뜻을 대변하지는 않는다는 사실은 자명하다. 이렇게 '국민'의 의미는 암묵적으로 좁아지므로 여러분이 그 정치가의 말에 동의하지 않으면 여러분은 '진정한 국민'에 속하지 못하고 오히려 국민의 적이 되어버린다. 마찬가지로 사람들이 '진정한 애국자'를 이야기할 때, 그 의도는 이 낱말을 규정하는 사람이 요구하는 애국심에 부합하지 않는다는 이유로 많은 사람을 애국자 범주에서 제외하는 것이다. 이것이 높은 재정의 전략이다.

반대로 '낮은 재정의'는 낱말의 의미를 희석하여 의미를 더 포괄적으로 만든다. 예를 들어 한번은 휴머니스트 UK라는 단체가 여론조사 데이터를 이용하여 영국에는 전체 인구 3분의 1에 달하는 1700만 명의 휴머니스트가 있다고 제시했다. 이러한 주장을 하려면 '휴머니스트'라는 말의 의미를 극심하게 희석해야 했다. 원래 휴머니스트 여부를 가릴 때 필수 조건은 신이나 초자연적인 힘에 대한 불신이다. 그런데 정작 휴머니스트 UK 설문 조사에는 관련 질문이 아예 없었다. 대신 세 가지 휴머니즘 신념에 동의하는 사람은 모조리 휴머니스트로 분류했다. 우주를 이해하는데 증거가 중요하고, 인간 본성만으로 옳고 그름을 설명할 수 있으며, 도덕적 판단은 인간 행동이 인간·사회·세계에 미치는 영향에 근거한다는 신념이었다. 이는 마치 사람들에게 동물권에 관한세 가지 신념에 동의하는지 묻고 난 다음 채소만 먹는지는 묻지도 않고 이들을 채식주의자로 단정 짓는 행위와 같다.

낱말의 올바른 범위를 설정하는 것이 중요한 관건이 된 사례로, 트랜스젠더의 권리를 증진하기 위한 최선의 방법을 두고 벌어진 논쟁이 있다. 물론 이 논쟁은 사람들이 자신을 어떻게 인식하는가 하는 문제의 핵심까지 파고들어가는 측면도 있다. 다만 여기서 관건은 우리가 특정 낱말을 어떻게 써야 하는가에 대한 의견 차이에 달려 있다. '여성'과 '남성'이라는 낱말의 범주는 객관적인 생물학적 성에 의해 결정되는가? 아니면 원형이 되는 생물학적 표식은 전혀 없는, 아무나 사용할 수 있는 사회적 구성물일까? 이에 대한 답은 둘 다다. 사람은 생물학적인 성과 사회적으로 구성된 정체성인 젠더를 모두 가지고 있다. 여기에 동의한다면 의견 차이의 쟁점은 더 이상 사물의 존재 방식이 아니다. 이러한 범주의 이용을 사회적으로 어떻게 잘 규제할 것인지가 쟁점이 된다. 다시 말해서 '여성'과 '남성'을 생물학적 범주로 이해해야 하는 상황은 어떤 상황이고, 젠더로 봐야 하는 상황은 또 어떤 상황일까?

문제가 이보다 더 복잡한 이유는 남녀의 범주에 관해 둘 중 하나의 용례만 옳다고 생각하는 사람이 많기 때문이다. 가령 일부에서는 젠더 정체성은 말이 안 된다고 주장한다. 젠더라는 용어가 '여성다움' 혹은 '남성다움'의 실제 성질이 아니라 개인적인 느낌을 포착하는 것에 불과하다고 보아서다. 또 일부는 모든 과학 개념은 인간이 만든 인공물이므로 '남성'과 '여성'이라는 생물학적 범주 자체가 객관적일 수 없다고 생각한다. 또 다른 이들은 생물학적 범주는 실재하지만 사회에서 사람들을 대하고 인식하는 방식을 고려할 때 생물학적 범주를 사용하는 것이 논의에 부적절하다고 믿는다. 이들은 생물학적 범주는 생물학이라는 좁은 영역에서만 타당하다고 생각한다.

트랜스젠더의 권리를 보호하는 최선의 방법이라는 쟁점은 모든 당사자가 현실을 직시하기만 하면 풀 수 있는 단순한 문제가 아니다. 또한 그럴 수도 없다는 사실을 인식하지 않으면 해결할 가망이 없다. 논쟁의 양쪽 진영 모두 자신이 선호하는 용어가 왜 트랜스젠더뿐 아니라 생물학적 성을 정체성으로 삼는 사람들 모두의 권리를 증진하는 데 가장 좋은 방법인지 그 이유를 논증해야 한다. 논쟁 당사자들은 단순히 하나의 용례가 객관적으로 옳다고 주장할 것이 아니라 자신이 선호하는 성 및 젠더 언어의 용례를 **옹호하는** 데 힘을 쏟아야 한다.

◆

잘 정의된 낱말이 우리의 이해를 예리하게 벼리는 힘은 크다. 이런 이유로 철학자들은 항상 새로운 개념을 구분하는 데 열중해 왔다. 가령 고틀로프 프레게Gottlob Frege의 **의미**와 **지시대상** 간의 구분을 생각해 보자. 철학자이자 논리학자, 수학자인 고틀로프 프레게가 1892년 중요한 논문을 발표한 이래 서양 철학에서 정설로 자리 잡은 구분법이다.

명사의 지시대상은 그 명사가 가리키는 사물, 또는 사물이 가리키는 범주다. 따라서 '고양이'의 지시대상을 알고 싶으면 고양이를 가리키면 된다. 한편 의미는 낱말의 의미이지 지시대상과 정확히 같지는 않다. 예를 들어 '로버'와 '당신의 개'는 같은 동물을 가리킬 수 있다. 지시대상이 같다는 뜻이다. 하지만 '로버'와

'당신의 개'는 정확히 같은 의미는 아니다. '로버'는 이 특정 사냥개에게 속하는 고유명사이지만 '당신의 개'는 당신과 개 사이의 관계에 따라 달라지는 표현이다. 당신이 로버를 입양 보내는 경우, '로버'와 '당신의 개'라는 낱말 각각의 의미는 변함없고, '로버'를 가리키는 지시대상도 변하지 않지만, '당신의 개'가 가리키는 지시대상은 사라지거나 아니면 새로 구한 개로 바뀐다.

현실에서 인간은 본능적으로 언어를 잘 이용한다. 맥락을 이용해 의미/지시대상 구분으로 발생하는 대부분의 혼란은 잘 피한다. 그러나 때때로 의미/지시대상의 차이가 혼란을 야기하거나 오해를 불러일으키려고 의도적으로 쓰이기도 한다. 2016년 4월 영국 정부는 23세 이상의 모든 국민에게 국민 생활임금을 도입했다. 그때까지 '생활임금'의 의미는 '특정 장소에서 노동자가 주당 기준 노동에 대해 받는 보수로서, 노동자와 그 가족이 적절한 생활 수준을 유지하는 데 충분한 보수'였다.[5] 영국 정부는 이 용어를 빌려, 국가 **최저**임금을 가리키는 데 사용했다.

이는 최저임금을 생활임금으로 이름만 바꾼 조치였을 뿐 실제 생활임금 개념의 내용은 실현되지 않았다. 따라서 생활임금재단Living Wage Foundation은 정부의 새로운 공식 '생활임금'이 '실질 생활임금'을 의미하지 않는다고 주장한다. 2020~2021년 정부의 '생활임금'은 시간당 8.91파운드였던 반면, 생활임금재단이 계산한 실질 생활임금은 9.50파운드, 생활비가 더 높은 런던은 10.85파운드였다.[6]

이는 오웰식 이중화법Orwellian doublespeak(작가 조지 오웰이 소설

『1984년』에 선보였던 언어로, 거짓을 진실처럼 들리게 하는 모호한 표현 등을 가리킨다―옮긴이)으로, 이미 명확한 의미가 있는 단어나 표현을 사용하여 그 의미와 전혀 일치하지 않는 다른 어떤 것을 지칭하는 용법이다. 많은 사람이 여러 이유로 이 전술을 사용한다. 예를 들면 식품의 재료나 제조 공정이 '천연'이란 의미에 전혀 부합하지 않는데도 '건강' 혹은 '천연'이라는 상표를 붙인다. '믿을 수 없는 가치' 같은 과장된 문구는 실제로는 바가지를 씌우는 제품을 광고하는 문구다. 문제는 이렇게 지시대상이 전혀 일치하지 않아 의미가 증발해 버려도 사람들이 얼른 알아차리지는 못한다는 것이다.

이런 식의 낱말 사용 방식을 **의미의 미끄러짐**semantic slide이라고 한다. 일반적으로 한 가지 뜻이 있다고 간주되는 단어가 약간 다르게 사용되었는데 그 변화가 눈에 띄지 않을 정도로 미묘하거나 점진적일 때 의미가 미끄러진다고 한다. 이 미끄러짐은 특히 낱말의 의미가 모호할 때 쉽게 활용되며 흔히 판매 술책으로 쓰인다. 마케팅 전문가는 특정 낱말이나 표현을 한 가지 의미를 뜻하도록 사용한다. 그 낱말이나 표현의 진정한 의미가 달라도 상관없이 말이다.

모호성은 의도적인 속임수 전략의 일환이다. 노골적인 예를 하나 들어보자. '농장'이라는 낱말을 사용하여 행복한 동물들로 가득한 들판 이미지를 떠올리게 한다. 그러나 오늘날 '농장'은 동물들이 밖으로 나가 목초를 뜯어 먹을 수 없는 곳이다. 그뿐만 아니라 아예 움직이지도 못하게 부대끼는 완전히 밀폐된 사육장을 의미하기도 한다. '농장에서 만들어 신선한'이라는 상표가 연상시키는 이미지와는 아무런 상관없는 '농장'인 셈이다. 결국 이 문맥에서 '농장'이란 아무런 의미도 없다. 단지 연상만 불러일으키는 기능을 한다. 게다가 어떠한 부가 정보도 없다. 음식을 땅에서 재배하지 않고 온전히 인위적으로 제조만 하는 시대가 아니고서야 어차피 모든 음식은 농장에서 나오기 때문이다.

모호성은 명확한 사고와 의사소통을 지속적으로 위협한다. 이는 현실 세계에도 매우 심각한 영향을 미친다. 1953년 데릭 벤틀리Derek Bentley가 경찰관 살해 혐의로 교수형에 처해진 가장 중요한 이유는 총을 겨누던 공범에게 "놈에게 줘버려Let him have it"라고 말했기 때문이다. 뒷골목 은어로 이 표현은 때리거나 차거나 쏘라는 뜻이다. 따라서 그의 말은 공범에게 경찰을 향해 총을 쏘라는 의미로 받아들여졌다. 그러나 "총을 넘겨!"라는 경찰관의 명령에 대한 합리적 반응으로 "그래, 경찰에게 총을 넘겨줘"라는 의미로 그렇게 말했을 수 있다. 벤틀리가 이렇듯 모호한 표현을 사용하지 않았더라면 살인 교사 혐의로 목숨을 잃는 비극을 피했을지도 모른다.

말에 잠재된 모호성을 제거하지 못할 때 의견 불일치는 보통은 사형 같은 실체적인 문제보다는 말과 관련된 문제를 낳는다. 오스트레일리아 철학자 데이비드 차머스David Chalmers는 이 '본질상 말과 관련된 논쟁'을 극복하는 데 도움이 될 유용한 팁을 제공한다. 질문은 "이 낱말의 진정한 의미는 무엇인가?"가 아니라 "우리는 **이 낱말이 어떤 역할을 하기를** 바라는가?"에서 시작해야 한다는 것이다.

차머스가 제시하는 자유 의지에 관한 예를 보자. 거의 모든 사람은 우리가 내면의 의사 결정을 통해 강요 없이 자유롭게 선택하고 있다고 믿는다. 물론 이러한 선택은 우리의 역사와 환경의 영향 아래 이루어진다. 어떤 사람들은 이 정도를 자유 의지라고 말한다. 그런데 다른 사람들은 그 정도로는 자유 의지라는 말을 쓸 수 없다고 주장한다. 이들의 주장에 따르면 우리의 선택이 궁극적으로 **우리 자신**으로부터 비롯되어야 한다. 역사와 환경을 고려하더라도 주어진 상황에서 특정 선택을 하는 것이 꼭 불가피한 것은 아니어야 한다. 이러한 불가피성에서 벗어나지 못하면 자유 의지뿐 아니라 책임, 칭찬, 비난 같은 개념도 아무 의미가 없다고 이들은 주장한다.

'자유 의지'의 **실제** 의미에 대해 누구의 주장이 옳은지 판단하는 간단한 방법이란 없다. 그보다는 다음과 같은 질문이 더 유익하다. "자유 의지라는 개념이 우리의 삶과 자아를 이해하는 데 어떤 역할을 해야 하는가? 인간이 역사와 환경이라는 제약에서 벗어나 자유롭게 행동해야 한다는 더 강한 의미로만 자유 의지라는 단어를 써야 할까? 아니면 강요당하지 않은 선택 정도에 자유 의지라는 단어를 적용해도 괜찮을까?" 인간에게 자유 의지가 있는지를 가리기 전에 이러한 문제부터 먼저 합의를 보아야 한다. 그러지 않으면 우리가 어느 정도 자유를 가졌는지는 의견 일치를 볼 수 있을지 모르지만 그 자유의 올바른 이름이 무엇인지에 관해서는 합의를 보지 못한다.

언어의 '올바른' 용법에 대한 정답이 없는 경우도 흔하다. 차머스는 이렇게 말한다. "두 사람이 관심을 두는 낱말의 역할이 완전히 다를 수 있습니다. 실제로 그런 일이 일어납니다. […] 자신이나 상대가 실제로 관심을 두고 있는 역할이 무엇인지 파악하려면 많은 노력이 필요합니다." 대화나 글에서 이렇듯 상이한 역할 중 무엇이 작동하고 있는지 명확히 파악해야 한다.

트랜스젠더 문제로 돌아가 보자. 문제는 단순히 '남자'와 '여자'라는 낱말이 무엇을 의미하느냐가 아니라 "어떤 역할을 해야 하는가"이다. 생물학적 구분을 위해 이런 낱말이 필요한가, 아니면 다른 종류의 구분을 위해 필요한가? 이는 낱말의 올바른 이해가 중요하긴 하지만 논쟁의 쟁점이 '단순히 언어적인 것'만은 아니라는 사실을 보여준다. 언어가 중요한 이유는 어떤 낱말을 어떤 의미로 사용할지 선택함으로써 자신이 중요하게 생각하는 것을 확인한다는 데 있다.

◆

철학자들은 말을 난해하게 한다는 평판이 있지만, 내가 가장 찬탄해 마지않는 철학자들은 가능한 한 명확하게 말하는 데 집착하다시피 주의를 기울이고 언어를 꼼꼼히 사용한다. 방송인 조안 베이크웰Joan Bakewell은 저명한 경력을 쌓는 동안 많은 철학자를 만났는데, 그녀 역시 나와 마찬가지 입장에서 이렇게 말한다. "철학자들은 현재 우리가 사용하는 낱말을 구사하지만, 대단히 정확하게 사용하기 때문에 그들의 말을 듣고 나서 느슨하게 해석하려고 하면 통하지 않습니다."

철학을 잘 모르는 독자가 읽을 글을 쓰는 작업을 철학자들이 중시하는 이유는 그런 글을 써야 강제적으로라도 더 명확하게 글을 쓰기 때문이다. 존 설은 일반 독자를 대상으로 글을 쓰는 작업이 '엄청난 지적 훈련'이 된다고 이야기했다. "뭔가 명확하게 말하지 못하는 이유는 스스로 이해하지 못했기 때문입니다. 그래서 명확하게 말하기는 나 자신을 위한 일이기도 합니다." 사안을 명확하고 구체적으로 설명할 수밖에 없을 때 "자신이 생각하는 개념의 지적 약점이 훨씬 더 분명히 드러난다"는 것이 그의 견해다.

안타까운 일이지만 철학이 난해한 이유는 대체로 개념 자체가 어렵다기보다는 순전히 글이 형편없어서인 경우가 많다. 방송인 멜빈 브래그Melvyn Bragg는 2차 세계대전 이후 가장 존경받는 영국 철학자 중 한 명인 피터 스트로슨Peter Strawson과의 우정을 이야기하면서 이와 관련된 일화를 들려준다. "스트로슨은 낱말을 일일이 따지면서 굉장히 정확하게 사용했어요. 전 그게 아주 마음에 들었죠." 브래그의 다음 말을 보자.

> 피터와 함께하는 토론이나 논쟁은 전혀 어렵지 않았어요. 하지만 그의 책을 읽으려니 자꾸 막히는 부분이 많았어요. 손쉽게 읽어나갈 수 없었죠. 분명 영어로 쓰인 책이었고 균형 잡힌 아름다운 문장도 있었지만, 이제껏 제가 경험하지 못한 특별한 종류의 훈련이 필요하다는 걸 느꼈죠. [철학] 책을 읽으면

서 더 큰 파도가 나를 바다로 내보내 주는 게 아니라 막다른 곳으로 밀어내는 느낌을 받았어요.

어떤 사람들은 내용에 깊이가 있고 복잡한 개념을 품고 있어서 글이 어렵다고 착각하기도 한다. 반면 이해하기 힘든 문장은 사이비 지식을 보여주는 확실한 신호라고 생각하는 사람들도 있다. 둘 다 지나치게 단순한 생각이다. 훌륭한 개념이 표현을 잘못해서 어려워질 수도 있고, 형편없는 개념이 명료하고 설득력 있는 표현으로 독자를 기만하기도 한다.

정치가이자 철학자인 제시 노먼Jesse Norman은 어려운 글을 훌륭하게 옹호한 바 있다. "어떤 생각이 승강기에 붙어 있는 동네 마트 상품 설명처럼 간결하게 요약되지 않다고 해서 최악이지는 않습니다. 우리가 사는 세상의 문제는 간결하게 요약이 되지 않는 심오한 생각이 너무 많은 것이 아니라, 간결하게 **요약된** 경박한 생각이 너무 많다는 것입니다."

티머시 윌리엄슨이라면 분명 이 말에 동의할 것이다. 그의 글은 이따금 따라가기 힘들지만 명료하지 않아서는 아니다. 사실 그는 자신이 쓰는 주제가 허용하는 만큼 최대한 명료한 글을 쓴다. 나와 인터뷰하던 중 그의 대답은 뭔가 망설이는 느낌을 주었다. 절과 절 사이, 심지어 낱말 사이에도 잠깐씩 멈칫거렸다. 하지만 나중에 인터뷰 내용을 필사해 보니 인터뷰하는 입장에서는 정말 이례적으로 거의 모든 문장이 완벽하게 구성되어 있었다. 그 문장이 표현하는 사유도 완벽했다. 그가 하는 말은 사유의 중요한 덕목, 즉 가능한 한 더도 말고 덜도 말고 정확하게 말하고자 하는 열망을 고스란히 반영한다.

역설적이긴 하나 명확성에 대한 욕망으로 오히려 이해하기 더 어려운 글이 되기도 한다. 생각을 정확하게 표현하려면 미묘한 개념적 구분이 필요한 경우가 많아 새로운 용어를 만들어야 할 수도 있다. 이러한 '전문 용어'는 해독하기 어려워 불만스러울 때도 있지만 그것이 존재하는 데는 그만한 이유가 있다. 때로 명쾌함과 정확성은 충돌한다. 정확성을 기하기 위해 전문 용어를 사용하거나 익숙한 용어에 더 전문적인 의미를 부여할 수도 있다. 철학에서 언어는 편히 쉴 여유가 없다. 휴가철이 되어도 파견 근무를 나갈 일이 많다. 복잡한 생각에는 복잡한 문장이 필요할 때도 있다.

◆

지극히 어려운 철학의 문제점은 어려운 언어를 써야 할 때가 있다는 것이 아니라 버나드 윌리엄스의 말처럼 "기계가 제멋대로 움직이기 시작하는 시점"이 도래한다는 것이다. 끝 간 데 없이 개념을 구별하느라 제어가 안 되는 지경이 되어 도저히 이해할 수 없는 상태에 이른다. 이러한 접근 방식은 일종의 편협한 **스콜라주의**scholasticism를 초래한다. 윌리엄스가 정의하는 '스콜라주의'란 '뭔가 할 수 있는 지점을 한참 넘어선 지점까지 구별을 하고 또 하다 우려할 정도로 편협해지는 상태'이다. 팀 크레인은 일부 전문 분야에서 이런 혼미한 언어 사용이 일어나는 이유를 다음과 같이 지적했다. "누구나 전문가로서 자신만의 작은 공간을 개척하고 싶어 하죠. 그러다 많은 사람이 가짜로라도 전문적인 뭔가를 만들게 되는 겁니다."

윌리엄스는 이 구별 문제에 관해 다음과 같은 결론을 내렸다. "과잉 구별되는 것도 있고, 과소 구별되는 것도 있습니다. 구별을 더 하려거든 그 필요성이 드러나야 합니다. 구별만을 위한 구별을 해서는 안 됩니다." 훌륭한 사상가라면 일상적인 표현보다 더 정확한 표현이 필요할 때만 전문 용어를 사용하는 법이다. 전문 장비와 마찬가지로 전문 용어는 꼭 필요한 경우에만 가치가 있다. 일상적인 말로 충분하다면 무의미하다.

전문 용어를 사용하는 일에 지나치게 매료되는 철학자들이 있다. 비트겐슈타인은 '지성이 언어에 현혹될 위험'을 경고했다. 전문 용어에 대한 현혹은 평범한 말하기나 전문적인 말하기 둘 다에서 일어난다. 말은 생각을 형성하면서 때때로 왜곡하기도 한다. 옥스퍼드 철학자 길버트 라일Gilbert Ryle은 1949년 저서 『마음의 개념The Concept of Mind』에서 말이 생각의 왜곡을 일으키는 것은 **범주 오류**category mistake를 동해서라고 주장했다. 범주 오류는 실제로는 특정한 종류의 사물을 지칭하는 낱말을 다른 종류의 사물을 지칭하는 것으로 받아들일 때 일어난다. 예를 들어 TV 시리즈 〈폴티 타워스Fawlty Towers〉에서 바질 폴티가 저녁 식사 손님에게 "월도프가 다 떨어져서 월도프 샐러드를 만들어줄 수 없어요"라고 말할 때, 그는 **샐러드 만드는 방식**을 **샐러드 재료**로 착각하고 있다. 월도프 샐러드는 재료를 깍둑썰어 만든 샐러드의 이름이지 재료의 이름이 월도프인 것은 아니다.

내가 지금보다 기술력에 무지하다면 이 문서가 '클라우드'에 백업되는 방식을 생각할 때 범주 오류를 저지를 수 있다. '클라우드'를 네바다 사막 어딘가에 있는 거대한 메모리 뱅크나 하늘에 떠 있는 저장 시설같이 단일한 물체라고 잘못 상상할 수 있다는 말이다. '클라우드'는 고유명사이고 고유명사는 구체적인 사물을 지칭해야 하기에 이러한 오류는 어쩌면 당연할 수 있다. 어쨌든 '클라우드'는 실제로는 물리적 저장 시설을 서로 연결해 놓은 전 세계 네트워크이므로 나의 데이터는 한 장소에만 저장되는 것이 아니라 여러 곳에 분산되어 저장된다. 이 경우 나의 범주 오류는 실제로는 사물과 사물이 결합된 네트워크를 마치 하나의 사물처럼 생각한 데서 발생한다.

라일은 사람들이 정신 혹은 마음mind에 관해 생각할 때 범주 오류를 저지른다고 생각했다. 우리에게 정신이 있다는 말은 우리 머릿속에 비물질적인 성질의 뭔가가 있다는 말은 아니다. 그보다는 우리에게 사유와 의식 능력이 있다는 뜻이다. 정신은 노래나 시처럼 물리적 실체 속에 존재하지만 그 자체가 물질은 아니다.

종교철학자 리처드 스윈번Richard Swinburne은 정신과 육체가 별개의 두 실체라는 낡은 '이원론적' 견해를 가지고 있어 계속 범주 오류를 저지른다. 인터뷰 중 이에 관해 묻자 그는 "사물은 존재하고, 사물은 속성을 가지고 있습니다. 나는 물질이고, 따라서 나는 속성을 가지고 있습니다"라고 자신의 주장을 요약했다.

스윈번의 말은 그가 답하려는 질문, 즉 "자아의 성질은 무엇인가?"라는 질문을 다시 끌어들이는 결과만 낳는다. 그는 "나는 물질이다"라고 주장하며 자아를 물질 범주에 넣는다. 이로써 자아가 스피커에서 나오는 음악이나 컴퓨터에서 실행되는 소프트웨어와 같이 물질의 기능에서 비롯된 것일 가능성은 배제된다. 내가 무엇이건 나라는 자아는 물질, 즉 인간이라는 동물에 '내장'되어 있다. 그렇다고 해서 나를 **나**로 만들어주는 생각이나 감정 같은 활동 자체가 물질이라는 뜻은 아니다.

세상에 대한 우리의 이해는 흔히 이러한 언어의 현혹에 의해 왜곡된다. 정신 치료에서도 '치료'나 '환자' 같은 낱말을 자주 사용하기 때문에 사람들은 정신 건강도 신체 건강과 같다고 생각한다. 따라서 중독도 질병처럼 치료할 수 있다고 믿는다. 그러나 중독은 '치료'할 수 있는 병도 아니고, '치료'만으로 관리할 수도 없다. 여러 치료사가 말하듯 '환자를 치료하는 것'이 아니라 '고객과 함께 노력하기'라고 말하면 정신 건강과 신체 건강의 차이가 더 분명하게 드러난다.

언어의 현혹을 피하려면 세심한 주의를 기울이면 된다. 낱말에는 연상과 함축적 의미가 내포되어 있으며 그중 상당수는 의식의 레이더에 걸리지 않는다. "이 낱말들이나 낱말이 배열된 방식이 나를 잘못된 길로 이끌고 있지는 않은가?"라고 스스로 끊임없이 자문해 보라. 질문을 더 간단하게 바꿔보자. **"이것은 정말 내가 생각하는 의미와 같은 의미인가?"**

의미의 중요한 측면 한 가지는 주어진 낱말이나 표현이 얼마나 정확한지다. 언어를 부정확하게 사용할 때뿐 아니라, 언어를 실제 이상으로 정확하게 쓰려고 할 때도 문제가 생긴다.

문자 그대로의 해석은 종교 관련 논쟁에서 핵심 쟁점이 되었다. 확고한 무신론자들은 우주는 신에 의해 6일 만에 창조된 것이 아니라 빅뱅에 의해 생겨났고, 성경은 신의 말씀이 아니라 인간의 작품이므로 종교는 거짓이며, 다시 논할 여지가 없다고 주장한다. 이에 대해 종교를 옹호하는 논리는 종교가 적어도 최상의 형태에서는 문자 그대로의 진리를 다루지 않는다는 것이다. 철학자이자 전직 가톨릭 사제였던 앤서니 케니Anthony Kenny는 이렇게 말한다. "종교는 문자 그대로 진실은 아니지만 시적인 가치가 큽니다. 그런데 철학자들은 이러한 시적인 의미는 물론 그것이 한편으로는 과학에 어떻게 부합하는지, 다른 한편으로는 잘 사는 방식에 어떤 시사점을 던지는지에 관해 제대로 성찰한 적이 없습니다."

케니의 의견에 동의하지만, 종교 언어가 문자 그대로의 의미가 **전혀** 아니라고 가정하는 것은 잘못된 태도다. 대다수 신자에게 예수님이 부활하셨고 하느님이 기도를 귀 기울여 들으심은 문자 그대로 사실이다. 이들에게는 이러한 진리가 문자 그대로의 진리라는 점이 **중요하다**. 이들은 죽은 후에 실제로 천국에 가기를 원하지 은유적인 삶을 바라지 않는다. 종교를 믿는 이들과 건설적인 토론을 하고 싶은가? 그렇다면 이들을 문자 그대로 성서 텍스트를 해석하는 문자주의자literalist라거나 시적으로 말하고 있다고 지레짐작하지 말고, 이들이 종교 언어를 **어느 정도 선에서** 문자 그대로 사용하는지부터 파악해야 한다.

지나치게 문자 그대로 받아들이는 태도가 사람들을 미혹한다고 보는 입장도 있다. 영국 철학자 메리 미즐리Mary Midgley는 소위 사실이라 불리는 많은 것이 실은 실제인 것처럼 위장한 은유라고 주장했다. "사람들이 공식적인 사유로 적절하다고 받아들이는 것들은 대체로 그들이 받아들여 온 신화나 은유와 쌍을 이루는 버전에 불과합니다." 이것이 사실에 대한 미즐리의 견해다.

우리가 은유를 사용하면서 그것이 은유라는 사실을 잊어버리면 얼마 지나지 않아 혼란에 빠질 수밖에 없다. 미즐리는 특히 인간을 기술할 때 쓰는 기계론적 언어를 우려했다. '인간 정신은 그저 고기로 이루어진 컴퓨터에 불과하다' 같은 표현 말이다. "사람들이 제대로 알지도 못하는 은유를 쓰는 것도 문제지만 이런 은유를 사실로 받아들이고 노골적으로 사용하는 것도 정말 문제입니다."

미즐리의 견해가 철학자들 사이에서 큰 인기를 끌지는 않았다. 오히려 많은 철학자가 자신은 은유와 문자 그대로의 진술을 잘 구별하며 둘을 혼동할 위험이라곤 전혀 없으니 신경 쓰지 말라고 말한다. 미즐리의 주장은 '죽을 언덕을 잘못 선택하면서'(은유다. 엉뚱한 데 시간과 노력을 쏟았다는 뜻이다) 힘이 빠졌다. 유전자는 선택권이 없기 때문에 이기적일 수 없는데 '이기적 유전자'를 논한다며 생물학자 리처드 도킨스를 비판했던 탓이다. 그녀는 이 은유 탓에 사람들이 유전자뿐 아니라 인간도 본래 이기적이라고 믿게 되어버렸다고 생각했다.

그러나 사실 도킨스는 자신이 선택한 은유를 매우 정확하게 사용했다. 그것이 은유라는 사실을 인식하고 그것 때문에 인간 유기체 전체, 즉 사람이 반드시 이기적으로 되지는 않는다고 명시했다. 미즐리의 실수는 일종의 확증 편향이었던 모양이다. 그녀는 자신의 이론이 옳다고 지나치게 확신하고 있었던 탓에, 자신의 이론을 입증할 증거가 없는 곳에서까지도 증거를 찾으려 했다. 망치 눈에는 못만 보이듯 미즐리의 눈에는 모든 은유가 잘못 사용된 것처럼 보였다.

이 이야기의 교훈은 중요하다. 많은 이론의 문제점은 그것들이 틀렸다는 것이 아니라 모든 것을 해독하는 로제타스톤(고대 이집트 상형문자 해독의 열쇠가 되었던 유물─옮긴이)이 아니라는 것이다. 훌륭한 사고를 하려면 아무리 좋은 개념이나 이론이라 해도 그 한계를 살피지 않고 사용해서는 안 된다.

우리가 쓰는 언어에 상당히 많은 은유가 숨겨져 있더라도 개념을 논의할 땐 가능한 한 에두르지 않고 직접 말하는 편이 대체로 낫다. 여담이나 장황한 표현은 피해야 한다. 흔히 "요점을 말하세요!"라고 말한다. 그러나 때로 우리는 군이 요점을 정리하지 **않거나** 다소 불분명한 말을 통해 자신을 더 효과적으로 표현하기도 한다.

요점을 고의적으로 피하는 사유 방식도 있다. 이러한 방식은 도교와 선禪의 전통에 잘 드러난다. 두 전통에는 언어에 대한 일종의 의심이 드러난다. 세계는 늘 언어의 손아귀를 벗어난다. 언어로 포착하지 못하는 것이 많다는 뜻이다. 7세기에 나온『능엄경』이라는 불교 경전에 따르면 말이란 '달을 가리키는 손가락'과 같다. "달을 가리키는 손가락을 보고 그 손가락을 달로 착각하면 달뿐만 아니라 손가락마저 잃게 된다. 가리키는 손가락을 밝은 달로 착각하기 때문이다."[7] 언어는 우리가 주목해야 할 대상을 가리키는 것이지 그 자체에 궁극적인 초점을 맞춰서는 안 된다.

눈에 보이는 달은 그나마 손가락으로 가리킬 수 있다. 즉 명확하게 지시할 수 있다. 하지만 명확하지 않은 말로 뭔가 지시해야 할 때도 있다. 19세기 덴마크 철학자 쇠렌 키르케고르는 이 분야의 대가였다. 키르케고르의 연구 대부분은 단순한 논문이라기보단 판사, 유혹자, 힐라리우스 북바인더 Hilarius Bookbinder라는 이름의 편집자 등 다양한 정체성을 빌려 각 입장의 내부 시점에서 쓴 픽션이다. 키르케고르는 완전히 객관적이고 외적인 관점에서는 어떤 형태의 삶도 비판할 수 없다고 믿었다. 세계관은 내부에서 살펴봐야 그 내부의 강점이나 모순을 완벽하게 드러낸다고 생각한 것이다.

에세이스트 겸 역사가이자 철학자인 조녀선 레는 키르케고르의 후계자 중 하나인 비트겐슈타인에게서도 같은 생각을 발견한다. 그는 이렇게 말한다. "비트겐슈타인은 키르케고르와 마찬가지로 직접적인 설명이나 명시적인 의사소통에 적합하지 않은 철학적 지성의 형식이 존재함을 깨달았습니다. […] 비트겐슈타인은 철학을 '시처럼 써야 한다'고 생각했죠."

내 생각에 비트겐슈타인은 좀 지나쳤던 감이 있다. **모든** 철학을 반드시 시처럼 **써야 하는** 것은 아니다. 쇼펜하우어의 강단철학講壇哲學은 대학 철학이 현실과는 동떨어진 이론적 체계에 갇혀 관념적이라고 비판하며 현대에 자리를 잡았다. 그러자 시와 유사한 형식은 철학으로 수용되기조차 어려워졌다. 하지만 시가 핵심적인 철학 장르로 자리 잡은 일본은 상황이 다르다. 가령 13세기 철학자 도겐道元은 철학 논문과 시를 모두 썼다. 고바야시 야스오는 일본 철학에서 '개념화가 아니라 느낌'이 중요하다고 말했다. 정확한 산문으로 깊이 생각한 바를 전달할 수 없을 때, 간접적이고 시적인 언어를 통한 소통이 유일한 방법일 수 있다.

서양 철학은 항상 정확한 용어가 필요하다고 가정하지만 정작 들여다보면 그 의미가 명확히 규정되지 않은 낱말로 가득하다. 예를 들어 '감각질qualia'은 경험의 주관적 느낌 자체의 특질을 의미하는 용어다. 사람들이 무언가 느끼거나 의식할 때 그 대상과는 다른 느낌이나 의식이 그 자체로 성질처럼 존재한다는 데 동의하기 때문에 이 낱말이 존재한다. 여기서 감각질이란 바로 이 '느낌이나 의식의 성질'을 가리킨다. 그러나 『스탠퍼드 철학 백과사전』에서 네 가지 다른 정의를 제시하는 것만 봐도 이 낱말은 전문 용어로서 정확성이 부족하다. 일부 학자들은 감각질의 존재 자체를 부정한다. 특히 대니얼 데닛은 감각질이라는 정의할 수 없는 것의 특질을 굳이 전제하지 않고도 느낌이나 의식 자체가 존재함을 받아들일 수 있다고 주장한다.

모호성과 부정확성의 중요성을 과장하려는 것은 아니다. 대체로 모호성과 부정확성은 둘 다 피해야 한다. 그러나 우리가 항상 정확할 수 있고, 정확해야 한다는 생각은 애초에 충족할 수 없는 요구다. 우리의 정신이나 언어가 충분하고 명확하게 파악할 수 없는 것들이 있는 한 은유적으로, 에둘러서, 시적으로 말해야 할 필요도 있다. 이러한 언어를 비철학적이라고 금지하는 것은 아예 말하거나 생각하지 말아야 할 것들이 있다는 소리와 다를 바 없다. 비트겐슈타인은 "말할 수 없는 것은 침묵해야 한다"라는 유명한 말을 남겼다.[8] 그는 "**정확하게** 말할 수 없는 것은 침묵해야 한다"라고 말하지 않았다. 지혜롭다.

◆

한계는 일반적인 언어뿐만 아니라 각각의 특정 언어에도 있다. 언어는 세상을 나누어 구획하고 경험이 지닌 특정 측면에 경계선을 긋는다. 그러다 보면 필연적으로 어떤 것은 언어에 포획되지 못한다. 대안이 될 만한 다른 범주화 방식은 실현되지 못한 채로 남는다.

외국어를 하나 이상 구사하는 사람은 누구나 이런 경험을 해봤을 것이다. 가령 '~이다'를 의미하는 낱말이 스페인어와 이탈리아어에는 두 개가 있지만, 영어에는 be동사 하나밖에 없다. 생각해 보면 이런 기본적인 동사가 이렇게 밀접한 친족 관계에 있는 언어들(스페인어, 이탈리아어, 영어는 크게 보아 모두 로망스어에서 파생

된 언어다—옮긴이)에서 서로 다르게 개념화되다니 놀랍다.

게다가 스페인어에서 'ser'와 'estar'의 차이를 구분하기란 매우 어렵다. 예를 들어 설명해 보자. 'ser'는 사물의 영구적인 본성과 속성에 사용되며 'estar'는 일시적이고 관계적인 속성에 사용된다. 하지만 이 규칙으로 모든 용례를 설명할 수는 없다. 죽음은 영구적인 상태이지만 스페인어로 고인故人에 대해서는 'están muertos'(그들은 죽었다)라고 말한다. 영구적인 상태를 나타내는 데 일시적인 속성에 사용하는 estar의 변형을 쓰는 것이다. 시간은 끊임없이 변하지만 오후에 초콜릿 추로스를 먹을 시간이 되면 'son las cuatro'(지금 네 시야)라고 말한다. 특정 시간을 확정하는 데 영구적인 본성에 쓰는 동사 ser의 변형인 son을 쓴다.

한 언어에 '이다'라는 뜻을 가진 동사가 더 많다고 해서 안 될 이유는 없다. 영어만 해도 be동사에 핵심 의미가 최소 네 가지는 있다. '어떤 것의 사례다'(펠릭스는 고양이다), '속성이 있다'(펠릭스는 털북숭이다), '어딘가에 위치하다'(펠릭스는 바구니에 있다), '다른 것을 의미하다'(고양이가 된다는 것은 자유롭다는 의미다). 베트남어에서는 이 네 가지 의미를 서로 다른 단어로 나타낸다. 심지어 더 세분할 수도 있다. 일본어는 '있다'라는 의미를 표현할 때 움직이는 생물과 움직이지 않는 식물 및 무생물 두 가지 경우로 구분해 각각 다른 낱말을 쓴다.

영어의 경우 특정 문맥에서 소유와 존재, 즉 무언가를 소유하는 것과 어떤 속성을 갖는 것 사이의 구별이 모호하다. "나는 백발을 가지고 있다I have grey hair"와 "나는 백발이다I am grey-haired"
라는 말은 영어에서 같은 뜻이다. 특정 소유물과 정체성의 관계
가 아주 밀접해서 '가지다'라는 동사 대신 '이다'라는 동사를 사
용하는 언어가 있다고 해도 별로 놀랍지 않다. 그런 언어가 정말
있다면 가령 특정 민족과 그들이 사는 땅 사이의 연결 고리가 하
도 본질적이라 "우리는 땅을 가졌다We have land" 또는 "우리는 집
을 가지고 있다We have home"라는 말 대신 "우리는 땅이다We are
landed" "우리는 집이다We are homed"라는 말을 쓸 수도 있다. 혹은
토지 소유라는 개념이 너무 낯선 나머지 토지를 소유한다는 말의
의미조차 이해하지 못하는 언어가 존재할 수도 있다.

언어 간의 이러한 차이는 언어의 의미가 어떤 면에서 자의적
이라는 사실을 보여준다. 그러나 우리는 마치 낱말이 실재의 진
정한 본질을 포착한다는 듯 사용한다. 안타깝게도 철학자들이 특
히 이런 경향을 보인다. 역사적으로 볼 때 서구 철학의 주요 주제
는 "진리Truth란 무엇인가?" "아름다움Beauty이란 무엇인가?" "선
The Good이란 무엇인가?"처럼 대문자로 시작하는 추상명사를 다
룬 질문이었다. 정말 어리석다. 이런 낱말이 가리키는, 시대를 초
월한 뭔가는 실제로 존재하지 않는다.

철학에서 가장 무의미한 질문 중 하나인 "예술Art이란 무엇인
가?"를 생각해 보라. '예술'이라는 낱말은 광범위하고 다양한 사
물에 적용될 수 있다. 예술과 예술이 아닌 것 사이에 명확한 선을
그을 수 있다는 생각은 어리석고 헛된 희망에 지나지 않는다.

그렇다고 철학자가 진리, 지식, 예술의 본질 등에 관심을 기

울이지 말아야 한다는 뜻은 아니다. 다만 뭐가 됐건 대문자로 시작해선 안 된다. (대문자로 시작하는 낱말들은 어떤 본질이나 중심을 가정하고 있다는 의심을 받기 마련이다. 예를 들어 문학을 literature가 아니라 Literature라고 쓰면, 어떤 문학은 다른 문학보다 우월하며 중심적이라는 가정이 포함되어 있다고 간주된다—옮긴이) 이러한 낱말을 사용하는 다양한 방식을 신중하게 생각해 보고 철학적 이해관계가 가장 큰 방식에 집중해야 한다.

철학에서 가장 중요한 추상명사 중 하나인 '의미'를 예로 들어 생각해 보자. 철학자라면 누구나 "삶의 의미는 무엇인가?"와 같은 질문에 답하려면 '의미'의 의미들을 하나씩 차례차례 점검해야 한다고 말한다. 일단 '삶의 의미'에서 '의미'의 주요 의미를 요약하자면 목적, 목표, 의의 또는 가치라고 할 수 있다.

이제 각 낱말을 분석해 보자. 목적은 창조자, 사용자 또는 사물 자체에 의해 주어질 수 있다. 소설 『프랑켄슈타인』에서 프랑켄슈타인 박사는 어떤 목적을 가지고 자신의 피조물인 괴물을 창조했다. 노예 상인은 이 괴물에 대해 또 다른 목적을 갖고 있을 수 있다. 그러나 정작 피조물 자신은 두 사람의 목적을 모두 거부하고 자신의 목적을 찾을 수도 있다. 당신의 삶은 전 우주적으로 볼 때 보잘것없고 역사적으로는 중요할 수 있다. 하지만 슬프게도 가족과 친구들에게는 별 의미가 없을 수도 있다. 의미에 내포되었을 수 있는 여러 의미를 세세히 쪼개 하나하나 살펴보는 작업을 통해서만 "삶의 의미란 무엇인가?"라는 모호한 질문을 조금이라도 이해할 수 있다.

◆

언어가 우리를 엉뚱한 방향으로 끌고 가는 마지막 경우는 낱말과 낱말이 가리키는 대상을 혼동할 때다. 철학 역사상 최악의 논증 중 하나인 신의 존재에 대한 존재론적 논증(존재의 본질을 철학적으로 설명하는 것)을 보자. 이들 논증은 근본적으로 기본 구조가 모두 동일하다. 신이라는 개념이 무슨 의미인지 묻는다면 세부적인 부분에는 이견이 있을지라도 신은 상상할 수 있는 가장 완벽한 존재라는 점에는 모두가 동의할 것이다. 그런 다음 신이 존재하지 않는다고 말하면 완벽한 것은 존재하지 않는다고 말하는 셈이 된다.

하지만 존재하지 않는다면 완벽할 수 없다. 내가 당신에게 주려고 완벽한 케이크를 구웠다고 말했는데 그 케이크가 존재하지 않는다면 당신은 당연히 내가 말도 안 되는 소리를 하고 있다고 생각할 것이다. 따라서 존재하지 않는 완벽한 존재란 용어 모순이다. 따라서 이는 불가능하다. 그래서—짜잔!—완벽한 존재인 신은 반드시 존재할 수밖에 없다.

이 논증이 왜 들렸는지 보여주는 책도 많고 왜 틀리지 않았는지 입증하려 애쓰는 책도 많다. 그러나 이 논증의 근본적인 결함은 명확하다. **개념의 의미에 대해 말하다가 그 개념이 가리키는 존재로 비약한다는 것이다.** 내가 완벽한 정의正義라는 개념을 제시할 수 있다고 하더라도 그것이 곧 완벽한 정의가 존재한다는 의미는 아니다. 존재하지 않는 신이 '용어 모순contradiction in terms'(의미상 서로 모순되는 두 단어가 들어 있는 진술—옮긴이)이라면 존재하지 않는 완벽한 유니콘도 같은 모순이다. 유니콘이 존재하지 않는다는 것은 누구나 아는 사실이다.

낱말은 낱말일 뿐 사물이 아니다. 언어는 실재를 표현하는 도구이지 실재나 실재의 뼈대가 아니다. 세상을 이해하기 위해 낱말을 이용해야지 낱말 자체에 집착해서 실재가 아닌 낱말을 소재로 삼아서는 안 된다.

낱말은 구분을 만들어내지만 언어가 만들어내는 구분의 양상은 저마다 다르다. 특정 언어의 낱말이 만들어내는 구분보다 훨씬 더 다양하고 많은 구분이 늘 존재한다. 말은 액면 그대로 받아들이지 말아야 하며 신중하게 사용해야 한다. 낱말들이 자기가 현실을 투명하게 비추는 거울이라고 말하는 듯 보일 때, 그것들을 믿지 말라.

◊ 용례를 정의하라.

◊ 의미에 대해 이견이 있을 때 약정적 정의에 만족하지 말고 자신의 정의를 주장하라.

◊ 목적에 맞게 단어의 의미를 임의로 확장하는 '낮은 재정의'와 의미를 좁히는 '높은 재정의'를 경계하고 피하라.

◊ 모호성의 오남용을 피하라. 의미의 미끄러짐을 통해 낱말의 의미는 눈에 띄지 않게 부적절한 용법으로 바뀐다. 하나의 의미를 지닌 낱말이 다른 의미의 사물을 가리킬 때 의미와 지시대상의 혼동이 오해를 불러일으킨다.

◊ 낱말의 진정한 의미를 묻지 말라. 특정 낱말이 특정 문맥에서 어떤 역할을 하는지 물어보라.

◊ 구분이 꼭 필요한 경우에 전문 용어를 사용하되, 그렇지 않은 경우라면 사용하지 말라.

◊ 낱말의 범주나 지시 대상을 착각하는 '범주 오류'를 주의하라.

◊ 문자 그대로의 의미와 문자 그대로의 의미가 아닌 의미를 똑같은 방식으로 읽지 말라. 각각은 고유한 역할이 있기 때문에 다르게 해석해야 한다.

◊ 언어가 주제로 삼는 실재에 집중하라. 언어 자체를 다루는 논쟁의 수렁에 빠지지 말라.

6장

확장
———

사유의 폭과 깊이의
균형을 맞추라

◇ 문제를 다각도에서 접근해 전체를 생각하라.

◇ 사고의 깊이와 너비 사이 무엇을 선택할지 유의하라.

◇ 다른 전문 분야를 논할 때 내가 무엇을 모르는지 살피라.

◇ 사실은 가치 판단을 정당화하지 않으니 당위와 구분하라.

우리 시대의 모든 인류는 작은 단위로 쪼개져

각자의 참호 속에 따로 떨어져 있으며

다른 사람들에게 냉담하고, 자신을 감추고,

자신이 가진 것을 숨기다

결국 다른 사람들을 격퇴하고, 그들에게 격퇴당한다.

– 표도르 도스토옙스키, 『카라마조프가의 형제들』

철학자philosopher란 어원상 지혜sophia를 사랑phili하는 사람이
지만, 그렇다고 철학자가 아닌 사람들이 지혜를 사랑하지 않는다
는 의미는 아니다. 비판적 사유를 하려면 지식이 어디서 발견되건
그 지식에 의지하며 다양한 출처의 정보를 종합해야 한다.

서로 경합을 벌이는 경제정책이 불평등에 미치는 영향을 평
가한다고 가정해 보자. 조언을 얻을 전문가가 경제학자밖에 없다
고 할 때, 경제학자는 다양한 시나리오의 모델을 제시해 줄 수 있
다. 하지만 어떤 종류와 어떤 정도의 불평등이 우리에게 가장 중
요한지는 말하지 못한다. 소득 평등이 부의 평등이나 공공 서비
스 접근의 평등보다 더 중요한가? 경제학자는 극빈층을 위해서

재정적으로 가장 효율적인 복지 정책을 알려줄 수 있다. 하지만 어떤 제도가 이들의 존엄성을 더 보호하는지는 말하지 못한다. 대체로 복지 정책은 특정 집단을 표적으로 삼을수록 그들에게 더 뼈아픈 낙인을 찍기 쉽다. 우리는 시민으로서 '효율성'이 떨어지는 제도가 오히려 사회 통합에 더 긍정적인 결과를 가져오지는 않는지 판단해야 한다. 이는 경제학적으로 따질 문제가 아니다. 서로 경합하는 정책을 총체적으로 올바르게 평가하려면 정치학, 역사학, 사회학, 인류학, 철학은 물론 심리학에 대해서도 어느 정도 알아야 한다.

우리가 답해야 하는 질문을 놓고 좁은 범위에 속하는 전문가의 말에만 귀를 기울이면 좋은 해답을 얻는 데 한계가 있다. 건강에 좋은 음식을 알고 싶다면 종양 전문의의 말만 들어서는 안 된다. 종양 전문의는 암 이외의 다른 질병은 잘 모르기 때문이다. 예술을 알고 싶다면 다양한 비평가와 평론가의 말을 들어보아야 한다. 비평가마다 각자의 취향과 편견이 있기 때문이다. 집안의 습기가 걱정된다면 해결책을 판매하는 습기 전문가 두 명 이상과 의논해야 한다.

마찬가지로 철학자처럼 생각하기가 철학**만**, 그중에서도 아주 **좁은** 분야만 알고 있는 철학자처럼 생각한다는 뜻이라면 철학자처럼 생각하려는 열망은 애초에 버리라. 이런 경고는 비교적 최근에 와서야 긴요해졌다. 과거의 철학은 충분히 포괄적인 학문이었다. 데카르트는 해부학 책을 썼고, 흄은 역사학자였으며, 스피노자는 접안렌즈를 만들었고, 아리스토텔레스는 아예 **다루지 않**

은 분야가 없었다. 전문화는 비교적 최근에 등장한 강단철학의 결과이며 그 여파는 어마어마했다.

예를 들어 내가 개인 정체성에 관해 박사 학위 논문을 썼다고 열두 명에게 말하면 그들은 내 논문의 주제만 놓고도 열두 가지 다른 생각을 할 수 있다. 학문이나 전통에는 저마다 고유한 관심사나 관점이 있다. 가령 인도 고전 철학에 심취한 사람이라면 내 논문 주제를 듣고 개별 자아를 가리키는 아트만ātman과 보편적 자아인 브라흐만Brahman을 구별하는 것이 무엇인지 탐구했으리라 생각할 것이다. 정신역동적 관점에서는 나의 주제로 정체성 형성에서 무의식이 담당하는 역할에 관해 질문할 수 있다. 심리학자는 나의 주제로 자아를 연구하고 신경과학자라면 '나'라는 감정이 뇌에서 어떻게 만들어지는지 연구할 것이다. 사회학자와 인류학자라면 정체성 형성에서 사회가 하는 역할을 생각해 볼 수 있다. 최근 영어권 철학에서는 논리적 관계로서의 정체성, 즉 시간이 지나더라도 한 사람을 같은 사람으로 보게 하는 것은 무엇인가에 관한 질문이 많이 제기된다. 사실 내 박사 학위 논문에서 다룬 문제도 이 주제다.

대개는 이러한 질문 중 **하나**만 파고드는 것이 적절하다. 그럴 때는 개인 정체성이라는 문제 일반이 아니라, 개인 정체성에 관련된 하나의 문제를 연구하고 있다는 점을 잊지 말아야 한다. '나'라는 존재의 의미를 가능한 한 충분히 이해하고 싶다면, 하나의 각도에서만 접근해서는 충분한 답을 찾지 못한다.

중요한 질문은 대부분 한 가지 지적 분야에 속하지 않는다. 설령 속한다고 해도 그런 문제는 전문 연구자만의 관심사인 경우가 많다. 적어도 우리 시대에 강단에서 활동하는 전형적인 철학자나 역사학자, 심리학자, 화학자 또는 언어학자처럼 생각하는 방식은 좋지 않다. 학문이 구획된 이러한 방식은 설득력 있게 세상을 나누는 방식을 반영하지 못하기 때문이다. 가령 나는 지금도 사회학자나 인류학자를 만날 때마다 두 학문이 독자적으로 존재해야 하는 그럴듯한 이유가 있는지 묻는다. 그런데도 아직 설득력 있는 설명을 듣지 못했다. 대부분은 두 학문의 분리가 역사적 우연이며 그 결과 두 가지 다른 방법론과 문헌이 생겨났다고 답한다. 그러나 합리적인 세계라면 두 학문은 서로 다른 학문이라기보다는 하나의 학문 안에 속해 있는 다소 다른 두 측면이라고 보아야 한다.

학문 간의 경계, 다시 말해 학문 나누기 자체는 정당할 수도 있다. 하지만 그 경계의 두께가 너무 두터워 뚫을 수 없을 정도라면 부당하다고 생각한다. 나로서는 지아우딘 사르다르의 다음 말에 전적으로 동의한다. "이건 물리학, 이건 화학이라는 식의 학문적 경계를 나는 믿지 않습니다. 자연은 그렇게 행동하지 않기 때문입니다. […] 어떤 문제를 쫓고 있다면 그 문제를 해결하는 데 필요한 일은 무엇이든 해야 합니다. 지질학이 필요하다면 응당 지질학을 배워야죠."

물론 이렇듯 다양한 분야의 지식을 추구하는 일은 철학이 현재와 같은 학문적 정체성을 갖기 전의 철학자라면 당연히 했던 일이다. 아리스토텔레스는 몸이 편한 아테네 집이 아니라 굳이 레스보스섬의 석호까지 찾아가 자연을 연구했다. 데카르트는 개념만 분석한 게 아니라 동물도 해부했다. 흄은 당대에 철학자보다 역사가로 더 유명했다.

학문의 파편화가 다방면의 보편적 지식을 과거지사로 만들어버렸다고 비난하기는 쉽다. 지적 사고의 '고립화'에 반대하고 '통합적 사고'에 찬성하지 않는 사람이 과연 있을까? 하지만 전문화는 나름의 존재 이유가 있으며 충분한 근거도 있다. 지난 몇 세기 동안 전 세계적으로 학문 연구량이 폭발적으로 증가했다. 한 사람이 혼자서 큰 그림을 그리기에는 현실이 너무 방대하고 복잡해졌다. 작은 구석에서 혼자 독창적으로 일할 수는 있겠지만 전체를 그리는 일은 이제는 혼자가 아닌 팀의 작업이 되었다. 사회적 동물인 인간은 각자 다른 전문성을 개발할 때 집단 전체로서는 더 많은 전문성을 얻을 수 있다.

하지만 그렇다고 해서 좁은 지적 틈새 분야에 갇혀 한 가지에만 열중해 사는 근시안적인 삶이 정당하다는 말은 아니다. **어떤 지식이나 이해도 고립되어 존재해선 안 된다.** 어떤 학문도 그 자체로 완전한 섬이 아니다. 전문화는 지식 노동의 분업 체제에서 각자의 기능을 해야지 그 자체가 지식을 분열시키면 안 된다.

◆

지식 노동 분업의 효율성에 관해 생명 윤리학자 존 해리스

John Harris는 여러 윤리위원회에서 활동한 경험을 바탕으로 다음과 같이 말한다. "윤리위원회의 구성원은 각기 다 다른 방식으로 이바지합니다. 예를 들어 하나의 문제를 명확하게 설명할 수 있는 사람이 위원회에 있으면 다른 사람은 자신이 그걸 할 필요는 없다고 생각하고 넘어가죠." 해리스가 철학적 이슈를 논의 선상에 올려놓으면 다른 사람들은 '편견 없이 대중과 문제를 논의하는 방법, 사회과학 연구에 대한 상세한 지식, 국민건강보험 같은 시스템 운영이 치료 및 예방 전략 수행에 끼치는 영향에 관한 상세한 지식' 등의 주제를 논의 선상에 올려놓는다. 이 많은 문제를 고민하는 일은 집단밖에 할 수 없다.

이상적인 상황이라면 윤리위원회는 전문 지식을 공유하는 여러 지식인 집단 중 하나에 불과할 것이다. 이상적인 상황이라면 학계의 보상은 퍼즐 조각을 따로따로 연구하는 사람들과 퍼즐 조각을 한데 이어 붙이는 연구자들 모두에게 돌아갈 것이다. 그러나 현실은 다르다. 학계에서 가장 큰 보상은 독창성과 엄정성이 가장 큰 연구에 주어진다. 그래서 학자들은 작은 점들을 이어 붙이는 연구를 하기보다는 작은 점들을 계속 만들어내야만 고용되고 승진할 수 있다.

팀 크레인은 학계의 현실을 이렇게 정리한다. "학자로서 발전을 도모하고 자기 생각을 널리 알리려면 매우 구체적인 것에 집중하고 그에 대해 독창적으로 말할 수 있어야만 합니다. 그러다 보니 모든 것에 대해 어느 정도 식견과 언변이 있고 다양한 주제의 논문을 발표하는 일반 철학자란 옛 관념은 많이 줄어들었죠."

다른 학문 분야도 마찬가지다. 학문 전반의 문제를 다루는 일반 학자들은 인기가 없다.

점들을 모아 더 큰 그림을 그리고 싶어도 그 과정에 필요한 전문 지식이 희석되면 질이 떨어진다. 모범적인 절충주의 사상가 오노라 오닐은 "여러 학문에 걸친 학제적 연구의 큰 위험은 그것이 모든 학문의 기준을 충족시키기는커녕 한 학문의 기준조차 충족시키지 못할 수 있다는 것입니다"라고 말한다.

자기 전문 분야를 넘어 생각할 때 등장하는 또 다른 위험이 있다. 마치 운반 수단 전문가들이 이미 바퀴를 만들었을 뿐 아니라 그 바퀴를 수차례 정교하게 개선해 왔다는 사실을 알지 못한 채 바퀴를 다시 만드는 일에 헛되이 전념할 수도 있다. 존 설이 "철학의 새 분야를 만들어야 한다고 생각해요. 사회철학이라는 이름을 붙이고 싶고요"라고 말할 때 나는 이와 비슷한 우려가 들었다. 그는 자신감에 차 "이런 주제는 존재하지 않아요. 내가 만들려고 노력 중입니다"라고 말했다.

그는 다른 사람들이 먼저 말한 내용을 진지하게 생각해 보지도 않은 채 사회와 실재를 다루는 지적 영역이 미지의 영역인 양 풍덩 뛰어들었다. 대체로 다른 전문가의 의견을 무시하는 이러한 행위는 순수한 무지의 결과다. 나는 학자들이 다른 분야에서 연구하는 주제를 파악한다면 자기 생각을 발전시킬 많은 단서를 발견하리라 확신한다. 대학에서 일반 학문의 연구자와 교수를 임명하여 이러한 교류를 촉진하면 좋겠다는 환상을 품고 있다. 다만 숨죽여 기다릴 만큼 가능성이 있어 보이지는 않는다.

안타깝게도 무지는 고집이 세다. 철학자들은 다른 학문을 철학보다 덜 엄격하다며 비하하곤 한다. "사회학자가 철학자에게 무엇을 가르칠 수 있겠냐?"라는 식이다. 근시안은 철학자에게만 국한된 문제는 아니다. 철학이 '모든 과학의 여왕'이라는 자화자찬 탓에 철학자들에게 특히 이런 경향이 생긴 모양이다. 이런 철학자들에 비하면 다른 학자들은 더 개방적이다.

20세기 대부분의 세월 동안 영어권 철학은 그 작은 규모에 자부심 비슷한 감정을 느껴온 것으로 보인다. 대니얼 데닛은 이렇게 말한다. "철학의 진짜 문제 중 하나는 학자들이 근시안적일 수 있다는 점입니다."

편협한 전문가는 항상 존재하기 마련이다. 모든 사람이 폭넓게 읽어야만 하는 것도 아니다. 그러나 편협함은 미덕보다는 악덕이 될 때가 많다. 굳이 위험을 감수해야 한다면 폭넓은 사고가 편협한 사고보다 가치 있다. 대체로 문제는 절충적으로 폭넓게 생각해야 하느냐 마느냐 **여부가** 아니라 **어떻게 하면** 폭넓게 생각할 수 있느냐에 있다.

오노라 오닐은 전문성 연마와 폭넓은 연구라는 두 미덕 사이에서 균형을 잘 유지하는 대표적인 철학자다. "저는 늘 다른 연구 분야에서 보면 끔찍한 무단 침입자였던 것 같습니다." 겸손이 지나쳐 자기 비하로까지 보일 수도 있는 표현이다. 하지만 그녀가 갖춘 겸허함은 자신이 최상으로 알고 있는 것을 뛰어넘으려면 필요한 자질임에 틀림없다. 오닐은 또 이런 말도 했다. "항상 나와 전공이 다른 사람들과 점심을 먹으려 했어요." 그녀의 이런 개방적인 태도가 퍽 마음에 들었다.

오닐의 폭넓은 사유를 더 쉽게 따라 하는 방법이 있다. 낯선 땅을 밟을 때는 걷기도 전에 뜀박질부터 하지 않도록 주의하는 것이다. 그녀는 오랫동안 '철학과 생명윤리를 아주 엄격하게 분리했다'고 말했다. '생명윤리를 다루면서 철학적으로 엄격한 기준을 좇기 어려웠기' 때문이었다. 지적 그물을 넓게 던지려면 자신이 얼마나 **모르는지** 끊임없이 자각해야 한다. 성급하게 물에 뛰어들어 자신이 감당할 수 없는 깊은 곳에서 허우적거리지 않도록 주의하라.

논쟁에 의미 있는 기여를 하기 위해 꼭 전문가가 되야만 하는 것은 아니다. 때로는 외부자가 유리하기도 하다. 내부자라면 당연하게 여기고 지나치는 문제를 외부자의 위치에서 알아차릴 수 있기 때문이다. 단, 자신이 어떤 주제로 들어가서 논의하고 있는지 이해하려 최선을 다해야 한다. 그래야 자신의 기여가 논의와 관련이 있는지 확신할 수 있다.

철학에 대한 가장 강력한 비판이 철학 내부에서 나오는 것도 바로 이러한 이유에서다. 미국의 실용수의 철학자 리처드 로티 Richard Rorty는 20세기 후반 철학이 '거울을 들고 자연을 비추며 실재가 어떻게 존재하는지 기술한다'는 관념을 주도적으로 비판했다. 그는 자신이 버리려던 철학의 전통에 깊이 뿌리내린 철학자의 자격으로 비판을 시작했다. 로티는 '진리'라는 개념을 공격할 때 매우 지적이고 예리한 통찰력을 발휘했다. 객관적 진리가 존재할 가능성 자체가 너무 어리석은 관념이라 진지한 논증조차 필요 없다던 엉성한 몇몇 상대주의자와 다르게 말이다.

그러나 내부에서 바라보는 관점 역시 외부에서 보는 관점과 마찬가지로 편파적일 수 있다. 학부를 다닐 때 나를 비롯한 학생들은 유럽과 유럽의 여러 식민지 국가에서 생산된 위대한 철학 저작을 '닥치는 대로' 읽어야 했다. 그러다 보니 역사적 배경이라고는 거의 또는 전혀 없이 논증 해석에만 몰두했다. 17세기 이후의 모든 철학을 의미하는 소위 '근대' 철학은, 마치 고대 그리스 이후 철학이 거의 2000년에 걸쳐 안식년이라도 보내는 듯했다. 읽을 만한 철학자라곤 없다가 느닷없이 데카르트에서 다시 시작되는 것처럼 보였기 때문이다. 우리에게 주어진 역사적 배경이란 보잘것없었다. 우리가 읽은 여러 철학 저작은 대부분 역사라고는 언급도 하지 않는 **몰역사적인** 내용을 담고 있었다.

내가 받은 교육이 비정상적이었던 건 아니다. 나는 100년 넘도록 영어권 세계를 지배했던 '분석철학' 전통 아래서 철학 교육을 받았다. 실제로 분석철학 전통은 범위가 넓다. 분석철학이라는 용어는 현대 유럽 대륙 철학을 제외한 거의 모든 영어권 철학을 포괄할 때 느슨하게 사용된다. 모든 분석철학이 공유하는 가족 유사성family resemblance은 논리와 자연과학 방법을 반드시 사용하지는 않지만 거기에서 영감을 받아 개념 분석에 중점을 둔다.

분석철학은 역사를 다룰 시간이 거의 없었다. 전기적 사실에는 더더욱 시간도 관심도 쏟지 못했다. 이러한 몰역사성은 종종 의식적이고 고의적이다. 미국 철학자 마이클 마틴Miclael Martin은 철학의 몰역사성에 대해 이렇게 말했다. "어떤 논증이 있고 그 논증이 효과가 있을 때 논증의 결론이 전제에서 명확히 비롯되었다면, 역사적 맥락이 개입해서 해야 할 특별한 역할은 없어요. 왜 그 특정 논증이 부각되었는지를 설명하는 정도라면 또 모르지만요."

납득이 가지 않는 주장이다. 맥락을 무시하다 벌어지는 실수 중 하나를 **길들여짐의 오류**the fallacy of domestication라 한다. 이는 어떤 사람이나 사상을 자신의 배경이라는 렌즈를 통해 이해함으로써 진짜 내용은 보지 못하고 익숙한 버전대로 보는 오류를 설명하는 말이다. 플라톤을 예로 들어보자. 플라톤의 많은 논증은 현재에도 유효하다. 마치 지난주에 말한 게 아닌가 싶을 정도다. 하지만 불편할 정도로 빈번히 플라톤은 자신의 영웅 소크라테스를 끌어들여 신들의 행적과 다른 신화를 이야기한다. 예를 들어『국가』는 전투에서 죽었지만 시신이 썩지 않고 열흘 후에 부활한 남성의 이야기인 에르 신화Myth of Er로 마무리된다. 부활한 에르는 사람을 불러 모아 사후 세계를 뚫고 온 여정을 이야기한다. 여러 현대 독자는 이 부분을 애써 무시하고 '본격' 철학에 대한 창의적인 장식처럼 취급한다. 그러나 사실 모든 징후는 플라톤이 이런 이야기를 진지하게 했다는 점을 가리킨다. 이 내용은 상당히 길 뿐 아니라 책을 마무리하면서 플라톤의 영혼 불멸 옹호를 뒷받침하는 데도 사용된다. 이러한 구절을 제쳐두는 이유는 플라톤이 고대 그리스뿐 아니라 21세기 옥스퍼드에도 잘 어울리는, 시대를 초월한 위대한 철학자가 아니라 당대의 아테네에 살던 인간이었다는 진실을 외면하고 싶은 욕망 때문이다.

대륙 철학자 사이먼 글렌디닝Simon Glendinning 역시 비트겐슈타인에 처음 관심을 가졌던 당시, 길들여짐의 오류로 인한 왜곡을 경험했다. 그는 그 경험을 이렇게 말했다. "비트겐슈타인의 『철학적 탐구』에서 읽으려고 했던 내용과 그 저작을 풀어낸 2차 문헌 사이의 괴리에 좌절했습니다. 이러한 괴리가 있다는 건 당시에도 생각했지만 지금도 크게 달라진 건 없습니다."

나는 키르케고르를 읽으면서 비슷한 좌절을 겪었다. 키르케고르 연구는 내 학부 논문 주제였는데, 당시에는 영어로 된 2차 문헌이 많지 않았다. 시간이 많이 지나고 나서야 나는 그나마 있던 소수의 2차 문헌조차도 키르케고르의 놀라운 독창성을 온전히 수용한 것이 아니라 그저 키르케고르의 주장 중 편안하고 익숙한 논의만 뽑아냈다는 사실을 깨달았다.

두 권짜리 탁월한 서양 철학사를 쓴 저술가 앤서니 고틀립 Anthony Gottlieb은 다음과 같이 경고한다.

철학자들이 대답하려 했던 질문의 역사적 맥락을 마음 한구석에 간직하고 있어야 합니다. 그 맥락은 우리 시대와 완전히 다른 경우가 많습니다. 철학자들의 논의를 역사화하는 방법을 통할 때만 이들의 논증을 제대로 이해할 수 있어요. 내가 보기에 철학자의 여러 논증이 흔히 오해받아 온 원인은 그가 지금 우리가 관심을 두는 질문에 대답을 주고 있다고 착각했기 때문입니다. 실제로 그가 대답하려는 질문은 우리 시대의 질문이 아닌데 말입니다.

사상사학자 조너선 이즈리얼Jonathan Israel은 철학자들의 의도적인 몰역사적 연구 태도를 거침없이 비판한다.

> 철학자가 말의 맥락에 주의를 기울이지 않는다면 도대체 어떻게 그 말을 정확하게 해석하는지 이해가 안 됩니다. 사람이 하는 모든 말은 그가 살던 시대의 제약과 압박을 수용하며 발화할 수밖에 없기 때문입니다. [⋯] 인간에게 기본적인 보편적 질문과 가치에 답하는 진정한 철학이 역사라는 기반 없이 존재할 수 있다고 상상하는 것 자체가 모순입니다. 그런 생각을 하는 일부 사람들이 있다 해도 그건 전혀 말이 안 되는 생각입니다.

설상가상으로 진지한 역사가 부재한 상황에서 우리 대부분은 이해를 위한 암묵적인 배경으로 역사 대신 일종의 모사품을 사용한다. 이즈리얼은 이러한 모사품은 나쁜 역사이며 이를 사용하는 것은 역사의 결핍 못지않게 큰 문제라고 본다. 이즈리얼의 주요 관심사인 유럽 계몽주의 시대를 예로 들어보자. 이즈리얼의 주장에 따르면 사람들은 대부분 자연과학과 영국 경험주의가 세속적이고 자연주의적인 계몽주의 사고의 횃불을 밝혔고, 프랑스인들이 이를 열정적으로 받아들여 유럽 전역에 퍼뜨렸다고 생각한다. 하지만 이러한 역사 해석은 조잡한 민족주의적 고정관념을 강화한다. 또한 당시에 '비논리적이거나 보수적인 저자가 비교적 많았다는 역사적 사실'을 무시한다. 이러한 진실을 알게 되면 계몽주의의 이미지는 '극적으로 달라진다'. 철학사에 역사라는 렌즈를 들이대면 "철학사에 관한 공식적이고 관습적인 통념이 모든 것을 완전히 왜곡하고 있다"라는 사실이 뚜렷이 보인다.

이즈리얼이 그리는 그림은 꽤 암울하다. 역사적 관점이 없어 비뚤어진 시각을 가진 철학자, 철학을 공부하지 않아 이해에 구멍이 숭숭 뚫려 있는 역사가, 부정확한 사상사밖에 없어 위안을 주는 신화를 믿을 수밖에 없는 사람들이 숱하다. 그중 가장 속 편하게 편향적인 사고는 그리스와 유럽인들에 대해서만 알면 철학을 할 수 있다는 생각이다. 아무리 서양 철학에 관심이 있다고 해도 역사를 소홀히 한 대부분 사람은 이슬람 세계가 서양 철학의 발전에 얼마나 중요한 역할을 했는지 알지 못한다. 지아우딘 사르다르에 따르면 이러한 사실을 배우지 못했다면 '부당한 교육'을 받았다는 의미다. "여러분은 8세기부터 17세기까지 천년에 걸쳐 존재했던 엄청난 양의 철학을 놓친 셈입니다." 사르다르의 말이다.

역사를 비판적 사유의 일부로 받아들여야 하는 이유가 더 필요하다면, 콰메 앤서니 아피아Kwame Anthony Appiah가 말하는 역사의 현실적인 장점을 참조하라. 아피아는 자신의 저서 『체면에 관한 불문율The Honor Code』에서 서양 철학은 체면이라는 미덕에 도덕적 의의를 거의 부여하지 않았다고 주장한다. 이를 통해 독자들은 체면의 장점과 단점을 모두 살필 수 있다. 여러 도덕철학과 달리, 아피아는 전족, 결투, 노예제라는 세 가지 구체적인 역사적 맥락을 들어 체면이라는 개념이 어떻게 작용했는지를 상세히 분석한다. 그가 들려주는 이야기에는 '역사적 사례를 통해 설득력을 획득한' 핵심 주장이 담겨 있다. 맥락에 대한 깊은 이해가 없다면 현대 서양 독자는 체면이라는 개념을 주요 윤리적 가치로 진지하게 생각조차 못할 것이다. 체면은 얼핏 보기에 '도덕과 종교, 법과 이성에 반하는' 것 같기 때문이다. 아피아는 '서재에 앉아 생각만 하는 일반적인 철학 방법'으로는 충분하지 않다고 믿는다. 특정 관행이 '어떤 의미에서는 잘못이지만 다른 의미에서는 필요한 것'이 되는 방식을 이해하려면 풍부한 실제 사례가 필요하다.

아피아에 따르면 철학을 역사적으로 형성된 학문으로 이해하지 않으면 철학이 무엇인지조차 파악할 수 없다. 철학은 "역사적 대상이며 시간이 지남에 따라 그 형태는 변하지만 연속성이 있습니다. 그런 의미에서 철학은 시간이 지나면서 성장합니다. 시간이 지나면서 변하는 가족이나 그 외 다양한 다른 것과 다르지 않아요." 아피아의 주장이다. 역사를 통해 철학을 배우는 사람들은 철학의 형태와 경계가 끊임없이 변화하며 이러한 변화와 진화는 불가피하다는 사실도 배운다.

이제까지 철학자들을 너무 깎아내린 감이 없지 않으니 공정을 기하기 위해 칭찬을 좀 하겠다. 이들은 자신과 관련된 여러 문제의 철학적 역사에 늘 관심이 있었고 살아 있는 문제를 논할 때 오래전에 죽은 사상가들을 인용해 왔다. 대니얼 데닛은 이러한 방식으로 철학을 하는 것이 중요한 이유를 지적한다. "철학의 역사는 매우 똑똑한 사람들이 저질러 온 솔깃한 실수의 역사입니다. 그 역사를 배우지 않으면 똑같은 실수를 되풀이해 저지르기 마련입니다. 짓궂긴 하지만 내가 살면서 누리는 기쁨 중 하나는 제법 똑똑하다는 사람들이 솔깃하다는 이유로 온갖 이류 철학 사상을 재구성했다가 결국 중단하고는, 깊이 심호흡을 한 다음 찢어버리는 꼴을 보는 일입니다."

최근 들어 철학도 조금씩 바뀌었고 예전처럼 철학에서 역사가 노골적으로 무시당하는 일은 거의 없다. 하지만 아직 역사는 응당 받아야 마땅한 관심을 충분히 받지 못하고 있다. 나라도 손을 번쩍 들고 역사에 대한 상대적인 무지가 내 사유를 가로막고 있다고 말하겠다.

비단 철학만의 문제가 아니다. 팔레스타인, 러시아, 아프가니스탄과 같은 지역의 역사에 대해 전혀 모른다면 그곳의 상황을 이해하는 일은 시작조차 할 수 없다. 과거의 혁신 중에 왜 어떤 것은 권력자에게 이익을 주고 또 다른 것은 인류 전체를 위해 사용되었는지 모른다면 새로운 테크놀로지의 장단점에 관해서도 우리에게 도움이 될 만한 견해를 갖출 수 없다. 과거는 인간과 사회의 작동 방식을 보여주는 방대한 자료 저장소이며, 이를 도외시하는 행위는 스스로 위험을 감수하겠다고 나서는 행동이나 다름없다. 그런 이유로 데이비드 흄은 『영국사』를 집필할 때 자신은 철학을 버리기는커녕 계속 이어가고 있다고 생각했다.

역사 홀대는 맥락에 대한 둔감함이라는 더 넓은 문제의 일환이다. 우리는 흔히 사람들의 문제, 믿음, 실천, 의문을 오해한다.

이러한 일이 일어나는 상황을 잘 알지 못하기 때문이다. 이러한 문제를 더 잘 이해할 방안을 파악하려는 노력조차 하지 않아 정치 상황이 얼마나 당혹스러워지는지 생각해 보라. 가령 미국인이 도널드 트럼프를 대통령으로 뽑은 이유를 이해하려면 얼마나 많은 사람이 자신을 경멸하는 듯 보였던 주류 정치에 깊은 환멸을 느끼며 냉소적인 반응을 보이게 되었는지부터 이해해야 한다. 많은 트럼프 지지자에게 지난 대통령 선거는 그저 여러 정치 프로그램 중 하나를 선택하는 문제가 아니었다. 이들에게 선거는 적폐를 청산하고 미국 중산층과 동떨어져 있는 정치 엘리트를 쫓아낼 기회였다('적폐청산'과 정치 엘리트 추방은 트럼프의 대표적인 공약이었다—옮긴이).

진공 상태에 존재하는 것은 아무것도 없다. 그러나 우리는 흔히 대다수의 상황을 진공 상태에 놓여 있는 것으로 착각한다. 하지만 모든 일에는 맥락이 있고, 맥락은 중요하다. 특히 역사적 맥락은 대단히 중요하다.

◆

지적 영역에서 수행하는 개념 간의 구분이 학문 영역에서 수행하는 개념 간의 구분과 늘 합치하지는 않는다. 가장 중요한 구분은 사실과 가치 사이의 구분이다. 사실과 가치를 서양에서 처음 명시적으로 논한 사람은 18세기 데이비드 흄이었다. 흄은 사람들이 도덕에 대해 추론할 때 '그것이 신이든 인간 문제든 간에,

사물의 본질'로 시작한다고 말했다.

> 갑자기 나는 깜짝 놀랐다. '이다' '아니다' 같은 표현이 들어가
> 는 사실 명제가 서로 결합하는 정도에서 그치지 않고, 거의 모
> 든 명제가 '해야 한다' 혹은 '하지 말아야 한다' 등 가치나 당
> 위를 표현하는 명제로 이어져 있었기 때문이다. 사실 명제에
> 서 가치 명제로 이행하는 이러한 변화는 눈에 띄지 않을 만큼
> 미묘하지만 매우 중요하다. '해야 한다' 또는 '하지 말아야 한
> 다'라는 의미의 가치 명제는 새로운 관계나 확증을 표현하기
> 때문에 사실 명제와는 별도로 관찰하고 설명해야 한다. 전혀
> 생각할 수 없어 보이는 이 새로운 관계가 그것과 완전히 다른
> 것들로부터 어떻게 연역되는지 설명이 필요하다.[1]

흄의 요점은 강력하다. **사물이 존재하는 방식**에 대한 진술에서
사물이 존재해야 하는 방식에 대한 진술로의 비약은 논리적인 오
류다. 즉 기술description에서 규범prescription으로 비약해선 안 된
다. 사물이 어떻게 존재해야 한다는 '규범normative'은 실재 존재
방식인 사실과 다르기 때문이다.

현상 기술과 규범적 당위 간의 구분을 무시하면 뭔가가 당연
하고 자연스러운 사실이기 때문에 옳거나 좋다는 식의 판단으
로 넘어가는 **자연주의적 오류**naturalistic fallacy를 저지를 위험이 있
다. 사람들은 이런 오류를 자주 범한다. 이러한 오류를 가장 무
신경하게 저지른 이는 배우였다가 돌팔이 건강식품 전도사로 변

신한 기네스 펠트로Gwyneth Paltrow였다. 2013년 《코스모폴리탄 Cosmopolitan》과 진행한 인터뷰에서 펠트로는 "자연적인 것은 뭐든 몸에 나쁠 리 없죠"라고 말했다.[2] 똑같은 말을 니컬러스 에번스Nicholas Evans에게 해보라. 에번스는 베스트셀러 소설 『호스 위스퍼러The Horse Whisperer』의 작가로 독버섯을 먹고 죽을 뻔했다가 신장이식을 받고 살아났다.

'자연스러운 것이 좋다'는 주장은 페미니즘에 반대하는 주장에서도 흔히 찾아볼 수 있다. 이들에 따르면 남성과 여성은 특정한 자연적 차이로 인해 당연히 다르게 대우받아야 한다. 물론 이러한 주장은 근거가 빈약하다. 일단 적극성, 공감 능력, 성적 개방성과 같이 성별 간 차이점이라고 언급되는 것 중 얼마나 많은 부분이 문화가 아닌 자연에 뿌리를 두는지조차 알 수 없다.

게다가 설령 모든 성별의 차이가 자연적이라고 하더라도 도덕적·정치적 문제는 해결되지 않는다. 예를 들어 남성이 선천적으로 더 경쟁심이 강해 이들을 제지하지 않는다면 남성들이 회사에서 더 많은 임원 자리를 차지할 것이라는 말이 사실이라고 해도, 얼마든지 더 많은 여성이 임원이 되기를 원할 수 있기 때문이다. 오히려 남성의 경쟁심 때문에 협동이 저해되지 않도록 이를 성별 간 임원 자리의 개수에 개입하기 좋은 근거로 삼을 수도 있다. 재닛 래드클리프 리처즈Janet Radcliffe Richards는 이렇게 말했다. "다윈주의 세계에는 그 자체의 조화나 목적 같은 건 존재하지 않습니다. 무엇이 됐건 선을 이루고자 한다면 자연에 맡기는 방법은 쓸 수가 없어요."

하지만 이 사실과 당위 간의 차이에서 얻어야 할 핵심 교훈은 사실에 관한 생각과 가치에 관한 생각을 결합하면 안 된다는 말이 아니다. 기후변화, 식량 정의, 빈곤, 디지털 소외 등의 영향을 진지하게 생각하려면 당연히 사실에 관심을 가져야 한다. 그러나 사실은 그 자체로 가치가 아니다. 그런데 '이다'라는 사실에서 '해야 한다'라는 가치로 나아갈 수 없다면, 도덕적 논의를 사실에 뿌리내리게 할 방법은 무엇일까?

이 질문에 답하려면 가장 근본적인 질문부터 던져야 한다. 어떤 당위의 근거가 사실이 아니라 다른 당위뿐이라면 최초의 당위는 어디에서 비롯되는가? 흄의 대답에 따르면 원초적 당위는 동정심, 즉 동료애다. 인류 대다수는 타인의 고통을 느끼고 타인의 행복에 기뻐하는 본성을 타고났다(또는 진화의 결과라고 할 수도 있다). 이 본성이 우리가 선한 일을 하도록 동기를 부여하는 것이다. 어떤 이성적이거나 논리적인 원칙이 동기의 원천은 아니다.

그러나 이는 흄 자신이 지적한 오류를 범하는 것은 아닐까? '자연'이 '선'을 의미하지 않는데 어떻게 자연적인 본능에 도덕성이 뿌리내릴 수 있을까? 하지만 흄은 여기서 오류를 범하지 않는다. 흄은 우리가 선해야 하는 이유를 선하고자 하는 본능 때문이라고 말하지 않는다. **우리가 선할 수 있는 이유는 우리가 타고난 동정심이 있기 때문일 뿐이라고 말한다.** 흄이 제공하는 것은 우리의 도덕 감각에 대한 **인과적 설명**이지, **합리적 정당화**가 아니다.

하지만 도덕적 동정심에 대한 합리적 정당화가 필요한 것은 아닐까? 흄은 필요 없다고 생각했고 나도 그 생각에 동의한다. 아직 그 누구도 도덕성에 관해 순전히 합리적인 근거를 설득력 있게 제시하지 못했기 때문이다. 고통을 인식하는 능력이야말로 온전한 인간이 되기 위한 기본 조건이다. 도덕적 동정심이 아예 없다면 아무리 설득한다고 해서 그것을 느낄 수는 없지 않겠는가.

흄의 주장을 받아들이면 사실과 당위, '이다/해야 한다' 사이의 간극은 쉽게 좁혀진다. "공장식 축산업은 동물에게 불필요한 고통을 준다. 따라서 옳지 않다"라는 주장을 보자. 철학자는 당장 '따라서'를 잘못 사용하고 있으므로 결론이 타당하지 않다고 알아차릴 것이다. 하지만 다수의 사람에게 이러한 결론은 타당해 **보인다**. 대부분은 "불필요한 고통을 초래하는 것은 잘못이다"라는 명시되지 않은 전제, 즉 '생략삼단논법'이 전제되어 있다고 가정하기 때문이다. 이는 사실적인 진술은 아니지만 정상적인 사람이라면 응당 공유해야 하는 기본적인 도덕적 약속이다. 누군가 여기에 동의하지 않으려 한다면 논쟁을 벌이지 말고 그 사람을 피하는 것이 최선의 대응이다.

'이다/해야 한다'의 간극을 지닌 채 살아가려면 합리성이 윤리의 기초라는 생각은 버려야 한다. 합리성은 그저 윤리에 대해 더 명확하게 생각하도록 도와주는 도구일 뿐이라는 점도 받아들여야 한다. 그러면 옳은 일을 위해서는 기본적인 도덕적 공감과 각 상황에 주의를 기울여 최선의 행동 방법을 찾는 능력을 결합해야 한다는 사실을 곧 알게 된다. 사람들을 친절, 동정, 자선, 그리고 자비로 대하려면 그들이 무엇을 필요로 하는지, 무엇을 원하는지, 무엇이 그들에게 좋은지 파악해야만 한다. 이렇게 파악해야 할 내용은 사실에 해당하며, 주도면밀한 관찰을 통해 결정해야 하는 문제다.

영국 철학자 메리 미즐리는 이 점을 잘 알고 있었다. 미즐리는 다음과 같이 말한다. "우리는 사람들을 대할 때 그들에게 적절하다고 우리가 생각하는 방식으로 늘 대합니다. 우리는 자신이 대하는 사람들에 관한 사실을 알고 있다고 생각하죠. 하지만 좀 더 주의를 기울여 자세히 들여다보면 그렇지 않고 사실은 더 복잡하다는 것을 대체로 알게 됩니다. 이때 우리가 해야 할 일은 자신이 옳다고 '생각하는' 상황에 대응하는 것뿐 아니라, 더욱 주의를 기울여 상황이 과연 **그런지** 확인해야 합니다. 현실을 온전히 인식하면 무엇이 옳은지 알게 되므로 사실과 가치 간의 괴리도 해소됩니다."

소설가이자 철학자인 아이리스 머독Iris Murdoch에 관해 미즐리와 이야기를 했었다. 미즐리는 자신의 동료인 머독의 생각을 이렇게 정리했다. "머독의 윤리관에 따르면 우리는 일어나는 일에 주의를 기울이고 현실에 대한 이해를 높임으로써 무엇이 옳은지, 즉 선이 무엇인지를 알아냅니다. 이런 이유로 머독은 예술이 중요하다고 생각하죠. 예술은 우리의 현실 감각을 높여주기 때문입니다." 미즐리가 시사하는 바를 정리하면 다음과 같다. **철학적 사유를 원한다면 영화와 연극과 책을 철학적으로 읽어야 한다.**

예술이 도덕성 향상에 '필연적으로' 도움이 된다는 생각은 명백한 거짓이다. 나치가 오페라를 얼마나 좋아했는지를 보면 금방 알 수 있다. 그러나 올바른 정신으로 내러티브 예술 형식을 접하면 윤리에 관해 많은 것을 예술에서 배울 수 있다. 예를 들어 이란 감독 아스가르 파르하디Asghar Farhadi의 영화를 살펴보자. 자연주의 성향이 짙은 파르하디의 영화는 일상생활의 도덕적 딜레마와 모호성, 그리고 각자의 편파적인 관점이 다를 때 진실 규명이 얼마나 어려운지를 능숙하게 탐구한다.

파르하디는 도덕성에 관한 중요한 진실을 관객에게 직접 말하기보다는 그저 보여준다('말하다tell'에는 '지시하다'라는 의미도 있어 내러티브에서 말하기와 보여주기show는 규범prescription과 기술description을 나누는 중요한 구분이다―옮긴이). 영화 〈어떤 영웅A Hero〉을 보면 어느 자선단체가 명성에 흠집을 내지 않기 위해 부끄러운 사건을 은폐하면서까지 좋은 일을 계속 해나가야 하는지, 아니면 진실을 밝혀야 하는지 결정하는 장면이 나온다. 이 문제를 놓고 철학적 논평을 하면서 공리주의, 아리스토텔레스 또는 칸트 윤리학에서 우선시하는 윤리가 무엇인가 토론을 할 수도 있다. 모두에게 최선의 결과는 무엇인가, 어디에서 미덕을 찾아야 하는가 혹은 인간으로서 당연히 이행해야 하는 의무는 무엇인가에 관해 이야기할 수 있다. 그러나 영화에 나오는 자선단체가 처한 딜레마는 특수한 상황 때문에 해결하기 더욱 어려운 문제라는 특징이 있다. 그 때문에 영화는 깔끔한 결론에 도달하지 못한다. 이런 경우 특정 이론보다 주의 깊은 상황 관찰이 훨씬 유용하다. 파르하디가 보여주는 것이 바로 이러한 주의 깊은 관찰이다. 이 딜레마의 핵심을 파악하는 데 군이 공리주의, 아리스토텔레스주의, 칸트 윤리학이라는 이론 틀이 필요한 것도 아니다.

파르하디의 영화에 나오는 인물은 영웅도 악당도 아니다. 누구에게도 해를 끼치고 싶지 않은 평범한 사람이다. 파르하디의 영화는 대의명분이라는 미명으로 작은 거짓말과 비행을 정당화하기 얼마나 쉬운지, 그러다 보면 우리가 얼마나 기만적이고 위험한 처지에 놓이는지 보여준다. 도덕의 성질에 관심이 있다면 파르하디의 영화는 이론서 못지않게 많은 것을 가르쳐줄 것이다. 이들 영화는 단순히 철학을 예증하는 데 그치지 않고 철학을 실천한다.

마사 누스바움Martha Nussbaum은 철학에 문학과 예술을 활용하는 문제를 가장 적극적으로 지지하는 최근 학자 중 한 명이다. 그녀는 윤리와 정치를 다루는 저술에서 둘을 자주 활용한다. 누스바움은 이렇게 말한다. "내가 상상하는 것은 철학과 예술의 협업입니다. 이 협업 관계에서 철학은 윤리적 문제의 초점을 제공하고 예술 작품은 보다 구체적인 방식으로 상상력의 방향을 잡아주어야 한다고 생각해요. 공감적 상상력sympathetic imagination에 대해 말하는 데서 그치지 않고 실제로 이러한 상상력을 함양할 수 있으려면, 먼저 그걸 불러일으키는 텍스트가 필요합니다."

누스바움은 공감적 상상력과 '정서적 공감emotional empathy'뿐만 아니라 **'인지적** 공감cognitive empathy', 다시 말해 다른 사람의 사고 과정에 들어가 함께 생각해 보는 능력을 키우는 데도 예술의 역할이 중요하다고 말한다. 이러한 종류의 지적 상상력이야말로 오늘날 절실히 필요한 능력이다. 그녀의 말을 계속 들어보자.

정치적 양극화 외에도 인종적·종교적 양극화가 심각한 상황을 다뤄야 할 때, 상대방의 말을 잘 듣기 위해서는 논증 능력뿐 아니라 상상력을 함양해야 합니다. 다른 사람들이 어디 출신인지, 그들의 역사는 어떤지, 그들의 삶의 경험은 어떤지 알아야 합니다. […] 일단 비난부터 하기 전에 다른 사람들이 어디에서 왔는지 상상하고 이해하려고 노력하세요. 그렇게 하지 않으면 사람들을 증오하게 될 뿐 아니라 심지어 그들을 향한 폭력에 가담하기가 훨씬 쉬워집니다.

내가 이 책의 장마다 앞머리에 쓸 경구를 유명한 철학자가 아니라 작가에게서 따오기로 했던 이유는 창의성을 포함하여 다양한 사고방식을 활용해야 한다고 생각했기 때문이었다. 결국 나는 역사상 가장 철학적인 작가 중 한 명인 표도르 도스토옙스키의 문장을 선택했다. 선택의 폭을 넓히는 것도 좋지만, 작가 한 명을 골라 지적 원천으로 삼더라도 거기서 나오는 수많은 지혜가 평생 들여다볼 만큼 풍성하다는 점을 강조하고 싶었다. 깊이와 너비 사이의 긴장은 결코 없어지지 않는다. 우리가 할 수 있는 것은 둘 사이의 균형을 고려해 조율하는 일뿐이다.

◊ 문제를 다각도에서 접근해 일부가 아닌 전체를 생각하라.

◊ 학문 간의 경계는 자연에 존재하는 경계가 아니다.

◊ 각 조각을 따로 만드는 일만큼 조각을 이어 맞추는 일도 중요하다. 조각을 만드는 사람과 맞추는 사람 둘 다 필요하다.

◊ 새롭게 발견한 영역이 누군가 이미 생각한 것은 아닌지 확인하라.

◊ 깊이와 너비 사이에는 항상 긴장 관계가 있다. 둘 다 충족하는 방법은 없다. 어느 하나를 선택할 때 무엇을 희생할지 잘 파악하라.

◊ 좁은 의미의 전문가를 존중하라. 그들의 전문 분야에 대해 말하기 전에 내가 무엇을 모르는지 알아야 한다.

◊ 역사, 전기, 사회 등의 맥락을 민감하게 살피라.

◊ 겉으로 비슷해 보이는 질문도 속은 전혀 다를 수 있으니 주의하라.

◊ '길들여짐의 오류'를 피하라. 익숙하지 않은 것을 익숙한 방식으로 생각하면서 자신의 이미지로 재구성하지 않아야 한다.

◊ 자연적인 것을 선하거나 옳다고 비약하는 '자연주의적 오류'를 피하라.

◊ 사실과 당위(이다/해야 한다) 간의 차이를 존중하라. 사실은 가치 판단에 정보를 제공하나 가치 판단을 정당화하지는 못한다.

◊ 예술을 통해 사물을 새로운 눈으로 보고 윤리적 추론에 필요한 정서적·인지적 공감을 개발하라. 문학이라는 내러티브 예술은 말하기보다는 보여줌으로써 철학을 실천하고 좀 더 주의를 기울이게 도와준다. 주의를 기울이는 것은 좋은 사유의 주춧돌이다.

7장

심리

심리학자의 시선으로
생각하라

◇ 가설을 세워 생각할 때 상상을 실재와 혼동하지 말라.

◇ 감정 속의 판단을 인식하고 이성으로 감정을 조절하라.

◇ 자신의 주장을 입증하는 근거만 기억하진 않았는지 살피라.

◇ 생각 자체가 아닌 생각의 출처를 공격하지 말라.

인간의 동기는 대체로
우리 생각보다 훨씬 더 복잡하다.
다른 사람의 동기를 정확히 설명할 수 있는 경우는
극히 드물다는 사실을 잊지 말아야 한다.

– 표도르 도스토옙스키, 『백치』

학문의 가계도를 그려보면 거의 모든 학문이 철학이라는 뿌리로 수렴된다. 생물학, 물리학, 동물학, 수사학, 심리학, 언어학, 경제학, 정치학, 기상학, 지질학 등 여러 학문이 하나둘씩 철학이라는 둥지를 떠나갔다.

철학에서 독립한 막내가 심리학이다. 인간의 역사 속 대부분의 시기에 오늘날 우리가 철학자라고 부르는 사람들은 대체로 심리학이라는 학문에 종사했다. 데이비드 흄은 그중에서도 아마 가장 위대한 사례일 것이다. 흄은 인간 본성을 사유의 주제로 삼았다. 인과와 윤리에 관한 그의 저술은 세상의 작동 방식과 우리의 사고방식을 다룬 것이기도 했다. 『심리학의 원리』를 쓴 윌리엄 제임스William James 역시 1890년까지 주로 철학자로 받아들여졌다. 당시 심리학은 1879년 빌헬름 분트Wilhelm Wundt가 라이프치히대학교에 최초의 심리학 연구소를 열면서 철학과 막 분리되던 참이었다.

심리학과 철학이 분리되면서 두 학문 모두 대가를 치러야 했지만, 철학이 치른 대가가 더 컸다. 단순하게 말하자면 심리학은 우리가 어떻게 생각**하는지**에 관한 문제를, 철학은 우리가 어떻게 생각**해야 하는지**에 관한 문제를 주로 다루었다. 그 결과 심리학은 우리가 **어떻게 생각해야 하는지 혹은 어떻게 느껴야 하는지**를 다루는 '규범적' 문제를 불편해하기에 이르렀다. 그 탓에 심리학은 여러 차례 오류를 저질렀다. 무엇이 '건전한'지 혹은 무엇이 '정상'인지에 관한 문제를 확실치 않은 근거에 입각하여, 다시 말해 시간이 지나면서 편견이나 유행에 불과한 이야기로 밝혀진 의심스러운 가정에 입각하여 제대로 따져보지도 않고 임의대로 판단한 것이다. 이에 따라 1973년까지 동성애를 병으로 분류했던 미국 정신의학회의 결정이나, 모성애 부족이 아동 자폐의 원인이라는 '냉장고 엄마refrigerator mother'(차가운 엄마라는 의미 —옮긴이) 이론이 지속되는 등 끔찍한 실수가 있었다. 게다가 과학이라는 지위가 훼손될까 봐 규범적 문제와 씨름하기를 꺼려 심리학에 정보가 부족한 다른 사람들이 이 문제를 해결해야 했다.

철학에서는 우리가 어떻게 생각**해야 하는지**를 알려면 먼저 우리가 어떻게 생각**하는지** 충분히 알아야 한다는 문제가 대두되었다. 인간 정신의 작동 방식을 제대로 모르는 상태에서 정신을 더 잘 사용하는 방법을 다루는 규범 연구는 비현실적이다. 최악의 경우 커다란 오류를 낳을 수도 있다. 인간 정신이 감정이나 편견을 배제한 채 순수한 합리성에 근거하여 움직이는 일은 거의 없다. 수학이나 과학에서 고도로 추상적인 문제를 고려할 때는 가능할지도 모른다. 하지만 인간과 관련된 모든 문제에는 순수한 논리 이상이 필요하고 또 그래야만 한다.

◆

철학이 오랫동안 사고 실험을 활용해 온 방식을 생각해 보라. 사고 실험은 믿음이나 이론을 검증하려고 고안한 가상 시나리오다. 예를 들어 순간이동장치가 있다고 치자. 당신을 마취하고 몸의 모든 세포를 스캔하여 파괴한 후 화성에서 당신과 똑같은 복제본을 만들어 정확히 당신의 모습으로 깨어나게 한다고 상상해 보라. 화성의 복제인간에게는 **당신**이 수백만 마일 떨어진 곳에서 방금 깨어난 것처럼 보일 수 있다. 그렇다면 화성에 있는 사람이 진짜 당신일까?

이 사고 실험은 물리적으로 동일한 육체에서 정신적 삶의 연속성이 있어야만 개인 정체성이 보존된다고 말할 수 있는지, 아니면 동일한 원자로 만들어져 완전히 동일한 육체의 연속성만 있으면 정체성을 보존하는 조건으로 충분한지 판단해 보기 위해 고안되었다.

혹은 우리가 사는 세계와 물리적으로 똑같은 세계가 있고, 그

곳에 사는 호모 사피엔스가 우리와 신체적으로는 똑같은데 의식이 없는 '좀비'라고 상상해 보라. 이 사고 실험은 의식이 신체적 특성만으로는 설명할 수 없는 것임을 보여주는가?

나는 사고 실험이 좋다. 수백 개의 사고 실험을 바탕으로 책을 쓴 적도 있다. 그러나 사고 실험에는 심각한 한계가 있다. 대니얼 데닛은 사고 실험에 **직관 펌프**intuition pump라는 이름을 붙여 이러한 한계를 환기시켰다. 사고 실험은 우리의 직관을 펌프처럼 끌어내는 데는 탁월하다. 하지만 이러한 직관이 세상에 관한 진실을 말해준다고 가정할 수는 없다. 사고 실험은 우리가 왜 특정 직관을 갖게 되었는지, 왜 우리가 그 직관이 옳다고 생각하는지 질문해서 논증을 진행할 때 쓰는 도구일 뿐 논증은 아니다.

예를 들어 여러분이 만일 위에서 설명한 순간이동장치를 거치고도 살아남을 수 있다고 생각한다면, 화성에서 깨어나는 존재가 여러분의 이전 자아를 물리적으로 복제한 존재가 분명한데도 그가 계속 여러분으로 존재한다고 생각하는 이유를 설명해야 한다. 좀 기괴하긴 하다. 반면 순간이동장치를 거치는 순간 여러분 자신이 이미 죽었다고 생각한다면, 사람이 완전히 똑같은 물질로 만들어진 상태를 계속 유지해야만 정체성을 유지한다고 굳이 믿는 이유를 설명해야 한다. 여러분 몸속 세포 역시 항상 변화하고 있는데도 말이다.

일부 사고 실험에서는 우리의 직관이 유용한 방향을 제시하는지 명확하지 않을 때도 있다. 철학 박사이자 음악가인 마일로Mylo는 많은 사람의 문제는 "자신이 무엇을 상상하고 있는지 모르고" "그런 일이 가능한지조차 모른다"는 점이라고 말한다. 그리고 그는 음악에 종사하는 사람답게 툭 한마디를 던진다. "사고실험이란 건 대부분 헛소리 아닌가요?"

뇌과학자 아닐 세스Anil Seth는 '상상 가능성 논증'이라는 사고실험을 들어 사고 실험의 한계에 관해 좀 더 미묘한 설명을 제시한다. 앞선 좀비 사고 실험을 예로 들어보자. 이 좀비 사고 실험을 바탕으로 한 논증은 다음과 같다. "좀비를 상상할 수 있다면 그것은 우리가 사는 세상과 다르지 않은 세상, 그러나 의식은 전혀 발생하지 않는 세상을 상상할 수 있다는 뜻이다. 그리고 그러한 세계를 상상할 수 있다면 의식이 물리적 현상이라고 장담할 수 없다."[1] 신체적으로는 똑같은데 일부는 의식이 있고 일부는 의식이 없는 인간을 상상할 수 있다는 사실만 봐도, 신체적 특징만으로는 인간에게 의식이 존재하는지를 설명할 수 없다는 뜻이다.

그러나 세스의 말대로 "무언가가 상상 가능한지 아닌지는 대개 상상이라는 행위를 하는 사람에 대한 심리적 관찰의 결과일 뿐 **실재의 성질에 대한 통찰은 아니다.**" 점보제트기가 거꾸로 날아가는 것을 상상할 수는 있다. **그렇다고 해서 실제로 그럴 수 있다는 의미는 아니다.** 나는 양자 물리학에서 말하는 내용 대부분이 참이라고는 상상조차 할 수 없지만 그렇다고 해서 그 내용이 거짓이라는 의미는 아니다. 물리적으로 우리 세계와 동일하지만 아무 의식도 없는 존재들이 사는 세계를 상상할 수 있다고 해서 그런 세계가 가능한지는 알 수 없다. 그런 상상이 말해주는 것은 기껏해야 좀비라는 개념이 난센스까지는 아니라는 정도다. 도넛으로만 구성된 건강한 식단이라는 개념도 좀비라는 개념과 마찬가지로 딱히 난센스라고까지 할 것은 없다. 사고 실험이 우리가 뭔가를 상상하거나 조리 있게 생각할 수 있는지 여부를 보여준다는 사실만으로는 상상하는 그것이 맞는지 아닌지 거의, 아니 전혀 알 수 없다.

이러한 교훈은 우리가 일상생활에서 사용하는 가설 추론에도 적용된다. 우리는 흔히 '직업을 바꾸면 어떨까?' '연애를 끝내면 어떨까?' '그 끔찍한 실수를 저지르지 않았더라면 어땠을까?' '저런 사람을 대통령으로 뽑았으면 어떨까?'라고 자문한다. 이러한 시나리오를 상상하지 않고 살기는 불가능하지만, 상상의 한계를 실제 가능성의 한계와 착각하지 않도록 주의해야 한다. 상상할 수 있다고 해서 다 가능하지는 않다. 대안의 가능성에 대한 직감은 반드시 합리적인 검토를 거쳐야 한다. 확신의 강도는 단순히 우리가 무언가를 상상할 수 있거나 상상할 수 없다는 식의 피상적인 용이함에서 비롯되어서는 안 된다.

사고 실험은 특히 도덕철학에서 구체적인 예를 통해 일반적인 원칙을 도출할 때 흔히 사용한다. 오노라 오닐은 독창적인 논문 〈구명정 지구Lifeboat Earth〉에서 모두가 지낼 공간이 충분하고 배급량도 넉넉한, 그러나 붐비는 구명정을 타고 있다면 어떻게 행동할지 상상해 보라고 요청한다. 제정신인 사람이라면 누구도 배 밖으로 내몰리거나 식량 배급을 거부당해서는 안 된다고 말할 것이다. 오닐은 "물자가 충분한 구명정에서 식량과 물을 배분하다 사망자가 발생한다면 그것은 단순히 사망 방조가 아니라 살인입니다"라고 말한다. 이를 통해 "이용 가능한 자원을 거부하여 사망에 이르게 하면 살인이다"라는 일반적인 원칙을 확립했다.

따라서 충분한 자원을 허용하지 않아 사망이나 심각한 질병을 초래하는 글로벌 경제 또는 정치 시스템도 사실상 사람을 죽이고 있는 셈이다. 전 세계 부유층이 직접 살인에 나서지는 않았지만 다른 사람들에게서 기본 재화를 박탈하는 시스템에 동참함으로써 "결국 우리는 단순히 죽음을 방조한 데 그치지 않고 살인까지 저지른다"라고 할 수 있다.

이 특정한 사례에 대한 우리의 반응에서 더 일반적이고 강력한 원칙이 도출된다고 가정하는 이유는 무엇일까? 심리학자 대니얼 카너먼Daniel Kahneman과 아모스 트버스키Amos Tversky에 따르면 구명정처럼 감정이 격해질 수 있는 상황에서 사람들을 직접 대면할 때 우리는 정신의 '시스템 1'이라는 것을 사용하여 빠르고 직관적이며 무의식적으로 결정을 내린다. 이 시스템 1은 철학자들이 '시스템 2'라고 부르는 느리고 합리적이며 의식적인 심사숙고와는 매우 다르게 작동한다.

'구명정 지구'와 같은 사고 실험은 가장 좋은 합리적 사고방식이란 차갑고 이성적인 시스템 2에 의존하는 것이 아니라, 뜨겁고 감정적인 시스템 1을 사용하여 직관적 반응을 생성한 다음, 시스템 2를 통해서 합리적인 원칙을 추출한다고 가정하는 것으로 보인다. 그러나 시스템 2의 옹호자인 철학자들이 왜 시스템 1에 이끌려야 할까?

실제로 철학자들은 대부분 시스템 1에 이끌리지 않는다. 일부 도덕철학자들은 시스템 1의 직관에서 출발하지만, 이것이 시스템 2의 사유와 충돌하면 시스템 1 직관의 쓸모는 거기까지일 뿐이라고 주장한다. 이들의 목표는 감정 '왜곡'을 건너뛰는 합리적인 윤리를 제시하는 것이기 때문이다. 예를 들어 공산주의자들은 각자의 능력과 필요에 따라 자원을 분배하는 것이 최적의 선택이라고 주장하는 반면, 공리주의자들은 최대 다수의 최대 이익을 위해 행동해야 한다고 주장한다. 두 원칙 모두 다른 아이들은 굶주리는데 자기 자식만 애지중지하는 부모의 행위를 부당하다고 본다. 자기 자식만 아끼는 행위는 극복해야 할 편견이라는 것이다.

그러나 시스템 2의 사유를 중시하는 이런 대단히 합리적인 접근 방식은 도덕의 본질에 어긋난다는 문제가 있다. 앞서 말했듯이 나는 도덕성이 애덤 스미스가 **도덕적 공감**moral sympathy이라 불렀던 심리에 뿌리를 두고 있다고 보는 쪽이다. 이성 그 자체만으로는 친절한 행동의 동기가 되지 않는다. 직관이 도덕 원리를 지배하도록 방치하는 것은 잘못일 수도 있지만, 그렇다고 원칙을 만드는 작업을 논리적 사고에만 위임하는 것 역시 잘못일 수 있다. 우리가 지나칠 만큼 깔끔하게 '이성'과 '감정'이라고 나눠 부르는 두 범주 사이의 관계를 파악하는 더 나은 방법이 필요하다. 질서가 잡힌 정신 속에서 이 두 힘은 서로 대적하거나 경합을 벌이는 관계가 아니다. 오히려 둘 사이에는 대화가 존재한다. T. M. 스캔런T. M. Scanlon이 주장한 대로 이 대화는 감정이 이성이 될 수 있다고 인정한다.

스캔런이 보기에 감정이라는 범주는 흔히 '더 이상 논증이 불가능하다거나 자의적이라고 간주되는 사안을 던져 넣는 바구니'라 여겨진다. 하지만 그의 생각은 다르다. 사실 '분노나 원한 같은 감정을 겪는 것은 자신에게 다양한 일을 해야 할 이유가 있다는 것을 알게 되는 일'이다. 물론 감정을 특정 행동의 이유로 보는 이러한 논리를 늘 합리적으로 정당화할 수는 없지만, 이러한 감정은 적어도 비판과 분석이 가능하다. "아시다시피 화가 나면 복수할 이유가 있다고들 생각하죠." 스캔런의 말이다. "글쎄, 정말 그럴까요?" 점검해 보라. 때로 이러한 분노는 정당하다. 업무에서 내가 세운 공로를 누군가 가로채거나, 나보다 못한 성과를 올리고도 분에 넘치는 보상을 받았을 때 같은 경우다. 하지만 분노가 질투에 지나지 않을 때도 있다. 감정은 이렇게 합리적 검토가 가능한 판단과 얽혀 있다. 그래서 스캔런은 **"더 논리적인 이성 영역과 독립적이고 개인적인 감정 영역이라는 이분법적 사고는 버려야 한다"**라고 말한다.

17세기 프랑스 철학자 블레즈 파스칼Blaise Pascal의 말이 옳을지도 모른다. "감정에는 나름의 이유가 있지만 이성은 그에 관해 아무것도 모른다"라는 말이다. 그러나 감정의 이유 중 상당수는 이성을 통해 알 수 있고 심지어 이성이 감정을 형성하기도 한다. 편견은 근거가 없다는 사실을 깨달으면 극복할 수 있고, 사랑은 사랑할 수 없는 것에 대해 알게 될수록 줄어들며, 공감은 이해가 커질수록 증가한다. 마치 마음만이 우리를 감동하게 한다고 생각하거나 머리는 객관적이고 분석적인 관찰자라고 생각하는 등, 사유와 감정을 너무 단순하게 구분하지 않도록 주의해야 한다.

추구해야 할 이상은 감정과 사유의 조화다. 물론 완전한 조화가 불가능하다는 사실도 알고 있어야 한다. 그렇더라도 감정과 사유가 조화를 이루지 못한다면 그것은 감정의 실패일 뿐 아니라 사유의 실패이기도 하다. 믿음이 **행동**의 동기를 부여하는 것과 같은 방식으로 사유가 동기를 부여하지 않는다면 사유는 올바르거나 명확하게 이루어지지 못한 것이다. 가령 당신이 여전히 여성을 남성에 비해 열등한 존재로 취급하는 **행동**을 하고 있다면 설령 그런 생각을 단 일 분도 하지 않았더라도, 당신은 성평등을 전혀 이해하지 못한 사람이다. 당신 머릿속 회로 일부는 고장이 나 있다. 고쳐야 한다.

쉬운 일은 아니다. 그러나 인간은 변할 수 있고, 과거의 실수에서 배울 수 있으며, 선택을 할 수 있고, 놀라움을 줄 수 있다. 인간은 '생물학적 기계'일 수는 있지만, 사전에 프로그램이 장착된 로봇은 아니다. 어쩌면 우리가 인간의 변화 가능성을 과대평가하고 있을 수도 있다. 이러한 과대평가는 섣불리 희망을 품으려는 욕망, 그리고 인간 행동이 다른 자연과 마찬가지로 인과율에 지배된다는 사실을 부정하려는 욕망에서 비롯된다. 이러한 욕망 때문에 우리는 사람들이 과거에 행동했던 방식이야말로 그들이 미래에 어떤 행동을 할지 알려주는 최고의 지침이라는 것(즉 인간 역시 과거에 했던 행동 때문에 미래의 행동을 결정하는 존재, 자연의 인과율에서 크게 벗어나지 않는 존재라는 점)을 보여주는 강력한 증거가 그렇게 많은데도 이러한 증거를 무시하는 오류를 저지른다.

섣불리 희망을 품고 인과율을 거스르는 욕망은 집단 차원에서 볼 때 가장 잘 드러난다. 제2차 걸프전을 생각해 보라. 미국과 동맹국들은 민족 분열을 겪고 있는 타국을 침공한 후, 아무 기반도 없는 상태에서 민주주의 정부를 세우려는 시도가 결코 좋은 결말을 낳지 않는다는 사실을 역사를 돌아보고 깨달았어야 했다. 하지만 그들은 이번만은 과거와 분명히 다른 결과를 낳을 것이라 스스로 설득했고, 역시 실패했다.

이번에는 스스로 질문해 보라. 아무 구속력 없는 협약으로 온실가스 배출 완화에 거듭 실패했던 과거를 빤히 보면서 이제부터 갑자기 온실가스 배출이 줄어들 거라는 기대가 과연 합리적일까? 정부 간 협약 당사자들이 "이번에는 다르다"라고 선언한들 과연 그들을 믿어야 할까?

미래를 예측할 때는 과거의 선례와 비교해 무엇이 달라졌는지를 파악해야 한다. 인간에 관해서는 집단이건 개인이건 인간이 변했음을 증명하는 의무는 인간 자신에게 있다는 비관론에 나는 마음이 간다. 사람들에게 무죄 추정을 해주는 것은 관대함이지 합리성이 아니다.

일상의 사례를 상상해 보자. 조는 세 번이나 사업을 시도했지만 매번 실패했다. 이제 그는 네 번째 사업을 시작하려 한다. 그의 사업에 회의적인 친구들과 은행가는 그의 과거 행적을 다 보았으니 이번만큼은 그의 사업 운이 좋은 쪽으로 바뀔 거라 생각할 이유가 전혀 없다. 하지만 조는 자신이 실수로부터 배운 것이 있으니 이번에는 성공하리라고 말한다.

조에게는 자기기만과 희망적 사고라는 리스크가 있고, 다른 사람들에게는 현재 계획의 장점보다 과거 기록에 입각해 그를 판단하는 리스크가 있다. 과거가 가르쳐주는 일반적인 원칙은 둘 중 어떤 입장이 옳은지 알려주지 않는다. 물론 회의적인 편에 설 때 옳은 경우가 좀 더 많긴 하다. 어쨌든 이번에는 왜 과거와 달리 성공할 수 있는지 입증할 책임이 조에게 있다. 사람은 변할 수 있지만, 솔직히 증거를 살펴보면 우리가 생각하는 만큼 자주 변하거나 많이 변하지 않는 것도 사실이다.

◆

심리학 지식은 고착된 사고 습관을 극복할 능력이 우리에게 있는지 신중하게 살펴보고 의심할 계기를 마련해 준다. 하지만 심리학의 의구심이 손을 뻗치는 사고 영역은 과거의 사고 습관에 그치지 않는다. 댄 애리얼리Dan Ariely, 대니얼 길버트Daniel Gilbert, 대니얼 카너먼, 그리고 엘리자베스 로프터스Elizabeth Loftus처럼 탁월한 심리학자들의 연구가 대중화되면서 우리의 사고가 무수한 인지 편향에 의해 체계적으로 왜곡된다는 사실을 모르는 사람은 이제 세상에 거의 없는 듯하다.[2] 어떤 면에서 우리는 이러한 왜곡에 관해 **지나칠 정도로** 잘 알게 되었다.

캐나다 심리학자 스티븐 핑커Steven Pinker는 개탄스럽다는 듯 "사회과학과 언론은 인간을 편견, 맹점, 오류, 환상을 가지고 들판의 사자에 대응하려는 시대에 뒤떨어진 원시인으로 묘사한다"

라고 말한다.[3] 게다가 합리성이란 건 일종의 신기루로 우리의 편견과 본능과 과거의 믿음에 대한 합리화에 지나지 않는다고 보는 견해도 심심치 않게 들린다.

그렇다고 너무 비관적일 필요는 없다. 심리학자들이 수많은 편견을 밝혀냈다는 사실 자체가 오류와 환상을 폭로하는 이성의 힘을 증명하기 때문이다. 인간의 한계를 완전히 극복할 수 있다는 생각은 어리석고 순진할 수 있다. 하지만 우리를 속이는 정신의 속임수를 잘 파악할수록 더 나은 사고가 가능해진다.

먼저 **확증 편향**confirmation bias을 예로 들어보자. 확증 편향은 자신의 믿음을 뒷받침하는 증거와 주장에 주목하고 이에 도전하는 증거와 주장은 무시하는 경향이다. 최근에는 **우리 편 편향**myside bias으로 이름이 바뀌었다. 우리가 추구하는 확증이 자신에게 얼마나 잘 맞는지가 중요함을 강조하기 위해서다.[4] 입증되지 않은 한약의 효능을 믿는 사람이 한약을 복용한 후 좋아졌다는 일화에는 집착하면서, 그렇지 않았다는 사람의 말이나 위약에 지나지 않는다는 연구 결과는 무시하는 행동이 확증 편향의 전형적인 사례다. 이들은 대체로 시간이 지나면 나빴던 몸이 좋아진다는 명백한 사실조차 무시한다. 시실 건강 회복을 설명하는 가장 간단한 이론은 자연스러운 '평균 상태로의 회귀', 모든 시스템이 정상적인 평형 상태로 돌아가는 경향이다. 이러한 회귀는 건강이 최악에 가까운 증상을 보인 직후에 시작되는데 바로 이때가 대부분 사람이 '치료'를 시작하는 시기다. 하지만 사람들은 치료가 효과가 있었다는 약한 이론을 선호한다. 바로 그것이 듣고 싶은 설명이기 때문이다. 올바른 결론이 무엇인지 이미 알고 있다고 가정하면 그 결론을 지지하는 주장이 아무리 나쁜 주장이라도 실제에 비해 더 강력해 보이기 마련이다.

철학자처럼 엄격한 사유에 익숙한 사람이라면 이렇듯 자명한 속임수 정도는 극복하리라고 생각할 수도 있다. 그러나 실제로는 철학이 상황을 악화시키기도 한다. 철학을 한다는 사람들은 자신의 견해가 현실과 충돌할 때 고도의 추론 기술을 발휘하여 이를 변명하는 독창적인 논증을 제시할 능력이 있기 때문이다.

데이비드 흄은 현대 심리학자들보다 몇백 년 앞서 이미 이러한 경향을 발견했다. 그는 "철학에 대한 열정은 경솔하고 무분별한 관리 탓에 이미 정신을 지배하고 있는 특정 성향을 더 키울 뿐이다. 철학을 향한 정열은 타고난 기질의 편향 쪽으로 더 확고하게 정신을 밀어붙인다"라고 썼다. 그 결과는 합리성이 아닌 합리화다. 정신의 '타고난 나태함'이 '이성을 가장하여 고삐 풀린 완전한 방종을 뒤쫓게' 되는 것이다.[5]

철학자들의 확실한 합리화 사례를 찾기란 어렵다. 워낙 똑똑한 사람들이다 보니 보통 사람들이 저지르는 별 이유도 동기도 없는 합리화에 비해 훨씬 더 그럴듯한 합리화를 전개해서 알아보기 어렵다. 하지만 나는 악이라는 문제에 대한 리처드 스윈번의 해결책이 합리화에 불과하다고 꽤 확신한다. 악의 문제란, 세상에 무의미한 고통이 얼마나 많은지 생각하면 사랑 넘치고 전지전능한 신이 세상을 다스린다는 주장이 불가능해 보인다는 것이다. 그렇다면 신은 세상의 무수한 고통을 모르거나, 신경 쓰지 않거나, 멈출 수 없는 것이 틀림없다. 어느 쪽이든 그런 신은 더 이상 우리가 아는 신이 아닐 것이다.

이 문제에 대한 해답을 제시하려는 시도를 신정론神正論이라고 한다. 가장 널리 알려진 신정론은 고통은 불가피하며 필요한 것이므로 제아무리 좋은 세상이라도 고통이 있기 마련이라고 주장한다. 그래서 스윈번은 질병으로 인한 고통을 가리켜 '외부의 거친 풍파에 반응해 조개가 빚어내는 진주처럼, 용기와 인내와 연민을 빚어내도록 자극하는 풍파'라 부른다. 이 풍파야말로 '투지와 끈기와 공감을 보여줄' 기회를 만들어낸다는 것이다.

스윈번은 솜 전투(제1차 세계대전 중 프랑스의 솜강 유역에서 벌인 영국군의 대공세. 철조망과 기관총 앞에서 100만 명에 달하는 사상자가 발생하는 등 최악의 살육이 벌어진 전투—옮긴이)처럼 전략적 이득 하나 없이 징집병을 학살로 내몰았던 무의미한 전투에서 사망한 사람들을 언급하며 그러한 전투가 지시를 내린 수뇌부에게는 오히려 이득이 되었다고 주장한다. "잘못된 결정을 내리면 일부 사람들이 고통을 겪을 수 있다는 바로 그 이유가 아주 커다란 결정을 내릴 때 유용할 수 있습니다. 솜 전투에 참여한 병사들이 그 목숨을 희생한 덕에 더 많은 사람을 향한 큰 결정을 제대로 내릴 가능성이 커졌기 때문입니다."

스윈번의 말을 다시 요약하자면 사람들이 자기 행동에 책임을 진답시고 끔찍한 일을 저지를 수 있는 세상에 살고 있는 것은 모두에게 좋은 일이다. 우리는 자신의 목숨이 이런 식으로 유용하다는 사실에 기뻐해야 한다. 왜냐하면 설사 자기 목숨이 끔찍하게 남용되더라도 '내가 남들에게 유용하기만 하다면 그것은 그들뿐 아니라 **나**에게도 좋기 때문'이다.

나는 이런 말이 소름 끼친다. 끔찍한 고통이 모두 선을 위한 것이라고 진심으로 믿고 아무 의심 없이 낙관적인 태도를 보인다는 데 도덕적 혐오감을 느꼈다. 고문, 성적 학대, 무서운 질병 등 인간과 동물이 겪어온 끔찍한 고통을 생각해 보라. 그중 상당수는 인간의 옳지 않은 결정으로 인한 대가와는 아무 상관도 없다. 이런 논증이야말로 이성의 힘이 최악이 되는 순간을 보여주는 사례다. 이성은 이렇듯 기존의 믿음을 지키기 위해 잔혹한 행위까지 합리화한다. 이렇게 비뚤어진 방식으로 이성에 몰두하는 사람보다는 세상의 악을 이해하지 못하면서도 세상 만물을 사랑하는 신이라는 믿음에 수반되는 모순을 안고 살아가며 깊은 번뇌에 빠지는 종교 신자들이 훨씬 더 존경스럽다.

확증 편향과 싸우기란 쉽지 않다. 하지만 자기 인식은 확증 편향을 완전히 뿌리 뽑지는 못해도 최소한 그 힘을 줄일 수 있다. "이 주장이 정말 보기만큼 좋은가, 혹은 나쁜가, 아니면 그저 내가 바라는 주장이라서 좋다고 생각하는 것은 아닌가?" 같은 질문을 스스로 계속 던져보라. 이런 습관을 갖게 된다면 논증이 효과가 있을 때와 그렇지 않을 때를 쉽게 구분할 수 있다. 우리는 보통 자신과 생각이 다른 사람이 입을 열기도 전에 비웃을 준비를 하고, 존경하는 사람의 말은 기대에 가득 찬 상태에서 기다린다. 누가 우리 의견에 도전하면 방어적으로 대응하고, 의견을 지지해 주면 즐거워한다. 이렇듯 명백하게 드러나는 징후를 활용하여 자신의 추론을 다시 한번 점검하고 편견 없는 사람이라면 어떻게 생각할지 상상해 보려 노력해야 한다.

바로잡기를 시도할 수 있는 또 다른 왜곡으로는 **암묵적 편향** implicit bias이 있다. 암묵적 편향이 얼마나 깊고 넓은지는 논란이 있지만 우리가 고정관념과 편견의 영향을 받는다는 매우 강력한 증거와 대체로 그 영향이 무의식 층위에서 이루어진다는 증거가 있다. 편견의 힘은 자기 인식에도 부정적 영향을 미칠 수 있을 만큼 강력하다. 예를 들어보자. 여성 200명을 두 그룹으로 나누어 수학 시험을 치르게 했다. 한 그룹에는 이 시험이 일반적으로 남성이 여성보다 수학을 더 잘하는 이유를 알아보려는 실험의 일환이라고 설명했고, 다른 그룹에는 단순히 수학 능력 실험이라고 설명했다. 남성이 수학을 더 잘한다는 고정관념을 주입받은 그룹은 약 80퍼센트 정답률을 보인 반면, 다른 그룹은 거의 90퍼센트의 정답률을 보였다. 부정적인 고정관념이 피험자들의 인식을 거쳐 자기 충족적 예언이 된 결과다.[6]

철학자처럼 똑똑한 사람들이라면 이런 조잡한 고정관념에 빠지지 않으리라 생각할 수도 있다. 하지만 한 웹사이트에서 '철학을 전공하는 여성은 어떠한가'라는 질문을 제기했을 때 대답은 분명히 '끊임없는 성차별에 직면하는 것'이었다. 철학 박사 과정을 이수하고 있는 어느 여성의 증언을 보자. 지나치게 전형적이지만 내용은 아주 적절하다.

교실 역학에서 제가 느끼는 건 남학생이 질문하거나 의견을 제시할 때 훨씬 더 호의적인 반응을 받는다는 것입니다. 여학생이 질문을 하거나 의견을 제시하면 a) 오해를 받거나, b) 관심을 기울이거나 논의를 발전시킬 만큼 흥미롭지는 못하다고 간주되거나, c) 잠깐 논의되다 마는 듯하다가 남학생이 다시 언급하면 더 주목할 만한 주제로 바뀌는 꼴을 당하죠. [남자] 교수가 토론에 이바지한 여학생을 칭찬하는 사례는 거의 없었어요.[7]

교수들의 차별은 의식적이지 않았다. 무의식적으로 여성을 덜 진지하게 생각했을 뿐이다. 이 사실을 제보한 여학생 역시 불만을 제기할 때 '징징대는 여성'이라는 내면화된 고정관념과 싸워야 했다. 자신이 무해한 행동을 차별이라고 잘못 해석하는 확증 편향의 희생자가 아닌지 의심해야 했다. 그녀는 "있지도 않은 것을 찾거나 실제로는 존재하지 않는 패턴을 보고 있다는 느낌을 자주 받습니다. 마음 깊은 곳에서는 그렇지 않다는 것을 알고 있지만, 저 개인의 경험을 충분히 신뢰하지 못하는 것 같습니다"라고 말했다. '자신의 특권을 확인하라Check your privilege'(생각보다 많은 사람이 특권을 누리고 있다는 사실을 자각하게 한 21세기 초반 캠페인으로, 백인, 이성애자, 시스젠더, 건강한 몸, 대학생, 기독교, 혹은 남성이면 모두 특권을 가진 사람이다 — 옮긴이)라는 슬로건은 절반의 이야기일 뿐이다. 특권이 없기에 영향을 받는 생각까지 점검해 보아야 한다.

역사적으로 철학은 성평등 문제에서 다른 학문에 비해 뒤떨어져 있다. 그 이유 중 하나는 철학자들이 자신의 명확한 추론 능력에 지나치게 큰 자신감을 갖고 있다 보니 암묵적 편향에 빠질 가능성을 심각하게 고려하지 않아서다. 자기 인식 부족은 무의식적 편견이 아무런 제지도 받지 않고 작동하는 기반이 된다.

암묵적 편향은 확증 편향과 마찬가지로 무의식적으로 일어나므로 교정이 어렵다. 그러나 일단 이러한 왜곡이 만연하다는 사실을 자각하면 자신과 더불어 많은 사람을 대상으로 자주 점검해 볼 수 있다. 예를 들어 여성에 대해 비판적 태도를 보이는 자기 모습을 발견하면 남성과 이야기할 때도 같은 태도로 이야기하는지 자문해 본다. 이러한 점검은 불완전하더라도 다른 방법을 쓰는 것보다는 낫다.

요컨대 강력한 논증과 잘못된 논증에 대한 지식이 아무리 많더라도 아는 것만으로는 인지상의 편견으로부터 자신을 보호할 수 없다. 옳고 그른 논증에 대한 지식뿐 아니라 자기 인식과 자기 지식도 갖추어야 한다. 이러한 인식과 지식은 노력해야만 얻을 수 있는 자질이다. 따라서 자명해 보이는 것에 의지해 자신을 보아서는 안 된다. 외부에서 자신을 바라보고, 심리학이 가르쳐준 숨겨진 생각에 관해 학습해야 한다. 특히 적이 내면에 있을 때는 그 적이 무엇인지 파악해야 한다.

◆

다만 모든 것을 심리학으로 환원하려는 유혹에 빠지는 것은 금물이다. 사람들이 흔히 숨겨진 심리적 동기에 근거하여 논쟁을 벌인다는 가정 같은 것이 대표적인 심리학의 유혹이다. 실제로 우리는 믿고 싶은 것을 믿고, 사실이라고 믿고 싶은 결론에 대한 논거를 찾으며, 동기 위주로 사고를 하는 경향이 분명 있기 때문에 이러한 유혹은 강력할 수밖에 없다. 우리의 동기가 무의식적이고 감정에 지배되는 것도 사실이다. 다만 그렇다고 해서 우리가 다른 사람의 무의식적 동기를 잘 파악하는 것도 아니다.

심리학의 매력과 위험성을 이해하려면 사이먼 크리츨리의 말을 들어보라. 크리츨리는 19세기 쇼펜하우어와 20세기 존 그레이John Gray의 허무주의적 비관주의가 지닌 매력을 논한 바 있다. "이들의 비관주의는 우리가 처한 암울한 상황에서도 짜릿하게 기분을 돋워주는 놀랍도록 매혹적인 시대 진단입니다. 상황이 정말 끔찍한데 고치는 건 불가능하다는 말을 듣다니! 이보다 흥미진진한 이야기는 없죠. [그레이의] 『하찮은 인간, 호모 라피엔스』는 신랄하게 우울하지만 끝내주는 기분을 안겨주는 책입니다. 어떤 의미에서 보면 사람들은 절망이나 체념이라는 형태의 위로를 원합니다. 이 책이 성공을 거둔 이유입니다."

뼈가 있는 말이다. 하지만 크리츨리의 이러한 해석에는 그레이의 논증이 훌륭한지에 관한 언급은 전혀 없다. 사안을 **심리화**pshychologise하려는 태도, 다시 말해 심리적 동기로 해석하려는 시도는 대부분 이런 식으로 중요한 논점을 회피한다. 대부분 대체로 동기에 입각한 사고를 한다는 가정은 합리적인 가설이지만, 특정한 추론 사례의 논거로 동기를 들이대서는 안 된다. 좋은 논증이라면 그 논증 자체가 중요할 뿐이다. 그것이 특정 동기에 입각한 사고의 결과인지는 중요하지 않다. 나쁜 논증 역시 논증 자체의 결함을 분명히 봐야지 심리적 동기에 대한 정보에 기대어 논증을 평가해서는 안 된다.

언젠가 리처드 스윈번은 내가 심리적 동기에 기대어 자신의 논증을 평가한다며 나의 태도를 지적한 적이 있다. 스윈번은 오늘날 유신론자들이 거의 독점하고 있는 몇 가지 철학적 입장, 우리에게는 비물질적인 영혼이 있고, 그 영혼이라는 증거가 전능하고, 전지하며, 만물을 사랑하는 신의 존재를 가리킨다는 견해를 지닌 철학자다. 그래서 나는 그에게 이런 지적을 했다. 그에게 유신론적 기독교 신앙이 없다면 그런 견해를 가지게 되었을까 의심스럽다, 따라서 그의 논증은 동기에 입각한 사유와 아주 흡사하다는 지적이었다. 스윈번을 특정 결론에 도달할 수밖에 없게 만든 논증이 다른 사람들을 똑같은 결론으로 이끌지는 않는다는 근거에서였다.

나는 지금도 그렇게 생각한다. 하지만 스윈번은 내 논증이 올바른 논증 방식이 아니라며 반박했다. "나 역시 그 카드를 반대로 사용하여 사람들이 자기 얼굴 바로 앞에서 보이는 것조차 부인하는 유일한 이유를 우리 시대의 유행인 물리주의의 독단에 빠져 있기 때문이라고 말할 수 있죠. 누구나 그런 심리화 게임을 할 수는 있지만, 아무런 결론에 도달하지 못합니다. 논증을 생각할 때는 논증의 강점을 근거로 해야 합니다." 일리 있는 반박이다.

결국 스윈번은 내가 **인신공격의 오류**ad hominem fallacy를 범하고 있다고 비난한 셈이다. 논증 자체가 아니라 논증자를 공격했다는 것이다. 인신공격의 오류는 **발생론적 오류**genetic fallacy에 속하는 오류로 논증 자체보다는 논증하기 불확실한 발생 기원을 지적해서 논증을 비판하는 오류다. 예를 들어 마르크스-레닌주의 이데올로기가 소련의 과학에 방해가 되었다고 해서, 노벨상을 받은 니콜라이 세묘노프Nikolay Semyonov 같은 일부 소련 과학자의 연구를 무시할 수는 없다. 어떤 논증을 펼치는 사람이나 논증의 발생 기원을 공격하면 논증 자체의 본질은 다루지 못한다. 악의적인 의도로 가득 차 있는 주장이라도 훌륭한 논거를 제시한다면 좋은 주장이 될 수 있다.

인신공격이 오류라는 사실은 누구나 안다. 하지만 철학자들마저 이런 실수를 알고도 피하지 못한다. 철학자들이 저지르는 유형의 인신공격은 좀 특수해서 심리 분석이라는 외양을 띠고 있다. 상대 주장의 신빙성을 훼손하는 이유를 상대의 심리적 동기에서 찾았다고 생각하면서 그걸 심리 분석이라고 들이대는 형태로 인신공격을 한다는 뜻이다. 최근 들어 현대 철학의 스타로 떠오른 아미아 스리니바산Amia Srinivasan 역시 어느 인터뷰에서 이러한 심리 분석 경향을 보여주었다. 그녀의 말을 들어보자.

트랜스젠더를 배제하는 여성은 대개 시스 레즈비언cis lesbian 인 경우가 많습니다(cis, 태어날 때 지정된 섹스 혹은 젠더가 젠더 정체성과 일치하는 사람—옮긴이). 시스 레즈비언 역시 아주 정당한 이유로 자신의 육체 때문에 고통을 겪고 문제와 씨름하고 있죠. 그 이유는 시스 레즈비언의 육신이 동성애를 혐오하는 이성애 중심 문화의 시선으로 해석되기 때문입니다. 따라서 시스 레즈비언은 이성애 사회에서 받은 좌절에 특정한 방식으로 대처하는 법을 배웠습니다. 그들은 누가 됐건 그 문제를 자신과 다른 방식으로 대처하는 것을 좋아하지 않습니다.[8]

스리니바산을 인터뷰했던 레이첼 쿡Rachel Cooke은 "내가 보기에 평등과 자유에 그토록 관심이 많은 학자가, 심리적 동기를 내세워 한 집단 전체(레즈비언)를 일반화하다니 매우 이례적인 일입니다"라고 말했다. 스리니바산을 좀 변호하자면, 그녀의 설명은 트랜스젠더를 배제하는 레즈비언에게 반대하는 **논증**이라기보다는 그 레즈비언들이 저지르는 오류의 심리적 동기를 밝히는 설명이다. 이러한 맥락에서 심리적 동기를 밝히는 **심리화**psychologising는 일종의 사변적인 '오류 가설'을 제공한다. 오류 가설은 사람들이 무엇을 잘못 이해했는지 설명하기보다는 왜 잘못된 길로 **빠졌**는지 설명하는 이론이다. 그렇다고 하더라도, 스리니바산의 설명은 지나치게 사변적이고 설득력도 없으며, 지나친 일반화로 검증 불가능하다. 차라리 설명하지 않는 편이 나았을 것이다.

심리화가 올바른 역할을 할 때도 있다. 1970년대 후반, 재닛 래드클리프 리처즈는 고전이 된 자신의 저서 『회의주의 페미니스트The Skeptical Feminist』를 집필하면서 인지행동치료CBT 원리와 유사한 사고방식을 개발했다. 어떤 가정이 사람들의 행동이나 결론을 합리적으로 만드는지 질문하면 그들의 말과 행동을 이해할 수 있다는 생각이었다. 이러한 질문을 통하면 누군가 실제로 믿고 있는 것에 대해 검증 가능한 가설을 세울 수 있다.

래드클리프 리처즈는 사람들이 평등을 믿는다고 공언하면서도 여성 평등권에 대한 저항이 아직 사라지지 않은 현실을 예로 들었다. 이러한 현실은 사람들이 성차별을 정당화하는 성별 간의 근본적 차이를 여전히 믿고 있다고 가정할 때만 납득이 된다. 하지만 인지행동치료에서 치료사가 내담자의 자동적 또는 암묵적 생각이 무엇인지 알려주지 않는 것처럼, 래드클리프 리처즈의 방법은 탐색과 검증의 대상이 되도록 '가능한' 설명만 제시할 뿐 명확한 근거를 제시하지는 못한다.

심리적 동기로 논증을 설명하는 방식은 이렇듯 정당하면서도 분명한 한계가 있다. 이는 인신공격을 금지하는 절대적인 기준에 오해의 여지가 있음을 시사한다. 게다가 '인신공격 금지' 규칙을 위반하는 사람들이 그치지 않고 나타난다는 사실만 봐도 인신공격을 막는 기준에는 문제가 있다. 예를 들어 여러 해 전 나는 어느 동물 윤리를 주제로 한 학회에서 동물을 죽여서 먹는 사람들이 여전히 동물과 상호 존중에 입각해 친밀한 관계를 맺는 방식을 설명한 적이 있다. 나는 헤밍웨이의 소설 『노인과 바다』에 나오는 주인공을 예로 들었다. 토론이 시작되자 원로 철학자 중 한 명이 손을 들었다. 그는 '그런데 말입니다'라는 말로 질문을 시작했다. 이런 표현은 그런 자리에서는 자신과 같은 형태의 이의 제기를 하지 말아야 함을 자신도 모르지 않는다는 것을 보여주는 신호다. '그런데 말입니다'라는 말 뒤에 그는 헤밍웨이가 깨진 유리와 고기를 섞어 개에게 먹인 후 하루 넘게 고통스럽게 죽어가는 모습을 지켜보았다고 뽐낸 적이 있는 인물이라고 말했다. 그러니 헤밍웨이가 동물을 존중하는 분야의 권위자라고 생각하지 말라는 취지였다. 그런 다음 그는 손을 든 '진짜' 목적으로 넘어가 내게 이의를 제기했다.

내가 예로 든 인물은 작가 헤밍웨이가 아니라 헤밍웨이가 창조한 가상의 인물이었다. 그가 노골적인 인신공격의 오류를 저지르고 있다는 데 놀랐다. 그에 더해 이 원로 철학자가 자기 말이 타당한 반대가 아니라는 사실을 **알고** 있었다는 데는 경악할 지경이었다. 그런데도 굳이 그런 말을 했다. 왜 그랬을까? 알 수 없다.

나는 우리가 대체로 공식적으로는 인신공격 논증을 거부하지만, 대부분은 적어도 이따금 논증을 평가할 때 논증자의 **성격**을 **관련 자료**로 염두에 둔다고 생각한다. 그리고 나는 이렇게 생각하는 방식이 틀리다고는 생각하지 않는다. 결국 그 원로 철학자가 말하고 싶었던 내용은 이렇다. 헤밍웨이의 소설이 자연과 깊은 관계를 보여주는 것처럼 보인다 해도 헤밍웨이가 믿을 만한 증인인지 의심해 보고 우리가 그저 근사한 글에 휘둘린 게 아닌지 생각해 보아야 한다는 말이다. 그의 문제 제기는 내 주장이 틀렸음을 입증하려는 시도와는 관련이 없었기 때문에 이걸 직접적으로 인신공격의 오류라 할 수는 없다. 다만 이는 인신공격과 아닌 것을 구별해야 할 필요성에 대해 경각심을 불러일으킨다.

논증에 대한 반론과 인신공격의 구분은 미묘하지만 중요하다. 결국, 주장과 증거는 그 자체로 가치가 있어야 한다. 하지만 주장을 하는 사람이 어떤 강력한 논제를 가지고 있다는 신호, 그가 우리 생각만큼 신뢰할 수 없는 사람일 수도 있다는 경고 신호를 무시하는 것은 어리석은 처사다. 마찬가지로 사람들의 깊은 심리적 동기는 너무도 모호해서 감히 알 수 있다고 생각하기조차 어렵다. 그러나 명백히 거짓으로 보이는 주장을 사람들이 왜 그토록 믿는지 그 원인에 관심을 두는 행위는 자연스러울 뿐만 아니라 건강하다. 다만 이러한 관심을 상대의 논증이나 주장에 대한 진짜 반론으로 착각한다면 문제가 된다.

◆

우리는 동기를 고려하고 **동시에** 논증을 평가해야 하지만, 둘은 별개의 작업이다. 이를 살펴볼 좋은 예가 있다. 유용하지만 논의의 방향을 엉뚱한 곳으로 이끌 수도 있는 '**쿠이 보노**Cui bono?'라는 질문이다. "**누구에게 이익이 될까?**"라는 의미로, 말 그대로 '이익, 즉 돈을 따라가는 것'이 실제로 일어나고 있는 일을 파악하는 가장 좋은 방법일 때가 많다. 담배 광고를 금지한다고 해서 흡연이 줄어들지 않는다고 주장하는 쪽이 담배 제조업체라면 당연히 그런 주장은 믿지 말아야 한다.

때로는 뉴스에 어떤 사안이 등장하는 것만으로도 그 사안이 의제가 되면 누가 이익을 보게 될지 궁금해질 수 있다. 오스트레일리아의 정치 전략가 린튼 크로즈비Lynton Crosby는 '죽은 고양이 전략dead cat strategy'을 주창해 악명을 떨쳤다. 권모술수에 더 능한 보리스 존슨 당시 영국 총리는 이 전략을 다음과 같이 설명했다.

죽은 고양이를 식탁에 던지는 행위에는 절대적으로 확실한 게 한 가지 있습니다. 사람들이 분노하고 경악하고 혐오감을 느끼는 반응을 말하는 건 아닙니다. 그런 반응은 실제로 있기 마련이지만 죽은 고양이를 던지는 행위가 노리는 결과와는 무관합니다. 제 오스트레일리아 친구의 말에 따르면, 핵심은 사람들 모두가 "저런, 저것 봐, 식탁 위에 죽은 고양이가 있어!"라고 외친다는 점입니다. 사람들은 죽은 고양이에 관해 이야기할 겁니다. 죽은 고양이, 그것이야말로 당신이 바라건대 그들이 말해야 할 것이죠. 대신 사람들은 당신을 힘들게 하는 문제에 관해서는 이야기하지 않겠죠. 죽은 고양이는 사람들의 관심을 딴 곳으로 돌리기 위한 화젯거리인 셈입니다.

당시 보수당의 국방부 장관이던 마이클 팰런Michael Fallon은 2015년 총선에서 당의 승리를 이끈 공로를 인정받았다. 이를 일각에서는 적절한 순간 죽은 고양이를 식탁 위에 던졌기 때문에 승리했다고 평가했다. 당시 야당이었던 노동당은 여론조사에서 보수당 표를 잠식하며 앞서나가고 있었다. 그 순간 노동당이 스코틀랜드 국민당과 연립정부를 구성하기 위해 영국의 핵무기를 제거할 채비를 하고 있다는 팰런 장관의 발언이 나왔다. 증거라곤 전혀 없었다. 하지만 이 주장은 언론 머리기사를 장식했고, 사람들은 그 탓에 노동당의 가장 큰 취약점으로 인식되어 온 국방 문제에 온통 눈길을 돌렸다. 이에 그치지 않고 팰런은 자신의 거짓 주장을 형을 꺾고 노동당 당수가 된 에드 밀리밴드Ed Miliband에 대한 큰 의문과 엮어버렸다. "밀리밴드는 노동당 당수가 되기 위해 친형의 등을 찔렀다. 이제 그는 총리가 되기 위해 영국을 뒤에서 찌르려 한다"며 선동한 것이다. 여론조사 결과와 달리 보수당은 승리를 거두었다. 팰런이 죽은 고양이를 던진 행위가 이러한 결과에 끼친 영향에 분명 과장된 면도 있겠지만, 어쨌든 이 사례는 죽은 고양이 전략이 효과가 있음을 보여준다.

단순히 누가 이익을 보는지 파악했다고 해서 주장의 진실성을 파악할 수 있는 것은 아니다. '쿠이 보노'는 인신공격처럼 논의를 정면으로 다루지 않기 때문에 사안의 본질이 아니라 그 기원을 가지고 비난하는 발생론적 오류를 범할 위험이 있다. 미국에서 있었던 오피오이드opioid(마약성 진통제─옮긴이) 위기를 생각해보라. 진통제 처방이 엄청나게 증가했으면 누가 이익을 봤을까? 물론 제약회사였다. 그러나 제약회사는 그 회사에서 생산하는 제품이 무엇이건 사용이 증가하면 이익을 얻는다. 제약회사의 모든 의약품이 이익을 얻으려는 목적으로 만들어진다. 그렇다면 그렇기 때문에 모든 약품이 사실은 치료 효과가 전혀 없다는 가정으로 건너뛰어도 될까? '쿠이 보노'는 백신 접종을 꺼려하는 행동을 정당화하는 논거로 순식간에 둔갑할 수 있지만, 실제로 정당화하는 데는 실패하고 만다.

하지만 '쿠이 보노'를 묻는 습관이 있었다면, 팰런이 밀리밴드를 비방하는 '죽은 고양이 전략'을 통해 이익을 챙길 동기가 충분하다는 사실에 경각심을 가졌을 것이다. 물론 선거 캠페인이 벌어질 때 이루어지는 모든 주장은 주장하는 자에게 이익이 되도록 설계된다. 누구도 자신에게 해가 되는 말은 하지 않는다. 그렇다고 해서 또 그들의 말이 죄다 거짓이라는 뜻은 아니다. 다만 정치라는 맥락에서는 '쿠이 보노'를 통해 모든 것을 의심하고 어떤 것도 무심히 넘겨서는 안 된다. "그들은 으레 그렇게 말한다"가 반드시 "그것은 거짓이다"를 수반하지는 않으므로 각별한 주의가 필요하다.

사람들은 누가 이익을 보는지 알게 되면 자동적으로 결정적인 증거를 찾아낸 듯 생각하지만, 그런 생각은 '쿠이 보노'라는 원리를 게으르고 선택적으로 적용하는 처사다. '쿠이 보노' 원리도 일관되게 적용하면 모순이 발생하기 때문이다. 제약회사는 자사의 백신 효과가 85퍼센트라고 말한다. 당연히 그렇게 말할 것이다. 그러나 백신 회의론자 역시 백신 때문에 사람들이 죽는다고 말한다. 생명공학 기업이 보기에 유전자 변형 작물은 안전하겠지만, 환경운동가가 보기엔 그렇지 않은 법이다. 그렇다면 누구 말이 맞는단 말인가?

논증의 심리적 원인에 주의를 기울이고 경각심을 갖는 태도는 신중을 기해야 할 근거에 집중하는 데 좋다. 우리에게는 터무니없어 보이는 주장이 왜 다른 사람들에게는 그토록 매력적인지 그 이유를 이해하는 데도 도움이 된다. 그러나 동기에 대한 가설은 근본적으로 추측에 불과할 때가 많으므로 대체로 피해야 한다. 우리는 자신을 움직이게 하는 동기도 잘 모르면서 다른 사람의 동기는 알아낼 수 있다고 지나치게 자신한다. 숨겨진 동기에 대한 추측은 사적인 대화 소재나 혼자만의 생각으로 남겨두는 편이 낫다. 심리학은 남의 동기를 파악하기보다 자신의 사유를 방해하는 무수한 편견과 왜곡에 주의를 기울여 경계할 때 이용하는 편이 더 좋겠다.

◊ 직관을 검증하라. 직관에 의지해 믿음을 검증하지 말라.

◊ 가설을 세워 생각할 때는 상상과 실재를 혼동하지 말라.

◊ 감정과 이성을 분리하지 말라. 감정에 내재된 판단을 인식하고 이성을 사용하여 감정을 조절하라.

◊ 변화를 보일 기회를 주되 입증 책임은 그들 자신에게 있음을 기억하라. 인간이 근본적으로 변하지 않으리란 예상은 대체로 맞는다.

◊ 확증 편향에 주의하라. 자신의 견해를 뒷받침하는 증거를 찾아 기억하고 자신에게 불리한 증거는 무시하는 편향을 경계하라.

◊ 자신에게 있는 특권과 없는 특권을 점검하라. 암묵적 편견은 부정적인 고정관념의 가해자와 피해자 모두에게 영향을 미친다.

◊ 심리화하지 말라. 심리적 요인이 무엇인지 자신 있게 말해봐야 늘 추측에 불과하다. 사람을 움직이는 동기가 무엇인지 궁금해하되 그들의 숨은 동기가 아니라 실제로 하는 말과 행동을 다루라.

◊ 논증이 아닌 논증자를 공격하는 인신공격의 오류를 피하라. 상대방의 성격이나 동기를 경고 신호로 삼는 것은 좋지만 상대방의 주장에 대한 구체적 논거로 사용해서는 안 된다.

◊ 발생론적 오류를 피하라. 생각 자체가 아니라 생각의 출처를 공격하는 오류는 금물이다.

◊ 돈의 흐름을 따라 '이득을 보는 자는 누구인가'라고 질문하되, "그들은 늘 그렇게 말한다"가 "따라서 그것은 거짓이다"로 반드시 이어지지는 않는다는 사실을 기억하라.

8장

통찰
———

무엇이 정말 중요한지
여러 각도에서 파악하라

◇ 다른 사람들이 무엇을 중요시하는지 살펴보라.

◇ 상황에 따라 중요성이 달라짐을 유념하라.

◇ 내가 틀렸다고 확신하는 것을 사람들이 믿는 이유는
  무엇일까?

◇ 사안의 진정한 핵심은 무엇인가?

그는 지성인이지만,

현명하게 행동하려면 지성만으로는 부족하다.

– 표도르 도스토옙스키, 『죄와 벌』

철학은 종종 무의미와 시시덕거린다. 그러다 가끔 무의미와 깊은 관계에 빠지기도 한다. 그런 순간을 맞이하면 삶을 살아갈 의지가 꺾이는 듯한 느낌이 든다. 로버트 하이너먼Robert Heinaman 의 논문 〈집 안 청소와 살인의 시간〉을 주제로 한 강의를 들으며 그 비슷한 경험을 했었다. 먼지처럼 건조한 첫 문장은 다음과 같았다. "철학자 주디스 자비스 톰슨Judith Jarvis Thomson은 살인이 일 어난 시간을 특정하는 데 어려움이 있다고 지적했다." 그 어렵다 는 문제를 한 번 들여다보자.

벅시가 베이비페이스를 쏜다고 가정해 보자(둘 다 1930년대 유명한 수배범의 이름을 빌려 왔다—옮긴이). 베이비페이스는 병원으로

급히 이송되고, 경찰은 벅시를 추격해 쏴 죽인다. 몇 시간 후, 베이비페이스는 죽는다. 그렇다면 벅시는 언제 베이비페이스를 죽였을까? 벅시가 베이비페이스를 쐈을 때 베이비페이스는 아직 죽지 않았기 때문에 그가 쐈을 때 죽은 것은 아니다. 그러나 베이비페이스가 죽었을 때 또한 아니다. 벅시는 그때 이미 경찰의 총에 맞아 죽었기 때문이다. 죽은 사람이 어떻게 사람을 죽일 수 있는가? 따라서 살인이 일어난 시간은 없어 보인다. 그러나 살인은 틀림없이 있었다. 어떻게 그런 사건이 특정하지 않은 시간에 일어날 수 있을까?[1]

벅시가 베이비페이스를 죽인 시점에 흥미를 느낀다면 논리 퍼즐 풀기를 좋아하는 사람일 수 있다. 뭐, 좋다. 하지만 내가 보기에 이 문제는 명백히 언어 때문에 생겨난 것에 불과하다. 근본적으로 무슨 일이 언제 일어났는지에 관해 모를 것이 하나도 없다. 사건의 타임라인을 완벽하게 설명할 수 있기 때문이다. 문제는 이 타임라인 어딘가에서 '살인'이라 불리는 것을 찾아내야 한다고 주장할 때 발생한다.

이제 문제는 누가 살인이 일어난 특정 시간을 찾아내는 가장 그럴듯한 방식을 제안하느냐는 문제로 환원된다. 예를 들어 자비스 톰슨은 행동에는 행동이 아닌 사건까지 포함될 수 있다는 의견을 제시한다. 따라서 살인은 총격부터 사망에 이르기까지 시간이 지나면서 확장되는 사건이라 볼 수 있다.

그러나 '살인' 같은 사건 명사event noun를 사용할 때마다 반드시 특정 시점의 사건을 지칭해야 한다는, 근거 없는 가정을 애초에 하지 않았다면 모든 문제는 쉽게 해결된다. 사실 우리가 사건 명사로 지칭하는 모든 것에 정확한 시간적 경계가 있지는 않다. 계몽주의는 1651년 토머스 홉스가 『리바이어던』을 출판한 날에 시작한 것이 아니다. 사실 책이 출간된 시점도 특정하기 쉽지 않다. '출간'은 개별적인 사건이 아니라 시작과 끝이 불확실한 과정이기 때문이다.

어떤 일이 언제 일어났는지 정도만 전부 알고 있다면 벅시가 베이비페이스를 정확히 언제 죽였는지 고민할 필요는 없다. 이는 범주 오류의 매우 고전적인 예처럼 보인다. 언어 때문에 우리는 살인을 결정적인 시점의 사건이라고 (잘못) 생각하지만, 사실 앞의 사례에서 살인이라는 낱말은 시간이 지나면서 펼쳐지는 일들을 기술하는 약칭처럼 쓰였다.

내 말이 틀릴 수도 있다. 살인 같은 행동이 언제 일어나는지 더 정확하게 알아야 하는 데는 그럴 만한 정당한 이유가 있을 수도 있다. 그러나 이 퍼즐을 진지하게 생각하는 사람은 그 퍼즐이 왜 그토록 중요한지 이유를 알고 있어야 한다. 그렇지 않다면 철학은 조안 베이크웰이 현대철학을 가리켜 말했듯 그저 '규모가 큰 크로스워드 퍼즐'에 불과한 것이 된다. 베이크웰은 현대철학을 퍼즐이라고 지칭한 다음 이렇게 덧붙였다. "그중 일부는 훌륭한 게임입니다. 그 게임을 하며 근사한 시간을 보내는 사람들이 있죠." 레이 몽크는 1980년대 초 '진지하게 말하고 생각하는 것이 아니라, 지적 게임이나 뒤쫓는 일을 직업으로 삼는다는 느낌'에 실망한 나머지 오랫동안 학계를 떠나 있기도 했다. 베이크웰과 같은 맥락에서 몽크는 그 느낌을 이렇게 표현했다. "그런 종류의 문제에서 얻는 즐거움은 크로스워드 퍼즐에서 얻는 즐거움과 마찬가지로 깊이라고는 하나도 없다는 생각이 들었어요."

철학의 가치에 의문을 제기하는 사람이 몽크만은 아니다. 영국 철학자 메리 워녹은 2차 세계대전 전후 옥스퍼드에서 접했던 '사소한' 종류의 도덕철학에 좌절감을 느꼈다. 워녹은 그 경험을 다음과 같이 말한다. "특히 H. A. 프리차드가 생각납니다. 전쟁 직전 옥스퍼드에서 매우 영향력 있는 철학자였는데, 그의 도덕철학 관련 저서를 보면 전쟁터에 나간 군인이 가족 소식을 알 권리가 있는지, 그렇다면 편지를 부친 것만으로 의무를 다했다고 볼 수 있는지, 아니면 편지를 군인이 받았을 때만 의무를 다한 것인지 따위의 부차적인 질문으로 가득했죠."

워녹, 필리파 풋, 메리 미즐리, 아이리스 머독 같은 철학자들은 도덕철학을 현실로 끌어내리는 데 도움을 주었다. 모두 여성이라는 공통점이 이들의 작업과 연관이 있을까? 그렇다고 하더라도 꼭 생물학적 성차 때문이라고 볼 필요는 없다. 문화가 원인일 수도 있다. '마초 문화'는 현미경으로 염색체를 들여다본다고 해서 발견할 수 있는 것은 아니지만, 어쨌든 실재한다. 워녹은 남성들이 하는 철학의 특성을 다음과 같이 꼬집는다. "하늘로 올라가 현실과는 아무 상관없이 공중에서 원을 그리며 돌고 싶어 하죠. 철학을 하는 여성들은 남성처럼 게임을 즐기면서 시간을 보내는 일이 적습니다. 문제는 철학이 하는 대부분의 일이 게임을 즐기는 것이라는 점이죠." 메리 미즐리 역시 대학이 '출세해야 하는 젊은 남성들'로 가득하다고 불만을 토로했다. "필연적으로 경쟁이 치열할 수밖에 없어요. 논쟁에서 승리하는 일이 중요해지면서, 철학적 사유를 하는 일이 무슨 변호사처럼 재판에서 이기고 지는 문제가 되어버리는 경우가 많아졌어요."

원한다면 지적 게임을 할 수도 있다. 다만 게임을 진지한 연구와 혼동하지 말아야 한다. 니컬러스 레셔에 따르면 "우리 수중에 있는 것 중에서 중요한 것과 중요하지 않은 것을 구분하지 않고서는 분명 인류는 과학을 충분히 이해할 수도, 성공적으로 가르칠 수도, 효과적으로 실천할 수도 없다."[2]

◆

사소한 것을 중요한 것으로, 아무것도 없는 것을 실체가 있는 것으로, 하찮은 것을 중요한 것으로 착각하는 잘못은 철학뿐 아니라 어느 영역에서건 누구나 저지를 수 있다. 회사 업무를 예로 들어보자. 관리자와 작업자는 우선순위를 따지느라 별로 중요하지 않은 일에 종종 지나치게 많은 시간과 에너지를 쏟는다. 새 웹사이트의 디자인 세부를 따지느라 시간을 뭉텅뭉텅 소비하다 보니 기능성이라는 핵심 문제는 거의 고려하지 않는다. 회사에서는 회의를 해야 한다는 이유로 무의미한 회의에 시간을 쓰다 보니 안 그래도 모자란 시간이 더욱 부족해진다. 구조조정을 많이 하다 보니 새 시스템으로 이익을 창출하기보다 일자리 붕괴로 손해를 일으킨다.

어떤 일이 실제 이상으로 더 중요하게 받아들여지듯이 때로는 중요한 문제를 놓치기도 한다. 누구나 다 그 문제가 사소하다고 생각하는 탓이다. 19세기 소독법의 선구자 이그나츠 제멜바이스Ignaz Semmelweis가 의료진의 소독 절차를 개발하기 전에는 외과의사가 손을 씻는지는 중요하지 않은 문제였다. 또한 겉으로 보기엔 아주 사소했던 주택담보 대출 규정의 작은 변경이 2008년 전 세계적인 금융 위기를 촉발한 불량 담보대출 사태를 일으켰다(대출이 활성화되던 초기, 은행들은 복잡한 서류 증빙을 수반하는 '수입 증명' '자산 증명' 규정을 '수입 명시' '자산 명시'라는 간단한 규정으로 바꾸었다—옮긴이).

핵심적인 사고 역량은 더 많은 생각이 필요한 문제와 덜 생각해도 좋은 문제를 구분하는 능력이다. 우리는 흔히 순간적인 충동과 습관으로 인해 이를 충분히 구분하지 않고 에너지를 엉뚱한 데 쏟는다. 정말 중요한 문제가 나름의 생명력을 지니게 되어 원래 문제에 비하면 전혀 중요하지도 않은 다른 문제를 낳을 수 있다. "내가 정말 생각해 봐야 하는 문제인가?"라고 묻는 습관이야말로 이렇듯 엉뚱한 길로 나아가는 생각을 막는 가장 간단하고 효과적인 해독제다.

그러나 경계해야 할 점이 하나 더 있다. '중요성'과 '유용성'을 혼동해서는 안 된다는 점이다. 중요해도 유용하지 않을 수 있고 유용해도 중요하지 않을 수 있다. 물리학자 앨런 소칼Alan Sokal은 과학에 대한 포스트모더니즘적 접근법을 광범위하게 패러디한 가짜 논문을 발표해 유명세를 얻었다. 과학의 객관성을 문제 삼고 해체하려는 과학철학의 시도를 비판하려는 의도에서였다. 하지만 소칼도 과학 연구의 성격을 이론화하는 과학철학 전체를 반대한 적은 없다. 그는 "과학철학이 과학자에게 유용한 정도는 조류학이 새에게 유용한 정도와 비슷하다"(조류학은 새에게는 전혀 유용하지 않고 새를 연구하는 인간에게 유용하다. 과학철학 역시 과학자에게는 아무런 유용성이 없다―옮긴이)라는 리처드 파인먼Richard Feynman의 유명한 말을 인용하기도 했다. 그러나 소칼의 말을 빌리면 "조류학은 새에게 도움을 주려 정립한 학문이 아니다." 따라서 소칼이 파인먼을 인용한 것을 굳이 과학철학 비하 의도로 읽을 필요도 없다. 과학철학은 과학자에게 도움이 되건 말건, 과학자가 하는 일을 명확히 밝혀주기 때문이다. 과학철학이 현직 과학자에게 전혀 도움이 되지 않는다고 하더라도, 철학에 기여한다는 점에서는 여전히 중요한 가치가 있다. 유용성과 중요성을 구분해야 한다고 말한 것은 바로 이런 맥락에서다.

이해를 위한 이해는 가치가 있다. 하지만 소수의 개념이 고도로 인위적인 철학 체계에서 작동하는 방식을 아는 선에서 이해가 그친다면 별로 가치가 없다. 훌륭한 사상가라면 모든 것을 똑같은 강도로 생각하지 않는다. 이들은 무엇이 중요하고 중요하지 않은지 제대로 이해한다.

중요하지 않은 일을 생각하려고 굳이 나서는 사람은 없다. 그러나 때로 우리는 다른 사람들에게 중요한 문제를 자신에게 중요하지 않은데도 너무 쉽게 받아들인다. 우리는 사람들이 정말 중요한 문제에 관해 서로 다른 판단을 내리거나 가정한다는 사실을 흔히 잊는다. 기후변화를 예로 들어보자. 많은 사람에게는 지구 온난화를 막고 가능하면 지구의 생태계를 온난화 전으로 되돌릴 방법을 찾는 것이 최우선 과제다. 이 문제가 정말 중요하다면 원자력 발전, 탄소 포집 및 저장, 탄소세 등 도움이 될 온갖 방안을 고려할 것이다. 그런데 많은 '극단적 환경 보호주의자deep greens'는 왜 이런 정책에 반대할까? 그들에게는 다른 것, 어쩌면 그보다 더 중요한 것이 있다. 그들은 인간 사회가 자연과 조화를 이루는 방식을 근본적으로 변화시켜야 한다고 생각한다. 어떤 식으로든 세계 시장 경제를 보호하는 조치라면 기후변화를 막는다고 해도 일단 거부하고 본다. 따라서 이 환경 보호주의자들이 중시하는 문제가 다른 사람들과 다를 바 없다고 생각한다면 기후 정책에 대한 우리의 논의는 서로 어긋날 것이다.

특정 논쟁에서 무엇이 중요한지 결정을 내려주는 알고리즘은 없다. **'중요성'은 문제에 따라, 그리고 그 문제에 대한 우리의 관심에 따라 달라진다.** 보통 무엇이 중요한지 결정하려면 세심한 주의를 기울여 자신이 붙잡고 있던 주제에 집중했는지 확인해 보면 된다. 해당 논쟁의 용어나 역사나 맥락 때문에 주의가 분산되지 않았는지 점검하라.

대니얼 데닛은 자유 의지를 다룬 여러 저서에서 중요한 문제를 결정하는 일의 좋은 사례를 제시한다. 이 주제를 다룬 그의 첫 번째 저서 『행동반경Elbow Room』의 부제는 "원할 만한 가치가 있는 다양한 자유 의지들The Varieties of Free Will Worth Wanting"이었다.

이 부제는 아주 많은 내용을 포착하고 있다. 자유 의지의 개념은 다양하다. 데닛의 말처럼 "우리가 가질 수 없는 자유 의지의 종류를 정의하는 일은 어린아이라도 할 수 있다." 그렇다면 문제는 왜 우리가 거기에 관심을 가져야 하는가가 되어야 한다.

가령 데닛의 저서 『자유는 진화한다Freedom Evolves』에 관한 서평에서 제리 포더는 이렇게 썼다. "사람들은 에덴동산에서 사과를 베어 물었을 때의 이브가 되고 싶어 한다. 사과를 베어 물건 말건 결정할 수 있는 완전한 자유 상태, 아주 완벽히 자유롭기 때문에 심지어 신조차도 이브가 어느 방향으로 튈지 알 수 없을 정도의 순수한 자유 의지를 원하는 것이다."[3]

이에 "왜 그런 자유를 원하죠?"라고 데닛은 묻는다. "그런 자유를 원한다는 것은 마치 물리 법칙을 무시하고 빛이 비치는 범위 바깥에 있는 사건에 영향을 미치는 자유를 원하는 것과 같은 얘기죠"라는 지적이다. 포더가 말하는 '완전한 자유'는 자신의 역사에 의해 형성되지 않은 욕망을 갖고 그 욕망에 따라 행동할 수 있다는 것, 자신의 성격과 고정된 가치관, 믿음 등에 제약을 받지 않는 것을 뜻한다. 하지만 이런 자유는 자유 의지라기보다는, 변덕스러운 무작위 결정 생성기처럼 들린다. 데닛이 보기에 진정 중요한 자유는 '우리가 가진 이유에 따라 행동하는' 능력이다. 그런 이유로 데닛에게 자유에 대한 가장 큰 위협은 형이상학적인 위협이 아니라 정치적인 위협이다.

자유 의지라는 문제는 아주 거대한 문제라서, 이제까지 짧게 요약한 내용만 보고 독자 여러분이 데닛의 견해에 전적으로 동의하리라 생각하지는 않는다.[4] 여기서 들었던 사례는 그저 세계의 존재 방식에 대한 의견 차이처럼 보이는 것이 실제로는 무엇이 중요한지에 관한 의견 차이일 수 있다는 점을 보여준다.

상이한 이해 당사자들이 실제로 중요한 것이 무엇인지 명확히 파악하지 못하면 서로 엉뚱한 용어로 말하는 상황에 빠진다. 영국의 유럽연합EU 탈퇴 여부를 두고 벌어진 국민투표 관련 논쟁을 예로 들어보자. 돌이켜 보면 유럽연합 잔류파는 유럽연합 탈퇴가 경제에 미칠 악영향을 경고하는 데 지나치게 많은 시간을 할애했다. 도대체 누가 경제적인 문제를 유럽연합 잔류/탈퇴 여부에 가장 중요하다고 생각했단 말인가? 탈퇴파 대부분은 영국이 조금 더 가난해지더라도 더 많은 주권을 가져야 한다고 주장했다. 잔류파 대부분은 경제 성장이 둔화하더라도 더 단합된 유럽을 원했다. 결국 경제 성장은 유럽연합 논쟁에서 별로 중요한 사안이 아니었던 셈이다.

자신과 상대방에게 무엇이 진정 중요한 문제인지 제대로 알지 못한다면 엉뚱한 문제를 생각하는 데 많은 시간을 허비한다. 문제가 무엇인지 몰라서 비롯되는 낭비는 문제가 무엇인지는 알지만 제대로 생각하지 못하는 것 못지않게 큰 실수다.

◆

입장을 바꿔 다른 사람의 관점에서 문제를 보는 것 역시 좋은 방법이다. 중요한 문제에 대한 자신의 믿음을 버리고 검증할 수 있다. 데닛은 타인의 관점을 살피는 일의 중요성을 다음과 같이 정리한다. "자신이 제기하는 질문이 자기 분야 외부의 사람들에게도 왜 흥미로운 질문인지 설명할 수 없다면, 본인도 헛수고하는 셈이고 다른 사람에게도 별 도움이 되지 않을 겁니다."

제도상의 구조와 인센티브 또한 잘못된 생각을 유도할 수 있다. 비판적 사유를 가르친다는 지침서들은 이 문제를 거의 언급하지 않는다. 그러한 책들은 당신의 주장이 타당하고, 사실을 올바르게 해석하고, 오류를 피하는 등의 조치를 취하고 있다면 추론을 잘하고 있다고 가정한다. 하지만 진정한 의미에서 비판적 사유를 하는 사람이라면 이렇게 형식적으로만 엄밀한 사고가 과연 올바른 목표에 도움이 되는지 의문을 제기할 것이다. 구조와 인센티브가 추론 메커니즘을 망가뜨리지는 않지만 추론의 부적절한 적용을 낳을 수는 있다.

수많은 철학 입문서를 집필하여 인기를 얻은 나이절 워버턴 Nigel Warburton은 제도권의 구조 문제로 어려움을 겪었다. 그는 학자들에게 "5년 또는 7년 동안 4편의 논문을 내라"는 강단의 연구 평가 지침이 그저 '각주만 끝없이 이어지는' 글을 쓰게 한다고 생각했다. 사람들은 '자신이 관심 있는 분야가 아니라, 경력에 도움이 될 만한 것'을 좇아 글을 쓰며, 연구 평가 지침을 충족시키는 데만 급급했다는 것이다. 이런 제도권의 글쓰기가 학문 연구와 아무 상관이 없다고 생각한 워버턴은 결국 대학을 그만두었다.

누가 됐건, 자신이 선택한 직업을 신중하게 검토하고 자신에게 가장 중요한 일이 자기 경력에 최선은 아니라는 결론을 내린

후 그 신념을 따라 진로를 바꾸는 사람들을 나는 존경한다. 대체로 이러한 사람들은 그 중요한 결정을 통해 자기가 가진 재능에 에너지를 집중해서 결국 이득을 보는 경우가 많다.

철학 외부에서도 제도적 요인이 추론을 잘못된 방향으로 이끌어가는 예는 많다. 기업 경영의 경우, 이미 굳어진 기업 문화에 맞추느라 소통 문제에 너무 오래 고민한 나머지 정작 전달하려는 내용의 핵심을 충분히 생각하지 못할 수 있다. 아닌 게 아니라 이는 실제로 기업 및 사회의 책임과 관련하여 가장 뚜렷이 떠오르는 위험이다. 친환경 보고 요구에 부응하느라 정작 친환경 행동에는 집중하지 못하는 위험이 대표적인 사례다. 또는 연구 개발에만 집착한 나머지 시장의 현실을 충분히 고려하지 못하는 경우도 있다. 지금은 세상을 떠난 고 클라이브 싱클레어Clive Sinclair, 그리고 그의 독창적이지만 대중성은 없었던 발명품, 그중에서도 시대를 지나치게 앞서간 것으로 악명 높은 C5 전기 세발자전거를 떠올려보라.

미묘한 사회적 압력 또한 올바른 사고를 방해할 수 있다. 우리는 대체로 자신과 비슷한 사람들과 어울리고 비슷한 세계관을 가진 매체를 읽는 경향이 있다. 따라서 우리는 대체로 특정한 의견 쪽으로 쏠리는 경향이 있고 염두에 두는 문제와 그렇지 않은 문제가 정해져 있는 경우가 많다. 중국보다 팔레스타인에 대해, 또는 반대로 팔레스타인보다는 중국에 대해 생각하는 데 얼마나 많은 시간을 할애하는지는 보통 이 사안이 동료 간 네트워크에서 얼마나 중요한가에 따라 결정된다. 이는 객관적으로 어느 쪽이 더 깊이 생각해야 할 문제인지와는 무관하다.

게다가 우리는 자신의 견해를 문제시하기보다는 자기 견해를 뒷받침하기 위해 더 많은 정보를 읽고 근거로 추가하려고 한다. 또는 자신의 견해에 딱히 문제 제기를 할 필요가 없는데도 문제 제기에 골몰하느라 에너지를 쓰다가 별 소득을 얻지 못하기도 한다. 가령 팔레스타인에 대한 충분한 정보를 바탕으로 확고한 견해를 이미 가지고 있다면 그에 관한 정보를 계속 탐독할 필요는 없다. 오히려 그 시간을 활용하여 잘 모르는 다른 쟁점을 더 알아가는 편이 낫다.

훨씬 더 넓게 보면 하루하루를 버티며 살아가야 하는 현실 문제 때문에 많은 사람이 중요하다고 생각하는 문제를 성찰할 여유가 거의 없을 수 있다. 나 역시 최근 여러 차례 이사에 시달리면서 비슷한 상황을 겪었다. 이삿짐, 페인트칠, 수납, 결정해야 할 여러 사안 등으로 머릿속이 얼마나 복잡했는지 좌절감이 들 정도였다. 때로 나는 정신적인 삶을 추구하며 살아가는 척 가식을 떠는 것이 완전한 사기라고 느끼곤 했다.

최근 온갖 종류의 매체가 우리의 시간을 앞다투어 차지하려고 하면서 '관심 경제'가 각광받고 있다. 그러나 우리의 시간과 인지적 노력이라는 귀중한 자원을 외부가 아닌 내부로 돌리는 **내부 관심 경제**도 존재한다. 내부 관심 경제 시장은 많은 외부 요인, 특히 미묘한 사회적 요인의 영향을 받는다. 우리의 과제는 관심 경제를 더 효율적으로 만들어 모든 것을 고려하려는 우리의 판단이 반드시 생각해야 할 것을 생각하도록 만드는 것이다.

때로는 한 걸음 물러나서 모든 것을 고려한 판단이 무엇인지 자문할 필요가 있다. 그렇지 않으면 우리가 생각하고 싶은 것을 포함한 우리의 욕구 전체가 사회적이거나 우연적인 요인에 지나치게 좌우될 위험이 있다. 우리의 관심 경제는 내면 가장 깊은 곳에 자리 잡은 바람 대신 마케팅과 광고가 욕망을 형성하는 소비자 경제 방식을 따라 운영되고 있다.

◆

고대 인도의 산스크리트어 텍스트인 『정리경』은 기원전 6세기에서 2세기 사이에 아카파다 가우타마Akṣapāda Gautama가 쓴 것으로 추정된다. 『정리경』은 토론의 핵심 원칙을 세 가지로 설명한다. 언쟁을 가리키는 **잘파**jalpa, 트집 잡기를 가리키는 **비탄다**vitanda는 승리를 목적으로 한다. 선하거나 정직한 토론을 가리키는 **바다**vada는 진실을 목적으로 삼는다. 가우타마는 사람들이 토론에서 지나치게 승리를 중시하는 현상을 알고 있었다.

나 역시 강단철학에서 이런 사례를 보았다. 강단철학에서는 영어로 누군가를 'get'한다는 것은 상대를 이해하기보다는 말 그대로 잡았다는 의미였다. 'I've got it 이해하다'가 '당신 내가 딱 잡았어! Gotcha!'라는 의미가 되어버린 것이다. 추론의 목표는 당연히 진실 또는 더 나은 이해여야 한다. 그렇지만 누구도 토론의 패자敗者가 되고 싶어 하지 않는다. 일단 주장을 하기 시작하면 실제로 무엇이 사실인지 알아내려는 욕망보다 논쟁에서 상대를 굴

복시키고 싶은 욕망이 점점 강해진다.

　이러한 경쟁 본능 때문에 우리는 흔히 자신의 입장과 다른 입장에서 약점을 파고들려 한다. 물론 어떤 주장이든 가능한 한 많은 검증을 해보는 편이 좋다. 그러나 이러한 약점 검증이 진정성을 가지려면 최악의 논증이 아니라 최선의 논증을 검증해야 한다. 이런 이유로 인도 철학의 수천 년 된 공식 토론 전통에서는 대화 상대가 가장 강력한 반론을 제기하고, 심지어 악마의 변호인devil's advocate(다수의 의견이라면 무비판적으로 받아들이려는 집단적 사고의 폐단을 방지하기 위해 구성원 중에서 일부러 반대 의견을 제시하는 역할을 맡는 사람―옮긴이) 역할을 해야 하기도 한다.

　이는 토론자들이 **허수아비 논증의 오류**straw man fallacy를 범하지 않도록 하는 장치다. 허수아비 논증의 오류는 어떤 주장이나 믿음을 어렵지 않게 무너뜨리나 실제로는 그 논증이 상대방의 주장이나 믿음과는 무관한 상황을 초래하는 오류를 가리킨다. 이 논증 오류는 허약한 허수아비는 쉽사리 무너뜨리지만 진짜 강력한 주장은 그대로 남겨놓는다.

　예를 들어 백신 의무 접종은 인권 침해라고 주장하는 사람이 있다. 누군가의 신체를 구속하는 행위는 법적으로 폭행과 구타에 상당한다는 근거를 댄다. 그러나 백신 의무 접종 대부분은 가만히 있는 사람에게 찾아가서 강제로 주사를 맞게 하지 않는다. 다만 백신을 접종하지 않겠다면 이동 제약을 감수해야 하고, 극단적인 경우 벌금을 낼 수도 있다는 의미다. 따라서 백신 의무 접종이 인권 침해라는 주장은 근거가 별로 없다. 이런 논증이 바로 허수아비 논증의 오류다. 백신 의무 접종에 반대하는 경우 의무 접종이 폭행 혹은 구타에 해당한다는 허수아비 논증의 오류에 빠지기 쉽다.

철학자들이 널리 받아들인 **자비의 원칙**principle of charity은 허수아비 논증의 오류를 피해야 한다는 요구를 더욱 발전시킨 원칙이다. 이 원칙은 손쉬운 가짜 목표물(허수아비)이나 때리면서 논쟁에서 이기려 하지 말고 상대의 가장 강력하고 훌륭한 논거를 타파할 근거를 제시하라고 요구한다. 상대의 발언을 해석할 때 그가 충분히 일관성 있고 합리적이라고, 최소한 해석자 자신만큼 그렇다고 가정할 필요가 있다.

최근 들어 많은 사람이 육식은 환경을 파괴한다고 주장한다. 육류는 식물과 비교했을 때 같은 칼로리를 생산하기 위해 항상 더 많은 토지가 필요하므로 육식은 비효율적인 자원을 사용한다고 볼 수 있다. 이는 자명한 사실처럼 보이며 중요한 단서다. 이 문제가 그렇게 자명하다면 지적인 사람이 어떻게 다른 생각을 할 수 있을까? 자비의 원칙을 적용하면 다음과 같이 질문해야 한다. 생각이 깊은 육식 옹호자들이 이 주장에 대응하는 논증을 갖추고 있지 않을까?

논증은 있다. 고기를 생산하는 동물을 기르는 많은 방목지는 사실 경작에 부적합하다. 동물은 인간이 먹을 수 없는 식품 폐기물을 먹이로 삼을 수 있다. 이 반론은 환경을 위해 우리 모두가 채식을 해야 한다는 생각에 반대하는 좋은 논거가 될 수 있다. (동물 복지는 또 다른 문제다.) 그러나 육식 옹호자 역시 자비의 원칙을 지켜야 한다. 그들은 자신들을 겨냥한 최악의 논거에 대해서는 승리를 거두었을지 모르지만 최고의 논거에 맞붙어서도 승리를 거둘 수 있을까? 적어도 일반적인 육류 산업은 사람도 먹는 식물을 생산할 수 있는 토지에서 사료를 길러 가축들에게 주고 있다. 그러므로 육류 산업 일반에 대한 옹호론은 분명 성립될 수 없다.

상대가 제시하는 최선의 논증과 정면으로 맞붙을 때만 논의의 진정한 진전을 이룰 수 있다. 논의의 당사자들은 자신의 주장을 조정하고, 엉성한 주장을 버리고, 최선의 주장에 집중해야 한다. 자비의 원칙은 논쟁 당사자들 중 어느 한쪽이 이기기 위한 경쟁이 아니라 **진리에 도달하기 위한 공동 과제로서 사유에 접근하도록 장려한다.** 건설적이고 모두가 평등한 토론 공간을 확보하는 데 중요한 요건이다. 마사 누스바움에 따르면 우리는 "쟁점에서 입장이 나와 반대인 사람들을 무조건 물리쳐야 할 악마 세력으로 보는 경향"이 있다. 누스바움은 다음과 같이 진단한다. "라디오 토론이나 인터넷 문화가 이러한 경향을 부추깁니다. 상대방의 말에 귀를 기울이지 않고, 그저 더 큰 소리로 말하고 싸움에서 이기려고만 하죠."

누스바움이 제시하는 해결책은 인문학 교육을 잘 받는 것이다. "(양질의 인문학 교육을 통해) 우리는 모든 사람에게는 나름의 이유가 있다는 사실을 알게 됩니다. 그리고 그 이유에 귀를 기울이는 방법도 배우게 되죠."

사람들이 특정 믿음을 지니고 있는 **이유**를 생각해 보면 그의 믿음에 대한 이해도 깊어진다. 예를 들어 많은 영국인은 영국에서 태어난 시민보다 이민자가 더 많은 복지 혜택을 받고 주택 우선권까지 받는다고 오해해 왔다. 여기서 이러한 믿음의 사실/거짓 여부만이 중요하다고 생각한다면, 이렇게 말도 안 되는 신화가 널리 퍼져 있다는 사실에 지레 실망하고 외국인 혐오증이 그 신화를 설명하는 유일한 원인이라고 치부하고 말 것이다. 그러나 사람들이 왜 그런 거짓을 쉽게 믿게 되는지 이유를 진지하게 생각해 보자. 많은 사람이 백인 노동계급 공동체의 문제보다 이민자 같은 소수자의 필요와 권리를 더 많이 이야기하는 정치인들이 자신이 속한 공동체를 무시한다고 믿고 있다. 그렇다면 잘못된 믿음은 불만의 원인이 아니라 불만의 징후라는 올바른 결론에 도달할 수 있다.

특정 결론이 분명히 거짓일 때 우리는 다른 사람들이 왜 그런 터무니없는 결론에 도달했는지 그 원인에는 흥미를 잃는다. 하지만 오히려 그 반대여야 한다. 특히 지적인 사람들이 거짓을 믿을 때 그 이유를 알아내는 일은 무척 흥미롭다. 이럴 때는 보통 진실이 어느 정도 영향을 미치게 된다. 예를 들어 나는 백신 접종 반대 운동에 반대하지만, 그들도 나름대로는 일말의 진실이 있다. 위기 분석 전문가 나심 니콜라스 탈레브Nassim Nicholas Taleb는 저서 『안티프래질』에서 "의학은 건강한 사람이 아니라 아픈 사람을 위해 존재하며" "사실상 인간이 자연 상태를 '개선'하거나 지름길을 찾아 도움을 제공하려 만든 것 중 **눈에 보이지 않는** 부작용 없이 위험을 종식시킨 것은 **전혀 없다**"라고 주장했다.[5]

이 주장에는 일면의 진실이 있다. 그의 기본 신념은 기본적으로 모든 약품에는 위험이 따르므로 반드시 복용해야 하는 경우가 아니라면 어떤 약도 먹지 말아야 한다는 것이다. 이러한 논리적 결론에 따르면 천연두, 소아마비, 결핵, 콜레라, 페스트 등을 완전히 또는 거의 근절한 백신은 물론, 코로나19 대응에 도움이 되는 백신까지도 이용하지 말아야 한다. 논의가 이 정도에 이르면 탈레브의 주장을 우습다고 치부해 버릴 수 있다.[6] 그러나 이 결론이 명백한 허구라는 이유로 아예 논쟁에 관심을 끊는다면, 선택적 치료를 받아야 할 때와 받지 말아야 할 때를 더 깊이 생각해 볼 기회를 스스로 내팽개치는 것이나 마찬가지다.

때로는 논쟁의 한 당사자가 상대편의 입장에 서서 오히려 상대편 주장보다 더 나은 주장을 발견하면서 유익한 통찰이 발생한다. 일본에서 유행하기 시작한 삼림욕을 예로 들어보자. 삼림욕은 숲속을 걸으며 치료 효과를 얻는 일이다. 삼림욕의 열렬한 지지자들은 삼림욕의 효능이 침엽수가 생성하는 피톤치드라는 항균 휘발성 유기 화합물을 우리 몸이 흡수하기 때문이라는 연구 결과를 흔히 언급한다. 과학적 근거는 충분해 보인다. 그러나 사실 피톤치드가 건강에 주는 이득은 너무 미미하여 굳이 숲속 산책이 건강에 좋다고 정당화할 만큼은 못 된다.

그러나 이 논의에서는 더 중요한 점이 간과되고 있다. 숲속 산책은 꼭 피톤치드 때문이 아니라 야외에 나가 휴식을 취하고 운동하며 자연을 즐겨서 건강에 좋은 영향을 미친다는 사실이다. 자비의 원칙을 적용하면 삼림욕을 해야 하는 데는 피톤치드의 영향을 과하게 강조하는 사람들이 제공하는 정보보다 훨씬 훌륭한 이유가 있는 셈이다.

영국 작가 앤서니 고틀립은 자비의 원칙을 솔선수범해 실천 하는 사람이다. 그가 쓴 두 권짜리 탁월한 철학사에는 현대인이 보기엔 다소 괴이해 보이는 몇 가지 생각이 담겨 있다. 일단 존재 하지 않는 것은 말할 수 없다고 했던 파르메니데스Parmenides를 찾아볼 수 있고, 지구를 공기가 지탱하고 있다고 생각했던 아낙 시메네스Anaximenes도 등장한다. 그는 "이러한 생각들 중 상당수 는 상당히 엉뚱해 보이죠. 하지만 저는 파르메니데스가 왜 그런 말을 했는지 좀 더 깊이 파고들어 이해하려고 노력했습니다. 그 렇게 하면 대체로는 일종의 정당성을 자동적으로 발견하게 됩니 다. […] 처음에 어리석어 보였던 많은 생각은 사실은 겉만 대충 봐서 그렇게 보였을 따름입니다"라고 말했다.

자비의 원칙은 핵심적인 철학 덕목 중 하나인 **인지적 공감**을 요구한다. 감정적 공감이 타인과 함께 느끼는 것이라면, 인지적 공감은 **타인과 함께 생각하고 그들의 믿음과 그 믿음을 가진 이유를 이해하는 능력이다.** 여러분은 세상에서 가장 똑똑한 사람이 될 수 있다. 그러나 다른 사람들의 생각과 그들이 그런 생각을 하는 이 유를 이해하지 못하면 여러분의 비평과 질문은 엉뚱한 목표를 겨 냥하게 된다.

합리성 추정 철회는 합리적 토론에 대한 기대를 포기하여 상 대방과 하는 토론에서 합리적 결론을 맺을 수 있다는 희망을 버리는 태도다. 결국 합리성 추정 철회는 토론 당사자 한쪽의 감정적 격앙이나 분노 표현으로 이어진다. 이러한 태도는 철학에서 드문 일이다. 모든 일반적인 토론에서도 마찬가지다. 그렇다고 해서 이러한 태도를 정당화할 수 없다는 말은 아니다. 미샤 체리 Myisha Cherry는 『분노를 옹호한다The Case for Rage』에서 정중한 의견 불일치civil disagreement(논쟁 중 예의를 차리고, 다른 의견도 존중하는 데 더해, 다른 의견을 이해하려고 노력하고 논쟁의 차이점까지 논의하려는 태도―옮긴이)라는 규범은 합리성을 유지하는 듯 보이지만, 때로는 **안락한 현 상황**status quo을 유지하는 기능을 한다고 주장했다. 약자의 불리한 지위를 개선하지 못하고 기존의 상태 그대로 묶어두는 결과를 초래한다는 것이다. 마사 누스바움 역시 올바른 종류의 분노라면 정치적 감정으로 타당하다는 글을 썼다. 사안이 정말 중요할 때 감정을 표현하는 것은 이해할 수 있는 일이고, 그것이 필요한 때도 있다. 때로는 논쟁의 심각성을 알려야 하며, 논쟁은 현실에 아무런 영향도 미치지 않는 예의 바른 응접실 토론이 되지 않아야 한다.

때때로 자비의 원칙은 사람들이 운 나쁘게 저지르는 실수 정도는 심각한 게 아니라면 너그러이 봐주라고 요구한다. 가령 칸트는 남이 자신에게 해주었으면 하고 일관되게 바라는 일만 스스로 하면 된다고 주장했다. 남이 해주기를 바라지도 않는 일까지 자신에게 엄격히 요구할 도덕적 의무는 없다는 것이다. 우리가 도둑질을 하면 안 되는 이유는 선의가 있다면 다른 사람이 도둑질을 하기를 바랄 수는 없기 때문이다. 살인, 간통 등도 마찬가지다. 하지만 이러한 주장이 얼마나 터무니없는 결론으로 이어지는지는 칸트 자신이 보여준 바 있다. 칸트는 살인을 저지를 것이 분명한 자가 문을 두드리며 무고한 희생자의 행방을 아느냐 물을 때도 거짓말을 해서는 안 된다고 했다. 거짓말은 모든 사람이 하기를 바라는 일일 수 없기 때문이다. 살인을 저지를 게 뻔한 사람에게 피해자의 위치를 알리는, 터무니없는 결과가 나오는데도 말이다.

그렇다 해도 위의 사례를 칸트의 철학 체계 전체를 무너뜨리는 결정적 증거로 받아들인다면 자비의 원칙을 적용하지 않는 셈이 된다. 아무리 뛰어난 철학자라도 때로는 실수하고 어리석은 말을 한다는 사실을 인정할 수 있어야 한다. 이 정도의 오류로 칸트의 철학 체계 전체가 무너지지는 않는다. 오노라 오닐은 거짓말을 하지 말아야 한다는 칸트의 주장을 칸트 철학 전체의 관점에서 이해할 수 없었다고 토로한다. 하지만 오닐은 칸트를 버리지 않았고 여전히 칸트주의자로 남아 있다. "어떤 철학에서든 어리석은 예는 늘 찾을 수 있기 때문에 나는 대체로 사례보다는 구조를 찾으려 합니다." 오닐의 설명이다.

오닐이 여기서 말하는 것은 **말실수 오류**fallacy of the telling slip이다. 누군가 어리석고 터무니없는 말, 아니면 아예 틀린 말을 할 때 우리는 그 말로 인해 그 사람의 다른 말도 모두 터무니없다고 성급히 가정해 버린다. 이런 가정을 하는 이유는 프로이트의 냉정한 세계관을 무비판적으로 받아들여 말실수 하나가 일상적인 말과 행동보다 실수를 한 사람의 더 많은 면을 드러낸다고 생각해

버린 탓도 있다. 하지만 프로이트가 때때로 시가cigar는 그냥 시가일 뿐이라고 말한 것처럼(시가는 남근의 상징일 수는 있지만, 모든 경우에 이렇게 해석해서는 안 된다는 말─옮긴이), 모든 말실수를 프로이트적 관점으로 해석해서는 안 된다. 오닐의 말처럼 우리는 사람들의 말과 행동에서 예외적인 일탈보다는 거기 상존하는 패턴에 더 많은 주의를 기울여야 한다.

말실수 오류의 가장 흔한 예는 불쾌한 언어와 관련이 있다. 최근 두 명 이상의 영국 국회의원이 사과가 필요한 모욕적 인종 비하에 해당되는 N─단어(일반적으로 흑인Negro을 가리키는 명칭─옮긴이)가 포함된 낡아빠진 표현을 사용하다 적발되었다. 그러나 그 낱말을 한 번 사용했다고 해서 그에게 인종차별주의자라는 낙인을 찍을 수 있을까?

나는 그렇게 생각하지 않으며 나 자신을 증거로 제시할 수 있다. 내가 어릴 적에는 '호모' '지진아' 등 지금은 모욕적으로 간주되는 특정 낱말을 일상적으로 사용되었다. 이 낱말들은 내 머릿속 깊이 자리 잡고 있는 탓에 아직도 나는 흥분하거나 약간 술에 취한 순간, 어떤 사람을 약하거나 멍청하다고 말하려고 할 때 내면에서 이런 표현이 부지불식간에 툭 튀어나오곤 한다. 물론 동성애자나 학습 장애가 있는 사람들을 비하하려는 의도는 전혀 없는데도 말이다. 실제로 20대 초반, 게이 남성들과 함께 있는 자리에서 나 자신을 가리켜 '거미만 보면 게이처럼 굴어'라는 말을 내뱉고는 당황해 어쩔 줄 몰라 했던 적도 있다.

다행히 그들은 자비의 원칙을 적용해 주었다. 나의 행동 패턴이 이 멍청한 말실수보다 더 중요하며 더 많은 것을 말해준다는 사실을 그들은 알고 있었다. 마찬가지로 누군가가 인종을 비하하는 말을 사용하면 우리는 그 말이 화자의 도덕성을 드러내는지 속단하기 전에 그의 일반적인 행동과 일치하는지 또는 충돌하는지부터 먼저 질문해야 한다. 다시 한번 강조하고 싶다. 비하하는 말을 사용하는 것은 누가 뭐래도 잘못이지만, 한 번 말했다고 그를 부정적으로 일반화하는 평가를 정당하다고 볼 수는 없다.

특별히 **두드러지는** 말실수도 있다. 힐러리 클린턴은 트럼프를 지지하는 유권자들을 가리켜 '개탄스러운 사람들'이라고 부른 적이 있다. 당시 그녀는 아마 마음속 깊이 숨기려고 애썼던 경멸감을 노출시켰던 것 같다. 그러나 우리가 이렇게 생각하는(또는 부정하는) 근거는 우리가 클린턴에 대해 알고 있는 다른 모든 사실에서 나온 것이다. 말실수 자체는 실수를 한 사람에 관해 알려주는 정보가 거의 없다고 봐야 한다.

◆

자비의 원칙을 적용하는 한 가지 방법은 개연성 있는 **오류 가설**error theory, 즉 사람들이 오류를 저지르는 이유에 대한 가설을 만들어보는 것이다. 사람들이 멍청하지 않다면 도대체 왜 틀릴까? 대다수의 사람이 오류를 받아들이는 이유는 무엇일까? 오류 가설은 기존에 정설로 자리 잡은 의견이나 전문적인 의견에 반하는 생각을 제시할 때 특히 중요하다. 기존의 지배적인 의견에 반대할 때는 자신이 왜 옳은지 주장하는 것만으로는 부족하다. 그 이상으로 다른 많은 사람이 왜 틀렸는지까지 설명해야 한다.

안타깝게도 대부분의 사람들이 제일 먼저 떠올리는 오류 가설은 사람들이 어리석거나 부패하거나 광신적이기 때문이라는 가설이다. 우리는 사람들이 잘 속고, 뻔지르르하게 말 잘하는 사람에게 현혹되고, 마음의 평화를 원하고, 대단한 사람으로 대접받고 싶어 하고, 그저 유행을 따를 뿐이라고 말한다. 때로 이러한 원인 중 일부는 사실일 수 있다. 그러나 일반적으로 이러한 설명은 너무 성급할뿐더러 사람을 멸시한다.

좋은 오류 가설은 평소에 합리적인 사람들에게 잘못된 견해가 그럴듯하고 합리적으로 보이는 이유까지 설명해야 한다. 가령 비물질인 영혼을 믿는 사람이 적은 이유를 밝히는 리처드 스윈번의 오류 가설은 이 검증 기준을 통과할 수 있을까? 그의 오류 가설을 살펴보자.

> 과학은 인간이 이제는 사실이 아니라고 알고 있는 매우 원시적인 믿음을 과거에 지니고 있었다는 사실을 밝혀냈습니다. 다시 말해 우리는 과거에는 종교를 믿었지만, 지금은 믿지 않기 때문에, 종교는 이제 사실이 아니라는 식이죠. 이런 논증이 연역적으로 타당하지 않다는 것은 인정하실 겁니다. 사람들은 과학에 압도되어 과학을 지나치게 떠받들고 있어요. 저는 과학을 믿지만 과학을 넘어서는 분야에서까지 주장을 할 수 있는 능력을 과학에 부여하면 안 됩니다.

스윈번의 오류 가설에 따르면, 사람들이 과학을 지나치게 떠받들다 보니 과학에 영혼이 들어갈 여지가 전혀 없어져 영혼이나 종교를 믿지 않게 되었다는 것이다. 사람들이 영혼을 믿지 않는 오류를 저지르는 이유를 과학에 대한 맹신으로 본 셈이다. 일부 사람들은 실제로 과학자들에게 필요 이상의 권위를 부여하기도 한다. 그러나 사람들이 종교를 과학 이전의 다른 '원시적인' 견해와 혼동해 같이 묶어버린 탓에 종교를 거부한다는 생각은 자비의 원칙에 어긋나는 동시에 잘못된 생각으로 보인다. 비종교인 대부분은 종교를 원시적인 견해와 혼동하는 게 아니라, (적어도 일부) 종교적 견해가 원시적이고 비과학적이라고 확고하게 **결론짓고**, 그런 이유로 그런 종교적 견해를 거부한다. 게다가 설사 스윈번의 오류 가설이 상대적으로 생각이 모자란 사람이 종교를 낡아빠진 유물이라고 생각하는 이유를 설명한다 하더라도(사실은 그조차 의문이지만), 그의 이론은 전문 철학자와 신경과학자가 정신과 육체가 서로 다른 물질로 구성되어 있다는 (종교적 확신이 꼭 필요하지도 않은) 생각을 거부하는 이유는 설명하지 못한다. 따라서 내가 보기에 스윈번의 오류 가설은 약하다. 사람들이 오류에 빠지는 이유를 설명하지 못할뿐더러 이들이 오류에 빠지는 것이 왜 이해할 만한 일인지도 설명하지 못하기 때문이다.

이번에는 거꾸로 우리가 비물질적인 영혼을 지지하는 그럴듯한 논거가 없다고 생각한다 치고, 왜 스윈번 같은 지성인이 비물질적인 영혼을 지지하는 오류에 빠지게 되었는지 그 이유를 묻는다면 어떨까? 여기서 우리가 제시하는 오류 가설은 어떤 면에서는 단순하지만 또 다른 면에서는 복잡하다. 우리의 오류 가설의 본질은 믿음이 진공 상태에서 유지되지 않는다는 점이다. 신과 창조에 관해 어떤 믿음은 다른 믿음에 비해 더 자연스럽게 들어맞는다. 가령 비물질적인 영혼이 있다는 믿음은 스윈번 같은 기독교인의 유신론적 신념과 잘 어울린다. 비물질적인 영혼이 존재하지 않음을 확실히 증명하는 주장이나 증거가 없다는 점을 고려하면, 스윈번은 영혼이 없다는 믿음보다 있다는 믿음 쪽으로 기운 듯하다. 따라서 스윈번이 오류를 저지르는 근원은 스윈번이 비물질적 영혼에 대해 내세우는, 자체로 명백히 약한 주장들이 아니라, 이러한 주장을 뒷받침하는 더 넓은 유신론적 신념에서 찾아야 한다.

일상생활에서는 많은 오류 가설이 아주 간단할 수도 있다. 사람들이 오류에 빠지는 것은 다른 복잡한 이유 때문이 아니라 그저 과학을 이해하지 못하거나, 신뢰할 수 없는 출처에서 정보를 얻거나, 특정 기관에 대한 불신으로 인한 편견 때문일 수도 있고, 아니면 진실을 받아들이기가 불편하거나 당황스럽기 때문일 수도 있다.

우리와 생각이 다른 사람들을 이해하는 또 하나의 방법이 있다. 그들이 **무엇을** 믿는지가 아니라 **어떻게** 믿는지에 초점을 맞추는 것이다. 믿는 내용 자체가 아니라 믿는 태도나 정도를 살펴보라. 예를 들어 자유 의지 논쟁에 참여하는 사람들 몇몇은 인간이 어떤 종류의 선택권을 가졌는지, 혹은 갖고 있지 않은지에 관해서는 의견이 일치한다. 인간이 선택을 하긴 하지만 그 선택들은 주어진 상황과 삶의 이력에 의해 결정되므로 특정 순간에는 다른 선택을 할 수 없을 만큼 상황에 좌우된다.

그러나 이 공통된 합의 사항에 대한 사람들의 생각은 판이하다. 일부는 이 정도의 선택권에 만족한다. 이 정도의 자율성이면 인간에게 자유 의지가 있다고 말할 수 있을 만큼 충분하다고 본다. 반면 다른 사람들은 이 정도의 선택권이 끔찍하게 불만스러워, **이까짓** 정도의 자율성은 절대 진정한 자유가 아니라고 생각한다. 결국 이들은 인간이 선택을 할 수 있다는 기본적 사실에는 동의하지만 그 기본적 사실을 대하는 태도가 매우 다르다. 그런 의미에서 자유 의지 논쟁은 무엇을 믿는지가 아니라 얼마나, 어떻게 믿는지와 관련이 있다.

나는 이러한 정도나 태도 차이를 '간과하기 쉽지만 주요한 어조 차이overlooked importance of intonation'라 부른다. "특정 순간 우리가 하는 일 이상의 다른 일을 할 자유는 없다"라는 생각을 말할 때 누군가는 충격과 공포에 휩싸일 수도 있고, 또 누군가는 차분하게 받아들일 수도 있다. (이와 관련된 관념으로는 '철학자의 불과, just' 가 있다. 어떤 주장에 '불과'라는 낱말만 삽입하면, 핵심 주장 자체는 전혀 바꾸지 않고도 신빙성이 떨어지게 들리는 효과를 낳을 수 있다. "인간은 생물학적 기계다"라는 주장과 "인간은 생물학적 기계에 불과하다"라는 주장을 비교해 보라. '불과'라는 낱말이 들어 있는 이야기를 들을 때마다 '불과'라는 표현을 제거해 보고 어떤 차이가 발생하는지 확인해 보라.)

예수의 구원을 받지 못한 사람들은 영원히 지옥에 떨어진다는 믿음을 생각해 보자. 선한 신이 이러한 일을 벌인다고 생각하다니 그런 믿음을 가진 사람들은 악하다는 주장도 있다. 이들은 잘못을 저지를 수 있는 불완전한 인간이 가학적인 신을 믿을 만큼 현명하지 못하다는 죄만으로 영원히 고통받는 것을 선善이라 믿기 때문이다.

하지만 이런 믿음을 지닌 대다수의 사람들은 악하지 않다. 오히려 대개 매우 친절하다. 그렇게 친절한 사람들이 나처럼 예수를 믿지 않는 사람들이 지옥에 간다는 걸 설마 **정말로** 믿지는 않겠지 하고 생각하고 싶을 정도다. 하지만 더 정확히 말하면 불신 지옥을 믿는 사람들이 이러한 믿음을 갖게 되는 방식은 그들이 다른 믿음을 갖게 되는 방식과는 다르다.

심리학자 휴고 머시어Hugo Mercier는 믿음을 **직관적 믿음** intuitive belief(또는 정서적 믿음affective belief)과 **반사적 믿음**reflective belief 두 가지로 구분한다. 직관적 믿음은 우리가 세상을 살아가며 사용하는 믿음으로 마음 깊이 진실이라고 느끼는 믿음이다. 우리는 휘발유를 마시면 몸에 나쁘리라 믿으므로 휘발유를 마시지 않고, 불에 데면 화상을 입는다고 믿으므로 불과 거리를 유지하며, 연인을 사랑한다고 믿으므로 다정하게 대하며 연인과 함께 시간을 보낸다.

반면 반사적 믿음은 동의는 하지만 우리의 행동에 크게 영향을 미치지는 않는 믿음이다. 우리는 케이크가 건강에 좋지 않다고 믿지만, 배고플 때 케이크를 먹더라도 엄청난 인지 부조화를 겪지는 않는다. 우리는 굶어 죽는 사람들이 불쌍하다고 생각하지만 정작 속상해하거나, 그들에게 먹을 것을 제공하려는 노력을 딱히 하지는 않는다. 심지어 육식이 부도덕하다고 생각하면서도, 맛있는 스테이크를 즐기는 사람도 많다. 거기엔 물론 철학자들도 포함된다.

영원한 저주에 대한 믿음은 직관적이기보다는 반사적 성격을 띤다. 진지한 믿음이긴 하지만 인간 삶의 가치와 사랑스러움에 대한 정서적 믿음과는 분리되어 나름 구획화된 채 유지된다. 이 상한 믿음이라는 생각이 들 수도 있지만, 우리는 모두 그런 믿음을 가지고 있다는 것, 그리고 이러한 믿음이 끔찍하긴 하지만 대체로 생각보다는 해가 크지 않다는 것도 기억해 두자.

철학자들은 믿음의 '의미적 내용-semantic content'과 그 '진릿값 truth value'에 관해 논한다. 이는 믿음의 내용이 믿음의 가장 중요한 특성이라고 가정하는 서구식 사고의 '언어중심주의 혹은 로고스중심주의'(logocentrism, 말과 언어를 외적 실재의 근본적 표현으로 간주하는 철학. 나아가 우주 만물에 존재하는 절대적 진리가 있다고 믿고, 그것을 좇는 태도—옮긴이)를 반영한다. 의미적 내용은 우리가 세상을 기술하는 방법을 제대로 이해하려 할 때 중요하다. 하지만 일상생활에서 언어는 훨씬 더 다양하게 작동한다. 일상적인 대화에서 철학자처럼 지나치게 의미를 두어 생각하려 들면 사람들의 말을 액면 그대로 받아들일 위험이 있다. 사람들이 **무엇**을 믿는지에 대해서만 생각하려고 하기보다는, **어떻게** 믿는지를 더 많이 생각해야 한다. 그래야 사람들이 잘못된 생각을 할 때, 좋은 오류 가설을 생각해 낼 확률이 높아지기 때문이다.

중요한 사안의 핵심에 도달하려면 다른 사람들의 논증을 처리하고 추론을 이해하는 것 이상의 능력이 필요하다. 훌륭한 철학적 사고를 하기 위한 성공 인자는 **통찰력**이다. 통찰력은 외양 너머를 보는 신비로운 능력이 아니다. 다른 사람들이 무엇을 놓치고 있는지 알아차리고, 무엇이 정말 중요한지 파악하고, 모호한 것을 명확히 볼 수 있는 능력이다.

"위대한 철학자란 통찰력, 중요한 문제에 대한 통찰력을 갖춘 사람입니다." 레이 몽크의 말이다. 그는 다음과 같이 덧붙인다. "학생들을 가르치다 보면 '결론만 말하지 말고, 논증을 제시해 주세요'라고 말하는 학생이 있어요. 하지만 니체를 읽고, 비트겐슈타인을 읽고, 키르케고르를 읽으면서 마치 분석철학의 명제 논리 propositional calculus(논리 연산을 적용한 명제들을 다루는 논리 체계—옮긴이)처럼 논거를 제시하고 이 논거가 맞았다, 틀렸다 일일이 따져 말하는 사람은 없습니다. 엄청나게 지루하고 요점과는 상관없는 작업이기 때문이죠."

미국 철학자 마이클 마틴은 고도로 합리적이고 분석적인 현대 철학자의 전형처럼 보인다. 그러나 그런 마틴 역시 고성능 프로세서처럼 철학을 해서는 위대한 사상가가 될 수 없다고 한다. 그는 엘리자베스 앤스콤Elizabeth Anscombe의 고전 『의도Intention』를 '사실상 어떤 논증도 담지 않은 훌륭한 철학서'의 예로 든다. 『의도』는 논증 대신 의도적인 행동의 의미에 관해 분석한다. 특정한 행동이 다른 행동을 의도한 행동임을 지적하는 것이다. 가령 손가락을 목에 대고 옆으로 긋는 시늉은 누군가의 살해를 지시하는 의도가 담긴 행동이다. 마틴은 앤스콤의 책을 읽으면 "의도적 행동에 담긴 성질의 특정 측면, 다시 말해 실천 이성의 특별함에 관한 진정한 통찰을 얻을 수 있습니다. […] 철학에 관심이 있는 사람이라면 그의 글을 읽으며 짜릿한 흥분을 느끼지 않을 수 없으리라 생각합니다"라며 찬사를 보낸다.

필리파 풋 또한 분석적인 논증 대신, 도덕성과 인간 본성에 대한 우리의 이해가 맺고 있는 관계에 대해 굉장한 통찰을 보여주는 대표적인 철학자다. 그녀의 끈기 있고 느릿느릿한 연구 방식은 사물의 핵심을 꿰뚫어보고 불필요한 군더더기라고는 전혀 없는 글을 낳는다. 그녀의 저서 『자연적 선Natural Goodness』에 관해 묻자, 풋은 특유의 간결함으로 "줄일 만큼 줄인 것 같아요"라고 대답했다. 많은 철학에서 흔히 보이는 논증이라는, 이성의 화려한 곡예를 피하는 대신 풋은 지금 무엇이 관건이고 무엇이 중요한지 예리하게 인식하고 있는 철학자다.

알렉산더 매컬 스미스Alexander McCall Smith는 소설가이자 생명 윤리학자다. 그는 통찰력이란 '만든 이론을 맥락에 맞게 배치하고, 인간 사회에서 실제로 작동하거나 작동할 수 있는 것을 파악하여 이론을 조정하는 능력'이라 정의했다. 그러려면 인간 본성에 대한 통찰이 필요하다. A. C. 그레일링A. C. Grayling의 견해를 들어보자. "순전히 합리적이고 기하학적인 근거를 바탕으로 모든 계획을 세우려다 보면, 인간 본성을 거스르는 작업을 하고 있다는 생각이 듭니다. 결국 실제로 더 합리적이면서 좋은 방법은 인간 본성을 거스르지 않는 것입니다."

사람들은 대체로 지혜와 통찰력에 관한 이야기에 좌절한다. 모호한 말처럼 들리기 때문이다. "좋은 철학과 나쁜 철학을 구분해 주는 튜링 머신 같은 원리는 없어요." 마틴의 말이다. 그의 말대로 올바른 판단을 내리는 능력이 정확히 무엇인지 구체적으로 말하기는 불가능하다. 정확성은 포착하려 하면 달아나고, 정밀한 정의는 망치로 젤리를 벽에다 박는 일처럼 부질없다. 그러나 가장 포착하기 어려운 것이 가장 중요할 때도 있다. 좋은 사고를 위한 알고리즘은 없다. 그러므로 통찰력과 지혜를 갖추려면 훌륭한 추론의 미덕을 실천하여 기량을 키워야 한다.

진정한 통찰은 귀하다. 버나드 윌리엄스가 "어느 시대를 보더라도 철학의 90퍼센트는 썩 훌륭하지 않다"라고 말했던 이유다. 그러나 이는 다시 말해 "어떤 주제든 그중 90퍼센트는 썩 훌륭하지 않다"라는 뜻일 수 있다. 무엇이 중요한지 파악해야만 그 10퍼센트를 알 수 있다. (10퍼센트라는 수치 자체가 정확한지는 중요하지 않다. 여기서 10퍼센트란 실제 비율이 어떻든 간에 정말 좋은 주제는 소수라는 뜻임을 유념해야 한다.)

중요성은 늘 상황의 영향을 받는다. **영원의 관점에서 보면**sub specie aeternitatis 사실 중요한 건 아무것도 없다. 인간의 영역에서는 어떤 문제가 철학적으로 아무리 중요하다 해도 다른 맥락에서는 그 문제가 전혀 중요하지 않을 수 있다. 자유 의지에 관한 형이상학적 논쟁도 마찬가지다. 철학자이자 보수주의 정치인 올리버 레트윈Oliver Letwin의 말에 따르면 인간이 비난, 분노, 책임 없이는 사회생활을 할 수 없다는 것은 '명백한' 사실이다. 그는 이 사실을 '인간이 기계와 같다는 것, 그리고 세상에는 물리 법칙이 존재한다는 냉혹한 사실'과 조화시키다 보면 자유 의지와 관련된 '심오한 철학적 문제들'이 발생함을 인정한다. 한편에는 자유 의지, 다른 한편에는 냉혹한 자연의 법칙이 항상 존재하는 인간의 영역에서 발생하는 모순을 해결해야 하는 것이다.

그러나 정치를 하기 위해 이 문제들을 해결할 필요는 없다. 그의 말대로 "자유 의지란 도덕적 삶이나 정치적 삶에 실질적으로 중요한 문제가 아니기" 때문이다. 결국 인간에게 자유 의지가 없다고 주장하는 사람들조차도, 대부분 자유 의지가 있는 것처럼 행동할 수밖에 없지 않냐고, 자유 의지가 없다는 믿음이 법적 책임을 져야 하는 현실 상황에 영향을 끼치는 것은 아니지 않냐고 순순히 말한다.

더 깊은 성찰은 적절해 보일 뿐 별로 도움이 되지 않을 때도 있다. 정치가이자 정치 이론가인 토니 라이트는 지식인에 대해 다음과 같이 평가한다. "정부가 한창 바쁘게 일할 때 지식인이란 전반적으로 도움이 되지 않습니다. 질문 하나에도 여러 측면이 있고 상황이 전반적으로 매우 어렵다고 늘상 말하니까요." 따라서 진정한 논의에 관여할 시기는 그의 말대로 "대체로 권력의 예리한 끝에서 멀어졌을 때, 정당과 정치 전통이 자신들의 존재 이유를 생각하거나 스스로를 다시 정의하거나 방향을 재설정하려고 할 때"이다. 철학을 해야 할 때와 장소가 따로 있는 법이다.

철학이나 다른 지적 활동이 가장 중요한 문제가 아닐 때도 있다. 철학자 마이클 더밋Michael Dummett이 난민 권리 활동에 앞장섰다는 사실을 아는 사람은 오랫동안 거의 없었다. 당시 그의 제자 중 하나이자, 옥스퍼드대학교 출신 마약상으로 유명한 하워드 막스Howard Marks는 더밋에겐 난민 권리 옹호가 철학보다 우선한 적도 있었다고 회상한다.

한번은 막스가 법정 증언 때문에 지도교수였던 더밋과 만날 약속을 어긴 적이 있다. 악명 높은 '피의 강'(1968년 국수주의자 파웰이 선거를 앞두고 '이민자들이 영국을 파괴하고 있다. 내 눈에는 피가 흘러넘치는 테베레강이 보인다'라는 연설로 인종 혐오를 부추긴 사건—옮긴이) 연설로 반이민 감정을 부추긴 보수당 하원의원 에녹 파웰에 반대하는 시위를 벌이다 체포된 사람을 위해 증언을 하러 갔기 때문이다. 그러나 막스는 법정에 갔을 때 그곳에서 더밋을 만났다. 더밋 역시 다른 시위자를 옹호하느라 와 있었던 것이다. 막스는 더밋을 보며 수업을 빼먹은 죄책감이 한층 덜해졌다고 했다. 그는 더밋에 관해 덧붙였다. "올바른 양심과 명석한 지성과 죽음을 불사하고 피워대는 줄담배의 기막힌 조합이야말로 더밋을 잘 표현합니다. 내겐 큰 위안이 되었어요."

◊ 원한다면 지적 게임도 괜찮다. 다만 진지한 연구와 혼동하지 말라.

◊ 사소하고 중요한 일의 차이가 모두에게 같으리라 짐작하지 말라.

◊ 이해 그 자체에 가치를 두라. 실용적인 문제만 중요한 것은 아니다.

◊ 의견이 다른 사람을 이해하려면 무엇을 중시하는지 보라. 사실에
대한 의견 차이 같아도 근본적으로는 가치에 대한 의견 차이다.

◊ 제도적 인센티브와 구조가 우선순위를 왜곡하지 않도록 주의하라.

◊ 자신과 비슷한 집단이 무엇을 가장 중요하다 여기는지 질문하라.

◊ 허수아비를 피하라. 무용한 상대를 이겨봐야 무용한 승리다.

◊ 자비의 원칙을 적용하라. 다른 사람의 관점과 최선의 주장, 심지어
그들이 제시하는 것보다 더 나은 것을 고려하라.

◊ 사람들이 **무엇을** 믿는지뿐만 아니라 **왜** 믿는지도 생각하라.

◊ 사람들은 **어떻게** 믿는가? 많은 믿음은 단지 반사적이라 어떤 생각
에 진심으로 동의한들 생활하는 방식에는 영향을 미치지 않는다.

◊ 말실수나 실수가 더 깊고 광범위한 잘못을 의미한다고 생각하지 말
라. 그럴 때도 있지만 그렇지 않을 때도 있다.

◊ 내가 틀렸다고 확신하는 것을 사람들이 믿는 이유를 설명하는 오류
가설을 세워보라.

◊ 어떤 상황에서는 중요한 것이 다른 상황에서는 전혀 중요하지 않을
수 있다는 점을 기억하라. 중요성은 상황에 따라 다르다.

◊ 지성보다는 통찰을 개발하려 노력하라. 언제나 사안의 핵심, 진짜
중요한 것을 찾으라.

9장

겸허

자아의 함정에 빠져
자기 생각에 갇히지 말라

◇ 생각을 바꾸는 데 적극적으로 관심을 가지라.

◇ 자신의 확신을 고집하는 것은 비겁함이다.

◇ 자신의 한계를 알고 밀어붙여 돌파해 보라.

◇ 생각의 소유권을 주장하지 말라.

　그 생각이 옳은지가 중요하다.

참신한 생각을 가진 사람,

새로운 것을 말할 희미한 능력이라도 갖춘 사람은

소수, 아니 극소수에 불과하다.

– 표도르 도스토옙스키, 『죄와 벌』

『선禪과 모터사이클 관리술』이 돌풍을 일으키면서 저자인 로버트 피어시그Robert Pirsig는 세계적 스타가 되었다. 이 책은 허구와 비망록과 철학적 사색을 거침없이 넘나든다. 영감 넘치는 지적 여정이 담겨 있는 피어시그의 책은 많은 독자의 철학 모터를 가동시켰다.

그러나 피어시그는 선禪이란 자신의 온전한 철학 체계로 들어가는 도입부에 불과하다고 생각했다. 그는 자신의 철학 체계에 **질의 형이상학**Metaphysics of Quality, MoQ이라는 이름을 붙였다. 질의 형이상학에 따르면 '질' 혹은 '가치'란 우주의 근본적인 구성 요소이면서도 대개 정의가 불가능하다. 그는 속편 『라일라—도덕에 대한 탐구』에서 질의 형이상학을 더욱 발전시켰다. 그러나 세상은 움직이지 않았다. 철학계는 특히 무덤덤했다.

피어시그는 20세기 가장 중요한 책 중 하나를 썼다는 만족감은 고사하고, 세상에서 퇴짜를 맞은 위대한 사상가라는 쓰라림을 맛보며 살았다. 더 중요한 점은, 피어시그는 자신의 사상과 지식을 더욱 깊이 발전시키지 못하고 젊은 시절 만들었던 입장을 고집스레 방어하느라 수십 년의 세월을 보냈다는 것이다. 피어시그는 인정받지 못한 불운의 천재일 수도 있다. 그러나 더 확실한 건, 그의 자아ego가 자신의 업적이 가치 있다는 인식을 더욱 크게 부풀려 놓았다는 것이다. 피어시그의 생각 속에서 자신의 관념은 위대하고 어마어마했다. 그의 관념에 비해 점점 더 작아지고 보잘것없어진 것은 오히려 다른 철학이었다.

피어시그의 사례는 흔치 않지만 강한 자아는 흔한 편이다. 자아는 우리 모두에게 영향을 끼쳐 명료한 사유를 방해하는 음흉한 장애물이다. 그러나 일부 사람은 자아의 강력한 영향력을 느슨하게 풀어버리는 능력을 갖고 있다. 위대한 미국 철학자이자 고인이 된 힐러리 퍼트넘을 예로 들어보자. 퍼트넘은 이렇게 말한 적이 있다. "한두 가지 중요한 쟁점에 관해 생각을 바꾸었다고 해서 그걸 쉬쉬하지는 않습니다. 한 가지 입장을 채택한 다음 그 입장을 끝까지 고수해서 유명해지려고 하는 것이 미덕이라고 생각한 적은 단 한 번도 없어요. 한 가지 입장에 매달려 그걸로 명성을 얻다니, 무슨 상표조달업자도 아니고, 콘플레이크를 파는 것도 아니잖아요."

생각을 바꾸는 일에 관한 퍼트넘의 견해는 논란의 여지 없이 당연하다. 머리가 굳은 채 고집만 내세우는 것을 훌륭한 사상가의 특징이라고 생각하는 사람은 없다. 그러나 불편한 진실은, **우리 대부분이 자신의 생각을 바꾸지 않는다**는 것, 최소한 큰 문제에 관해서는 그렇다는 것이다. 퍼트넘은 자신의 입장을 주기적으로 바꾸는 것으로 철학계에서 유명했다. 그가 유명해진 이유는 철학자가 입장을 바꾸는 일이 워낙 이례적이기 때문이다.

사실 우리의 생각이나 신념은 하루가 멀다 하고 바뀌지는 않는다. 이유는 많다. 조금이라도 합리적인 사람이라면 어느 정도 일관된 묶음의 형태로 생각을 형성한다. 가령 기氣 치료는 효과가 없다고 생각하는 사람의 경우, 그건 대개 그가 기에 대한 구체적인 견해를 갖고 있기 때문만은 아니다. 만지지 않고도 치료를 할 수 있다는 기 치료의 주장 말고는 기가 무엇인지조차 잘 모를 수도 있다. 기 치료를 거부하는 이유는 세상이 작용하는 방식에 대한 더 넓은 견해 때문이다. 이러한 견해는 신의 존재나 내세의 존재 같은 것과 이어져 있고, 이는 다시 신이나 내세의 가치 및 삶의 목적과 연결되어 있다. 이러한 믿음이나 생각은 서로 집합을 이루어 강한 결속을 이룬다. 원래 갖고 있는 많은 생각에 영향을 끼치지 않고 한 가지 생각만 바꿀 수는 없다. 기 치료의 효과를 받아들이는 순간, 다른 많은 가치관이 도미노처럼 무너진다. 우리가 묶음의 형태로 지닌 각 믿음이나 가치관은 다른 믿음이나 가치관이 제자리를 지키도록 떠받치고 있다.

자신의 특정 견해에 도전을 받으면 우리가 갖고 있는 견해의 총체는 그 도전을 직접 거부하지는 않아도 간접적으로라도 거기 맞서 자신이 옳음을 증명하려 한다. 기 치료에 효능이 있다는 것을 보여주는 아주 강력한 연구가 있다 해도, 스스로가 생각하는 다른 많은 믿음과 맞지 않는 경우 기 치료에 회의적인 태도를 보일 수 있다.

큰 문제에 관해 우리의 생각을 바꾸려면 필요한 것이 많다고 봐야 이치에 맞는다. 과학철학자 데이비드 파피노David Papineau의 말을 들어보자. "새로운 사고방식으로 옮겨 가는 일은 간단한 과정이 아닙니다. 이미 특정한 견해가 있는 경우 당연히 다른 생각에 저항하게 되죠. 자기 생각이 먼저 누그러지고 새로운 선택지를 생각해 볼 수밖에 없는 상황에 처해야만 합니다. 그제야 비로소 생각이 바뀔 채비를 갖추는 셈이죠." 놀랄 것도 없이 당연한 이야기다.[1]

그런데도 생각을 확 바꾸는 선택과 기존의 생각을 고수하는 경직된 선택 사이에 완벽한 균형이 존재할 때 우리는 대부분 경직성을 선택하는 잘못을 저지른다. 변화에 개방적인 태도를 올바르게 가지려면 자신의 생각을 의심하는 습관이 필요하다. 사람들은 보통 자신을 의심하는 습관을 부자연스럽다고 느끼며 불편해한다. 자신을 의심하는 습관이 있다고 해서 남들의 존경을 받는 것도 아니다. 오히려 사람들은 '확신을 바꾸지 않는 태도가 용기'라며 찬사를 보낸다. 반면 '자기 생각을 포기하는 것' 혹은 '유턴하는 것'은 경직된 생각을 바꾸려는 경탄할 만한 의지가 아니라 약점이 된다.

우리가 자기 생각에 큰 애착을 갖는 이유는 생각이 정체성 중 일부를 실제로 형성하기 때문이다. 우리 자신의 생각과 행동이 정체성 그 자체이므로 핵심적인 생각을 포기하는 일은 자신의 일부와 절연하는 것이나 마찬가지다. 신념을 지닌다는 것은 자동차나 시계를 소유보다는 육신이나 평생의 파트너를 갖는 일과 더 비슷하다. 신념과 우리의 관계는 매우 친밀하다. 자신이 틀렸을 때 그것을 받아들이려면 겸허함이 필요하다. 틀렸음을 인정하는 것은 자아에 대한 굴욕이다.

그렇다고 생각을 바꾸는 것이 본질적인 미덕이라는 말은 아니다. 자기 생각을 고집하는 것이 본질적인 미덕이 아닌 것처럼 말이다. 중요한 것은 생각을 바꿀 근거가 충분히 강력해질 때 생각을 바꾸는 것, 그리고 자신의 생각과 다른 주장이 약할 때는 그 주장이 흔하고 인기가 많다 하더라도 자신의 생각을 꺾지 않는 태도다. 다만 자신의 생각을 바꾸려면 넘어야 할 장애물이 너무 많다. 현실에서는 생각을 바로바로 바꾸는 변덕보다 오히려 경직된 무기력을 덜어내야 할 때가 많다.

대부분의 사람들이 주장하는 바대로, 가벼운 의미에서 '변화에 개방적인' 태도로는 충분치 않다. 앞에서 파피노가 했던 말대로 자신을 진지하게 의심하고 새로운 생각을 받아들이려 노력함으로써 '자신의 입장이 누그러지도록 약화'시킬 필요가 있다. 그러려면 자만심을 극복해야 한다. 하지만 우리 시대, 겸허함은 급속도로 유행에 뒤진 진부한 미덕이 되어가고 있다. 야심과 성공은 자신감과 발맞추어 간다. 온순한 사람들은 땅을 물려받기는커녕 괜찮은 땅뙈기 한 조각 차지하지 못한다.

◆

내 경험상 사람들은 자기 생각에 지나친 자부심을 갖는다. 가령 오늘 아침 나는 메일을 한 통 받았다. 어찌나 규칙적으로 오는지, 받는 사람을 지치게 만드는 종류의 메일이다. '25세 남성'이 쓴 메일의 내용은 다음과 같다. "제게 선생님이 아주 큰 흥미를 느끼실 이론이 있습니다. 객관적 진리가 실재하지 않는다고 주장하는 철학을 개발했단 말입니다."

한숨이 나온다. 안타까운 면도 있다. 이런 메일을 써서 보내는 사람들은 대부분 지적이고 진지하다. 하지만 이들에게는 극단으로 흐르지 못하도록 고삐를 조이고, 올바른 독서로 이끌며 건설적인 비판을 제공할 동급생이나 선생이 없다. 나는 이런 친구들이 포기하기를 바라지도 않거니와, 내가 박사학위 소지자이고 책을 출간했다는 이유로 이들보다 더 나은 사상가라고 말하고 싶은 생각도 없다. 하지만 솔직히 말해 이런 친구들의 자만이 거북하다. 지난 수천 년 동안 그 어떤 위대한 지성도 찾아내지 못했던 중요한 철학적 돌파구를 자기 혼자 힘으로 알아냈다고 주장하면서 정작 그 지성들이 일구어낸 업적이 담긴 저작을 깊이 탐구해보지도 않은 사람이 또 한 명 늘어났기 때문이다.

철학자들은 허영 가득한 자부심에 취약하다. 대놓고 자만심을 드러내는 사람은 극소수지만, 자신의 저작에 관심이 있는 사람이 적다거나, 자신이 철학이라는 학문에 기여한 바를 높이 평가해 주는 사람이 충분치 않다고 불만을 터뜨리는 소리는 흔히 들린다. 이쯤 되면 과도한 자신감이야말로 철학을 전문으로 하는 사람의 자산이라고까지 말할 수도 있을 것 같다.

레베카 골드스타인Rebecca Goldstein은 다음과 같이 주장한다. "가장 성공한 철학자들은 한쪽 편에 대한 직관과 확신이 아주 강력합니다. 그래서 이런 철학자들이 사안을 자신과 다르게 보는 사람들을 포용하기란 아주 어렵습니다. 아니 이런 철학자들은 그런 사람들을 쳐다보려고도 하지 않죠."

지식인과 과학자와 예술가를 비롯하여 성공한 수많은 이들은 사실 자만심이 크다. 그렇다고 해서 이들의 자만심이 이들 성공의 필요조건이라는 뜻은 아니다. 성공과 오만 사이에는 인과가 없다. 결단력과 재능과 성실한 공부면 충분하지, 뻐기는 태도까지는 필요 없다. 자만은 대부분 정당화되지 못하며 자만이 실력이나 성공에 이바지하는 극소수의 예외적 사례도 결국 자만이 성공의 지름길은 아니라는 일반적인 전제를 확인해 줄 뿐이다.

내가 만난 최고의 철학자들은 오만하지 않았다. 반면 오만했던 극소수의 철학자들은 이류에 불과했다. 이건 우연이 아니다. 과도한 자신감은 자기 생각을 견제하고 검증하는 경향을 줄이며 결함을 알아보고 개선하지 못할 확률을 높인다. 과도한 자만은 논증과 개념을 만든 본인이 생각하는 것만큼 지적으로 탁월하거나 유용하지 못한 논증과 개념에 애착을 가지라고 부추긴다.

올바른 겸허함은 자기 비하가 아니다. 그것은 오히려 **자신의 약점과 한계가 어디 있는가를 명확히 보는 것이다.** 필리파 풋보다 이런 능력이 탁월한 사람을 나는 만나본 적이 없다. 풋은 스스로 학자가 아니라고 말하면서 그걸 아무렇지도 않게 받아들였다. "나는 그 모든 책, 그 속에 담긴 세부 사항을 읽지도 기억하지도 못합니다. [⋯] 나는 수십 명의 철학자를 주제로 5분짜리 강의조차 못 해요. 스피노자에 관해 이야기할 수 없습니다. 난 정말 아는 게 없어요." 더 놀라운 건 풋이 뒤이어 한 말이다. "내게는 철학에 대한 어떤 통찰이 있는 것 같아요. 하지만 나는 명석하지 못합니다. 여러 논증을 따라가기가 쉽지 않거든요."

풋과 그의 저작을 아는 사람에게는 이런 말이 터무니없는 자기 비하처럼 들릴 것이다. 풋은 틀림없이 박학다식하고 명석한 철학자다. 그러나 풋이 말하는 '명석하다'라는 낱말의 뜻은 복잡한 추정을 신속하게 처리하는 논리적 민첩성과 능력이었던 것 같다. 그런 의미에서라면 풋이 남달리 명석한 것은 아니라고, 다른 많은 동료들만큼 학자로서 눈부신 건 아니라고 말할 수도 있겠다. 그러나 자신의 이러한 약점에 대한 인식 때문에 풋은 자신을 예리하게 알아야 했을 것이다. 풋은 자신의 재능이 더 미묘한 데 있음을 알고 있었다. 그녀는 위대한 통찰력과 사안을 꿰뚫는 예리한 정신의 소유자였지만 민첩하지는 못했다. 옳은 것을 탁월하게 감지했지만 그것을 즉시 명료하게 볼 눈은 없었다.

메리 워녹 또한 겸허한 철학자다. 그의 겸허함은 위선이나 거짓과는 거리가 멀다. "내가 한 일이 어느 정도 가치가 있다면 부당한 평가는 아닌 것 같습니다. […] 나는 업적을 많이 내지도 못했고, 그렇다고 탁월한 업적을 만들지도 못했어요. 철학이라는 학업에서 내 실력을 평가하자면 이류, 심지어 삼류라고도 할 수 있죠." 이런 평가 역시 터무니없다는 생각이 든다. 워녹은 발군의 업적을 일군 철학자이기 때문이다.

그러나 그가 갖춘 탁월함은 독창적 사상가의 탁월함은 아니었다. 그는 다른 철학자들의 사상을 훌륭하게 설명하는 해설가였다. 무엇보다 워녹은 전문가를 한데 모아 공공정책을 만드는 데 도움을 주는 윤리위원회의 뛰어난 좌장이었다. 아주 중요한 업적이다. 이러한 업적은 철학적 학문이라는 관점에서 보면 점수가 높지 않을지 모르지만, 소위 '더 나은' 철학자들의 수많은 업적보다 더 위대한 유산을 남겼다.

풋과 워녹은 지식인의 겸허함이 무엇인지 보여주는 모범적 사례다. 우리는 자신의 강점과 약점이 어디 있는지 자각해야 한다. 숫자에 강하지도 못하면서 통계 문제에 서둘러 의견을 내거나, 법 관련 지식도 없으면서 법정 소송의 평결에 대한 불만이나 비판을 성급하게 표명하면 안 된다. 내가 이 책을 쓰고 있는 이 시점에도, 이러저러한 평론가들과 소셜미디어 사용자들은 판결 하나를 놓고 갑론을박을 벌이고 있다. 2020년 잉글랜드의 브리스톨에서 에드워드 콜스턴Edward Colston(17세기 영국 노예 무역상으로 아프리카 어린이 1만 명을 포함하여 8만 명 이상을 신대륙에 팔아넘겼으며 그중 1만 9000명 이상이 미국 등지로 가다 숨졌다—옮긴이)의 동상을 끌어 내린 기물파손 혐의로 재판 받던 네 명에게 무죄가 판결된 것이다.

많은 이들은 뉴스 보도를 시청하다가 떠오른 피상적인 생각을 근거로 한 자신의 판단이 수일 동안 증거를 보고 전문 변호사들에게 도움을 받아 평결을 내린 배심원단의 판단보다 타당하다고 확신한다. 자신의 능력을 넘어 의견을 내고 싶어 하는 강력한 유혹에 빠진 듯한 태도다.

자신의 능력을 안다는 것은 자신의 한계를 안다는 것이다. 능력과 한계는 떼어놓고 생각할 수 없다. "자신의 탁월함을 믿어야 한다"라는 말을 늘 듣고 사는 서구 문화권에서 자신의 한계를 자각한다는 생각은 이단에 가깝다. 의심은 독이라고 생각하기 때문이다.

그러나 자신의 한계를 알아야 한다는 말을 그 한계 속에 안주하라는 뜻으로 받아들여서는 안 된다. 버나드 윌리엄스는 이 문제를 간결하게 표현한 바 있다. "모든 일을 다 해내는 사람은 없죠. 심지어 해야 할 일도 제대로 해내지 못하는 사람이 많습니다. 인간 삶의 기본 특징이죠. 하지만 T. S. 엘리엇이 어딘가에서 말했듯이, 이 정도만 하면 됐다는 태도를 넘어서지 못한다면 우리는 어디에도 도달할 수 없습니다." 자신의 한계를 돌파해 능력을 확장해야 한다. 단, 그러려면 자신의 만용 역시 온전히 인식해야 한다. 자신의 한계가 무엇인지 제대로 알지 못한다면, 당연히 엉뚱한 곳에 끼어들다 아무런 결실도 맺지 못하는 꼴을 당하게 된다.

인간은 위대한 일을 해냈고, 그러는 동안 지혜 역시 어마어마하게 확장했다. 그러나 오류와 노골적인 어리석음은 멀리 사라지

288

지 않았다. 철학적 사유를 하건 인생을 살아가건 교만은 패망의 지름길이다.

자아는 그 소유주가 웅덩이 수준밖에 안 되는 작은 연못에서 제일 큰 물고기일 때 쉽게 비대해진다. 웅덩이가 작을수록 그 영역을 온전히 장악할 가능성도 높아지기 때문이다. 그래서 웅덩이처럼 좁은 분야에서 특정 견해로 두각을 나타내는 경우, 그 견해뿐 아니라 자신의 이해관계가 걸린 그 좁은 분야가 온전히 자신만의 것인 양 소유권을 주장하려 드는 경향이 강해진다. 자신이 몸담은 분야는 대개 자기 정체성의 일부가 되기 때문에 그 분야에 대한 소유권을 주장하게 되는 성향은 자연스럽다. 사람들은 특정 정치 단체나 인권 단체, 회의주의자 단체, 종교 단체 혹은 환경단체에 가입하면 대개 소속감을 느끼면서 해당 단체를 지배하는 생각에 애착이 생긴다. 이런 지배적인 생각이 도전을 받게 되면 자신의 정체성이 위협받는 느낌이 들 수 있다.

작은 연못이 초래하는 위험은 또 있다. 참신함에는 매력이 있다. 데이비드 흄은 참신함에 내재한 위험을 다음과 같이 진단했다. "참신함은 만족감을 주면 동의도 갑절로 얻게 된다는 성질이 있다. 그러나 참신함이 만족을 주지 못한다면 바로 그 점 때문에 반대 역시 갑절이 된다."[2] 우리가 사는 이 시대의 문화적 환경에서는 새로움이 만족을 주건 불만을 사건 어쨌거나 관심을 끌어들인다. 사람들은 새로움을 좋아하건 싫어하건 어쨌거나 관심을 보이기 때문에 새로운 생각은 관심을 유발하고, 소셜미디어, 인플루언서와 리얼리티 TV, '좋아요'와 공유가 범람하는 현대 문화에서 늘 이득을 본다.

　새로움이 관심을 끄는 이유는 또 있다. 독창성을 높이 사는 서구 문화의 특성 때문이다. 계몽주의 시대와 낭만주의 시대가 대체로 갈등 관계에 있다고 간주되는 것은, 계몽주의가 이성을 높이 사고 낭만주의는 감정을 높이 사기 때문이다. 그러나 계몽주의와 낭만주의의 공통점은 개인을 격상시켰다는 점이다. 계몽주의자들에게 개인의 격상은 개인의 권리와 독립적인 사유를 의미했던 반면, 낭만주의자들에게 개인의 격상은 진정성과 자기 개성의 표현을 의미했다. 두 사조 모두에서 남의 생각을 쫓기보다 자기만의 생각을 갖는다는 것은 영광의 징표다. 도스토옙스키는 『죄와 벌』의 등장인물인 라주미힌의 입을 빌려 이렇게 말한다. "남의 방식으로 옳은 것보다 자기만의 방식으로 옳지 못한 편이 낫다."

　그러나 불필요한 우상파괴는 맹종에 가까운 순응 못지않게 지적인 나태함의 산물이다. 자유주의의 승리를 공언하는 낙관주의를 공격해 경력을 쌓았던 존 그레이에 대한 A. C. 그레일링의 비판이다. 그레일링은 그레이의 공격을 반대를 위한 반대로 간주한다. "자유주의 가치를 반대하라, 인권 개념을 반대하라, 인간의 가치라는 관념을 반대하라, 합리성 개념도 반대하라 등등." 그레일링은 이러한 반대를 일종의 '으스대기'라고 부른다. "정통 사상과 싸우자, 논쟁을 멈추지 말자, 먼지를 피워 올려 교란을 일으키자." 내게는 이런 행동이 아주 무책임해 보인다. 사람들은 자신의 신념에 기대어 살아가고 신념을 위해서라면 죽음도 불사하는데,

이런 신념은 그저 갖고 놀듯 쉽게 공격하고 부술 문제가 아니기 때문이다. 독자 여러분은 혹여 그레일링이 표적을 잘못 골랐다고 생각할 수도 있다. 다만 일부 사람들이 반대를 위한 반대, 논쟁을 위한 논쟁을 지나치게 좋아한다는 것, 그래서 자신의 개성을 과시하는 데 지나치게 애착을 갖는다는 것만큼은 명백한 사실이다.

신념과 자아의 과도한 동일시는 널리 퍼져 있지만 그렇다고 해서 불가피하다는 말은 아니다. 가령 데이비드 차머스는 앤디 클라크Andy Clark와 **확장 인지**extended mind 가설을 제시한 것으로 유명하다. 클라크의 확장 인지 가설은 노트와 스마트폰처럼 인간의 뇌 밖에 있는 것들이 말 그대로 정신의 확장일 수 있다는 이론이다. 여러 해가 지난 후 차머스는 내게 이렇게 말했다. "나는 늘 확장 인지라는 개념에 아주 공감했지만, 동시에 좀 양가적인 입장이었어요. 그래서 앤디와 함께 처음 관련 저작을 출간했을 때 각주에 저자 이름을 기입한 순서는 책의 중심 사상에 대한 믿음의 순서대로라고 적어두었어요." 차머스는 자신의 이름을 클라크 뒤에 넣었다.

자신이 주장하는 바에 온전히 전념한다는 가정이 하도 널리 퍼져 있던 탓에 차머스는 많은 사람이 자신이 단 각주를, '확장 인지 가설을 한마디도 믿지 않으면서' 그저 '용병' 노릇이나 한 징후라 생각하더라는 말을 전해주었다. 하지만 확고한 견해를 갖느냐의 여부가 차머스가 본인의 표현대로 '한 방 크게 날리는' 철학자인지 아닌지를 판단하는 기준이 되지는 못한다.

사상은 중요하다. 무엇보다 중요한 것은 그 사상이 진실인가 여부다. 내 신념이 내 것이냐 남의 것이냐, 혹은 나와 비슷한 무리가 그 생각에 동의하느냐 여부가 사상의 중요성을 따지는 기준이 되어서는 안 된다. 나의 틀린 생각을 믿는 것과 남의 옳은 생각을 믿는 것 사이에서 선택해야 한다면 어떤 선택을 할지 내게는 자명하다.

이런 내 견해에 반대할 철학자를 찾으려면 애 좀 먹을 것이다. 그러나 철학의 가장 더러운 비밀은, 철학자들이 "논증이 따르는 곳이라면 어디건 따라야 한다"라는 소크라테스의 고색창연한 격언을 아무리 앵무새처럼 떠들어댄다 해도, 실제로 그런 실천을 하는 사람은 아무도 없다는 것이다. 이성적 논증이 논증자를 이끄는 길은 논증자의 기질과 인성과 사전에 갖고 있던 신념이라는 요인에 황당할 만큼 좌우당한다.

철학자의 자서전에 관한 논문을 찾아보던 중에 이 사실을 특히 실감했다. 사람들은 본능적으로 이끌리는 철학적 견해에 결국 안착한다. 이 점에 예외는 없다는 사실이 명백해졌다. 깔끔하고 논리적 구별을 좋아하는 성향의 철학자는 정연하고 논리적인 구별을 결국 만들어낸다. 막연함과 신비에 매료되는 철학자는 이런 논리 정연함을 피한다. 자기 머릿속에서만 사는 사람은 철학도 자기 머릿속에서만 한다. 세상이 돌아가는 방식에 호기심이 더 많은 철학자는 결국 더 실증적이고 경험적인 철학을 한다. 포부가 큰 철학자는 야심만만하고 과감한 이론을 생각해 낸다. 겸허한 철학자는 그런 과감함을 무릅쓰는 일이 별로 없다.

하지만 스티븐 멀홀의 말을 들어보자.

철학자들은 자신도 인간이라는 사실을 잊는 성향을 거의 타고난 것 같아요. 자신이 인간이라는 조건 속에 갇혀 있다는 사실, 자신이 특정 전통, 특정 역사 및 문화 배경의 상속자라는 사실, 자신이 답을 제공하는 질문, 자신이 사용하는 방법들이 그 자체로 흥미로운 역사를 갖고 있다는 점을 잊어버리곤 하는 이들이 바로 철학자들입니다.

객관성을 향한 철학자들의 고군분투는 **실로** 경탄할 만하다. 철학은 의견이 아니라 이성에 관한 것이어야 한다. 철학과 학생들이라면, 대부분 자신이 낸 글에 '내 생각에는'이라고 쓴 부분마다 교수들이 붉은 줄을 박박 그어놓은 결과물을 돌려받은 적이 있을 것이다. 객관성이 없다는 이유에서다.

그러나 철학의 언어에서 1인칭 언어의 체계적 삭제는 이성이 이성적 추론을 하는 사람으로부터 완전히 분리 가능하다는 환상, 논증이 인성이나 전기적 사실의 영향에서 자유롭다는 착각을 만들어낸다. 작가이자 부업으로 철학을 하는 철학자 마이클 프레인 Michael Frayn의 말대로 "자신이 개입되지 않은 관점을 채택하려고 애쓰는 것보다는 자신의 특이성을 수용하고 세계 내에서 자신의 목소리와 관점으로 글을 쓰는 편이 더 정직하다."

논증을 수행하는 당사자 없이 논증은 존재하지 않는다. 나는 20세기 가장 탁월한 미국 철학자 중 한 사람인 힐러리 퍼트넘의 의견에 동의한다. "철학자들은 어느 정도 인간인 자신을 드러내야 합니다." 의미와 정신의 성질에 대한 퍼트넘의 연구는 자전적이지도 않고 저자의 속이 빤히 들여다보일 만큼 개인적이지도 않다. 그는 "지성의 권위"를 믿지만 또 이렇게 말하기도 했다. "지성조차도 늘 맥락 속에 있습니다. 익명의 지성은 결코 없습니다." 그는 월트 휘트먼Walt Whitman의 말을 인용했다. "이 책을 건드리는 사람은 인간을 건드리는 것이다.'

아이리스 머독도 비슷한 말을 남겼다. "철학을 한다는 것은 자신의 기질을 탐색하는 동시에 진리를 발견하려는 노력이다." 키런 세티야Kieran Setiya는 직접 진행하는 팟캐스트 시리즈 '다섯 가지 질문Five Questions'에서 자신이 던지는 질문에 영감을 준 철학자로 머독을 꼽는다. 세티야는 팟캐스트에 게스트로 출연하는 전문 철학자에게 "선생의 기질은 선생의 철학에 영향을 끼칩니까? 끼친다면 어떤 영향일까요?"라고 묻는다. 철학자들은 거의 예외 없이 자신의 인성이나 기질이 철학에 일정 역할을 한다는 점을 선선히 받아들인다. 그렇지 않을 도리가 있겠는가?

일부 철학자는 자신의 기질이 철학을 하는 **동기**에 영향을 끼친다고 말한다. "내가 철학을 하는 동기는 사라지지 않는 혼돈감입니다." 스콧 샤피로Scott Shapiro의 대답이다. 제나 히츠Zena Hitz는 자신에게서 "기만과 망상에 대한 본능적인 증오"를 발견했다고 말한다. 자신의 기질이 철학을 하는 **방식**에 긍정적 영향을 끼친다고 시인하는 철학자도 있다. 토미 셸비Tommy Shelby는 이렇게 말한다. "나는 내가 동의하지 않는 사람들에게 꽤 공정한 편이라고 생각하고 그게 좋습니다." 제니퍼 혼스비Jennifer Hornsby는 "글이건 말이건 나의 스타일, 내가 생각을 제시하는 방식에 영향을 끼치는 기질상의 특징이 있는 게 확실해요"라고 인정했다.

그러나 기질이 철학을 하게 된 동기나 철학을 하는 방식이 아니라 자신의 철학적 **입장**에 영향을 끼친다는 것을 받아들이는 철학자는 드물다. 혼스비는 이 문제에 강경하다. "기질이라는 것이 내 인성을 의미한다면 그 인성이 내가 생각하는 것을 결정하는 요인이라고는 생각지 않습니다. 그 생각이라는 문제가 철학적인 것인 한 말이지요. 내가 하고 있는 것은 다름 아닌 철학이고요."

반면, 낸시 바우어Nancy Bauer는 아주 드문 사례다. 기질이 자신의 철학 연구에 영향을 끼칠 뿐 아니라 '철학 연구를 **결정한다**'라고까지 말하기 때문이다. 많지는 않지만 의미심장한 숫자의 다른 철학자도 명시적으로는 아니더라도 자신의 기질과 철학의 연관성을 인정한다. 가령 코라 다이아몬드Cora Diamond는 세티야의 팟캐스트에 출연해 이렇게 말했다. "서로 어울리지 않는 생각들에 끌릴 수 있습니다. 나는 그렇게 느낍니다."

기질이 우리의 사유에 큰 역할을 하고 있음을 받아들인다면 자신의 견해가 자신에게 호소력이 있는 견해라는 점을 의심하게 된다. 더 나아가 그 견해가 객관적으로 가장 강력한 견해라는 관념까지 의심하게 된다. 기드온 로젠Gideon Rosen은 이를 악물고 이 진실을 수용한다. "철학은 모든 것을 원래 있던 자리에 두는 경향이 있습니다. 철학 자체는 전혀 바뀌지 않는다는 말입니다. 바뀌는 건 철학자인 나뿐이죠. 나만 철학의 문으로 처음 들어갈 때보다 더 깊고 더 명료하고 더 냉철한 세계관을 갖고 다른 쪽으로 나올 뿐입니다. 철학은 그대로예요."

충격적인 진실인가? 이 진실이 충격적이냐의 여부는 사유가 주관성에서 자유로울 수 있고 자유로워야 한다고 생각하느냐에 달려 있다. 확실한 사실은 **어떤 사상가도 자신의 편견과 선입견과 선호를 온전히 피할 수 없다는 것이다.** 수학과 과학 같은 특정 학문은 어떤 이론이 옳기 위해 충족해야 하는 기준이 비교적 명확하다. 장기적으로 수학자나 과학자의 편견이나 선입견은 중요하지 않다. 옳은 생각, 혹은 정답이라면 결국 전면으로 드러나기 마련이다.

물론 (대부분의 철학을 비롯하여) 정답을 확정하는 합의된 방식이 전혀 없는 분야라고 해서 철학자의 입장이 그의 인성이나 성격만 반영한다거나, 더 강력한 입장과 더 약한 입장을 식별할 방법이 전혀 없다는 말은 아니다. 다만 둘 이상의 이론이 경합을 벌일 때, 그리고 경합을 벌이는 어떤 이론에서도 결정적인 결함을 찾을 수 없는 분야는 어느 쪽이건 그의 견해가 최소한 일부라도 기질에 의해 결정된다는 말이다.

이러한 이야기가 독자 여러분의 기대와 크게 어긋나는 것은 아니라고 생각한다. 수많은 입장 중에서 어떤 것이 옳은지 결정할 때 결정에 필요한 논리, 혹은 증거에 입각한 근거가 전혀 없다면, 특정 입장은 그것이 무엇이건 분명 논리나 증거가 아닌 다른 것에서 유래했을 수밖에 없다. 그 다른 것이란 성격이나 개인사와 관련된 것이다. 이 사실을 추론이나 철학이 실패한 증거로 여겨서는 안 된다. 이러한 진실은 불가피하므로 정직하게 받아들여야 한다. 미란다 프리커는 철학의 전형적 특징으로 간주하는 '자기를 내세우지 않는 태도self-effacement'와 '공정하고 객관적인 태도'에 이점이 없는 것은 아니지만, 그러한 태도가 '자아나 저자의 부재, 혹은 몰역사적 관점이라는 착각을 독려한다'는 점은 문제가 있다고 본다.

추론은 개인이 아니라 인류라는 전체 집단의 노력이다. 인류의 위대한 대화에 기여하는 사람들이 다양한 기질을 대화로 끌어들인다는 점은 오히려 강점일 수 있다. 정치나 윤리에 관한 추론은 더더욱 그렇다. 한 가지 종류의 인성에 대한 사유를 기반으로 가장 잘 사는 법을 도출하고자 한다면, 결국 많은 사람에게 전혀 효력이 없는 해결책을 도출하는 우를 범할 수 있다.

자신의 특이성을 자신이 하는 논증이나 추론에 도입한다고 해서 추론이나 논증이 실패하지는 않는다. 전적으로 객관적인 체하는 것, 자신의 특이성을 고려하려는 노력을 전혀 하지 않는 것이 오히려 추론이나 논증의 실패를 불러온다. 가령 자신이 기질적으로 깔끔하고 명료한 해결책에 끌린다는 점을 알고 있다면, 다른 사람들이 **지나치게** 깔끔하다고 주장하는 해결책을 받아들이려는 자신의 의지에 의구심을 가져봐야 한다. 그러나 철학자들이 평소에 이런 시도를 한다는 증거는 거의 보이지 않는다. "너 자신을 알라." 옛 델포이 신전에 새겨져 있는 이 말, 소크라테스가 확언해 준 이 명령은 더 이상 철학적 공리가 아닌 듯하다.

이렇게 되어버린 이유 중 하나는 많은 사람이 자신을 아는 것은 이제 가능성조차 없다고 믿어서다. 세티야는 기질이 자신의 철학에 어떤 영향을 끼치느냐고 철학자들에게 질문했다. 질문을 받은 이들이 내놓은 제일 흔한 답은 자기 기질이 어떤지 자신이 어떻게 알 수 있느냐는 반문이었다.

철학자들이 내놓은 대답을 사례로 제시해 보겠다. 헬렌 스튜어드Helen Steward. "내가 어떤 기질을 갖고 있는지 확인할 방법은 딱히 확실치 않습니다." 미란다 프리커. "기질에 대한 질문의 전제는 내 기질이 내 철학에서 어떻게 표현되는지 내가 조금이나마 알고 있다는 것인데요. 물론 난 그에 관해 아는 바가 아무것도 없습니다." 수전 울프Susan Wolf. "내가 나 자신의 기질을 알고 있다는 것, 혹은 그 기질이 내 저작에 어떻게 보이는지에 관해 확신이 별로 없습니다. […] 다른 사람들은 실제로 나보다 그걸 볼 수 있는 더 나은 입장에 있을 수도 있겠지요." 배리 램Barry Lam. "내 기질을 어떻게 특징지어야 할지 딱히 확신이 없어요. 자신보다는 다른 사람들이 훨씬 더 잘 알고 있는 것 중 하나가 바로 그런 기질 같은 것이니까요."

여러분은 이런 대답이 그저 적당한 겸손과 자기 인식을 드러낼 뿐이라고 생각할지도 모르겠다. 우리가 자신에게 투명한 존재가 아니라는 것, 우리의 동기 중 많은 것들이 무의식이라는 것, 자신의 내면을 들여다보는 내성內省을 통해 '자신을 알 수 있다'는 생각 자체가 순진무구하다는 점은 심리학을 통해 알게 되었다. 그러나 철학자들 다수의 대답이 인정한 대로 이들 중 어떤 답도 우리가 자기 지식을 **전혀** 가질 수 없다고는 말하지 않는다.

현실주의적 태도는 대단한 것을 요구하지 않는다. 자신의 내면을 들여다본다고 해서 자신에 관해 직접적이고 순수한 앎을 얻을 수는 없음을 직시하라는 정도다. 자신에 관해 알아내는 일이 불가능하지 않다면 방법은 없지 않다. 자신이 하는 행동과 말을 마치 외부에서 보듯 관찰하고, 자신을 아는 다른 사람들에게 그들이 보는 나의 모습이 어떤지 말해달라고 부탁하자. 아니, 부탁조차 필요하지 않을 수 있다. 그저 남들이 나에게 하는 말에 주의를 더 기울이면 된다. 우리는 늘 타인의 피드백을 받는다. 직장 평가, 동료 심사 보고서, 혹은 더 비공식적인 통로가 대체적인 피드백 수단이다. 아무도 주의 깊게 들여다보지 않는 무료 정보다.

◆

세심하고 비판적인 자기 모니터링 습관을 길러보라. 생각보다 많은 것을 일아낼 수 있다. 재닛 래드클리프 리처즈는 내게 이렇게 말했다. "자신이 어떤 논증을 얼버무리는지만 알아봐도 자신에 대해 많은 것을 알아낼 수 있어요. 진짜 검증 방법은 말이죠. 뭐가 됐건 강한 확신이 든다고 느껴지는 문제를 옹호하고 있을 때, 그런 문제 말고 거리를 둘 수 있는 다른 문제에 관해 비슷한 논증을 구성해 봅니다. 그 문제 역시 개연성이 있어 보이는지 확인하는 겁니다. 이렇게 하는 이유는, 뭔가 강한 확신이 드는 문제를 옹호할 경우에는 논증에서 쉽게 실수하기 때문입니다. 다른 논쟁을 만들어 맥락을 바꾸어보면 자신이 어떤 오류를 저지르는지 바로 알아볼 수 있거든요."

팟캐스트 '다섯 가지 질문'에 출연한 철학자 대다수가 자신의 인성이 철학적 입장에 영향을 미쳤다는 점을 온전히 인정하지 않으려 했다는 것, 그 영향을 더 잘 이해하려고 노력하는 데 관심이 없었다는 것, 자신에 대한 앎을 얻기란 불가능하다고 성급히 가정했다는 것을 알고 난 좀 낙담했다. 최상의 사상가라면 자신의 기벽과 편향을 알고 그것을 고려해야 한다고 확신하기 때문이다. 사상을 만드는 자신의 성격을 모니터링하지 않으면서 사상을 세심하게 모니터링한다? 불가능하다. "너 자신을 알라." 여전히 중요한 철학적 명령이다.

자기 지식의 결핍이 명료한 사고에 늘 방해가 되는 건 아니다. 그러나 최소한 자기 지식의 결핍은 자신과 자신의 사적 생활 문제에 관해 생각하는 능력을 방해한다. 논리적인 추론에 뛰어난 사람도 이런 종류의 내적 성찰을 잘 못하는 경우가 종종 있다. 명확하지 않은 것, 계산이 되지 않는 것은 무엇이건 잘 다루지 못한다는 이유에서다.

여러 철학자가 자신을 너무 진지하게 생각하지 말라고 경고한다. 철학은 그 자체로 진지한 주제를 다룬다. 철학에는 농담도 별로 없는 데다 있다 해도 대개 크게 재미있지는 않다. (그래서인지) 사람들에게 웃음을 주는 시드니 모겐베서 Sidney Morgenbesser

같은 철학자들은 당연히 눈에 띈다. 모겐베서는 이중 부정이 긍정을 의미할 수는 있어도 이중 긍정이 부정을 의미하는 경우는 언어에 없다는 J. L. 오스틴J. L. Austin의 주장에 '잘도 그러겠네요 Yeah, yeah'라는 말로 응수한 적이 있다. 또 한번은 어느 학생이 자신의 말을 끊고 '이해가 안 가는데요'라고 하자 이렇게 대답했다. "자네가 나보다 이득을 봐야 할 이유가 뭔가?(나도 이해가 안 가는데 자네가 이해가 가면 내가 억울하지 않겠냐는 뜻—옮긴이)"

전문 철학은 이제 실적이 중요한 분야가 되어버렸다. 자기 조롱은 고사하고 자기 의심을 드러내는 일조차도 대개는 실익이 없다. 심지어 독자들이 접근하기 쉽도록 대중적인 스타일로 글을 쓰기만 해도 의구심을 일으킨다. 대니얼 데닛의 말을 들어보자. "철학자들 중에는 철학에 대한 가벼운 접근법을 반대하는 사람이 일부 있어요. 철학을 좀 진지하게 대하라는 거죠! 나는 철학을 아주 진지하게 여기지만 근엄하게 대하진 않아요."

크리스틴 코스가드는 재치를 효과적으로 활용한다. 그의 학술 논문 중 한 편은 기가 죽을 정도의 일갈로 시작된다. 그 일갈을 당하는 표적은 G. E. 무어다. "G. E. 무어는 허수아비가 필요하면 사원해서 허수아비를 때리는 노릇을 할 준비가 늘 되어 있던 인물로…'(무어가 진짜 논박보다는 논쟁 상대가 옹호하지도 않는 허수아비 주장을 세워놓고 그걸 공격했다는 것을 비판하는 표현—옮긴이). 코스가드는 이런 의도적인 경박함이 필요한 "좋은 철학적 이유"가 있다고 생각하는 쪽이다. "유머는 대체로 한 발 물러나거나 거리를 두는 형태를 띕니다. 거리를 두거나 한 발 물러나는 태도를 취하면 어떤 관점을 얻을 수 있거든요." 그녀는 또한 유머에 대한 자신의 생각을 다음과 같이 덧붙인다. "철학은 세상에서 가장 매력적인 주제이지만 대부분은 읽기 따분해요. 매력과 따분함은 서로 어울리지 않습니다. 철학의 매력을 부각하는 방식으로 글을 쓸 수 있어야 합니다. 철학은 실제로 매력적이니까요."

로제 폴 드루아는 재미를 만끽하는 철학자의 귀한 모범이다. 그는 자가 책 『사물들과 함께 하는 51가지 철학 체험』의 앞머리에 이렇게 썼다. "이 책의 주장 중 아무것도 진지하게 여기지 말 것? 과장이다. 이 책의 주장을 모조리 진지하게 여길 것? 더 지독한 과장이다." 드루아는 이 앞부분을 내게 이렇게 설명했다. "개인적으로 나는 진지한지 아닌지 완전히 확신할 수 없는 텍스트나 책이나 생각이 더 좋아요. 철학자도 일부 그런 사람이 있어요. 니체의 말은 진지한지 아닌지 구별할 수 없을 때가 아주 많죠." 그의 말은 그가 출간한 책의 목적에도 잘 맞았다. 책의 목적은 '특정 이론을 제시하는 것이 아니라 세상이 얼마나 기이한지에 대한 느낌을 대상마다 차근차근 산출하는 것'이었기 때문이다.

자신을 너무 진지하게 생각하는 버릇은 좋은 이성 추론에 방해가 된다. 자신을 진지하게 여기려면, 가장 지적인 인간조차도 터무니없고 바보 같은 짓을 벌일 가능성이 늘 있다는 사실을 다 잊어야 하기 때문이다. 명석한 물리학자 뉴턴이 터무니없는 연금술에 매료되었었다는 이야기는 유명하다. 노벨상을 수상한 화학자 라이너스 폴링Linus Pauling이 증거도 불충분한 상황에서 고용량 비타민 보조제에 집착했다는 이야기도 잘 알려져 있다.

지적인 정직함은 자신이 결국 어리석은 뭔가를 믿을 가능성이 있다는 점뿐 아니라, 이미 부지불식간에 어리석은 믿음을 키우고 있을 수도 있다는 사실을 인정하는 태도를 요구한다. 겸허함이 나간 자리에는 허세가 곧 비집고 들어와 빈자리를 채우는 법이다.

◊ 생각을 바꿀 가능성에 열린 태도를 갖추는 데 그치지 말고 생각을 바꾸는 일에 적극적으로 관심을 가지라.

◊ 확신을 바꾸지 않는 용기란 생각을 바꾸지 않으려는 비겁함이다.

◊ 한 가지에 관한 생각을 바꾸려면 다른 것들에 관한 생각도 바꾸어야 한다.

◊ 야심 없는 겸허함은 나약하고, 겸허함 없는 야심은 오만하다.

◊ 어떤 생각을 자신이 최초로 했다고 생각한다면 그 생각이 틀릴 수 있음을 기억하라. 선례를 찾아 공부하라.

◊ 자신의 한계를 알라. 한계를 밀어붙여 돌파하면 더욱 좋다.

◊ 자기가 아는 주제 이상의 문제를 안다고 생각하게 되는 유혹에 저항하라.

◊ 참신함을 두려워하지 말되 물신화하지도 말라.

◊ 자신이 노는 물의 규모를 과대평가하지 말라.

◊ 자신의 의견에 대해 배타적 소유권을 주장하지 말라. 중요한 것은 그 생각이 누구의 것이냐가 아니라 옳으냐다.

◊ 반대를 위한 반대를 하지 말라.

◊ 자신에 대한 앎을 키우되 그걸 위해 자기 성찰에만 의지하지 말라.

◊ 자신의 기질이 생각에 어떤 영향을 끼치는지 자각하고 늘 고려할 수 있게 노력하라.

◊ 자신을 너무 진지하게 보지 말라. 자신을 웃음거리로 만들 줄 모르는 사람은 남의 웃음거리가 되는 법이다.

10장

자율

———

혼자가 아니라
스스로 생각하라

◇ 문제를 홀로 풀지 말고 다른 사람들과 함께 풀어보라.

◇ 자신의 관심사 너머로 눈길을 돌리라.

◇ 집단적 사고에서 자유로운 사람은 없음을 유념하라.

◇ 의리는 생각이 아니라 사람에게 지키라.

요즘 사람들은 어디서나 조롱을 일삼는다.
진정한 안정은 고립된 개인의 노력이 아니라
사회적 연대에서 찾아야 한다는 것을
이들은 더 이상 이해하지 못한다.
그러나 이 끔찍한 개인주의는
불가피한 종말을 맞이할 수밖에 없다.
결국 모두들 서로의 부자연스러운 고립 상태를
돌연 깨닫게 될 것이다.

– 표도르 도스토옙스키, 『카라마조프가의 형제들』

로빈슨 크루소는 고립으로 연민의 대상이 되기보다 자립으로 추앙받는 존재다. 크루소는 타인에게 의존하지 않을수록 좋다는 서구 개인주의 문화에서 태어난 영웅이다. (그는 또한 유색인의 봉사로 이 자율성을 지키는 식민 사회의 산물이기도 하다.) 현대 서구세계에서 정신의 삶은 본질적이자 이상적으로 고독한 삶으로 표상된다.

철학과 과학과 예술은 대개 고독한 천재들이 추구하는 것이라고들 생각한다. 철학에서 고독한 천재의 비유는 데카르트의 자족·자립적 정신인 **자아** 개념에 집약되어 있다. 우리는 '스스로 생각하라'라는 말을 듣는다. 여러분이 더 박식한 선생을 만났다면 아마 이마누엘 칸트를 인용해 "사페레 아우데Sapere aude!", 즉 '용기를 내어 너의 이성을 써라!'라고까지 말할지도 모른다. 만일 여러분이 사유의 자립에 관한 이러한 조언을 진지하게 받아들여 주의 깊게 생각한다면, 생각을 잘하기 위해 안락하고 편안한 골방을 찾아 처박혀야 한다는 결론을 내리겠는가?

데이비드 차머스는 질문을 던진다. "로빈슨 크루소가 사회로 복귀한다면 사회는 그를 더 바보로 만들까?" 어떤 면에서는 바보로 만든다. "무인도에서는 로빈슨 크루소가 혼자서 해낼 수 있는 일이 더 많지만 사회에서는 더 적어지기 때문이다." 그러나 다른 한편으로 고향으로 복귀한 후 "로빈슨 크루소는 자기 주변의 다른 모든 사람들과 연결된 덕분에 훨씬 더 많은 일을 할 수 있다." 요컨대 사회에서 "로빈슨 크루소의 역량의 총합은 더욱 커진다."

2008년 한국에서 열린 세계철학대회 World Congress of Philosophy 에 참가한 차머스와 대화를 나누었던 적이 있다. 당시 그는 이렇게 말했다. "서구 세계는 전통적으로 인간의 인지 체계를 볼 때 모든 사람을 하나의 섬처럼 봅니다. 우리는 각자 홀로 생각한 다음 상호작용을 하죠." 반면 그가 들은 바에 따르면 한국에는 '훨씬 더 공동체주의적 사고방식이 존재하며' 이는 이들의 문화에 깊은 뿌리가 있다. 아시아 전역에서와 마찬가지로 한국에서도 사유는 '사유와 추론과 행동이 방대하게 상호 접속된 네트워크'의 일부다.

로빈슨 크루소가 섬에 머물 때 더 똑똑했는가에 대해 판단하는 일은 스위스 군용 칼, 일명 맥가이버 칼을 공구상자와 비교하는 것과 같다. 다양한 칼이 들어 있는 맥가이버 칼을 쓰면 공구상자 속 도구 하나를 쓰는 것보다는 훨씬 더 많은 일을 해낼 수 있다. 그러나 공구상자째로 있으면 훨씬 더 많은 작업을 훨씬 더 탁월하게 해낼 수 있다. 작업량과 작업의 질 면에서 맥가이버 칼과 공구 상자 전체는 비교가 안 된다.

혼자서 생각한다는 것은 우리 자신을 맥가이버 칼 같은 두뇌로 바꾸려 애쓰는 것, 자신에게서 다양한 전문성을 갖춘 다른 여러 지성을 박탈하는 것과 같다. 인지 자율성을 얻는 대신 인지 능력이 줄어드는 대가를 치러야 하는 셈이다.

사회 인식론 분야의 최신 연구를 통해 우리는 이성이 집단을 좋아할 뿐 아니라 필요로 한다는 것을 알게 되었다. 얄궂지만 긴 세월 동안 심리학자들은 영리한 실험을 고안해 인간이 얼마나 아둔한지 입증하는 일로 적잖이 재미를 본 것 같다. 그러나 인간이 홀로 생각할 때 벌어지는 일을 타인과 같이 생각할 때 벌어지는 일과 비교해 보자. 인간은 혼자일 때보다 함께일 때 지적 능력이 더욱 탁월하다는 사실이 명확해졌다.

웨이슨 선택 과제Wason Selection task를 보자. 웨이슨 선택 과제는 인간이 추상적 사고에 얼마나 서투른지 보여주기 위해 고안된 전형적인 실험이다. '만일 x라면 y이다'라는 간단한 종류의 논리 규칙을 실행한다. '만일 어떤 사람이 18세 미만이라면 술을 살 수 없다'처럼 사회적 맥락이 있는 논리 규칙도 있고 '카드의 한 면이 노란색이면 다른 면에는 삼각형이 있다'처럼 순전히 추상적인 규칙도 있다. 사회적 맥락에서 규칙을 실행하는 옳은 방법은 대개 사람들의 뇌리에 쉽게 떠오른다. 사회적 맥락이 있는 질문의 경우 제대로 처리하는 사람이 80퍼센트나 되지만, 추상적 과제일 경우 그렇지 못하는 사람이 85퍼센트나 된다. 터무니없는 소리로 들린다면 온라인에서 직접 과제를 풀어봐도 좋다.[1] 놀랍게도 순수하게 논리적인 측면에서 두 과제는 동일하다. 그런데 동일한 과제를 혼자서가 아니라 함께 풀라고 집단에 과제로 내어주는 경우 80퍼센트의 사람들이 추상적인 문제도 제대로 맞힌다. 고독한 인지의 섬을 떠나면 인간의 지적 능력은 더욱 커진다.[2]

최근의 철학 역시 고독한 사유를 향한 선입견을 교정하는 쪽으로 바뀌고 있다. 사회 인식론 분야는 신념의 형성 및 정당화의 사회적 차원을 연구한다. 사회 인식론이 등장하기 전에는 사회적 요소가 합리성을 악화한다는 인식이 일반적이었다. 과학자들이 '사회적 요인'에 크게 영향을 받으면 객관성이 방해를 받는다는 식으로들 생각했다.

이러한 인식의 사례는 무수하다. 식품업계가 식단의 큰 문제는 설탕이 아니라 지방이라는 신화를 뒷받침하는 연구에 돈을 댔다는 이야기, 화석연료를 파는 기업들이 기후변화가 거짓이라는 연구의 자금원이라는 이야기, 제약업체들이 효과가 없거나 나쁜 약물 실험 결과를 은폐했다는 이야기, 거대 농업기술 기업들이 집약적 농업의 대안을 마련하는 대신 농업 문제에 대한 기술적 해결책만 주로 홍보한다는 이야기 등 사례는 끝도 없이 이어진다. 사회적인 것은 정치적, 이념적 동기, 특정 문화와 관련된 왜

곡, 경제적 이유 따위를 끌어들여 합리성을 방해한다는 관점의 사례들이다.

모두 사실이다. 그러나 사회인식론의 개척자인 앨빈 골드먼 Alvin Goldman은 이러한 사례에 입각한 시각이 단편적인 견해만 보여준다고 주장한다. 이러한 시각으로 인해 사회적 자원을 사용함으로써 '타인의 경험과 타인이 기여해야 하는 바에 의지하여 더 많은 지식을 얻을 수 있다'는 진실이 은폐된다는 것이다. 다른 사람들은 특정 문제에 관해 당신보다 더 나은 생각을 할 수 있고, 더 나은 교육을 받았을 수도 있다. 아니면 관련 독서량이 더 많을 수도 있다. 따라서 사회성은 합리성, 혹은 지식 습득과 상충하기는커녕 오히려 부족한 부분을 보완해 준다.

고독한 천재가 아예 없는 것은 아니다. 그러나 고독한 천재는 예외일 뿐 일반적이지 않다. 더구나 고독한 천재들은 점점 귀해지고 있다. 이제 세상에는 한 사람이 충분히 소화한 후 진정한 의미에서 새로운 것을 내놓을 만큼의 지식을 훨씬 상회하는 방대한 지식이 존재하기 때문이다. 관념이나 사상의 역사를 면밀히 검토할수록 고독한 천재들은 손에 잡히지 않는다는 것을 알게 된다.

오히려 최고의 철학자들은 눈부신 지성을 갖춘 타인들과 깊이 교류했고 그 가운데 얻은 성과를 자신의 고독한 사색과 글에 결합시켰다. 이러한 철학자의 초기 모델이 바로 아리스토텔레스다. 아리스토텔레스는 언제나 특정 주제에 관한 강의를 시작할 때 다른 철학자들이 그 주제에 관해 말한 바를 먼저 검토했다. 플라톤의 아카데메이아와 마찬가지로 아리스토텔레스의 라이세움

Lyceum 역시 철학자들이 함께 끝없이 토론하고 이야기를 나누던 곳이었다. 근대 대학의 모태가 되었던 이 학당들은 모두 지식과 사상의 진보에 매진했던 사상가들의 공동체였다. 심지어 사적 성찰을 담은 작품처럼 읽히는 데카르트의 『성찰』조차도 데카르트가 적극적으로 비평을 받고자 했던 사람들의 반대와 응답을 포함해 출간되었다. 흄은 자신의 첫 걸작을 집필할 목적으로 라 플레슈La Flèche로 가서 고립된 생활을 했던 듯하지만 그 고장의 학식 높은 수도사들과 정기적으로 대화를 나누었으며, 지성인들과 나누는 교류와 서신 교환을 늘 중시했다. 오늘날 동료 검토는 다른 학자들과 함께 사유해야 한다는 요구를 제도화한 것이다.

자신의 두뇌 밖에서 사유하는 것이 바람직한 이유는 세계의 위대한 사유는 대부분 개인의 두뇌 외부에서 이루어졌기 때문이다. 음악을 좋아한다면서 자신이 작곡한 작품만 듣는다거나 자국의 음악만 듣는다면 그처럼 어리석은 짓도 없다. 이성적으로 사유하고 싶다면서 자신의 주장만 내세우고 외부에서 손짓하는 주장들을 도외시하는 것도 아둔한 짓이다.

물론 사회적 사유가 전부라는 말은 아니다. 생각은 여전히 스스로의 힘으로 해야 한다. 합의된 견해를 따르건 거부하건 스스로 생각하는 것은 늘 우리의 책무이자 선택이며, 우상을 파괴하는 새로운 사상이 옳다고 판단하는 일이 필요할 때도 있기 때문이다. 그러나 우리는 이제껏 **스스로의 힘으로** 사유하는 일의 중요성을 **외딴 섬에 갇힌 듯 홀로** 사유하는 일과 혼동해 왔다. 자신을 가둔 채 홀로 사유하면 근본적으로 영감을 주는 새로운 사상이 아니라 설익은 망상을 들고 나타날 공산이 높다. 핵심은, 스스로 생각하되 타인과 함께 생각하는 것, 흐름에 자신을 내맡기는 것이 아니라 타인의 사유가 지닌 강점을 활용하여 자신의 길을 개척하도록 도움을 받는 것이다. 그런 요령은 어떻게 터득할까?

정신의 작용을 넓히는 방법 한 가지는 자신이 속한 문화 너머의 세계를 보는 것이다. 여기서 문화 너머의 세계란 국가 너머일 수도 있고 학문 너머일 수도 있다. 영국의 정치 이론가이자 정치가이기도 한 비쿠 파레크Bhikhu Parekh가 다문화주의를 주장하는 근거는 바로 이러한 토대에서다. 그는 다문화주의의 전제를 다음과 같이 정리한다. "어떤 문화도 지혜를 독점하지 못하고, 위대한 가치를 모조리 상징하지 못하므로 각 문화는 대화를 통해 여러 다른 문화로부터 배울 것이 많다. 대화의 기능은 각 문화로 하여금 스스로의 가정과 강점과 약점을 인식하고 타 문화로부터 배우는 것이다."

역사는 파레크의 견해가 옳다는 것, 다양성이야말로 사유의 묘미를 더하는 향신료라는 것을 보여준다. 철학이 크게 융성한 것은 거의 언제나 사람들이 많이 이동하고 사상이 자유롭게 흐르던 시대와 장소에서였다. 고대 아테네는 활기찬 교역의 중심지였다. 18세기의 파리와 암스테르담과 에든버러도 마찬가지다. 이 모든 사례의 공통점은 서로 다른 지적 이력을 지닌 사람들이 공식적으로건 비공식적으로건 한데 모여 함께 사유하는 일이 비일비재했다는 것이다.

파레크가 이러한 교류를 일컬어 다원주의 혹은 **대화형 다문화**

주의interactive multiculturalism라 불렸다는 점에 주목하라. 대화라는 요소가 중요하다. 사람들은 다문화주의가 세계관의 다양성에 이의를 제기하지 않고 그저 존중하는 것이라고들 생각하는 경향이 짙다. 다른 문화권의 지혜에 의문을 품는 일조차 국수주의적이고 편협하다고 보는 것이다. 그러나 파레크가 보기에 이렇듯 메마른 '존중'은 진정한 의미의 존중이 아니다. 다양한 문화의 차이를 차이라고 생각할 뿐, 비판할 만하다거나 배워야 할 것으로 다루지 않기 때문이다.

◆

사유의 다양성은 지적인 대화 상대들과의 만남을 추구함으로써 이루어질 수 있으며, 이 정도의 특권을 모든 이가 쉽게 누릴 수는 없다. 나와 인터뷰를 했던 많은 철학자는 지혜로운 동료들에게 배운 경험을 많이 들려주었다. 마이클 프레인은 케임브리지 대학교의 지도교수였던 조너선 베넷Jonathan Bennett과의 매혹적인 대화를 생생히 기억하고 있었다. 프레인이 기억하는 베넷은 '불같은 열정과 에너지가 넘치는 인물' 그리고 그가 만나본 인물 중 '가장 논쟁을 좋아하고 상대하기 어려운 인물'이었다. "좋은 아침입니다"라는 아침 인사에까지 논쟁을 붙일 정도였다고 한다. 프레인의 논문 지도는 정오에 점심밥을 먹는 식당에서 시작해 대개 점심시간을 넘겨 계속되다가, 오후에는 베넷의 연구실에서 저녁 시간이 지나도록 끝나지 않았다고 했다. "정말 끔찍하게 힘들었지만 근사한 공부였어요." 프레인의 감상이다.

말 그대로 타인과 함께 사유할 수 없다면, 타인의 생각을 상상하는 것만으로도 도움이 될 수 있다. 많은 소설가가 그러하듯 레베카 골드스타인도 자신이 만든 캐릭터들에게 놀라움을 느끼기를 즐겼다. 그의 첫 소설 『몸과 마음의 문제The Mind-Body Problem』는 작가 자신과 전혀 다른 주인공의 1인칭 시점으로 쓴 소설이다. 골드스타인은 이 소설을 쓸 즈음 뉴욕 지하철에서 본 사소한 사건 하나를 회고한다. "처음에 (사건에) 반응한 것은 **나**였어요. 그런 다음 **그녀**(소설의 주인공)가 반응하는 소리를 들었죠. 그녀는 나보다 훨씬 더 재미있는 사람입니다. 그녀는 그 사건 전체에 관해 아주 재미있는 이야깃거리를 갖고 있었어요. 얼마나 기묘한 상황이었는지 몰라요. 이런 상황 때문에 난 혼자였다면 결코 생각하지 못했을 것들을 생각하게 됩니다." 골드스타인은 자신이 삶에서 중요한 온갖 것에 관해 생각하는 툴인 **관심 지도**mattering map라는 개념을 생각해 냈다. 이 개념을 만들어낼 수 있었던 것은 자기가 주인공의 관점 속에 살고 있었기 때문이라는 것이 골드스타인의 설명이다.

누구나 다 소설가의 상상력을 재능으로 타고나지는 못한다. 그러나 좀 다른 관점에서 사안을 보는 능력은 누구에게나 있다. 의도치 않게 다른 사람의 관점을 내면화할 때 사안을 다른 눈으로 볼 수 있음을 많은 이들이 경험하기 때문이다. 대부분 자기 아버지가 무슨 말을 할지, 동료가 무슨 생각을 할지, 자기 파트너가 어떤 반응을 보일지 아주 잘 알고 있다. 때로는 아예 남의 목소리를 떠올리려 애쓰기도 한다. 기독교도들은 '예수님이라면 어떻게 할까?'라고 질문한다(이럴 때 이들이 감히 하느님의 생각을 상상하는 불경죄를 저지르고 있다는 걸 딱히 의식하고 있는 것 같지는 않다). 더 지혜로운 사람이 무슨 말을 할지, 혹은 어떤 행동을 할지 생각하려고 애쓰는 것은 자연스러운 행동인 데다 대개 도움이 된다. 기이한 방식이긴 하지만, 이러한 사례들은 우리가 혼자 있을 때조차 다른 사람들과 함께 사유하는 것이 가능함을 시사한다.

◆

때로 집단적 사고는 해방이 아니라 감방처럼 자신을 가두는 사유가 될 수도 있다. 1978년 5월, 중국 언론《광명일보》에 '실천은 진리를 판단하는 유일한 기준이다'라는 제목의 평론이 실렸다. '특별 논평' 성격의 글이었다. 그로부터 20년 후 중국의 철학자 오우양 캉歐陽康은 그 평론을 두고 다음과 같이 평가했다. "그 평론은 모든 형태의 지식에 대해 그 진리 여부는 실천에 의해 판단되고 입증되어야 한다고 주장했다. 마르크스주의를 비롯한 모든 과학적 지식은 그것이 적용되는 특정 조건에 맞추어 실천을 통해 수정과 보완과 발전이 가능해야 한다는 것이 평론의 논점이었다."

중국 철학자들에게 이 사건은 '사유 해방'의 계기였다. "과거에는 강단철학이 늘 지도자들의 생각에 얽매여 있었기 때문에 독립적인 지위를 누리지 못했다. 그러나 1978년 이후 철학 연구는 비교적 자율적인 학문의 지위를 획득했다"라는 것이 오우양 캉의 진단이다.

1998년《철학자 매거진》에는 오우양 캉의 글이 실렸다. 이 사건은 서구 철학계에 놀라움과 각성의 계기를 마련해 주었다. 그의 글을 잡지에 실은 것만으로도 수많은 철학자는 자신이 운 좋게 누리고 있는 사상의 자유를 당연시해서는 안 된다는 것을 절절히 느낄 수 있었다.

서양의 경우 질식시킬 듯한 순응의 위협은 국가의 압제보다는 집단적 사고에서 유래한다. 타인과 함께 생각하는 일은 어마어마한 장점이 있지만, 합의가 지나칠 위험 또한 있기 때문에 다른 견해가 설 자리가 없어질 수 있다. 집단적 사고는 수많은 주요 기업이 실패하는 원흉으로 지목받아 왔다. 집단사고라는 개념을 만든 초기 개발자 중 하나인 심리학자 어빙 재니스Irving Janis는 미국의 쿠바 피그만 침공(1961년 쿠바의 피델 카스트로 정권을 붕괴시키기 위해 미국의 지원하에 반공 게릴라가 벌였다 실패한 쿠바 상륙작전―옮긴이)이라는 비극을 사례로 사용했다. 케네디 대통령과 그의 팀은 침공 작전의 정당성과 성공 가능성에 대한 중앙정보국의 견해를 무비판적으로 받아들였다. 작전에 의구심을 표명하는 사람들은 무시당했다. 1986년 우주선 챌린저호의 재난 역시 미 항공우주국 NASA이 발사 스케줄과 관련된 집단적 판단을 무비판적으로 수용했기 때문에 벌어진 비극이다. 팀의 핵심 구성원들이 심각한 안전상의 우려를 제기했는데도 이들의 의견이 진지하게 고려되지 않은 것이다. 집단사고는 견해의 유연성을 해칠 뿐 아니라 견해를 더 극단적인 방향으로 밀어붙이는 부작용을 낳을 수 있다.

집단사고는 산뜻하고 뚜렷한 현상을 기술하는 용어가 아니다. 집단사고는 동일한 원인과 증상을 늘 갖고 있는 정신질환도 아니다. 지나친 의견 일치와 순응을 만들어내는 다수의 방식을 포함한 포괄적 용어로 이해하는 편이 낫다. 이러한 집단사고를 예방하는 방법으로 비판적 사고만 있다면 괜찮다는 생각이 들 수도 있다. 그러나 이러한 낙천성 역시 인지 편향의 먹이가 될 위험이 있다.

철학을 예로 들어보자. 철학의 역사는 부다페스트학파, 이오니아학파, 교토학파, 르보프-바르샤바학파, 그리고 프랑크푸르트학파부터 빈학파, 미국 실용주의, 영국 경험론, 케임브리지 플라톤학파, 스코틀랜드 상식학파 같은 사조 및 운동으로 가득하다. 이 사실을 생각하면 철학만큼은 집단사고에 저항할 면역력을 갖추고 있다는 생각을 과연 진지하게 할 수 있을지 모르겠다. 오늘날에도 여전히 대학 내 철학과들은 철학에 대한 상이한 양식과 접근법을 다루고 있기 때문에, 심지어 영어권 국가에서조차 때로는 미묘하게, 때로는 아예 노골적으로 하버드, 옥스퍼드, 시카고 혹은 에식스 대학교 등 어느 학교에서 철학을 공부하느냐에 따라 철학에 대한 상이한 이미지를 갖게 된다.

철학자란 날 때부터 자유로운 사상가라고 생각하면 기분은 좋겠지만, 사실 알고 보면 한 사람이 보유하고 있는 철학 사상이라는 것은 대부분 그가 어디서 사유를 해왔는가에 따라 달라진다. 자신이 집단사고의 압력에서 자유롭다고 마음대로 생각할 경우 오히려 집단사고를 벗어날 확률은 극히 적다. 자신이 무리를 따르고 있다는 생각을 달가워하는 사람은 없지만 의도하지 않게 무리를 따라 생각하기란 깜짝 놀랄 만큼 쉽다. 어떤 이해관계 집단에서건 합의는 형성되기 마련이다. 그러므로 아무리 탁월한 비판적 사고력을 갖추었어도 일단 합의가 형성되면 그 합의 너머는 보기 어려워질 수 있다.

이러한 경향은 정치에 몸담은 보수주의자에게 특히 위험하다. 보수주의자는 많은 사회 관행과 규범을 정당화할 때 경험을 근거로 대기 때문이다. 해당 관행과 규범이 늘 합리적이지는 않는데도 경험이 효력을 입증해 주었다고 섣불리 주장하는 것이다. 보수 정치가이자 철학자인 제시 노먼은 '널리 통하는 어리석은 견해와, 군중의 지혜에서 유래해 널리 공유되는 상식을 구별하는 확실한 방법이 없다는 사실'을 시인한다. 합리적인 보수는 확립된 전통과 믿음이 최적일 수밖에 없다고 생각하지는 않지만, 그렇다고 전통과 믿음이 합리적이지 않다는 이유로 그걸 제거해야 한다고 생각하지도 않는다.

집단사고는 우리가 어쩔 도리 없이 굴복해야 하는 저항 불가능한 힘이 아니다. 재니스의 견해에 따르면, 케네디 행정부는 피그만 침공 실패에서 교훈을 얻은 덕분에 일 년 후 쿠바 미사일 위기를 제대로 돌파할 수 있었다. 능동적인 전략을 쓰면 순응을 막을 수 있다. 집단에서 리더는 자신의 관여를 최소화하고 비판을 독려해야 한다. 문제를 논할 때는 독립적인 집단이 다양하게 참여해야 한다. 외부 전문가에게 의견을 청하며 온갖 대안도 고려해야 한다.

개인 차원에서는 앞에서 말한 방식과 유사하지만 덜 공식적인 수단을 통해 집단사고에 저항해야 한다. 자신의 의견과 다른 견해, 자신이 속한 집단의 외부인들에게서 나오는 견해를 적극적으로 찾아야 한다. 동일한 자료나 비슷한 입장을 가진 정보만 얻는 일은 피해야 한다. 친구들과 동료들의 의견에 이의를 제기할 준비를 하되 공격적이거나 대치 국면을 만들지 않으면서 이의를 제기하는 방법을 습득해 두라. 생각에 대한 의리는 지키지 않아도 되지만 인간을 향한 의리는 유지해야 한다.

남의 생각을 따르는 시종이 되도록 자신을 내버려두면 인간과 생각에 대한 의리를 혼동하게 된다. 마이클 더밋의 설명에 따르면 과거 독일에는 "각 교수마다 학생들이 공부해 받아들여야 하는 고유한 체계가 있었다." 더밋은 후설 밑에서 공부하기 위해 프라이부르크로 갔던 남자에 관한 이야기를 들려주었다.

그가 후설의 집에 도착해 자신을 후설의 새 학생으로 소개했던 이야기를 들었어요. 후설은 직접 문간에 나와 그를 맞아주고 잠깐 기다리라고 한 다음 집 안으로 다시 들어가더니 책한 꾸러미를 들고 나와 말했답니다. "내 평생의 저작이 여기 있네"라고요. 그 학생은 그길로 돌아가 그 책을 다 읽고 다시 후설을 찾아와야 했죠.

더밋은 "난 그런 전통이 탐탁지 않습니다"라고 말했다. 그러나 도제살이를 연상시키는 철학의 제자 문화는 전통이 깊다. 중국과 인도에서는 예로부터 대가인 스승의 발치에서 공부하는 것이 당연시되었다. (아쉽지만 공부에 보상은 없었다. 여기서 발치란 물론 비유적 표현이다.) 제자도弟子道는 겸손, 그리고 자신만의 고유한 사상을 조금이라도 생각해내는 만용을 부리기 전에 오랜 기간 공부해야 할 필요를 가르친다. 자신만의 사상을 표현할 때도 독창적인 사상이 아니라 그저 고대 성현들의 말씀을 해석한 것으로, 겸허하게 드러내야 한다.

현대 영어 문화권의 철학에서 이러한 겸허함과 숭배의 문화는 타파되었다. 이제 철학을 공부하는 학생들은 첫날부터 위대한 철학자들의 주장을 가루가 되도록 부숴야 한다. 데카르트의 『성찰』 같은 고전 텍스트는 학생들이 비판 능력을 벼릴 '표적 사격 연습'용 텍스트로 사용된다. 경의를 표하는 일 따위는 절대적으로 배제된다.

나는 이러한 습관에 푹 젖어 있는 영어권 철학 문화의 산물이라, 독립적인 사유와 개방적인 비판을 하겠다고 약속한 것을 포기하기가 너무 어렵다. 그러나 이러한 비판 풍조는 남의 철학에 대한 공격에 착수하기 전에 특정 입장을 파악하는 데 시간과 노력을 투자할 필요성을 더 강조함으로써 어느 정도 완화할 수 있다. 현실에서 학생들은 자신 같은 철학의 초보자도 역사상 가장 위대한 철학 저작이라 추앙받는 텍스트에서 허점을 찾아낼 수 있다는 전제 때문에 혼란을 겪는다. 이해하기조차 쉽지 않은 위대한 철학 저작을 소개하면서 마구 비판해도 된다는 두 가지 모순된 메시지를 학생에게 던지는 꼴이기 때문이다.

따라서 불필요한 우상파괴식 비판과 노예근성 가득한 순응 둘 다 피해야 한다. 자신의 생각에 대한 독점적 소유권 의식도 버려야 하지만, 특정 사상가나 이론이나 학파에 대한 그릇된 충성심 역시 버려야 한다. 당파성 역시 버려야 한다. 이성적인 사유는 특정 인물이나 사상의 편을 드는 문제가 아니기 때문이다.

당파적 사유가 지닌 위험을 보여주는 가장 충격적인 사례 중 하나는 진정한 천재에, 카리스마와 기인의 풍모까지 갖추었던 비트겐슈타인 주변에서 조성되었던 추종 문화였다. 수년 동안 케임브리지대학교의 철학은 전적으로 비트겐슈타인의 지배 치하로 들어갔다. 학생들은 심지어 그의 매너리즘과 말하는 방식까지 모방했다. 물론 이러한 모방은 의도라기보다는 그저 비트겐슈타인을 향한 지나친 경외감의 결과물이었다.

스스로 비트겐슈타인을 크게 경외했던 스티븐 멀홀은 철학 연구가 결국 이 오스트리아 철학자의 '복화술사 노릇'을 하는 것으로 종결되고 마는 것이 얼마나 큰 위험인지 예리하게 인식하고 있었다. 그는 이렇게 말했다. "자신의 목소리를 완전히 함몰시키지 않은 채 비트겐슈타인과 함께 가면서도 그에게서 벗어나는 방법을 찾기란 지난합니다. 자칫하다가는 그가 이미 해놓은 업적을 되풀이하는 일밖에 되지 않으니까요."

다른 철학자의 시종 노릇을 하는 철학자는 대개 자신이 가장 좋아하는 사상가의 방법론과 생각을 취한 다음 가능한 한 넓게 그것을 적용하는 경향을 보인다. 멀홀은 '그러한 적용이 특정한 매력을 갖고 있다'는 점은 인정하지만 '그러다 자신이 하는 일을 기계적으로 만들 위험 또한 크다'고 지적한다. 멀홀은 비트겐슈타인을 추종하는 철학자들 1세대와 2세대가 이룬 성과 중 지나치게 많은 것들이 거의 패러디 언저리에서 위태롭게 흔들리고 있다고 생각했다.

멀홀이 제시하는 제3의 길을 가려면 '비트겐슈타인의 업적을 인정하고 그 업적에 계속 은혜를 입되 관련 주제에 대한 자신만의 관심을 훨씬 더 밀접하게 표현할 뭔가 해야 한다'. 이것이 온갖 뛰어난 사상으로 갈 수 있는 최상의 길이다. **우리는 좋은 사상이 기여한 바를 인정하되, 그것들을 버리거나, 그것들이 확실하고 영원한 진리인 듯 다루지 않으면서 앞으로 나아가야 한다.**

◆

특정 철학자 개인을 향한 절대적 충성보다 더 흔한 행태는 특정 학파를 향한 충성이다. 당파성이 드러나는 가장 뚜렷한 사례 중 하나는 소위 영어권 분석철학과 대륙철학의 분열이다. 이 분열이 시작된 것은 19세기 말이었고 20세기 중엽 들어 두 철학 사이의 틈새는 더욱 심하게 벌어져 다시 만날 수 없는 지경에 이르렀다.

영어권 철학과 대륙철학 사이의 분열은 칸트 이후 철학이 어떻게 나아가야 하느냐에 대한 의견 차이로 인식된다. 칸트는 우리의 지식이 **현상**phenomenal 세계, 다시 말해 외관의 영역에 제한

되어 있다고 주장했다. **물자체**noumenal의 본질적 세계는 알 수 없다는 것이다. 영어권 세계에서는 이러한 칸트의 입장을, 궁극적 실재에 대한 논의는 형이상학적 허튼소리로 모조리 잊고, 본질상 경험적이고 **현실적인** 철학 사유만 해나가도 좋다는 허가로 받아들였다. 이렇게 해서 영어권의 분석철학이 탄생했다. 반면, 대륙의 독일과 프랑스에서 칸트의 유산은 현상학의 발흥을 낳았다. 현상학은 '**우리의 세계 경험**에 대한 분석을 주된 책무로 삼은' 철학적 접근법이다. 이러한 접근법은 포스트 칸트주의라고 말할 만했다. 칸트의 철학을 받아들이면 **우리의 세계에 대한 경험**만이 결국 검토해야 할 전부가 되기 때문이다.

나는 분석철학과 대륙철학 사이의 이러한 골이 여러 사람의 생각처럼 깊다고는 생각하지 않지만, 수십 년 동안 이러한 구별은 차이를 과장하는 제도적 분열을 낳긴 했다. 철학 공부와 연구를 어디에서 했느냐에 따라, 철학자들은 칸트 이후 텍스트를 둘러싼 상이한 정전들을 읽고 상이한 전문용어를 쓰며 상이한 문제, 혹은 최소한 문제의 틀을 만드는 상이한 방식들을 사용하게 된다. 철학의 언어는 두 가지 상이한 전문용어들을 발전시키기 시작했고 시간이 지날수록 두 언어는 더 이상 서로 통하지 않기에 이르렀다.

사이먼 글렌디닝에 따르면 영어권 철학과 대륙철학의 분열은 상징적 의미 또한 띠고 있었다. 그는 역사적으로 철학이 스스로를 궤변과 구별해 왔다고 주장한다. 철학은 진실성을 갖춘 진짜 논증인 반면 궤변은 실체 없는 추론의 진열에 불과하다며 둘을 구별했다는 것이다. 이러한 구별이 생기면서 여러 반의어 쌍에도 다른 가치가 매겨졌다. '논리와 수사, 명료성과 애매모호함, 정확성과 막연함, 축어적 언어와 시적 언어, 분석과 사변' 따위가 그렇다. 앞쪽 항은 가치가 있는 개념, 뒤쪽 항은 가치가 없는 개념으로 의미화가 이루어진 것이다.

글렌디닝이 볼 때 철학은 자기 이미지를 보강하려는 목적으로 맞서 대항할 이런 '타자'가 필요했다. 따라서 글렌디닝의 견해로, 영어권 철학자들에게 대륙철학은 모든 철학적 사유에 내재된 가능성, 그러면서 동시에 모든 철학적 사유를 위협할 가능성, 내용인즉 철학을 공허한 궤변으로 변질시킬 가능성을 상징하는 가짜 화신이었다. 물론 대륙철학을 이렇듯 거짓 상징으로 만들어버린 것은 영어권의 자칭 분석철학이었다.

당파성은 **덩어리식 사고**cluster thinking를 독려함으로써 이성적 추론을 오염시킨다. 덩어리식 사고란 서로 독립적인 특정 신념들이 자연스러운 하나의 덩어리를 형성한다고 생각하는 편견이다. 덩어리식 사고는 정치에서 가장 명백히 드러난다. 가령, 오늘 나는 '레즈비언은 사회주의를 옹호한다'라는 스티커를 부착한 자동차를 지나쳤다. 그 말인즉슨 '동성애 해방은 자본주의하에서는 절대로 불가능하다'라는 뜻이다. 명백히 틀린 생각이다. 순수 자본주의는 **자유방임** 체제다. 자본주의는 돈을 쓸 의사만 있다면 우리가 누구와 자건 상관하지 않는다. 바로 이러한 이유로 기업들이 '동성애자의 구매력pink pound'을 향해 돌진하는 것이다. 기업들은 동성애자 축제와 LGBTQ 권리를 지지한다고 소리 높여 외친다. 그러나 레즈비언이자 사회주의자일 경우 이 두 가지 신념이 자연스럽게 한 쌍을 이루어 둘을 분리시킬 수 없다고 생각하는 유혹에 쉽게 빠질 수 있다.

미셸 옹프레Michel Onfray는 덩어리식 사고의 사례로 이슬람교 비판을 해선 안 될 금기로 보는 좌파 정치를 제시한 바 있다. 논란이 될 만한 사례일 수 있다.

> 한편에는 자본주의와 부르주아와 미국과 조지 부시와 이스라엘이 있고 다른 한편에는 팔레스타인, 이슬람 세계, 제3세계와 해방운동이 있어요. 이슬람 세계를 선택하면 부시와 서구 자본주의를 배척하는 것이라고들 생각합니다. 그러나 나는 그런 이분법에 반대합니다. 부시나 빈 라덴 중 한쪽 편을 들고 싶지 않아요. 20세기 소련과 미국 중 한쪽 편을 든 것은 커다란 실책이었죠. 사르트르와 레몽 아롱Ramond Aron은 이러한 이분법에 영향을 받아 사르트르는 사회주의를, 레몽 아롱은 자유주의를 열렬히 옹호했죠. 나는 그런 선택을 거부한 카뮈 같은 사람들 편입니다.

많은 정치적 논의는 덩어리식 사고에 아직도 가로막혀 있다. 미국 내 공화당 지지자들이 기후변화라는 현실을 받아들이지 않으려는 이유는 이들이 기후변화를 민주당의 대의명분과 동일시한 탓이 크다. 탄소세야말로 온실가스 방출을 줄이는 최적의 방안 중 하나임이 거의 확실하다. 그런데도 다수의 우파는 새로운 세금을 도입하는 정책이 지나치게 사회주의처럼 보인다는 이유로 탄소세에 반대한다. 반면, 또 많은 환경보호론자는 탄소세가 기존 자본주의 체제 내에서 효력을 발생시키는 방식을 마음에 들어 하지 않는다. 유럽에서는 좌파와 중도 정당들이 애국심과 이민이 문제를 초래할 수 있다는 생각을 받아들이지 않고 있다. 이런 생각이 우익의 외국인 혐오와 민족주의를 연상시킨다는 이유에서다.

미셸 옹프레가 이야기했듯, 덩어리식 사고는 잘못된 이분법을 만들어낸다. 잘못된 이분법은 이항 대립항을 선택지로 제시한다. 실제로는 단 두 가지 선택지 중에서만 택할 필요 없는데도 말이다. 가령 일부 환경보호주의자는 우리 앞에 놓은 선택지가 경제성장과 환경에 대한 부정적 충격을 줄이는 행동뿐이라고 주장한다. 거짓 이분법이다. 일부 경제 성장은 자원 사용을 증가시키지 않고 효율성만 늘려도 추진할 수 있다. 예컨대 효율성이 아주 높은 재생에너지는 전력을 많이 제공하면서도 온실가스와 천연자원 사용을 줄일 수 있는 친환경 에너지다. '성장이냐 환경이냐' 둘 중의 한 가지를 선택하라고 강요하는 잘못된 이분법은 환경을 생각하는 녹색 성장이 현실적으로 얼마든지 가능한데도 성장과 환경보호가 마치 형용모순이라는 듯한 뉘앙스를 풍김으로써 판단을 호도한다.

제시 노먼은 내게 다음과 같은 이야기를 해준 적이 있다. "우리는 이제 덩어리식 사고를 하며 살아가야 하는 지루한 시대를 벗어났어요. 특정 사안에 관해 일부 사람들이 알고 있는 특정 관점을 그 사안에 대한 지식 전체라고 생각하는 덩어리식 사고는 이제 필요 없습니다." 맞는 말이지만, 나는 노먼이 '우리'라고 지칭한 사람이 소수에 지나지 않을까 생각한다. 덩어리식 사고를 벗어나는 행태가 그저 덩어리식 사고를 반대하는 무리가 존재하는 정도가 아니라 시대정신으로까지 성장하면 얼마나 좋을까 생각한다.

◆

사유는 지나치게 독자적일 수도 있고 충분히 독자적이지 못할 수도 있다. 이상적인 균형은 과도한 독자성과, 집단에 대한 과도한 순응 사이 어딘가에 있다. 그러나 이러한 이상적 균형점이 정확히 절반 지점에 있는 것은 아니다. 균형점은 맥락에 따라 달라진다. 올바른 독자성이 독불장군의 견해라고 지지를 받지 못할 때도 있다. 그런 일은 언제 벌어질까?

리처드 스윈번의 말을 들어보자. "물론 내 견해는 극소수의 견해에 속합니다." 스윈번처럼 비물질적인 영혼을 믿거나, 신의 존재를 합리론 측면에서 옹호하는 철학자는 많지 않다. 그러나 스윈번은 이러한 상황을 문제로 보지 않는다. "나는 진리에 아주 관심이 많고 다른 사람들에게서 배우고 싶습니다만, 논쟁은 결국 갈 길로 갑니다. […] 어느 시대의 어떤 철학자건 다른 사람들과 대적할 수밖에 없고 최고의 철학자들 중 일부는 애초에 아주 극소수의 무리에 속해 있었습니다. 그러니 내가 소수파라는 것이 나의 큰 관심사는 아닙니다. 오히려 좋은 논증을 해야 할 필요성이 나의 관심사지요."

스윈번의 말은 경탄스러운 독자성을 갖춘 인물의 생각으로 읽힌다. 하지만 나는 스윈번의 견해나 철학이 이성의 고독한 목소리라고 생각하지 않는다. 우상파괴자로 자처하는 태도에 낭만적인 측면이 없지는 않지만, 냉철한 진실을 말하자면, 독자성이 지나친 사상가들의 생각은 그저 틀린 견해일 뿐일 때가 많다. 이런 사상가들은 대부분 스윈번의 논리와 비슷한 논리로 자신의 견해를 옹호하려 든다. 남은 것은 **독불장군의 역설**maverick's paradox이다. 독불장군은 집단이 아니라 증거와 논증을 따르려 노력한다. 당연히 옳고 그래야 한다. 그러나 당연히 옳은 과정을 따르는 독불장군은 대부분 옳지 않은 결론을 내린다. 그래서 독불장군의 역설이라 한다.

그러나 독불장군의 역설에서 역설이란 낱말에는 어폐가 있다. 어차피 진실은 민주주의처럼 다수결의 산물이 아니므로, 특정 주장을 하는 사람이 다수에 속하거나 소수에 속하는지 안다는 것만으로 진실 여부를 알 수 있는 것은 아니기 때문이다. 단, 역량 있는 전문가들이 합의한 문제에 대한 자신의 생각이 전문가들과 다를 경우, 정당성을 확보해야 하는 것은 전문가들의 의견이 아니라 전문가들의 의견에 반론을 제기하는 의견이 되어야 한다. 다른 조건이 모두 동등할 경우, 탁월한 합의에 홀로 반대하는 사람이 잘못된 논증에 빠졌을 가능성이 높다는 것이 이런 상황의 기본 전제이기 때문이다. 수학 문제를 받았다고 해보자. 합리적인 추론 능력이 있는 다른 경합자 20명이 모두 동일한 답을 냈는데 한 사람의 답만 다르다면 실수는 그 한 사람이 했을 확률이 거의 100퍼센트인 것이나 마찬가지다.

물론 수학 문제만큼 명징한 쟁점이란 거의 존재하지 않는다. 그러나 사안이 더 복잡하더라도 전문성과 증거가 있는 한, 다른 모든 사람의 주장이 틀리고 그 주장에 반대하는 자신의 주장이 옳다는 것을 입증할 부담은 반대 주장을 하는 쪽에서 진다.

예를 들어 여러분이 타일업자라고 상상해 보라. 여러분은 최상의 타일을 찾아 쓸 생각을 하고 있다. 그런데 거의 모든 업자가 표준적인 종류의 타일을 부엌에 쓰고 있다는 것을 알고 있다. 그러나 여러분은 다른 타일을 알아본다. 값은 약간 더 비싸지만 훨씬 더 질이 좋은 타일이다. 그 타일은 몇 년 동안 시장에 나와 있었는데 아직 인기를 끌지 못했다. 왜 그런지 의아할 지경이다. 여러분 생각에는 타일업계가 보수적이라 새로운 재료에 개방적이지 못한 것 같다. 그러나 여러분은 과거에 나왔던 근사한 신제품 중 결국 형편없거나 지나치게 비싼 것으로 판명된 제품들이 많다는 사실 또한 잘 알고 있다. 이 경우 이번 타일 제품만큼은 그런 물건들과 다르다는 것을 어떻게 확신할까?

신제품이 더 낫다는 것을 입증할 책임은 신제품을 만드는 사람들에게 있다. 옛 제품은 이미 시험을 통해 검증이 끝났기 때문이다. 이러한 입증 요구는 신제품에 대한 편견이 아니라 합리적 추론에 입각한 요구다. 기존의 제품은 필요에 따라 품질에 대한 증거 기반이 수년에 걸쳐 축적된 반면 신제품을 그렇지 않기 때문이다.

신제품이 낫다는 것을 입증할 책임은 앞에서 언급했던 오류 가설, 즉 다수가 옳지 않은 이유를 밝히는 가설을 제공하기 위함이다. 다수가 옳지 않은 의견을 내는 이유는 그들이 최근 들어서야 밝혀진 핵심 정보를 갖고 있지 못해서일 수도 있다. 아니면 여러분이 다수가 그저 보수적이라 옳지 않은 견해를 갖고 있다고 냉소적으로 생각할 수도 있다. 만일 정말 그 보수적인 사람들이 증거 하나 대지 못하면서 신제품이 쓰레기라고 말하면 여러분의 냉소적인 설명에 신빙성이 생길지도 모른다. 하지만 신제품 타일을 써보고 만족스러운 결과를 얻지 못한 사람들에 대해 신제품 반대자가 알고 있는 바가 있다면 여러분의 오류 가설은 힘을 잃는다.

타일업자의 고객에게도 동일한 원리가 적용된다. 타일업자 열 명 중 아홉 명이 더 비싼 타일이 제값을 못한다는 데 동의하는 경우, 그 사실은 비싼 타일이 가치가 없다고 추론할 합리적 근거가 된다. 물론 그 추론은 반대할 수 없을 만큼 확실하지는 않다. 논쟁에 열린 태도를 견지해야 한다. 그러나 다른 수많은 타일업자들의 의견에 반대하는 타일업자 한 사람의 특정 의견일 경우에는 그 의견을 수용하는 것이 지혜롭지 못한 결정일 수 있다. 많은 타일업자들의 견해를 따르는 결정은 '무리를 따르는' 순응적 태도가 아니라 전문가의 합의를 중시하는 판단이다.

입증의 책임은 다수의 의견을 지지하는 사람보다 반대하는 사람에게 더 크다. 다수의 의견이란 가장 포괄적인 증거에 입각해 가장 유능한 심판자가 내리는 판단을 반영한다고 생각하는 편이 대체로 합리적이기 때문이다. 그렇다고 다수의 의견에 반대하는 사람들이 늘 틀리다는 말은 아니다. 또 다수의 의견을 늘 기각해야 한다는 말 역시 아니다. 입증의 책임이 소수의 의견을 지닌 이에게 있다는 것은 소수 의견을 내는 사람의 의견을 받아들이기 전에 더 주의를 기울이는 것이 편협한 집단사고가 아닌 이유를 설명해 준다.

입증의 책임이 기존의 의견에 반대하는 사람이 아니라 그 의견에 찬성하는 사람에게 있을 때도 있다. 가령 정치와 공공정책 분야의 경우 재닛 래드클리프 리처즈는 이에 관해 다음과 같이 말한다. "특정 정책이 일부 분명한 위해를 초래하는 경우, 그 정책이 해를 초래하지 않는다는 것이 입증될 때까지, 그 정책이 부당하다는 전제에서 출발하여, 정책에 찬성하는 이들에게 정책이 부당하다는 전제를 무너뜨려보라고 문제를 제기해야 합니다." 소위 전문가라는 사람들이 무슨 말을 하건 어떤 정책이 명백히 해를 끼친다면 입증의 책임은 그 정책에 찬성하는 사람들이 져야 한다.

이러한 사례는 입증의 책임이 늘 진보주의자나 개혁가들에게 있지 현상을 옹호하는 이들에게는 전혀 없다고 생각하는 보수주의자에 대한 반론이다. 보수주의자의 견해는 변화란 늘 의도치 않은 결과의 위험을 몰고 오기 때문에 아무것도 하지 않는 결정에 비해 더 강력한 논증이 항상 필요하다는 것이다. 내 생각에 래드클리프 리처즈의 주장은 이런 신중함의 원칙을 맹목적이고 보편적으로 적용하면 안 되는 이유를 잘 설명해 준다. 현상 유지가 해를 끼치는 것이 명백할 경우 입증의 책임은 개혁주의자들보다 보수주의자들에게 있다.

내가 가장 좋아하는 사례는 여성이 소방관 등 종래에 주로 남성이 종사하던 직업에 종사하지 못하도록 금지했던 조치에 관한 것이다. 이러한 업종 성차별은 노동력의 절반인 여성을 특징 직업군에서 배제한다는 점에서 분명 사회적 해를 끼친다. 차별 방침의 정당성을 입증할 책임은 정책을 바꾸자고 주장하는 소수 개혁가가 아니라 현상을 유지하고 싶어 하는 다수 보수주의자에게 있다. 반론에 대한 반론도 만만치 않다. 가령 성별 직업 차별 논쟁 때 쓰이는 핵심 반론 중 하나는 일부 직종의 경우 여성에게는 충분치 않은 일정 수준 이상의 신체적 힘이 필요하다는 것이다. 그러나 리처즈의 주장대로 이런 반론은 터무니없다. 신체적 힘이 기준이라면 해당 일을 할 때 필요한 신체 능력을 검증하는 테스트를 해야지 성별을 기준으로 판단해선 안 된다.[3]

리처즈의 주장에 의하면, 이런 사례들을 통해 알 수 있는 점은, '일상생활에서 벌어지는 논증 대부분이 자신이 옹호하고 싶은 결론에서 출발해 그 결론을 정당화하는 논리를 마구 꾸며대는 쪽으로 작동하고 있다는 것이다.' 아닌 게 아니라 리처즈는 이미 정립된 차별 관행을 옹호하는 진부한 논증이 '허울만 좋은 비논리'로 드러나는 경우가 얼마나 빈번한지 알고 깜짝 놀랐다고 말했다.

입증의 책임이 어느 편에 있는지 합의하는 일이 늘 쉽지는 않다. 가령 공중보건 위급성의 맥락에서 특정 치료법이나 백신이 안전하다는 것을 입증하는 제약회사의 책임은 실제만큼 강하지 않을 수 있다. 그런데도 입증의 책임이 어디 있는지 묻는 습관은 분명 유용하며, 대개 깜짝 놀랄 만큼 명료한 답이 있다.

◆

자신이 결론을 내리더라도 다른 전문가에게 아주 의지하지 않을 수는 없다. 다른 사람들에게서 배우는 이점을 누리는 한편 그렇기 때문에 일부 포기하고 받아들여야 하는 것도 있다. 전문지식 중 일부는 믿을 만한 지식으로 그냥 신뢰해야 한다는 것, 그리고 전문가들이 말하는 모든 것을 입증할 수 없다는 것을 받아들여야 한다. 여기서 질문 하나가 도출된다. 전문가의 전문성을 판단할 전문성이 정작 내게 없을 때 어떤 전문가를 신뢰해야 할지 어떻게 알 수 있을까?

나는 **인식론적 선별**epistemological triage을 제안해 왔다. 전문지식이라고 주장하는 지식을 평가해서 선별하는 방법이다.[4] 선별의 1단계는 전문지식이라고 주장하는 지식의 분야가 있는지 살펴보는 것이다. 해당 분야가 전문지식이 있다고 믿을 수 있는 근거가 있나? 근거가 있다면 전문성은 어느 정도나 되는가? 가령 여러분이 코로나19를 부정하는 음모론으로 끌려 들어가 본 적이 있다면 바이러스가 존재하지 않는다는 주장을 맞닥뜨리게 될 것이다. 이 경우 바이러스학, 공중보건, 의학, 병원 관리 등 이 문제에 대한 결론을 내려 줄 수 있는 탄탄한 관련 전문 분야가 있다는 것을 믿을 이유는 차고 넘친다.

해당 문제를 다루는 전문 분야가 있다는 것을 확실히 알았다면 이제 선별의 2단계는 관련 전문가가 누구인지 알아내는 것이다. 코로나19를 부정하는 많은 사람이 전문가의 의견을 인용하지만 대개 이 전문가들은 관련 분야의 전문가가 아니다. 예를 들어 힉스 보존 입자를 연구하는 물리학자가 사람들이 호흡기 질환에 걸리는 이유를 알고 있어야 할 이유는 전혀 없다. 코로나19에 어울리는 전문가는 바이러스학자, 공공보건 관련 공무원, 의사, 병원 관리자들이다.

이렇게 말하니 너무 당연한 게 아닌가 싶겠지만 사람들이 '막연한 전문가'를 전문가로 대우하는 경우가 얼마나 많은지 알면 놀랄 것이다. 언론이 '과학자의 말에 따르면'이라는 표현을 그토록 자주 쓰면서도 막상 어떤 종류의 전문가인지 언급하지 않는 경우가 얼마나 잦은지, 심지어 기자가 자신이 말하는 내용이 과학적 문제인지조차 말하지 않는 경우가 얼마나 많은지 한번 생각해 보라. '과학자들 말로는 우리에게는 자유 의지가 없다'라는 말이 있다. 내가 제일 자주 사례로 드는 말이면서도 제일 혐오하는 말이다. 자유 의지는 과학이 존재 여부를 보여주거나 말거나 할 수 있는 문제가 아니다.

더 일상적인 문제를 따져보자. 전기기술자는 가옥 전기 시스템 전문가일 수는 있지만 꼭 인테리어 장식 전문가거나 인체공학 전문가는 아닐 수 있다. 그러니 인테리어 제품을 고르고 어디다 두어야 할지 전기기술자의 의견에 따르려 한다면 조심해야 한다. 경제학자라면 GDP를 올리는 데 가장 좋은 고용정책이 무엇인지 알 수 있겠지만 고용정책이 공동체와 노동자의 안녕에 어떤 영향을 끼치는가에 관해서는 아무것도 모를 수 있다. 의사는 상이한 형태의 치료 예후를 환자에게 말해줄 수 있겠지만 환자가 우선시하는 것이 살아갈 햇수를 늘리는 것인지 남은 삶의 질을 높이는 것인지는 말해주지 못한다.

전문성 맹신을 경계하는 태도야말로 전문가를 경시하는 최근의 세태를 막는 데 꼭 필요하다. 전문가들을 불신하는 이러한 태도의 뿌리는 엘리트라면 무턱대고 의심하고 보는 신종 포퓰리즘 분위기에 있다. 자크 랑시에르Jacques Rancière는 대중을 경멸하는 엘리트들의 오만이 민주주의를 위협한다는 포퓰리스트들의 의견에 동의한다. 그러나 문제는 전문성 자체가 아니라 랑시에르가 제시한 이른바 '전문성의 독점, 다시 말해 전문성은 한 가지뿐이다'라는 관념이다. 이런 종류의 엘리트주의가 비민주적인 이유는 민주사회라면 다수의 전문성을 근거로 결정을 내려야 한다는 것을 이런 태도가 거부하기 때문이다.

전문성의 영역이 있고 관련 전문가들이 있다는 것까지 확인하면, 선별의 3단계는 논의 중인 특정 전문가를 정말 믿을 수 있는지 질문하는 것이다. 예컨대 9·11 테러에 관한 음모론의 경우 관련 전문가들은 테러로 인해 건물이 붕괴했을 때 비행기 충돌

이외에 다른 내부 폭발이 필요하지 않았다는 데 거의 다 동의한다. 따라서 이들을 불신할 이유는 전혀 없는 셈이다.

그러나 신중을 더 기해야 할 때가 있긴 하다. 자폐증의 원인이 MMR(홍역·볼거리·풍진) 백신 때문이라는 가설을 예로 들어보자. 의학은 적법하고 타당한 분야이고 이 가설을 제시한 앤드루 웨이크필드Andrew Wakefield는 내과의이자 논문 실적도 좋은 의학 전문가로서 손색이 없는 인물이었다. 심지어 자폐증과 MMR 백신 간의 연관성을 잘못 주장한 그의 논문은 동료 심사를 거치는 저명한 학술지《랜싯The Lancet》에 실렸다. 표면상으로 그는 검증을 통과했다.

하지만 더 면밀히 살펴보면 웨이크필드의 주장이 그의 전문성 한도 내에서 이루어지지 않았다는 것이 분명해진다. 그의 논문은 백신과 자폐증 사이에 인과관계가 전혀 발견된 바가 없다고 명시적으로 밝혔고, 더군다나 그의 연구 결과는 고작 12명의 환자를 기반으로 한 것이었다. 웨이크필드가 선을 넘어 MMR 백신 접종을 중단하라는 요청을 한 것은 기자회견과 보도 자료를 통해서였다. 그의 동료들은 찬성한 적이 없는 요구였다. 이미 살펴보았지만 누구나 인정하는 전문성이 존재하는 분야에서, 다수의 사람들이 틀리고 자신이 맞는 이유를 입증할 책임은 다수의 견해에 반대하는 사람에게 늘 있다. 웨이크필드는 정확히 이러한 사례에 속하는데도 입증의 책임을 다하지 않았다.

설사 동료 검토를 받은 웨이크필드의 논문이 원래보다 더 강력한 결론을 끌어냈다손 치더라도 과학에서는 어떤 가설이건 한

번의 연구만으로는 확립되지 않는다. 우리는 대개 어떤 논문이 이런저런 것이 진실이라는 것을 '보여준다는' 내용에 관해 읽지만 거의 대부분의 논문은 그것이 진실일 수도 있다는 것을 '암시할' 뿐이다. 새로운 발견은 무엇이건 다른 연구들이 확증해 줄 때까지 더 많은 연구가 필요하다는 징후로 다루어야 한다.

세월이 가면서 웨이크필드의 가설을 신뢰할 수 없다는 것이 훨씬 더 명확해졌다. 다른 연구자들은 그의 발견을 논박했고, 웨이크필드의 연구에 참여한 피험자들이 MMR 백신 제조사를 상대로 소송을 준비하려던 부모집단에서 모집되었다는 것, 그리고 연구 자금 중 많은 액수가 그 소송에 이해관계가 있는 단체에서 흘러들어 왔다는 사실이 밝혀졌다. 웨이크필드의 사례는 나쁜 사고에 맞서 우리 자신에게 면역접종을 해야 할 현실적 필요가 있음을 잘 보여준다.

인식론적 선별은 누구를, 얼마나, 무엇을 믿어야 할지 결정할 때 도움을 준다. 가령 어떤 주장이 점성술에 관한 것이라면, 점성술 분야는 나름의 역사가 있다는 사실과 작용 방식에 대한 지식을 제외하면 전문성이랄 게 없다고 생각할 이유가 충분하다. 미래에 대한 점성술사의 의견은 술집에 혼자 앉아 다른 손님에게 지루한 이야기나 늘어놓는 술집 죽돌이의 의견과 가치 면에서 하등 다를 바 없다. 쟁점이 무엇이건 해당 분야에서 최상의 전문가들과 관련 글을 찾아야지, 대충 무작위로 아무 사람이나 고르거나, 베스트셀러 혹은 유튜브 시청자 수가 제일 많은 의견을 골라서는 안 된다.

특정 분야에 진정한 전문성이 있는지 자체가 불분명할 때도 있다. 많은 사람이 특정 단체에 소속되어 있거나 승인을 받았거나 자격이 있다는 이유로 신임을 얻는 듯 보인다. 그러나 그들의 주장을 꼼꼼히 살펴보면 대개 별 가치가 없다는 것을 알게 된다.

전문성과 비전문성 간의 경계가 뚜렷하지 않은 예를 보자. 어떤 사람이 신경언어프로그래밍Neuro Linguistic Programming, NLP 전문상담사Master Practitioner라고 한다. 직업 자체가 인상적으로 보일 수 있다. 그러나 신경언어프로그래밍은 아직 정부의 관리나 규제를 받지 않는 직종이므로, 그가 이 직종에 종사한다는 사실에서 알 수 있는 정보는 그가 NLP 브랜드를 사용하는 영리단체가 자격증을 발부하는 유료 교육과정을 성공적으로 이수했다는 것뿐이다.

그 직종의 가치를 판단하려면 NLP가 무엇인지, 그 분야의 주장이 타당한지를 더 알아보아야 한다. 그러려면 다른 심리치료 전문가들의 평가를 살펴보아야 하고 또 그러려면 다시 심리치료 자체의 신뢰성에 대해서도 어느 정도 평가해 두어야 한다. (독자 여러분이 NLP에 대한 결론을 스스로 내리길 바란다. 숙제라고 생각해도 좋다.) 이 문제의 진상을 확실히 규명할 방법은 없다. 아마 평생을 연구해도 불가능할 것이다. 매 단계마다 일정 정도 신뢰를 가져야 하고 자신의 판단에 의지할 수밖에 없다.

사안을 판단할 방법이 이 정도라니 불만스러울지도 모른다. 이때 오노라 오닐의 말에 귀 기울여 보자. "아무것도 믿지 못하는 삶이라는 관념은 내가 보기에는 정말 유치한 망상처럼 보입니다." 오닐이 보기에 '증거와 확약을 얻어 신뢰가 전혀 필요 없는 삶을 영위할 마법'은 존재하지 않는다. 그녀는 자동차 구매라는 일상적인 사례를 들어 자신의 견해를 설명한다. "난 자동차 전문가가 아니니까 다른 사람에게 의지해야 해요. 누구에게? 왜? 그 사람이 완벽히 객관적이라는 보장이 있을까요? […] 얻을 수 있는 건 불완전한 증거뿐이니 결국 이래저래 도박을 걸어야 하죠."

전문성에 대한 존중은 필요하고 또 바람직하지만, 자동적이고 무비판적이어서는 안 된다. 세상에는 사이비 전문가도 많다. 심지어 진정한 전문가들조차도 절대적인 신탁을 전달하는 존재로 여겨서는 안 된다. 우리 중 많은 이들은 각자 깊이 존경하고 우러러보는 전문가가 있지만, 사실은 그들에게조차 질문을 던질 준비가 되어 있어야 한다. 전문가들을 존경하고 개인을 존중하되 결코 그들의 시종이 되지 말라.

◊ 다른 사람의 생각에 주의를 기울이라.

◊ 지식이나 지성과 관련된 문제를 고민하고 있다면 홀로 풀려 하지 말고 다른 사람들과 함께 풀려 노력하라.

◊ 자기 생각을 건설적으로 비판하도록 노력하라.

◊ 자신의 관심사나 학문, 문화 너머로 눈길을 돌리라. 다른 지식을 존중하는 태도를 견지하되 무비판적으로 받아들이지 말라.

◊ 존경하는 이에게 물을 수 없다면 그가 어떻게 생각할지 상상하라.

◊ 자신이 집단적 사고에서 자유롭다고 자신하지 말라. 집단적 사고에서 자유로운 사람은 없다.

◊ 정보를 똑같은 자료나 비슷한 입장의 자료에서만 구하지 말라.

◊ 의리는 생각이 아니라 사람에게 지켜라.

◊ 덩어리식 사고를 피하라. 독자적인 타당성이 있는 생각들을 한데 묶을 수 있다는 사고는 위험하다.

◊ 거짓 이분법을 거부하라. 잘못된 이분법은 복잡한 문제를 가짜 이항 대립으로 환원해 선택을 강요한다. 대체로 둘 중 하나를 고르는 이분법적 사고는 양비론이나 양시론을 은폐하고 있다.

◊ 입증 책임이 어디 있는지 질문하라. 명백한 해악이 있는 경우 입증의 책임은 그 해악을 일으키는 원인을 옹호하는 쪽에 있다.

◊ 귀를 기울여야 할 전문가를 고를 때는 먼저 전문성을 논할 만한 분야인지를 알아본 다음, 누가 전문가인지, 주장을 경청할 만큼 특정 전문가가 신뢰성을 갖추고 있는지 검토하라.

11장

연계

지식과 정보를
올바르게 연결했는지 점검하라

◇ 이론에 사실을 끼워 맞추지 말고

   이론을 생각의 도구로 사용하라.

◇ 진리의 중요한 일부를 진리 전체로 오해하지 말라.

◇ 상상력으로 관념과 직관을 만들고

   이성으로 그것을 분석하라.

누구도 처음부터 완벽할 수 없다.

인생에는 처음엔 알 수 없는 것이 너무 많다.

완벽함에 도달하려면

알 수 없는 것이 많다는 데서 시작해야 한다.

– 표도르 도스토옙스키, 『백치』

슬라보예 지젝은 자유주의 다문화주의자들의 모순에 관해 흥미로운 견해를 갖고 있다. 그의 말을 들어보자. "한편으로 그들은 상대 문화권에 속하는 사람을 격상시키고 이상화합니다. 타자의 이상화죠. 그러나 다른 한편으로는 상대가 동성애나 여성의 권리 등의 주제를 건드리는 순간 그들은 상대에게 겁을 먹습니다."

지젝은 '관용'이라는 단어가 대개 더 깊은 적대감을 은폐한다고 생각한다. 그는 설명을 덧붙인다. "자유주의 다문화주의자들이 '서로에게 관용을 베풉시다'라고 말할 때 그 말이 실제로 의미하는 바는 '서로 충분한 거리를 두고 지냅시다'라는 것입니다." 지젝은 자유주의자들이 다른 문화권들의 전통과 관행을 이상화하면서도 그들의 전통과 관행을 따를 어떤 의무도 느끼지 않는다고 혹평한다. "이런 태도는 자기 폄하, 타자에 대한 허위 존중만이 아닙니다. 자유주의 다문화주의자들은 실제로는 은밀히 자신에게 특권을 부여하죠. 다시 말해 타자는 특정 정체성의 제약을 받는다고 인식하는 반면 자신은 진정한 의미에서 보편적이라고 생각한다는 뜻입니다. 자유주의자들의 관용은 그들의 은밀한 특권적 위치, 즉 보편적 위치나 다름없어요."

이와 같은 계기들을 통해 지젝은 이 시대 가장 흥미롭고 도발적인 사상가 중 하나로서 자신의 명성을 확고히 한다. 내 생각에 지젝의 견해가 어긋나는 것은 그가 자신의 분석에 이론적 토대를 제공하려 할 때다. 그가 한 말을 들어보자.

라캉의 관점에서 보자면, 보편적 인간이라는 이 순수한 개인은 순수한 상징적 개인입니다. 반면 라캉이 이른바 판타지의 핵심hard core이라고 한 '소문자 대상 a(objete petit a)'(타자를 나타냄—옮긴이)는 순수한 상징적 개인 외부의 존재, 칸트의 관점에서는 불완전하고 병에 걸린 나머지 존재들이라고 할 수 있죠. 하지만 칸트 철학의 의미를 따져보면 우리는 소위 '물자체', 순수한 인성 형태의 주체성을 가질 수 없어요. 연대와 결속이 제 기능을 하려면 최소한의 병적인 상태가 필요합니다. 나는 정신분석에서 이러한 연대가 가능하다고 생각해요. 모든 문제가 관용과 불관용이라는 층위에 있는 것이죠. 우리가 사랑에 빠지는 이유는 욕망의 대상인 '소문자 대상 a' 때문입니다.

동시에 이 닿을 수 없는 a는 바로 우리를 괴롭히는 상대의 성질, 혹은 타자성이기도 합니다. 그러니 그 타자에게 지나치게 가까워지는 것을 두려워하는 거죠.

슬라보예 지젝의 특히 심각한 문제는 주체할 길 없이 터져 나오는 장황한 언변이다. 내가 보기에 지젝의 가장 큰 단점은 말하는 모든 내용에 라캉의 정신분석 틀을 가져다 붙이는 것이다. 그 덕에 그의 주장과 분석에 무게와 깊이가 더해진다 해도, 그것은 그의 주장과 분석이 더욱 장황해지고 제 기능을 할 수 없을 만큼 둔해진다는 의미에서지 별다른 의미는 없다.

설사 독자 여러분 중 지젝이 나쁜 사유의 사례로 어울리지 않는다고 생각하는 분도 있을 것이다. 그럴지라도 나는 우리의 생각과 주장을 특정 이론의 틀에 욱여넣는 경우 명료한 사유에 득보다는 실이 많다는 것을 여러분이 납득했으면 좋겠다. **생각들을 연계하는 목적은 더 큰 그림을 보는 것이어야 한다.** 이론은 중요한 설명 도구이므로 이론은 물론 필요하고 공부도 해야 한다. 그러나 십중팔구 한 가지 이론에 묶여 온갖 사안에 연결시키려 그 이론을 이용하는 것은 좋은 사유에 도움이 되기는커녕 오히려 방해가 된다.

이론은 대개 철학에서 중심 무대를 차지하기 때문에 철학의 역사는 마치 '무슨 무슨 주의'의 역사로 비칠 공산이 크다. 어떤 철학 개론서를 읽거나 철학 과목을 들어도 학생들은 먼저 경험주의, 합리주의, 공리주의, 플라톤주의, 실존주의, 유학 사상, 도가 사상, 실용주의 등에다가, 현상학과 의무론deontology처럼 이름도 희한한 '학문이나 이론'을 알아야 한다는 지침을 받게 된다. 인도 철학의 경우 니야야Nyāya파, 삼키아Saṃkhyā파, 요가Yoga파, 베단타 Vedānta파, 불교, 자이나교, 차르바카Cārvāka 학파, 아지비카Ājīvika 교 등 정통파와 이단의 목록을 받게 된다. 이 다양한 '주의와 이론'의 목록에서 상이한 입장들은 깨끗하게 분리되며 어느 입장이 옳거나 정확한지는 선택의 문제가 된다.

그러나 이러한 범주에 욱여넣은 철학자들 대부분은 해당 범주에 산뜻하게 들어맞지 않는다. 경험주의자와 합리주의자 사이의 표준적 구별을 예로 들어보자. 교과서에는 경험주의자의 견해가 지식이란 세상에 대한 우리의 경험에 기반을 두는 한편, 합리주의자들의 견해는 관찰의 도움 없이 이성의 작용만으로 중요한 진리 대부분을 발견할 수 있다고 믿는 것이라 되어 있다. 이런 분류를 기반으로 한다면 아래에 소개하는 철학자 A와 B는 각각 어느 범주에 넣어야 할까?

철학자 A는 감각 지각이 대개 우리를 속인다는 것을 관찰한 다음 모든 것을 의심하는 보편적 의심법을 채택했다. 그는 인간 해부학을 공부했다. 그의 저작 중 하나에는, 불꽃이 손의 신경 말단을 자극해 뜨겁다는 감각을 뇌까지 전달하는 과정을 보여주는 그림이 포함되어 있다. A는 모든 지식의 기초는 우리 자신이 해당 지식을 알고 있음을 자각하는 상태라고 주장했다. 거짓이 아니라고 확신할 수 있도록 관찰이 가능한 유일한 것은 그뿐이기 때문이라는 것이다.

철학자 B는 사실 명제에서 가치 명제를 도출할 수 없다고 주장했다. 결론인 가치 명제에 포함된 '당위'가 그 가치 명제의 전제가 되는 사실 명제에는 없다는 이유에서다. 그는 또한 원인과 결과에 대한 우리의 생각이 세계에 존재하는 인과의 관찰에 기반을 둔 것이 아니라고 주장했다. B에게 확실성이란 '관념들 사이의 관계'를 추론할 때만, 다시 말해 입증해야 하는 진리가 경험적 성격이 아니라 논리적 성격을 지니고 있을 때만 가능한 것이었다.

독자 여러분은 A와 B가 누구인지 이미 눈치챘을 것이다. 한 가지 논점을 입증하기 위한 일종의 '미끼용 문제'로 고른 예시이기 때문에 금세 알아볼 수 있다. A는 위대한 '합리주의자' 데카르트다. 앞의 단락을 보면 그는 마치 경험주의자처럼 보인다. 반면 철학자 B는 경험주의자 데이비드 흄이다. 위의 문구에서 그는 마치 합리주의자 같다. 물론 내가 고른 사례는 체리피킹(내게 유리한 것을 고르는 오류―옮긴이)의 결과물이긴 하지만, 불분명하거나 주변적인 내용은 결코 아니다. 위의 내용은 흄과 데카르트의 중심 사상 중 일부다.

두 철학자의 접근법에는 이들을 합리주의자와 경험주의자로 범주화해도 될 만한 차이가 실제로 존재한다. 그러나 이러한 범주를 전면화하는 것은 대개 도움이 되지 않는다. 실제로는 두 철학자 모두 경험 추론을 했고 논리 분석의 형식을 사용했기 때문이다. 중요한 것은 이들이 적기에 올바른 종류의 논증을 사용해 올바른 결론을 이끌었느냐지 이들이 경험주의자이냐 합리주의자이냐가 아니다.

또 한 가지 기억해야 할 점은 이 범주 중 많은 것들이 해당 철학자들의 사후에 회고적으로 붙었거나, 최소한 실제 사상이 나온 이후에 중요성을 부여받고 명료해졌다는 것이다. 많은 철학자들은 살아서 활동하던 당시엔 그저 문제를 해결하려고 노력했지 자신이 어떤 집단이나 학파에 속하는지 신경 쓰지 않았다. 가령 키르케고르는 실존주의의 아버지로 유명하지만, 자신의 자식이나 다름없는 철학이 속한 사조의 이름조차 몰랐다. 키르케고르는 실존주의라는 용어가 처음 쓰이기 전에 활동했기 때문이다. 유물론자인 로크와 흄은 분명 자신들이 18세기 아일랜드의 철학자 조지 버클리George Berkeley와 경험주의자로 한데 묶여 분류되고 있다는 사실을 알면 깜짝 놀랐을 것이다. 버클리는 실재란 본질적으로 정신적인 성격의 것이라고 주장한 인물이기 때문이다.

때로 범주라는 라벨은 시대착오의 오류를 저지를 뿐 아니라 어이없을 만큼 부정확하게 쓰이기도 한다. 가장 흔히 남용되는 라벨이 바로 '포스트모던'이다. '포스트모던'이라는 용어는 대문자 T로 쓰는 '진리Truth'에 관해 조금이라도 의심하는 철학자라면 누구에게든 적용되는 듯 보인다. 니체는 '포스트모던'이라는 용어가 존재하기 100년 전에 저술 활동을 했는데도 흔히 포스트모던 철학자라 불린다. 스티븐 핑커 같은 사람들이 진리와 이성의 중요성을 옹호한다면서 그 작업에 이런 라벨을 붙이는 것을 보면 좀 당혹스럽다.[1] '신자유주의'와 '자본주의', '포스트모던'이라는 용어는 공적 담론에서 너무 느슨하게 쓰이는 통에 이제 진짜 의미를 죄다 잃어버린 듯 보인다.

불행히도 지금 우리 시대의 철학 교육은 때때로 라벨을 마구 갖다 붙이라고 독려한다. 학생은 과제로 내야 하는 글에서 특정 쟁점에 특정 이론을 적용해야 한다. 가령 존엄사 문제에 공리주의적 관점을 적용해 개괄하라는 식이다. 이러한 과제는 이런 쟁점들에 적용할 공리주의 관점이 '하나'만 있다는 인식을 조장한다. 실제로 공리주의자들 사이에도 다양성이 큰데 이러한 다양성은 고려되지 않는다. 도덕철학자 로저 크리스프Roger Crisp에 따르면 "사람들은 철학 논쟁에서 칼로 베고 찌르는 일을 즐긴다." 이렇게 되면 논쟁에 참여하는 사람들은 명확하게 규정된 논쟁 상대를 설정하고 그중 한쪽에 자신을 위치시켜야 한다.

◆

영국의 정치철학자 조너선 울프Jonathan Wolff는 한 가지 '주의나 이론'에 갇히는 일을 경계할 방법론적 원칙을 알려준다. "대체로 누군가 한 분야를 오랫동안 집중적으로 생각하는 경우, 그래서 지성과 심층적인 사유를 거쳐 명료하게 구축한 사유체계를 제시하는 경우 그것이 모조리 잘못된 체계일 확률은 극히 적습니다. (그렇지만) 사람들이 가장 흔히 저지르는 실수는 진리의 일부를 얻어놓고 다 얻었다고 생각하는 것입니다."

가령 나는 마르크스주의자는 아니지만, 마르크스가 다수의 예리한 통찰과 분석을 했다는 사실을 몰라본다면 바보가 될 것이다. 또 나는 신자유주의자가 아니지만, 그렇다고 시장의 효율성에 관해 신자유주의가 주장하는 전부를 무시해야 한다고 생각지는 않는다. 그러나 세계를 보는 한 방식에 지나치게 집착해 모든 사안을 똑같은 렌즈로 보게 되기란 아주 쉽다. 이언 맥길크리스트 Iain McGilchrist의 저서 『주인과 심부름꾼The Master and His Emissary』은 인간사의 수많은 발전을 모조리 좌뇌와 우뇌의 상이한 기능 탓으로 돌린다. 마치 맥길크리스트는 주인이고 그 많은 독자는 그의 심부름꾼이 된 듯 보인다. 좌뇌와 우뇌의 차이가 왜 이토록 많은 것들을 설명해 주는지 침을 튀겨가며 내게 말하는 사람들이 셀 수 없이 많았기 때문이다. (스포일러: 실제로 좌뇌와 우뇌의 차이는 그리 많은 것을 설명해 주지 못한다.) 맥길크리스트의 저작에는 꽤 많은 진실이 담겨 있지만 그것이 진리 전체도 아니고 만물을 설명하는 이론은 더더욱 아니다. 감시 자본주의에 관한 쇼샤나 주보프 Shoshana Zuboff의 생각도, 국가 여론 조작에 대한 촘스키의 분석도, 나오미 클라인Naomi Klein의 재난자본주의 이론도, 토마 피케티 Thomas Piketty의 자본 소유와 불평등의 관계에 대한 이론도 마찬가지다. 모두가 사안의 일부를 설명해 준다. 그러나 모든 것을 설명하는 이론은 없다.

선명하게 구별해 놓은 지성의 분류 체계를 무작정 수용해서는 안 되는 또 한 가지 이유는 그러한 소속이 경쟁심을 자극한다는 점 때문이다. 사실 지성계에서 가장 풍성한 결과는 일견 상반되는 사상들을 한데 모으는 과정에서 발생한다. 마르셀로 다스칼 Marcelo Dascal이라는 브라질 태생의 이스라엘 철학자이자 언어학자의 말이 인상 깊다. 다스칼의 주장에 따르면 "역사와 경험을 통해 알게 된 바대로, 개념들이 논쟁 환경에서 언명되고 공식화되는 방식은 양극성과 이분법을 만들어내는 경향이 있고, 논쟁은 그러한 이분법 주변에서 펼쳐진다. 그런데 사유의 가장 큰 혁신은 위대한 지성인들이 애초에 논쟁이 제기된 틀 자체를 초월함으로써 공식화된 이분법을 해체해 버릴 때 일어난다."

이분법을 해체하려면 "이미 확립된 양극성의 강철 같은 논리를 완화하려" 노력하는 "부드러운 합리성"의 형태가 있어야 한다. 이분법이 애초에 완화할 필요가 없을 만큼 경직되지 않았다면 더 좋을 것이다. 따라서 나는 '주의주의Ismism'라는 용어를 쓰는 게 좋겠다고 생각한다. 좀 지나친 감이 없지는 않지만, 특정 주의ism에 대한 과도한 의존을 경계하자는 의미에서 쓸 만한 용어다. 어떤 종류의 관념이나 사상이라도 그것에 애착을 갖는 일은 비판적으로 바라보고 신중한 태도로 경계해야 한다.

우리의 모든 생각을 모아 하나의 깔끔한 '주의ism'로 묶어버리는 것은 물론 오류다. 하지만 그렇다고 해서 어떤 연계도 없이 생각들을 따로따로 방치할 수도 없는 노릇이다. 우리의 믿음은 하나의 집합을 형성한다. 단, 그 집합은 가능한 한 일관성을 지니되 전체를 구성하는 부분에 해를 끼치지 말아야 한다. 지나친 체계화는 사고를 질식시키지만 체계화가 아예 안 되어 있는 경우 무질서를 초래한다.

20세기 영어권 철학은 중요한 사례다. 영어권 철학은 유럽 대륙의 거대 형이상학 체계에 지나치게 회의적인 시각을 갖게 된 나머지 정반대 방향으로 너무 멀리 가버렸다. 존 설의 회고를 들어보자. "내가 옥스퍼드대학교에 있던 시절, 단순성을 의미하는 '단편적 접근'(사안을 잘게 나누어 미시적 차원에서 분석해 문제를 해결하는 방법—옮긴이)이라는 말은 칭찬의 뜻을 내포하고 있었습니다." 수긍이 갈 만한 이야기다. 철학사에서는 체계의 복잡성과 신뢰성 사이에는 반비례 관계가 있는 듯 보이기 때문이다. 복잡할수록 신뢰성이 떨어진다는 말이다. 가령 칸트는 탁월한 철학자였지만 내 생각에 칸트의 철학에서 적용할 만한 것은 그의 '건축을 방불케 하는' 난해한 체계나 그가 만든 무수한 범주와 판단 목록 등을 굳이 요구하지 않는다. 스피노자와 헤겔은 여전히 읽을 만한 가치가 있는 철학 저작들을 썼지만 이들의 형이상학 체계 전체를 믿는 사람은 거의 없다.

위대한 철학자들의 사상을 살펴보다 보면, 이들의 사상이 일관성 있는 그림 하나로 집약된다는 것을 알 수 있다. 존 설의 말을 들어보자. "흄은 일반 이론이 있었고, 로크도 일반 이론이 있었습니다. 심지어는 버클리조차도 자기 나름의 일반 이론을 갖추고 있었어요. 따라서 지식인이 단편적인 정보와 지식에만 만족한다는 것은 있을 수 없는 일입니다. 그 단편들이 모두 서로 어떻게 어울리는지 알아야 합니다."

설의 말은 옳다. 단, 자신의 역량을 초과해 가능한 것 이상으로 완벽한 설명을 억지로 뽑아내겠다는 목표를 세워, 실제로 연결되지도 않는 점들을 이어놓지 않도록 경계할 필요는 있다. 철학자 버나드 윌리엄스는 이러한 유혹에 빠진 적이 없다. 그의 회고를 들어보자. "내 철학에 관해 이제껏 이루어진 평가 중 가장 좋은 것은, 내 철학이 해방감을 준다는 말이었습니다. 내 철학 덕에 사람들은 더 이상 특정 사안이 다른 사안과 절대적으로 혹은 본질적으로 연결되어 있다고 생각할 필요가 없다는 느낌을 받았다는 겁니다." 다시 말해 윌리엄스의 철학은 무수한 점들을 하나로 이어주지 않는다는 면에서 약점이 있는 듯 보일 수 있지만, 그의 철학이 지닌 큰 강점은 다른 철학들이 그 무수한 점들을 잘못 연결해 놓았다는 사실을 드러냈다는 점이다.

◆

20세기 들어 철학이 단편적 접근법을 강조했던 것은 서구 사유의 더 광범위한 환원주의 경향의 일환이었다. 과학의 승리는 곧 환원주의의 승리였다. 자연의 작용을 환원주의적으로 파악한다는 것은 자연의 작용을 더 작은 부분으로 쪼개어 이해하는 것이었다. 다른 학문도 이러한 과학의 추세에 주목했고 과학의 선례를 따랐다. 그러나 환원주의 방법은 과학에서도 한계가 있다. 현재 과학 내에서 성장을 구가하는 많은 분야는 복잡계가 어떻게 작용하는가를 살피는 데 주력하기 때문이다.

철학과 다른 비과학 학문에서 환원주의 접근법은 전체론 holism(대상을 구성하는 부분적 요소만 설명해서는 전체를 알 수 없다는 태도나 관념이다. 즉, 전체가 부분의 작용을 결정한다는 관념으로 전체를 더 작은 부분으로 환원하는 환원주의와 대비된다—옮긴이)의 방법을 몰아냈다. 메리 미즐리와 아이리스 머독은 환원주의의 실책을 절대로 저지르지 않았던 대표적인 철학자다. 미즐리는 다음과 같이 말한다. "[아이리스와 나는] 둘 다 전체를 보는 것이 매우 중요하다고 생각해요. 'x는 y일 뿐이다'라고 할 경우 대개 자신을 기만하는 일이라 생각합니다." 그녀는 "때로 y에만 집중해야 할 타당한 이유가 있다"라는 점을 부인하지 않지만, 그 말은 또한 그러지 말아야 할 타당한 이유가 있다는 뜻도 된다.

환원주의적 설명은 전체보다 특정 부분에만 특권을 부여할 뿐 아니라 단일한 설명의 힘을 과대평가한다. 그러나 이론은 무엇이건 나름의 범위와 한계가 있다. 물리학에서 말하는 '모든 것의 이론'(자연계의 네 가지 힘인 전자기력, 강력, 약력, 중력을 하나로 통합하는 가상의 이론이다. 알려진 모든 물리적 현상과 그 사이의 관계들을 완벽히 설명하기 위한 이론물리학의 가설로 만물이론이라고도 한다—옮긴이)조차도 평범한 의미에서 모든 것을 설명하는 이론은 아니다. 모든 것의 이론은 윤리나 예술은 고사하고 생물학, 기후학이나 심리학마저도 온전히 설명하지 못하기 때문이다.

오늘날 진지한 숙고 대상이 되는 가장 극단적 형태의 환원주의는 과학주의scientism이다. 알렉스 로젠버그Alex Rosenberg는 과학주의를 '과학의 발견에 대한 과장된 확신이자, 과학 방법이 모든 질문에 답을 할 수 있다고 생각하는 불합리한 신념'으로 정의한다. 이 정의가 시사하는 바대로 과학주의는 대개 비난조로 쓰는 용어이므로 자신의 견해가 과학주의에 해당된다고 생각하는 사람은 극소수다. 로젠버그는 바로 그 예외적인 극소수에 속한다. 그는 과학주의라는 용어를 복권시켜 긍정적으로 쓰고 싶어 한다. "과학주의의 정의에서 '과장된'과 '불합리한'이라는 수식어를 제거한다면 채택할 수 있습니다. 그런 새로운 정의라면 과학주의를 지지할 의사가 얼마든지 있어요."

로젠버그는 "과학적 방법이야말로 모든 것에 대한 지식을 확보할 수 있는 유일하게 신뢰할 만한 방법이다"라고 생각한다. 과학적 방법으로 검증할 수 없는 믿음은 무엇이건 지식이 아니라 단순한 의견으로 봐야 한다는 뜻이다. 그런 의미에서 도덕성과 미학은 인정이나 혐오의 표현 이상이 될 수 없다. 정치는 사회를 운영하는 실용적 수단에 불과하다. '인생의 의미'라는 말에는 아무 의미도 없다. 과학주의는 철학 대부분이 그저 공허한 단어 게임일 뿐이라는 암시를 던진다.

과학주의가 제시하는 인간의 합리성은 좁고 빈곤한 의미에서의 합리성이다. 과학주의는 이성이 최대한 객관적이고 입증 가능한 것에만 관여한다는 불합리한 요구를 슬쩍 도입함으로써 개연성을 획득하는 듯 보인다. 과학주의는 도덕이 어떤 확실한 객관적 사실에 의지하는지 질문을 던진 다음 그걸 하나도 발견하지 못했다는 이유로 도덕 체계 전체에 퇴짜를 놓는다. 그러나 한 가지 방법에 의지해 확립할 수 있는 것만 유일하게 중요한 것, 우리가 추론하고 사고할 수 있는 유일한 것이어야 할 이유가 어디 있단 말인가? 그런 주장이야말로 그저 하나의 주장, 그 자체로 어떤 사실에도 기반을 두지 않은 독단적 주장일 뿐이다. 결국 '오직 엄연한 사실만 중요하다'라는 명제는 사실 문제가 아니라 가치 문제다.

과학주의는 또한 비과학 탐구에서 사실이 맡은 역할을 과소평가한다. 도덕은 과학과 같진 않지만 그렇다고 단순한 의견에 불과하지도 않다. '인종'이 의미 있는 생물학의 범주가 아니라는 사실, 여성과 남성의 지적 능력이 평균적으로 비슷하다는 사실, 동물도 고통을 느낀다는 사실, 접합체zygote(수컷과 암컷의 생식 결과 생긴 수정란이 분할하기 전의 상태—옮긴이)에 중추신경계가 전혀 없다는 사실, 경제정책에는 특정 결과가 있다는 사실 등을 생각해 보라. 이런 과학적 사실에는 모두 명백한 도덕적 의미가 있다. 도덕은 과학처럼 이성의 (단도직입적인) 영향을 받지는 않지만, 그렇다고 도덕이 합리성을 완전히 넘어선 곳에 있다는 뜻은 아니다.

과학주의를 옹호하는 모든 사상가가 도덕을 거부하는 것도 아니다. 뇌과학자 샘 해리스Sam Harris의 생각은 과학주의와 다르다. 그는 도덕 역시 과학에 전적으로 기반을 두고 있다고 주장한다. 해리스는 인간의 행복이 중요하다는 데 모두 합의를 본다면 조만간 뇌과학은 우리에게 인간의 행복을 최대화하는 방법에 관해 알려줄 것이라고 본다. 하지만 해리스의 이런 생각은 지나치게 단순하다. 인간의 행복이 중요한 문제라는 근본적인 주장은 과학적인 성격의 주장이 아니다. 우리에게 무엇이 중요한 문제여야 하는지에 관해 과학이 말해주는 바는 없다는 의미에서다.

인간의 행복이 중요하다는 데 누구나 합의를 본다고 전제함으로써 존재하지 않는 합의를 가정한다. 신경철학자 퍼트리샤 처칠랜드Patricia Churchland의 설명에 따르면 해리스의 견해는 다음과 같다. "관점에 따라 매우 낙관적이거나 비관적일 수 있습니다. 심지어 동일 문화권 내의 다양한 사람들, 심지어 한 가정의 다른 구성원들조차도 자신의 행복이 무엇인지에 관한 생각이 다 다르거든요. 어떤 사람들은 은둔자처럼 외딴 시골에서 살면서 땅을 파고 사슴을 잡아먹으며 살아야 행복하다 생각하고, 또 다른 사람들은 문화적으로 경이로운 것들이 응집되어 있는 도시가 아닌 곳의 삶을 견딜 수 없어 하죠. 이렇듯 행복의 정의에 대한 사람들의 생각은 모두 다릅니다."

과학주의는 모든 형태의 환원주의와 마찬가지로 흩어져 있는 점들을 성공적으로 이어주되, 이어져야 하는 점들의 숫자를 크게 줄여서, 서로 가까운 것들만 선택하는 식으로 연계성을 구축한다. 모든 것을 한데 묶는 일은 훨씬 더 어렵다. 왜냐하면 모든 것을 다 이으려면 서로 멀리 떨어져 있는 전혀 다른 점들까지 이어야 하기 때문이다. 이런 경우 연계성은 더욱 취약해져 언제든지 끊어지기 쉬운 잠정적 상태가 된다.

과학주의에서 이론이 사실에 기반을 두어야 한다는 주장은 옳다. 불행히도 많은 이들은 자신이 사실이라고 믿는 바의 기반을 자신의 이론에 둔다. 이들은 자신의 이론이 거는 주문에 빠져 그 이론에 반대하는 경험 증거를 전혀 알아보지 못한다. 특정 이론의 순수성과 단순성이 복잡하고 혼란투성이인 실재보다 선호 대상이 된다. 심지어 이론이 실재에 들어맞지 않는다는 사실이 빤히 보이는데도 그러하다.

수년 전 나는 자유지상주의를 옹호하는 어느 정치철학자의 말에 망연자실했던 기억이 있다. 그는 자유시장이 효력을 발휘했던 이유는 루트비히 폰 미제스Ludwig von Mises라는 경제학자가 자유 시장은 순순한 논리만으로 작동한다는 것을 입증했기 때문이라고 확신에 차서 말했다. 폰 미제스는 경제학이란 자신이 인간 행동학praxeology이라 부른 '인간 행동에 대한 일반 이론'의 일부라고 생각했다. 폰 미제스에 의하면 경제학은 '형식적이고 선험적인 성격'을 지니고 있어, '개념과 경험의 실제 사례보다 앞선다.'[2] 폰 미제스의 경험 없는 확실성은 강력한 경제에 대한 자유지상주의자들의 단순한 처방인 자유시장 경제론을 뒷받침해 준다. 인간의 번영과 행복을 이루기 위한 최상의 메커니즘은 규제받지 않는 자유시장이라는 생각이다.

폰 미제스는 여전히 많은 자유지상주의자에게 존경받고 있지만, 최근 수십 년 동안 사람들이 실제로 어떻게 행동하는지에 무관심했던 모든 형태의 고전 경제학과 함께 위상이 추락했다. 경제학자들은 이제 인간 개개인이 최상의 이익에 따라 결정을 내리는 이성적이고 계산적인 기계가 아니라, 좋건 나쁘건 온갖 종류의 욕망과 가치와 편견에 흔들리는 존재라는 사실을 뒤늦게 받아들이고 있다. 주식시장이 그토록 급등과 급락을 되풀이하는 이유 중 하나가 바로 이러한 인간의 성격 때문이다. 거래자 집단 전체가 불합리한 열광에 빠져 성장이 끝나지 않을 것이라 짐작할 때도 있고, 날것 그대로의 공포에 사로잡혀 주식을 팔아버리고 거래하던 장을 떠나기도 한다.

이론을 제자리에 놓고 최종 발언권을 경험과 증거에 넘겨주는 일은 상상하는 것보다 훨씬 더 어렵다. 자신이 만든 이론에 도달하기까지 충실히 증거를 따랐다고 진심으로 믿는 사람들조차 결국 이론의 바탕이 되는 관찰보다는 이론 자체에 더 애착을 갖게 된다. 관찰이 낳은 이론이 관찰 내용보다 더 많은 신임을 받게 된다는 말이다.

우리는 코로나19가 유행하는 동안 이와 관련된 흥미로운 사례를 보았다. 영국 정부는 자체 조사팀을 꾸려 봉쇄와 규제 조치를 미루거나 실행하지 않는 조치를 되풀이해 정당화했다. 행동조사 전문가들의 조언상 시민들이 정부의 봉쇄와 규제를 따르지 않으리라는 근거에서였다. 2021년 6월 영국의 보건복지부 장관 매트 행콕은 이렇게 말했다. "당시의 명확한 과학적 증거는 봉쇄 같은 방편을 사용할 필요가 있지만, 봉쇄의 결과와 대가가 즉시 나타난다는 것이었습니다. 그래서 당시에 나온 중대하고도 분명한 권고는 시민들이 봉쇄를 견디는 기간이 아주 제한적일 것이라는 예상을 근거로 하고 있었습니다." 이와 같은 주장을 정당화하는 데 인용된 증거 기반의 심리 기제로는 '낙관 편향(병은 자신이 아니라 남들을 덮칠 것이라고 예상하는 심리)', '청개구리 심리(억지로 뭔가 해야 한다고 느끼는 순간 정반대로 하고 싶은 심리)' 그리고 '행동 피로 behavioural fatigue'가 있었다.[3]

하지만 실제로 밝혀진 바에 따르면 시민 대부분은 자기 행동을 스스로 규제할 의지가 충만했다. 연구마다 일관되게 나타난 결과는 대중이 규제를 정부가 실행한 것 이상으로 크게 지지했다는 것이었다. 소위 '위대한 영국인'들의 자유에 대한 애호를 증거도 없이 희한할 정도로 고집했던 것은 오히려 정부였던 것으로 보인다.

행동과학자들이 사안을 잘못 파악했는지, 정부가 그들의 메시지를 곡해했는지, 아니면 둘 다였는지에 관해서는 논쟁이 있다. ('행동 피로'라는 용어는 정부가 만들어낸 듯 보이며 교과서나 자체 행동조사팀에는 관련 출처가 없다.[4]) 정확히 무슨 일이 일어났건 간에 영국의 봉쇄 관련 일화는 한 가지 경고를 담고 있다. 사람들은 특정 결론에 도달하려는 동기가 강력할 때, 그 결론을 뒷받침하는 증거가 취약한데도 그것을 증거에 기반한 이론이 뒷받침하고 있다고 손쉽게 납득해 버린다는 것이다. 그러나 이번에도 이들은 현재 다루고 있는 사안과 과거 경험 사이의 차이에 충분한 주의를 기울이지 않는 오류를 저질렀다. 행동과학은 아직 신진 학문이므로, 코로나19처럼 유례없는 상황에서 사람들의 행동을 예측할 때 근거로 삼을 만큼 권위 있는 이론으로 고려하면 안 되었다. 그러나 정부는 행동과학에 지나친 의미와 중요성을 부여했다. 권위 있는 근거가 필요한 상황에서 근거가 될 만한 이론이 행동과학밖에 없다는 이유에서였다.

◆

　과거에서 배우려면 과거의 선례들과 현 상황을 둘 다 면밀하게 살펴야 한다. 핵심 질문은 두 가지다. **진정한 선례가 존재하는가? 그 선례와 현재의 사례 사이에 중요한 차이가 존재하는가?** 이 질문에 대답할 때 염두할 점은 세계는 믿을 수 없을 만큼 복잡하다는 것이다. 자신이 가장 중요한 패턴을 식별해 낼 수 있다고 섣불리 가정하는 오류를 범하지 않는지 경계해야 한다.

　또 한 가지 중요한 사실은 윤리에서 이론이 도움이 되기보다 오히려 방해가 되기도 한다는 것이다. 예를 들어 도덕적으로 옳은 일이 무엇인지 알아내려 할 때는 포괄적인 도덕 원칙이 무엇인지 먼저 알아본 다음 그것을 현재 사례에 적용하는 식으로 사고해서는 안 된다. 공리주의자라면 이렇게 질문할 것이다. 어떤 행동이 최대 다수의 최대 행복을 초래할 것인가? 칸트주의자는 이렇게 질문할 것이다. 가능한 행동 방식 중 무엇이 나쁜 아니라 같은 상황에 처한 다른 모든 사람이 옳다고 할 만한 방식인가? 유교에서는 이렇게 질문할 것이다. 이 행동은 나 자신도 원하지 않은 일을 남에게 강요하는 것인가? 등등의 질문이 나온다. 이런 종류의 '응용 윤리'에서는 윤리 이론을 채택한 다음 그 이론을 구체적 사례에 적용한다.

　이러한 이론 우선적 접근법은 현실 세계에서는 실패하기 마련이다. 어떤 이론을 적용할지에 관한 합의가 존재하지 않기 때문이다. 응용 윤리 접근법은 도덕적 추론에서는 로저 크리스프의 견해에 따르면 가령 "환경 윤리에서 대부분의 사람들은 우리가 하면 안 되는 방식으로 환경을 파괴하고 있다고 생각하므로, 왜 우리가 환경 파괴를 중단해야 하는지에 관한 논증도 자연스레 도출한다."

조너선 울프는 한 가지 윤리 이론을 지나치게 고집하지 말아야 한다고 지적한다. 각 윤리 이론마다 인간의 도덕적 삶의 중요한 측면—번영, 권리, 선택 능력, 사회관계—을 규명하기 때문에 어느 한 가지 이론이 다른 이론보다 나은지를 결정하기보다는 모든 이론을 고려해 보는 편이 더 효과적이기 때문이다. 윤리를 포괄적으로 파악하려면 언제나 "가능한 한 모든 이론을 고려해야 한다"는 것이 울프의 결론이다. 그는 윤리 이론을 다 고려하는 경우 "문제와 갈등으로 빠지겠지만 이런 관점들 중 어느 하나라도 포기하면 안 된다고 생각합니다"라고 덧붙인다.

윤리 이론은 우리에게 유용한 질문거리를 제공해 줄 수 있다. 내게 이걸 할 권리가 있나? 내가 불필요한 해를 끼치고 있나? 나는 나의 책임을 다하고 있는가? 그것이 온당한가? 그것이 공평한가? 하지만 이러한 질문들의 기능은 사안의 다양한 측면으로 우리의 관심을 이끄는 것이며, 사안의 다양한 측면을 올바르게 다루려면 질문을 다각도로 면밀히 고려해야만 한다.

상황별 접근법의 힘과 중요성을 알아보기 위해, 전쟁을 해야 하느냐 말아야 하느냐에 대한 윤리적 결정을 사례로 들어보자. 전쟁 문제는 원칙에 대해 놀라울 만큼 광범위한 합의가 존재한다는 점에서 이례적인 영역이다. 정의로운 전쟁론just war theory의 뿌리는 기독교와 이슬람교이지만 지금 이 전쟁론은 대개 세속적인 성격을 띤다. 정의로운 전쟁론은 전쟁의 도덕적 정당화를 **전쟁 개시의 정당성**jus ad bellum과 **전쟁 수행의 정당성**jus in bello 두 범주로 나눈다. 이 두 범주를 공식화하는 방식에는 여러 변형이 있지만, 대부분은 소수의 핵심 원칙을 포함하고 있다. 전쟁을 개시할 근거가 되는 기준은 전쟁이 옳은 의도와 정당한 명분으로 유능한 지휘체제가 성공할 확률을 갖고 실행하는 적정 대응이어야 한다는 것, 그리고 오직 최후의 수단으로서의 대응이어야 한다는 것이다. 그리고 전쟁이 이미 수행될 때 전쟁 행위를 정당화하는 세 가지 기준은 타당한 표적에만 공격을 해야 한다는 것, 모든 무력은 필요하고 적정해야 한다는 것, 그리고 전쟁포로는 공정하게 대우해야 한다는 것이다.

이런 일반 원칙을 두고 논쟁을 벌이기란 어렵다. 그러나 이러한 조건이 특수한 전쟁 사례에서 충족되었는지 여부를 놓고 논쟁하기는 아주 쉽다. (전쟁 당사자) 한쪽에서 보기에는 정당한 반란이 다른 편에서는 테러집단의 테러가 된다. 한쪽에서 보기에 균형 잡힌 적정 대응이 다른 쪽에서는 과도한 대응이거나 타당한 대응에 못 미치는 유화적 대응일 수 있다. 전쟁이 말 그대로 최후의 수단인 경우는 거의 없지만, 전쟁을 계속 미루는 경우 훨씬 더 심각한 유혈 분쟁이나 부당한 편의 승리라는 위험이 크다면 전쟁은 최후의 **합리적인** 수단이라고 주장할 수 있다.

2002년에 출간한 나의 책 『머리기사 이면의 철학Making Sense: Philosophy Behind the Headlines』에서 나는 제2차 걸프전의 사례를 들어 정당한 전쟁 이론의 철학이 전쟁의 도덕성을 결정하는 데 어떤 도움을 줄 수 있는지 보여주려 했다. 이 책에서 나는 제2차 걸프전의 도덕성에 관해 아무 결론도 내리지 않았다. 지금 와 생각하니 의미심장하다. 당시의 나로서는 결론을 내리지 않는 것이 저자로서 보여야 할 적절한 겸손처럼 느껴졌다. 내가 할 일은 도덕적 판단을 내리는 것이 아니라 독자들에게 자신만의 결론을 내릴 도구를 제공하는 것이라고 생각했다.

하지만 내가 당시 결론을 내리지 않았던 이유는 오만을 피하려던 것만은 아니었다. 나는 명확한 결론을 내릴 수 없었던 것이다. 당시 전쟁을 옹호하는 논증은 내 주변 사람들의 열렬한 반전론에 비해 훨씬 정교하고 균형 잡힌 것으로 보였다. 그에 비해 전쟁을 반대하는 논증은 철학적으로 약해 보였다. 지금 생각하니 철학적으로 약한 논증이 내 주의를 지나치게 붙잡고 있었다. 나는 전쟁에 반대하는 논증의 작지만 핵심적인 몇몇 강점에 주목하지 못하고 수많은 약점에 주로 눈길을 주고 있었던 것이다.

지금 다시 생각해 보면 전쟁 이론에 관해 생각해 본 다음 그것을 구체적 사례에 적용하는 데서 출발하는 것이 아니라, 구체적 사실을 가능한 면밀히 검토하는 데서 출발했어야 했다. 한편에는 전쟁을 비판하는 사람들이 과소평가했던 불편한 진실이 많았다. 사담 후세인은 이웃 국가와 궤멸적인 전쟁을 치르고 또 다른 이웃 나라를 침략했던 악랄한 독재자였다. 세계는 그가 생화학무기를 보유하고 있다고 의심할 타당한 이유가 많았다. 이라크는 1980년대 생물학 무기와 핵무기 프로그램을 모두 갖고 있었고, 후세인은 1980~1988년 이란과의 전쟁, 그리고 자국인 이라크 내의 쿠르드족과 습지 아랍인들에 맞서 화학무기를 사용한 바 있었기 때문이다. 게다가 후세인은 UN 무기조사단의 작업을 번번이 좌절시켰다. 그는 세계에서 가장 위험한 지역에서 불안을 조장하는 세력이었다. 그가 그 지역을 더 오래 통치할수록 전망은 끔찍했다.

그러나 다른 한편으로 역사는 전쟁으로 치닫는 경우 대량 살상이 벌어진다는 것, 전쟁 이후에 평화롭고 민주적인 국가를 수립하는 것은 극도로 어렵다는 것, 특히 기존의 안정된 민주 제도가 없고 분파들로 쪼개진 나라에서는 더더욱 어렵다는 것을 수도 없이 입증해 왔다. 결론은 전쟁으로 돌입하는 경우 거의 예외 없이 재난이 벌어질 것이나, 전쟁을 수행하지 않는 경우 끔찍한 비극의 연장을 허용할 수도 있다는 것이다.

이러한 데이터를 정의로운 전쟁 이론의 틀 속에 집어넣고 사담 후세인의 공격이 전쟁에 대한 정당한 근거를 제공했는지 여부, 성공이 가능했는지 여부 등을 분석해 볼 수 있다. 아닌 게 아니라, 이런 방식으로 논증들을 분류하는 것은 큰 도움이 되었을 수도 있다. 분석은 주의를 집중시키는 강력한 도구다. 그렇다 해도 핵심은, 전쟁 수행이 미국과 우방이 감행하지 않았어도 될, 위험하고 판돈이 큰 도박이었다는 결론에 이르기 위해 이론이나 복잡한 도덕적 논증이 꼭 필요하지는 않다는 것이다.

이론에 관해 지나치게 생각하다 보면 구체적 사안을 분석하는 작업의 가치가 가려질 위험이 있다. 정의로운 전쟁 이론의 일반론에 맞는 사례들을 찾아 적용시키는 일은 얼마든지 가능했기에 더욱 그러하다. '살인 독재정권 제거라는 전쟁의 명분은 정당했다. 전쟁의 타당한 권위는 유엔의 결의에서 나왔다. 전쟁 당사자들은 적법한 민주국가들이었다. 표명한 의도는 선했다. 민간인들은 가능한 한 구해야 한다. 제네바 협약은 지켜질 것이다' 등등. 성공의 확률에 관해서는 미국과 영국은 확신했고, 이들은 최상의 정보로 무장한 사람들이었다.

나는 제2차 걸프전이 도덕 원칙이나 이론에서 출발해 그것을 적용하기보다는 사실에서 출발해 사실을 분석하기 위해 이론을 적용하는 도덕적 추론의 필요성을 보여주는 적합하면서도 끔찍한 사례라고 생각한다. 이론을 우선시하는 접근법은 중요한 것—일이 실제로 어떻게 돌아가는가—에서 부차적인 것—우리가 사안에 관해 어떻게 생각하는가—으로 관심을 돌려버리고 만다.

◆

정신의 지그소퍼즐 조각을 한데 맞추려 노력하다 보면 생각하고 생각하고 또 생각하다 난관에 봉착하는 듯 보이기도 한다. 지나치게 많이 생각한다는 것은 과연 가능할까? 생각이라는 말의 뜻이 온전한 의식, 단계별 분석이라면 대답은 확실히 그렇다는 것이다. 잘 생각하려면 생각이라는 엔진에 기름을 치는 다른 일들도 빠짐없이 해야 한다. 당연히 운동도 해야 하고 충분한 수면을 취해야 하며 숙취나 약에 취한 상태에 지나치게 오래 빠져 있지 않도록 해야 한다.

생각에 단순한 정신노동 이상의 것이 필요하다는 논의는 메이슨 커리Mason Currey의 기분 좋은 책 『리추얼』에 자세히 나와 있다. 『리추얼』은 예술가와 지식인 181명의 습관을 기술한다. 습관은 다 다르지만 대다수는 규칙적인 일상이 있고 하루 세 시간에서 다섯 시간 정도만 일을 한다. 생각이 이리저리 방황하고 충분히 비어 있도록 시간을 내어주는 일은 꼭 필요해 보인다. 그래서 나는 아침에 몇 시간 정도 일을 하고 난 다음에 산책을 나가거나 커피를 마시러 가는 내 일상에 죄의식을 느낀 적이 한 번도 없다. 지금도 바로 나갈 참이다.

『리추얼』은 또한 약물이 인지 작용을 향상시켜 준다는 낭만적인 통념에 대한 강력한 반증이다. 화가 잭슨 폴록Jackson Pollock은 알코올 중독자였지만 그가 창조한 최상의 작품은 알코올 중독이 심하지 않던 시절에 제작되었다. 대부분의 사람들이 뭔가에 취해 있을 때 하는 말은 거짓이며 그 당시의 자신에게만 심오해 보일 뿐이다. 환각제는 연계와 융합이라는 심오한 느낌을 가져올 수 있지만 이것이 유용한 지식 논증으로 해석되는 것은 아니다. 약물에 의해 유도된 주요 사상의 희소한 사례를, 취한 상태가 사유를 돕는 유용한 도구라고 일반화한 다음 그 증거로 사용해서는 안 된다.

정신이 이성의 층위가 아니라 직관의 층위에서 작용하면 새롭고 유익한 연계의 가능성을 열어젖힌다. 이렇듯 상상력을 해방시키는 작업은 이성을 대신하는 것이 아니라 이성에 양분을 공급한다. 상상력을 분출한다 해도 이성은 여전히 상상이 떠올린 관념을 검증하고 벼리는 과제를 수행해야 한다. 이성은 상상력이 풍부한 관념을 떠올리지는 못한다. 관념의 연계를 만들고 떠올리는 일이야말로 상상력의 주된 역할이다.

창조적 관념이 어디서 오는지는 대체로 수수께끼다. 뭔가에 관해 골똘히 생각해 왔다고 해도, 대답이 나올 때는 마치 뭔가 머릿속으로 탁 하고 들어오는 느낌이 들 때가 많다. 내 생각에 결론은 문자 그대로의 연역 과정에 의해 도출되는 것은 아닌 듯하다. 오히려 일단 생각이 떠오른 **이후에** 좋은 논증으로 그 생각을 뒷받침한다고 해야 할 것 같다. 결국 좋은 사유를 하려면 주장이 정신의 앞쪽에 있을 때 그것을 분석하는 기술만 중요한 것이 아니라, 정신의 공정이 내가 모르는 사이에도 저 뒤에서 작동할 수 있는 조건을 만드는 일 역시 중요하다.

이를 위해 때로는 상상력에 불을 지피고 추론에 양분을 공급하는 도구로서 비이성적, 심지어 불합리한 과정을 사용하는 것도 필요하다. 휴머니스트 작가 필립 풀먼Philip Pullman은 합리적인 과학자이면서도 주역에 의지하는 캐릭터 '메리'를 창조하면서 흥미로운 생각을 했다. 풀먼은 내게 자신은 주역이나 타로 카드나 그 비슷한 것들이 진리를 드러낸다고 생각하지는 않는다고 말했다. 그러나 이렇게 덧붙였다. "내 생각에 그것들이 하는 역할은 우리에게 무작위적인 통념을 제공해 줌으로써, 정신의 창의적인 부분, 이성적이지 않은 부분을 자유롭게 해방시켜 *그것들이* 갇혀 있을 때 찾을 수 없는 것들을 찾게 해주는 것입니다."

풀먼은 메리가 "자기 이성의 족쇄에 구속되지 않을 만큼 똑똑하다"라고 말한다. 멋진 표현이다. 다시 말해 우리의 이성은 순전히 합리적인 것 이상의 것에 의지해야 한다. 직관과 상상력과 사변은 모두 이성적 자아를 풍요롭게 한다.

◊ 온갖 종류의 '주의와 이론'을 경계하라. 주의나 이론은 분류 도구로 사용하는 편이 더 낫다.

◊ 이론에 사실을 끼워 맞추지 말고 이론이 사실을 따르게 하라.

◊ 특히 도덕 이론을 의심하라. 도덕 이론을 현실의 문제에 그대로 적용하지 말라. 먼저 구체적인 상황에 주의를 기울이고 이론이나 원칙은 구체적 사안을 생각하는 도구로서만 사용하라. 현실이라는 렌즈를 통해 이론과 이론의 한계를 점검하라.

◊ 진리의 중요한 일부를 진리 전체로 오해하지 말라.

◊ 경직된 양극성의 덫에 빠지지 않도록 주의하라. 이분법을 강화하지 말라.

◊ 실제로 연계되는 점들을 이어야 한다. 거짓 연계를 강요하지 말라.

◊ 사안을 해당 부분의 측면에서만 분석하지 말라. 전체가 작동하는 방식에 대한 전체론적이고 유기적 설명을 모색하라.

◊ 과학주의를 피하라. 유일한 진리가 과학이라는 주장 자체가 과학적이지 못하다.

◊ 상상력을 이용하여 관념과 직관을 생성하고 이성으로 분석하라.

◊ 정신이 방랑하면서 신비롭고 무의식적인 방식으로 일할 수 있도록 휴식을 취하라.

12장

집념

—

포기하지 않는 성격은
좋은 생각의 원천이다

◇ 사유는 끝없이 성장하는 과정의 일부다.

◇ 난관에 부딪히면 다른 각도에서 문제에 접근하라.

◇ 삶의 불확실한 문제가 전부 풀리기를 기다릴 수도 없고,
   기다려서도 안 된다. 그냥 나아가라.

◇ 성찰하는 삶이 만족스러움을 잊지 말라.

오류를 통해야 진리에 도달한다!
내가 인간인 이유는 오류를 저지르기 때문이다!
열 가지 실수를 하지 않고는,
아니 더 흔히 백 가지 실수를 저지르지 않고는
어떤 진리에도 도달할 수 없다.

— 표도르 도스토옙스키, 『죄와 벌』

끈기와 탄력성이라는 미덕은 널리 칭송받는다. 사람들이 실패를 털고 일어나 결국 승리하는 이야기는 우리 시대 가장 사랑받는 설화다. 철학에도 나름의 설화가 있다. 데이비드 차머스와 앤디 클라크의 논문은 세 편의 학술지에서 게재를 거부당한 후 옥스퍼드대학교에서 발행하는 학술지 《어낼러시스Analysis》에 실렸다. 〈확장된 마음Extended Mind〉이라는 제목의 논문은 심리철학에서 가장 많이 논의되는 논문 중 한 편이 되었다.

그러나 사유의 끈기가 미덕인 이유는 결국 승리를 가져와서가 아니다. 단념을 거부하는 끈기는 최종적인 답이 없는 가운데서도 지적으로 매진하는 삶을 유지하겠다는 약속이자 헌신이다.

인간은 생각하는 존재, 즉 호모사피엔스다. **호모사피엔스**에게 사유는 온전히 인간으로 사는 바를 의미한다. 그저 목적을 이루는 수단에 그치지 않는다.

이와 같은 이야기를 웅변처럼 표현하는 것을 들은 적이 있다. 20여 년 전쯤 조너선 레가 키르케고르에 관해 말할 때였다. "문제는 철학자인 것이 아니라 철학자가 **되는** 것입니다." 레는 철학적 사유의 어떤 근본을 건드렸다. **철학은 활동이자 과정이자 방향이 있는 여정이지 목적지가 아니라는 것이다.** 목적지에 도달했다고 생각하는 것, 문제를 모두 풀었다고 생각하는 것은 결국 포기하는 것, 불가능한 것을 이룬 척 가장하는 것이다.

철학자가 되는 과정에 계속 있을 수 있다면 얼마나 좋겠는가. 그레일링은 이렇게 말했다. "자신이 철학자라고 주장하는 것은 만용입니다. 철학자라는 칭호는 당신이 그만한 가치가 있을 때 다른 누군가로부터 듣게 되는 칭찬의 말이기 때문입니다. 오히려 철학을 한 번도 공부해 본 적도 없고 가르쳐본 적도 없으며 대학 근처에는 발걸음조차 하지 않았던 사람들 중에 진정한 철학자가 많습니다." 반대로 전문으로 철학을 가르치는 선생들 중에는 철학자가 전혀 아닌 사람들도 있다.

그러니 철학자처럼 생각한다는 것은 지속적으로 철학자가 되어가는 일이다. 그러려면 절대로 포기하지 않는 것, 절대로 질문을 멈추지 않는 것, 절대로 안주하지 않는 것이 필요하다. 이런 말이 절망스럽게 들릴 수 있다. 그러나 평화로운 안주가 무엇을 뜻하는지 누구나 안다. 안주는 죽음이다. 불안하다는 것, 그것은 우리가 살아 있다는 뜻이다.

◆

앞에서 살펴보았듯, 부단한 철학적 사유는 대부분 아포리아, 다시 말해 개별적으로는 이치에 맞지만 합쳐보면 서로 모순되는 신념들을 해결하는 일과 관련이 있다. 이 과정이 결코 끝나지 않는 이유는 이 아포리아들이 그저 단순히 풀리기만을 기다리고 있지 않기 때문이다. 열심히 사고하는 과정에서 우리는 또 다른 아포리아를 창조한다. 사이먼 크리츨리의 말대로 "철학은 상식처럼 보이는 것을 보고서도 특정한 형태의 역설을 키워내는 것이어야 합니다." 사유라는 것이 한 가지 대답을 내놓을 때마다 새로운 질문을 두 가지씩 만들어내는 듯 보여도 놀랄 일이 아니다.

새로운 아포리아가 늘 생겨나는 데 더해, 여러 철학자가 주장한 바대로 일단 발생한 아포리아가 모두 해결되는 것도 아니다. 칸트는 궁극적 실재를 파악하고자 할 때 불가피하게 발생하는 모순을 네 가지 **이율배반**antinomies으로 공식화했다. 우리가 스스로 믿을 수밖에 없다고 여기는 것들이 있다. 우주에 시작이 있다는 것과 우주는 시작도 끝도 없이 영원하다는 것, 모든 물체는 가장 작은 부분이 있다는 것과 그런 근원적인 부분 같은 것은 없다는 것, 모든 것에는 원인이 있다는 것과 어떤 것들은 원인이 없을 수밖에 없다는 것, 최소한 하나의 필연적 존재necessary being는 있다는 것과 필연적 존재란 전혀 없고 모든 것이 우연이라는 것이다.

토머스 네이글Thomas Nagel에 따르면 자유 의지와 우주에 대한 객관적인 관점은 화해가 불가능하다. 그렇기에 일종의 '이중 관점'을 적용해야 한다. 때로는 자신을 자유로운 행위자로 보아야 하고 때로는 외부에서 우주라는 기계에 박힌 톱니로 보기도 해야 한다는 뜻이다. 콜린 맥긴Colin McGinn은 어떤 종이건 스스로 파악할 수 있는 범위에 한계가 있기 때문에 의식의 문제는 결코 해결될 수 없다는 입장을 견지한다. 고양이는 암호 화폐를 이해할 수 없고 인간은 의식이 어떻게 가능한지 이해할 수 없다.

자신이 지적인 궁지에 빠져버린 때를 아는 것은 중요한 기량이다. 정말 패배를 인정해야 할 때도 있다. 그러나 막다른 골목에 다다른 것 같을 때 완전히 단념하지 말고 이미 실패한 접근법을 되풀이하지 않도록 해보자. 난관에 봉착한 듯 보일 때는 두 가지 가능성이 있다. 하나는 그 난관이 생각만큼 단단하거나 높거나 길지는 않은데 관통하거나 둘러갈 길을 아직 발견하지 못한 경우다. 또 하나는 왔던 발자국을 되짚어 돌아 나가 다른 길을 시도해 볼 수 있다. 궁지란 대개 문제를 틀린 방식으로 생각하고 있다는 것을 보여주는 징후다. 생각을 아예 하지 말아야 한다는 신호가 아님을 유념하라.

그러나 우리는 대개 자신이 생각하기에 모든 것을 만족스럽게 마무리해 주는 대답을 찾지 못한다. 어느 정도 좋은 대답이 있더라도 모든 것을 설명하고 느슨한 구멍을 전부 깔끔하게 메워줄 만큼 명료하고 정확한 설명에는 미치지 못한다. 도덕적 논증이 대체로 그렇다. 명료한 것은 거의 없다. 많은 이들은 이 사실에 좌절한다. T. M. 스캔런의 말을 들어보자. "어떤 종류건 진지한 철학을 하려면 좌절과 불완전함에 대한 내성이 강해야 합니다. 쉽게 대답이 나온다면 그런 건 철학적 질문이 될 수 없으니까요."

비판적 사고 능력이 아무리 뛰어나도 자신을 괴롭히는 문제에 대답할 수 없을 때가 있기 마련이다. 가장 위대한 철학자에게도 이런 일은 일어난다. 데이비드 흄은 이렇게 토로했다. "여러 겹의 모순과 불완전성에 대한 치열한 견해 때문에 머리가 뜨거워져서 모든 신념과 논증을 거절할 지경이다. 어떤 의견이 다른 의견보다 더 개연성이 있다거나 가능성이 크다고 볼 수가 없을 정도다." 흄은 자신이 "이 모든 문제에 당혹스러운 나머지" 자신이 "상상할 수 있는 가장 한탄스러운 상태, 가장 깊은 어둠에 둘러싸여 어떤 능력도 완전히 박탈당해 사용할 수 없을 지경이 되었다"고 생각했다.[1] 그는 "이성에 이러한 어둠을 물리쳐줄 능력이 없음"을 발견했지만 다행히 "자연 자체가 어둠을 물리친다는 목적에 충분히 부합하여 내게서 이 철학적 우울과 혼란스러운 망상을 치유해 주었다"고 썼다.

계속 살아가다 보면 불안은 완화된다. 흄은 이렇게 썼다. "식사를 하고 게임을 하고 대화를 나누고 친구들과 즐거운 시간을 보낸다. 이렇게 서너 시간 정도 즐거운 시간을 보내고 난 후 나는 다시 하던 생각으로 돌아간다. 그러면 그 생각은 지나치게 차갑고 부자연스럽고 터무니없어 보여 더 이상 그 문제를 생각하기 시작할 자리를 머릿속에서 찾아내지 못하겠다." 삶은 모든 문제의 답을 기다릴 수 없다. 그럴 필요도 없다.

그러나 불확실성을 감내하기를 마뜩찮게 생각하는 사람들도 있다. 기술이 모든 것을 측정해 준다고 장담하는 문화에서 가짜 확실성과 정확성은 도처에서 발견된다. 하루 만 보 걷기가 건강의 열쇠라는 증거는 어디에도 없지만 많은 이들은 그걸 믿고 걸음 수를 센다. 카카오 열매에 함유된 플라바놀이 정말 '내피세포 의존 혈관의 확장을 도와 정상 혈류에 기여할' 수도 있지만, 하루에 200밀리그램의 코코아 플라바놀을 먹어야 한다는 유럽 식품 안전청의 말을 우리는 정말 믿을 수 있을까?[2] 왜 날씨 어플리케이션은 시시각각 날씨 예보를 계속하는가? 정작 그날이 되면 날씨 상황이 바뀌어 예측이 맞지 않을 때가 많음을 누구나 아는데 말이다. 이 사례들 속에 내포된 거짓 정확성은 거짓 확실성을 암시한다. 덜 정확한 조언으로 실재하는 불확실성을 보여주는 편이 더 정직할 것이다. 활동량을 유지하고, 좋아한다면 다크 초콜릿을 적정량 섭취하고 어느 시점엔가 목요일에 비가 좀 올 수도 있음을 알고 있으라는 정도의 정확성 말이다.

정직성이 패배하고 손해를 보는 이유는 심리학자들이 입증한 바대로 우리가 확실성을 좋아하기 때문이다. 우리는 확실성을 전달하는 사람을 더 믿고 싶어 하고 실제로도 신뢰하는 반면, 의구심을 가진 듯 보이는 사람을 불신하는 경향이 있다.

우리가 확실성에 끌린다는 사실은 불확실성에 대한 혐오에서 확연히 드러난다. 우리는 대체로 변화의 불확실한 위험을 감수하느니 익숙한 게 편하다는 이유로 원하지도 않는 것에 매달린다.

'익숙한 악마'에 대한 선호는 합리적인 신중함일 수 있으나 불확실성에 대한 부당한 편견을 반영한 결과일 수도 있다. 직장을 때려치워야 하나, 아니면 그냥 다녀야 하나? 직장을 관두는 선택의 결과는 대개 불확실한 반면 직장을 그만두지 않을 경우에는 무슨 일이 일어날지 비교적 확실하다. 직장이 괜찮다면 그만두지 않아도 된다. 하지만 직장이 정말 싫다면 이야기가 달라진다. 그만두었을 때의 불확실성이 커다란 재앙도 아닌데 왜 그만두지 못할까? 답은 간단하다. 불확실성 자체가 두렵기 때문이다. 철학은 불확실성에 과도한 불안을 느끼는 **불확실 공포**incertophobia를 길들이는 데 도움을 제공할 수 있다. 철학은 답을 제시하더라도 확실한 답을 주지 않는다. 철학은 불확실성을 감내하고 사는 기술, 최종적인 답 없이 사는 기술, (그렇지만) 포기하지 않고 사는 기술을 가르쳐주는 위대한 교사다.

확실성과 정확성에 얼마나 매료되는지는 분명 각자의 기질에 따라 다르다. 그러나 누구나 변할 수 있다. 예를 들어 힐러리 퍼트넘은 확실성의 매력을 느끼면서도 확실성에 저항하는 지혜가 있었다. 그는 "비트겐슈타인주의자가 철학에 부여한 한계"는 싫지만 "우리가 빠지는 덫에 대한 비트겐슈타인의 비판 중 여러 가지는 심오한 의미에서 옳다"라고 인정했다. 확실성의 덫에 빠지는 이유 중 일부는 "체계성이 반드시 가능해야만 한다는 잘못된 믿음"에서 유래한다. 퍼트넘은 이러한 믿음을 '철학자의 **당위**'라 부른다. 깔끔하고 질서 정연한 사유를 하라는 당위에 대한 퍼트넘의 저항은 맥락을 민감하게 살펴야 할 필요성을 중시하면서 확실성의 한계를 유념하는 그의 태도 변화에서 비롯되었다. 진정한 명확성은 각 문제나 현상의 구체적인 세부 사항에 주의를 기울이라고 요구한다. 그러나 확실성 추구는 범용성 있는 설명, 만물을 아우르는 거대 이론을 향하는 경향이 있다.

일각에서는 이성적 삶이 지나치게 많은 것을 불확실하게 남겨두고 설명하지 못하는 부분이 너무 많다고 실망한다. 계몽의 꿈은 결국 어둠을 좀 걷어낸 정도의 현실임이 드러났다. 그러나 환멸은 지나친 기대를 품기 때문에 일어난다. 그레일링은 대개 "이성이 그토록 경이로운 것이라면 사안이나 사물 또한 완벽해야 한다"라는 거짓 가정이 이러한 기대에 깔려 있다고 진단한다. 그러니 당연히 현실에서 모든 것이 완벽하지 않을 때 도출되는 결론은 이성이 그토록 경이롭지 않다는 것이다.

그레일링은 이렇게 말한다. "내 생각에 그런 생각은 잘못됐어요." 그는 영국의 위성 TV 체제인 스카이Sky와 BSB를 예로 든다. 스카이는 기술 면에서 BSB에 뒤졌지만 TV 세계를 지배했다. 그러나 그렇다고 어떤 불합리성이 작동했다는 뜻은 아니다. 스카이의 지배에는 기술의 효력보다 접근성이나 프로그램처럼 다른 요인이 더 작용했을 뿐이다. 기술력이 모자란 스카이가 더 나은 투자처였던 것이다. 이 모든 결과를 추동한 것은 합리적 고려였다. "이성은 최상의 것이 아니라 세 번째로 나은 것, 심지어 열 번째로 나은 것을 도출하는 경우도 아주 많습니다. 그러나 그 또한 이성의 결과물이며, 상당히 나은 결과를 냅니다. 누가 됐건 가장 강자에게 책임을 넘기거나 혹은 혼돈이나 우연에 일을 맡기는 것보다는 필시 더 낫습니다." 그레일링의 말이다. 이성은 최적의 결정이나 결과를 보장하지는 못한다. 이성을 사용하는 인간이 항상 오류를 범할 수 있기 때문이다. 그럼에도 불구하고 이성은 세상을 이해하기 위해 우리가 가진 최상의 도구다.

◆

역설적이긴 하지만, 때로는 우리가 이해하는 것이 많을수록 이치에 맞는 것이 더 적어 보인다. 여러 해 전 자유 의지에 관한 내 책을 주제로 첫 강의를 했을 때가 기억난다. 첫 번째 질문자가 일어나서 말했다. "제가 오늘 저녁 이곳에 온 이유는 자유 의지에 대한 이해를 강화하고 싶었기 때문입니다. 그런데 선생님의 강의를 듣고 나니 오히려 전보다 훨씬 더 모르겠다는 느낌이 듭니다."

내가 좋은 강의를 못 했을 수도 있다. 그러나 만일 내가 강의를 더 잘했더라도 그는 여전히 똑같은 불만을 제기했을 테고 내 대답 역시 크게 다르지 않았을 것이다. 나는 그 질문자에게 사안에 관해 열심히 생각하기 전에는 대개 막연하고 어렴풋한 생각만든다고 말했다. 이런 막연한 생각이 이치에 맞아 보이는 이유는 우리가 그 문제에 대한 질문을 던지고 그것들의 문제와 모순을 노출시키지 않았기 때문이다.

이런 생각을 하기 전의 막연한 상태에서는 자유 의지가 무엇인지 명백해 보이고 우리에게 자유 의지가 있는 듯 보인다. 지식은 믿음과 다르다는 것이 명백해 보이고 우리 모두 그 차이를 명확히 알고 있는 듯 보인다. 그러나 이런 문제에 대해 본격적으로 생각하면, 다시 말해 더 예리하게 초점을 맞추어 그림을 보면 문제가 생각보다 훨씬 더 복잡함을 알게 된다. **명확성이 커질수록 복잡성도 커진다.** 그래서 본격적인 생각을 시작하면 으레 처음에는 더 큰 혼동이 닥친다.

이상적인 경우 우리는 결국 혼동 단계를 넘어간다. 명료함은 모순이나 역설로 보이는 것을 이해하게 돕는다. 그러나 이런 명료한 이해가 늘 일어나리란 기대는 현명하지 못하다. 그렇다 해도 우리는 여전히 전보다 더 명료해지는 이득을 누린다. 20세기 영국 최고의 철학자 중 한 사람인 버나드 윌리엄스는 바로 이러한 미덕을 지녔다. 그는 "철학은 우리가 자신의 활동과 생각을 이해하지 못하고 있음을 자각하는 데서 시작합니다"라고 말했다. 그의 주안점은 "우리가 우리의 활동과 생각을 보다 잘 파악할 방법을 제안하고 열어놓는 것"이었다.

나는 윌리엄스의 편이다. 사람들은 때로 철학에 답을 찾으러 왔다가 결국 더 많은 질문만 생겼다고 불평한다. 좀 억울한 평가다. 사유가 진전했다는 말이 반드시 올바른 대답을 찾았다는 뜻은 아니기 때문이다. 틀린 답을 거부하고 더 나은 질문을 떠올리는 것만으로 충분할 수도 있다. 도널드 데이비드슨Donald Davidson은 동료 철학자 윌러드 밴 오먼 콰인Willard Van Orman Quine을 두고 이렇게 말했다. "콰인은 내게 철학에서 뭔가를 제대로 이해하는 건 가능할 수도 있고 불가능할 수도 있지만, 뭔가를 오해하는 것은 거의 확실하다 생각하라고 독려했어요. 철학에서는 오류를 발견하는 일이 거의 유일하게 기대할 수 있는 것이라는 뜻이죠."

레이 몽크는 이렇게 말한다. "명료화는 상태가 아니라 과정입니다. 정말로 탁월한 분야별 발표나 세미나는 학생들이나 동료 학자들이 자신을 괴롭히는 문제를 생각해 내고 그것이 무엇인지 전보다 약간 더 명료하게 안 후 회의장을 떠나는 것입니다. 하지만 그것이 최종 상태에 도달했다는 말은 아니지요."

제시 노먼은 이러한 태도를 영국의 낭만주의 시인 키츠Keats가 제시한 '비우는 능력negative capability'이라는 관념과 연계시킨다. 노먼은 비우는 능력을 가리켜 '판단을 설불리 내리지 않는 능력, 주제의 경계선이 명확해질 때까지, 그것이 지적으로 혹은 실질적으로 다루기 쉬워질 때까지 주제를 보유하는 능력'이라고 규정한다. 키츠는 비우는 능력을 "사실과 이성을 초조하게 찾아다니지 않고 불확실성, 수수께끼, 의심 속에 머무는 능력"이라고 묘사했다.

비우는 능력이 사실과 이성을 전혀 찾아다니지 말아야 한다는 뜻이라면 키츠의 말은 틀릴 것이다. 문제는 "초조하게 안달 내며 결론에 도달하려는" 태도에 있다. 불편하다는 이유로 지나치게 절박하게, 지나치게 성급하게 답을 모색하려 하기 때문이다. "초조해지는 순간, 경제적인 이유에서건 심리적인 이유에서건 지나치게 빨리 결론을 내려버리려는 거대한 동기가 존재합니다. […] 성급함과 거리를 유지할 만큼 지적으로 자기 수양이 되어 있고 실제로 그렇게 하는 권위를 갖춘 사람은 매우 귀합니다." 노먼의 말이다.

♦

철학자들(그리고 내 생각으로는 우리 모두)은 두 가지 다른 목적 중 하나를 향하는 경향이 있다. 명확성과 확실성이다. 레이 몽크는 비트겐슈타인과 러셀이라는 상반된 사례를 제시한다.

비트겐슈타인의 좌절된 희망은 완전히 투명한 명확성에 도달하겠다는 희망이었습니다. 러셀의 좌절된 희망은 완전한 확실성을 얻겠다는 희망이었죠. 두 사람의 차이에 우리가 왜 철학을 하는가에 관해 시사하는 바가 있습니다. 러셀처럼 절대적으로 확실한 토대를 바라야 할까요? 아니면 비트겐슈타인처럼 약간의 혼탁함과 혼란을 느끼면서 그 혼란이 사라지고 명확성을 얻기를 바라는 편이 나을까요?

2000년 이상 둘 중 어떤 접근법의 결실이 더 큰지 살펴보고 난 후에 내리는 결론은, 내가 보기에는 명확성을 얻자는 쪽이다. 물론 확실한 결론은 아니다. 두 가지 목표를 완전히 이루는 것은 절대로 불가능하다. 완전한 명확성 역시 완전한 확실성처럼 이룰 수 없기는 마찬가지다. 그러나 더 큰 명확성을 추구하는 만큼 언제나 좀 더 명확해질 수는 있다. 그러나 확실성을 원한다면 늘 모자랄 것이다. 우리는 보통 말을 할 때 '더 큰 확실성'이라는 표현을 쓰지만 확실성은 '얼마만큼'이라는 정도 개념을 허용하지 않는다. 확실하거나 불확실하거나 둘 중 하나다.

확실성을 포기하고 더 큰 명확성을 목표로 하라는 요청은 우울할 만큼 겸허한 야심으로 비칠 수 있다. 이는 실망스러운 결과를 초래하기도 한다. 재닛 래드클리프 리처즈는 이렇게 말한다. "철학의 문제는 늘 그렇습니다. 일단 뭔가를 명확하게 해놓고 나면 그것이 너무 뻔해 보인다는 것이죠." 그러나 달리 생각해 보자. 뭔가 명확하지 않다면 뻔한 것은 눈에 빤히 보이는 곳에 숨어 있는 셈이다. 확실성을 찾으러 나서보라. 환상에 불과한 허구를 찾다가 코앞에 있는 것을 놓치는 위험에 직면하게 될 것이다.

확실성이나 절대성을 추구할 때 치명적인 피해가 돌아오는 분야 중 하나가 정치다. 정치가이자 철학자인 제시 노먼은 파스칼이 **기하학 정신**e l'esprit géométrique이라 부른 것, 다시 말해 정치가 인간의 행동을 통해 특정한 합리적 이상을 산출한다는 주장을 거부한다. 그는 이러한 관념의 뿌리가 플라톤의 『국가』에 있다고 본다. 『국가』에서 통치 계급은 '추상적 보편자에 대한 지식을 갖춘 계급으로 다른 계급과 구별'된다. 플라톤의 접근법은 정치에 대한 아리스토텔레스의 접근법과 대조를 이룬다. 아리스토텔레스의 접근법은 경험에 근거해 정치를 선험적 대상이 아니라 문제를 해결하는 실용적인 일로 본다. 노먼의 결론은 다음과 같다. "통치 방법이라는 문제를 들여다보면 아리스토텔레스의 접근법이 훨씬 더 낫다고 판명된다."

정치는 타협의 기술이자 상충하고 경합하는 이해관계와 가치를 운용하는 수단이다. 그러므로 지저분하고 골머리 아픈 협상과 합의가 아닌 다른 것에 의해 지배받기는 불가능하다. 의견의 상충이 없는 정치를 하는 방법은 독재밖에 없다. 정부가 정의라는 개념의 절대적 이상을 적용해 통치하려 할 때 거기서 나온 결과는 폭정과 재앙이었다.

공동체주의communitarian의 입장에서 자유주의를 비판하는 선봉에 서 있는 철학자 마이클 샌델Michael Sandel은 다음과 같이 말한다.

> 우리의 머리에 깊숙하게 박힌 관념인 마찰 없는 공적, 중립적 영역이 존재할 수 있다는 관념은 민주적인 숙고와 성찰을 파괴합니다. 자신의 가장 깊은 실질적 윤리관 중 일부를 억지로 묻거나 숨기면서 겉으로만 자신이 중립적이라고 우긴다면 시간이 지날수록 분노와 냉소가 발생할 겁니다. 사람들은 자신이 부당한 대접을 받았다고, 자신의 의견이 충분한 숙고 대상이 되지 못한다고 느끼게 될 테니까 말입니다.

의견 일치를 보기 위한 노력은 과학에서는 생산적일 수 있다. 그러나 정치에서는 그러한 노력이 들어설 자리가 전혀 없다. 다시 샌델의 말이다.

> 의견 일치가 최우선시해야 하는 목표여야 하는지는 잘 모르겠습니다. 우리는 잘 산다는 것, 도덕성, 종교, 그리고 정의와 권리에 관한 개념을 둘러싼 의견이 불일치하는 다원주의 사회에 살고 있습니다. […] 다원주의 사회에 살고 있는 우리가

목표로 삼아야 할 것은 정의로운 사회에 가능한 한 가까이 가는 것입니다. 그러나 정의가 무엇을 요구하는지, 어떤 권리를 존중해야 하는지 공동의 선이 무엇인지에 관한 의견의 불일치는 사라지지 않을 것입니다.

합리적인 사람이라면 누구든 합의해야 할 한 가지가 있다. 합리적인 사람들은 계속해서 의견이 다를 것이라는 점이다. 환경윤리학자인 데일 제이미슨Dale Jamieson은 이렇게 말한다. "사람들은 합리적이면서도 서로 다른 견해를 가질 수 있습니다. 둔감하지 않은 사람들도 민감하게 느끼는 부분이 각자 다릅니다." 하지만 그렇다고 해서 합리적인 대화나 경험을 공유하려는 노력이 무의미하다는 말은 아니다. "생각해야 할 것 중에는 더 나은 것도 있고 더 나쁜 것도 있습니다. 느끼는 방식도 더 예민한 방식이 있고 덜 예민한 방식이 있어요. 공동체에서 살아가면서 공유된 가치를 만들어가고자 해야 합니다." 제이미슨의 결론이다. 구성원들이 함께 대화하고 경청하고 사유하는 사회는 완전한 행복을 누리지는 못해도, 조화를 통해 함께 살아가는 사회다.

완벽한 종결이나 해결이란 불가능하다는 자각, 이것이 바로 최고의 작가나 창의적인 사람들 일부가 작품의 종결을 선언하길 꺼리는 이유다. 작품의 종결 여부는 대개 작품 자체가 아니라 작가들에게 작품을 제출하도록 강제하는 임의적 기한에 의해 결정된다. 따라서 완벽주의 성향을 지닌 일부 작가들은 아주 적은 수의 작품을 발표하되 최고의 질을 가진 작품을 내놓는다.

완벽주의는 그 나름의 문제를 초래하기도 한다. 그래서 개선의 여지가 더 있다 하더라도 일단은 작업을 마무리했다고 선언하는 쪽에 이점이 있다. 단, 마지막 문장을 입력하는 순간 '나는 불후의 걸작을 썼어!'라고 생각한다면 좋은 저작을 낼 수 없다. 예컨대 데이비드 흄은 꽤 많은 저작을 썼지만 말년에는 대개 개정판을 위해 예전 글을 교정하는 데 시간을 할애했다. 흄에게 최종적으로 완벽한 책이란 존재하지 않았기 때문이다. 과학자들은 툭하면 '연구가 더 필요하다'라고 마치 성스러운 의무라도 되는 양 논문에 읊조린다. 철학 논문에도 이와 비슷한 표현이 있다. 마치 의식이라도 치르듯 특정 문제는 '다른 논문의 주제'이거나 주제로 다루어야 한다고 쓴다. 사상가라면 늘 더 많은 생각이 필요하다는 점을 기억하라. '마지막 말'이란 현재까지 한 마지막 말이지 최종적인 말은 아니다.

섣부르게 탐구를 종결하지 않는 또 한 가지 방법은 자신이 생각하기에 이치에 전혀 맞지 않는 생각이어도 개방적인 태도를 유지하는 것이다. 사이먼 글렌디닝은 다른 이들의 견해가 주는 당혹스러움이 탐구의 중요한 동기부여 요인이라고 본다. "나는 내가 이해하지 못하는 것, 이해가 안 간다는 이유로 다른 사람들이 읽지 않으려 했던 것에 끌립니다." 따라서 그는 하이데거, 비트겐슈타인과 데리다 같은 철학자들을 꼼꼼하고 면밀하게 읽어낸다. 글렌디닝은 '다른 이들이 폐쇄적인 태도가 되도록 만드는 요인인 이 사상가들의 난해함과 모호함을 개방적인 태도로' 대한다.

글렌디닝의 개방적 태도는 앞에서 살펴보았던 자비의 원칙을 보여준다. 글렌디닝은 자신의 이러한 태도가 어려운 글이나 저작에 대한 '아낌없는 선의'를 반영한다고 말한다. "어려운 글을 쓰는 사람들이 나보다 더 똑똑하다고 생각하는 걸 선의라고 부를 수 있다면, 내게 그 정도의 선의는 전혀 아깝지 않아요."

다만 **지나친** 너그러움으로 인해 시간과 노력을 들일 가치가 없는 사상에까지 아까운 시간을 쓸 수 있다는 위험이 있다. 글렌디닝도 그 점을 인정한다. "처음 선의를 발휘할 때 기대했던 만큼의 가치가 없다고 판명되는 사상도 있긴 합니다." 그러나 관대한 태도를 취한 다음 판단이 틀리는 오류를 저지르는 편이 아예 폐쇄적인 태도를 견지하는 것보다는 낫다. 자신이 이해할 수 없는 사람들이 자신보다 똑똑하지 않을 수는 있다. 하지만 대부분은 분명 명석한 사람들이다. 이들의 저작에 아무 장점도 없다는 생각은 개연성이 없다고 봐야 한다.

현실적인 관점에서 특정 프로젝트나 특정 노선의 탐구를 영원히 지속할 수는 없다. 하던 일은 일단 종결하여 마무리하고 다른 프로젝트나 노선으로 다시 나아가야 한다. 나로 말하자면 이 책의 마감 기한은 다가오고 책의 현재 수준과 책이 도달해야 하거나 도달할 수 있는 수준 사이의 격차를 좁히겠다는 희망 사항을 갖고 있다. 하지만 완전히 좁히려면 평생 걸려도 불가능할 것이다.

프로젝트를 종결지어도 완전한 결론이 난 것은 아니라는 개방적인 태도는 현실적인 선택지는 아니지만 가치 있는 태도다.

지성의 문을 닫아걸을 때조차도 혹시 문을 다시 열어야 할 때를 대비해 문이 어디 있는지는 기억해 두어야 한다.

◆

정신의 삶에 끊임없이 질문을 던지는 일은 지난해 보인다. 어떤 의미에서는 정말 그렇다. 심오한 철학을 하는 작가 마이클 프레인은 이런 말을 했다. "심각한 지적 난관에 둘러싸여 평생을 보냈는데도 거기서 빠져나올 희망이 전혀 없어요." 그가 '희망'이라는 단어를 선택한 것이 흥미롭다. 그가 쓴 글 중 가장 많이 인용되는 구절은 그의 영화 각본 〈시계방향〉에서 나온 것이다. "로라, 그건 절망이 아냐. 절망은 참을 수 있어. 참을 수 없는 건 희망이라고." 이 영화에서 희망은 고문이다. 주인공이 결코 오지 않는 구원에 매달리게 만들기 때문이다.

대개 희망은 필요하다. 그러나 영영 충족될 가망이 없을 때 희망은 저주다. 언젠가 모든 문제를 해결할 것이라는 희망, 삶 전체가 이치에 맞으며 모든 수수께끼가 해소되리라는 희망을 품고 산다면 예정된 좌절과 실망 속으로 자신을 밀어 넣는 것이나 다름없다. 매듭지어지지 못한 문제를 안고 사는 법을 배워야 한다. 프레인처럼 심지어 그런 문제를 즐겨야 한다.

프레인은 내게 조너선 베넷과 나누었던 대화를 들려주었다. 인생의 행복이 무엇이냐는 주제로 나눈 이야기였다. 베넷은 자기 인생의 행복은 '심각한 지적 난제들 사이에 사는 것'이라고 말했다. 인생의 행복에 관한 수많은 권고를 들어봤지만 이런 이야기는 들어본 적이 없다.

때로 우리는 '행복'을 '만족'이라 여기지만 만족이라는 말 역시 세심하게 살펴보아야 한다. 만족감을 충족감이나 충만한 감정 상태를 의미하는 것으로 보는 경우 역시 막연하다. 그러니 집중적인 사유가 충만함을 준다고 여길 수는 없는 노릇이다. 하지만 만족이라는 말이 이 정도면 충분하다는 느낌, 이 정도면 괜찮다는 느낌을 의미한다면 사안에 관해 깊이 생각하는 삶, 해결책이 없다 해도 사유하는 삶에서 만족을 찾을 수 있다.

모든 사람이 철학자처럼 살아야 하는 것은 아니다. 성찰이나 분석이 없는 삶 또한 살 만한 가치가 있다. 나는 어떤 삶이건 살 만한 가치가 있다고 느끼게 하는 요인은 **관여**engagement라고 생각한다. 관여는 말과 관련이 없을 수도 있다. 땅을 일구거나 자연의 세계와 부단히 접촉하고 사는 사람들은 굳이 말을 하며 살아가지 않는다. 또 어떤 사람들에게 살 만한 삶이란 사회적인 것, 다른 사람들과 관계를 맺는 일을 의미할 수도 있다. 또 다른 이들에게 살 만한 삶이란 창조, 뭔가를 만드는 것, 예술이나 공예일 수 있다.

집중적인 사유는 세계에 더 깊이 관여하는 또 하나의 방식이다. 사유는 사고의 지평을 확장하고 우리가 상상도 하지 못했을 이해의 방법으로 들어가는 문을 열어준다. 우리 주변에서 혼란스레 벌어지는 사건을 좀 더 이해하는 일이다. 이는 혼란과 당혹스러움으로 가득한 지구에서 우리를 좀 더 편안하게 만들어주는 방편일 수 있다.

지나치게 낙관적인 말 아니냐고 생각할 수도 있다. 세상은 냉정하다. 이를 열심히 본다고 한들 냉정하고 힘든 세상의 모습이 드러날 뿐 별다른 해결책이 없는 것 아닌가? 내 생각은 다르다. 무엇이 됐건 더 깊이 이해할 때마다 더 많은 현실이 드러난다. 그리고 현실을 발견할 때마다 경이로움 역시 더욱 증가한다.

과학자들은 눈에 보이는 사물의 외양 너머에 존재하는 근원적인 힘을 보며 대개 낙담하기보다는 경외감을 느낀다. 뇌과학자 아닐 세스는 "과학은 늘 우리를 사물의 중심에서 쫓아내지만 그럴 때마다 훨씬 더 많은 것을 돌려주기도 합니다"라고 말한다.[3] 마찬가지로 물리학자 카를로 로벨리Carlo Rovelli는 다음과 같이 썼다. "뭔가 견고한 것이 의심의 대상이 되거나 해체될 때마다 또 다른 것이 열린다. 그렇게 되면 전에 볼 수 있었던 것보다 더 멀리 볼 수 있게 된다."[4]

물론 우리가 발견하는 모든 것이 긍정적이지는 않다. 과학과 달리 철학은 규범적인 문제에 관여한다. 사물이 존재하는 방식, 즉 존재의 실재뿐 아니라 사물이 어떻게 존재해야 하는지에 대한 존재의 당위도 다룬다. 이로써 이상과 실재 사이의 간극이 벌어진다. 이상을 따라가지 못하는 현실 때문에 실망할 수 있다. 그러나 이러한 간극에 어떻게 대응하느냐는 우리에게 달려 있다.

프랑스 실존주의에서 삶의 부조리함은 비통과 포기와 절망의 원인이었다. 영국 실존주의에서 삶의 부조리함은 웃음을 유발했다. '영국 실존주의'라 함은 몬티 파이선Monty Python(영국의 코미

디언 그룹으로 몬티 파이선의 비행 서커스라는 프로그램으로 풍자와 기지를 표현해 희극계에 큰 영향을 끼쳤다—옮긴이)의 풍자를 가리킨다. 〈성배 The Holy Grail〉와 〈브라이언의 생애The Life of Brian〉라는 영화에서 파이선은 인간의 삶을 추진하는 요인이 더 높고 초월적인 목적이라는 통념을 풍자했다. 인간이라는 존재는 그저 잔혹함과 조롱을 견디며 그럭저럭 살아갈 뿐이다. 그러나 이 영화는 비극이 아니라 희극이었다. 우리가 웃을 수 있는 것은 (행복에 겨워서가 아니라) 모든 것이 다 암울하지만은 않기 때문이다. 로저 스크러턴은 이렇게 말했다. "웃음은 많은 경우 우리가 이상에 미치지 못한다는 진실을 인식한 결과입니다. 이상이 없다면 유머는 온통 암울하고 냉소적이기만 한 블랙유머겠죠."

대답이 없을 수도 있는 질문을 던질 준비를 하는 것, 절대적인 확실성 없이 명확성을 더욱 추구하는 것, 올바른 대답을 얻기보다 실수를 고칠 준비를 하는 것을 포기로 여겨서는 안 된다. 장 폴 사르트르의 말에 따르면 "어떤 일에 착수하기 위해 반드시 희망이 필요한 것은 아니다." 다시 말해 삶은 어떤 보장도 주지 않기 때문에 보장이 없어도 행동에 나서야 한다. 시도를 해보기 위해 반드시 성공하리라는 믿음이 필요한 것은 아니다. 실패가 불가피하다는 것만 믿지 **않으면** 된다.

하지만 가능한 한 최상으로 사유하는 과정, 대개는 좌절스럽고 혼란스럽고 힘들고 어려운 이 사유 과정을 지속하기를 옹호하는 가장 강력한 주장은 그렇게 **해야만 한다**는 것이다. 이성이 '당위'를 포함한다는 것은 재론의 여지가 없다. 강력한 논증을 마주

할 때마다 어떤 의미에서 우리는 그 결론을 **받아들여야만** 한다. 수용이 곧 당위라는 말이다. 추론의 이러한 '당위'는 대개 윤리의 '당위'와 다르다고 간주된다. 내 생각은 다르다. **우리가 생각을 잘 해야 하는 이유는 그렇게 해야만 생각해야 할 것을 더 명료하게 보기 때문이다.** 잘 생각하지 않으면, 잘 생각함으로써 제대로 보아야 할 것을 보지 못하면 결국 받아들이지 말아야 할 것을 받아들이게 된다. 또한 믿지 말아야 할 것을 믿게 된다. 가능한 한 올바르게 추론하고 생각하는 것은 목표를 이루기 위한 실용적인 수단에 그치지 않는다. 올바른 사유, 그것은 목표 자체이자 윤리적 명령이다.

◊ 사유를 최종적 지혜를 얻는 수단이 아니라 끝없는 성장 과정의 일부로 생각하라.

◊ 풀리지 않은 지적 문제가 늘 따라올 것이고 가까스로 문제를 풀어도 새로운 문제가 늘 다시 나타나리란 것을 받아들이라.

◊ 난관에 봉착했다면 밟아온 길을 되짚어 다른 각도에서 접근하라.

◊ 확실성, 거짓 정확성, 과도한 확신이라는 유혹에 빠지지 말라.

◊ 시작할 때의 공포를 극복하고 곳곳에 있는 불확실성을 편안히 여기는 능력을 기르라.

◊ 도식화와 형식주의의 한계를 받아들이라. 모든 것을 규칙이나 방법 한 가지로 환원할 수는 없다.

◊ 이성의 힘을 과장하지 않으면 이성에 실망하는 일도 없다. 이성은 진리에 도달하는 최악의 방법일지 모르지만 그동안 시도했던 다른 모든 방법보다는 낫다(처칠의 말).

◊ 더 큰 명료함을 추구하되, 단기적으로는 그것이 복잡성을 더 드러낼지도 모르고 훨씬 더 큰 혼란을 초래할 수도 있음을 인식하라.

◊ 사람들의 욕망과 선호와 가치를 다룰 때는 합의를 강제하지 말라. 차이의 균형을 맞추되 차이를 제거하려 들지 말라.

◊ 언제나 더 나아질 수 있다는 인식, 확실한 완성은 불가능하다는 인식을 유지하기 위해 완벽주의자가 될 필요는 없다.

◊ 성찰하는 삶이 만족스러움을 잊지 말라. 세계에 대한 사유는 세계에 관여하는 가장 심오하고 근원적인 방법 중 하나다.

나오며

중용의 철학자,
아리스토텔레스의 배웅

무엇보다 거짓을 피하라.

온갖 종류의 거짓을 피하라.

특히 스스로를 속이지 말라.

자기기만을 매시 매분 매초 살피라.

― 표도르 도스토옙스키, 『카라마조프가의 형제들』

대놓고 언급하지는 않았지만 이 책의 배경에 자리 잡은 중심 사상은 아리스토텔레스의 중용이다. 믿을 수 없을 만큼 유용한 사상이다. 공자에게서도 비슷한 사상이 발견된다. 중용은 거의 모든 미덕과 상반되는 악이 따로 존재하는 것이 아니라고 가르친다. 미덕의 반대는 악덕이 아니라 과잉과 결핍일 뿐이다. 관대함은 방탕함과 인색함 사이의 중용이며, 이해심이란 지나친 관용과 공감 부족 사이의 중용, 자부심은 자만과 자기혐오 사이의 중용이다.

사유라는 미덕에도 같은 원리가 적용된다. 지나치게 정확한 사유는 그것이 거짓일 경우 미덕이 아니며, 지나치게 막연한 사유 역시 미덕이 아니다. 자신이 동의하지 않는 견해에 지나치게 관대하거나 동의하지 않는다는 이유로 지나치게 묵살하는 것 또한 미덕이 아니다. 자율적인 사고가 지나치게 심할 수도 또 지나치게 부족할 수도 있다. 역시 좋지 않다. 모든 조언에 노예처럼 추종하지 말라는 경고가 따라붙는 것은 이런 이유에서다. 특정 주장이 이끄는 곳이 어디건 쫓아가되 극단적인 추종은 경계해야 한다. 모든 것에 질문을 던지되, 또 항상 그러라는 뜻은 아니다.

자신의 용어를 정의하되 모든 용어를 다 정의할 수 있다는 생각은 버려야 한다. 사유의 미덕은 균형과 판단력을 필요로 한다. 오류를 저지를 때마다 정반대로 간다 해도 다른 오류로 빠질 가능성 또한 얼마든지 있다. 비판적인 사유라는 규칙은 무엇이 됐건 맥락에 따라 지나침이나 부족함 모두에 적용할 수 있다. 따라서 중용의 원칙이야말로 늘 염두에 두어야 하는 일종의 메타 원칙이다.

그렇다고 해서 중용이 이성의 힘이라는 자물쇠를 여는 만능열쇠라는 말은 아니다. 이 책의 근본적인 주장은 사유를 잘하기 위한 알고리즘이나 적용할 수 있는 단일한 방법, 다시 말해 성공적인 철학을 위한 인자 같은 것은 없다는 것이다. 그래도 탁월한 사유의 온갖 다양한 요소를 보유하기 위해 어떤 종류의 비망록이나 일반적인 틀을 갖추는 것은 유용하다.

사유를 위한 간결한 방안을 생각해 내려 애쓰던 중, 나는 내가 일종의 공정을 기술하고 있음을 알게 되었다. '일종의 공정'이라는 말을 쓴 이유는 실제로는 이 과정이 명쾌하게 단순하지 않아서다. 그러니 기계적으로 사용하지 말고 맥락에 따라 민감하게 적용해야 한다. 총 네 가지 요소로 이루어진 이 사유의 공정으로 애석하게도 근사한 줄임말을 만들지는 못했다. 대신 **주의**attend, **명료화**clarify, **해체**deconstruct, **연계**connect라는 각 요소의 첫 글자를 따면 호주의 훌륭한 록밴드 AC/DC의 이름과 같아진다.

주의를 기울이라

사고 공정의 첫 요소는 추론을 잘하기 위한 첫 단계이자, 그 이후 모든 조치의 필요조건이기도 하다. 집중이 얼마나 중요한지는 아무리 강조해도 지나치지 않다. 이 책의 모든 조언은 대부분 주의력의 실천이라고까지 말할 수 있을 정도다. 증거에 주의하기, 중요한 것에 주의하기, 추론 단계에 주의하기, 말하지 않은 가정에 주의하기, 사용하는 언어에 주의하기, 다른 전문가나 학문이 기여해야 하는 바에 주의하기, 정신의 속임수에 주의하기, 자신의 편견과 기질에 주의하기, 자신의 자아, 더 넓은 그림, 거대 이론의 유혹 등 주의를 기울여야 할 대상은 대단히 많다.

어렵게 느껴진다면, 그렇다. 정말 어렵다. 실제로도 어려운 작업이다. 엄밀한 사유는 대개 노력과 적용의 문제다. 인간은 가능한 정신 에너지를 적게 쓰는 '인지 구두쇠'가 되는 쪽으로 진화했다. 다음 끼니를 해결하고 자식도 낳아 길러야 하기 때문이다. 생각은 안 하는 편이 더 쉽다. 굳이 생각을 해야 한다면 술자리에서 아무 의견이나 마구 던져대거나 소셜미디어에 가짜 이야깃거리나 내뱉으며 태만하게 하는 편이 더 재미있다. 이런 태만함 앞에서 떳떳한 사람은 없다. 그러나 더 잘하려 노력하는 사람과 그렇지 않은 사람, 자신의 지성을 극한까지 밀어붙이는 사람과 한계 내에 안주하는 사람 사이에는 중요한 차이가 있다.

명료하게 생각하라

세심한 주의를 기울여 실행할 수 있는 것 중에서도 더 명료하게 생각할 수 있다는 것이 가장 중요하다. 대부분의 오류는 자신이 무엇을 생각하는지 명확한 그림을 충분히 그리지 못한 데서 파생한다 해도 과언이 아니다.

문제가 실제로 무엇인지 파악해야 한다. 여러분이나 남들이 문제가 무엇인지 이미 파악했다고 그냥 가정해 버려서는 안 된다. 정말로 중요한 것, 실제로 문제가 되는 것은 무엇인가? 무엇이 중요하며, 무엇이 위태로운가? 문제와 관련해 작동하는 개념이 무엇을 의미하는지뿐만 아니라 관련 사실이 무엇인지도 명확하게 파악하라.

논증이 어떻게 구조화되는지, 그것이 연역추론인지 귀납추론인지 귀추법인지, 아니면 다양한 추론의 조합인지 뚜렷하게 설명할 수 있어야 한다. 명확성을 더 키우는 것이야말로 대개 추론에서 바랄 수 있는 최대치다. 처음부터 가능한 한 명확성을 기하지 않으면 그 결과 역시 명료할 가능성은 없다.

해체하라

주의를 기울였고 사안을 가능한 한 명료하게 보려 노력했다. 그럼 이제 해체할 순서다. 필요한 구분이라면 무엇이든 하고 쟁점의 여러 측면을 따로 찢어 다 떼어보라. 이들 중 일부는 형식적이다. 그 논증은 정확히 어떻게 진행되는가? 논증의 각 단계는 탄탄한가? 일부는 개념적이고 언어적이다. 한 단어 뒤에 숨은 의미가 둘 이상 존재하는가? 기존의 개념보다 더 정확한 특정 단어나 어구를 새로 만들어야 하는가? 단일한 꾸러미에 속할 필요가 없거나 없어야 하는 관념을 한데 모아놓은 것은 아닌가?

해체 작업 중 일부는 경험적인 성격을 띤다. 어떤 사실이 중요한가? 또 어떤 사실이 우연하거나 호도하거나 그저 눈속임에 불과한가? 또 일부는 심리적인 성격을 띤다. 개연성이 있어 보이는 것 중 얼마나 많은 것이 내가 진실이라고 믿고 싶어 하는 것인가? 내가 좋아하지 않는다는 이유만으로 뭔가를 거부하고 있지는 않은가? 모든 구조를 짜고 있는 실을 세심하게 끌러보라.

연계하라

주의, 명료화와 해체 모두 훌륭한 사유의 필수 요소다. 그러나 이들 작업을 다 한다 해도 결국 남는 것은 조립되지 않은 부분의 집합에 불과하다. 이들은 깨끗하게 펼쳐져 있으나 그대로는 쓸모가 없다. 어느 단계에서는 이 조각들을 한데 연결해야 한다. 얼마나 완전한 구조를 만들지는 시간만이 말해줄 수 있다. 그러나 최소한 그 점들 중 일부라도 합치려 시도조차 하지 않는다면 진정으로 구축되는 것은 아무것도 없다.

물론 조각들을 연계하는 일은 면밀한 주의를 필요로 한다. 연계는 명백하지 않을 수 있다. 유기농 비건식이 가장 윤리적이라고 확신할 수 있겠지만 동물의 퇴비가 없다면 대다수의 유기농 농장은 기능하지 못함을 미처 깨닫지 못했을 수도 있다. 신화를 타파하는 행위가 막상 그것이 폭로하려는 신화를 더욱 고착화한 다는 점을 시사하는 심리학 연구 결과를 모를 때는 신화 타파가 탁월한 생각으로 보일 수 있다. 흥미진진하게 들리는 생각을 심사숙고해 철저히 따져보지 않고 열렬히 지지하는 일은 천천히 해도 늦지 않다.

추론을 사회적 차원으로 확장하면 연계 작업에 도움이 된다. 광범위하게 독서하지 않으면 지금 고민하고 있는 쟁점과 관련된 다른 분야의 지식을 놓친다. 탁월한 사유를 하는 사람들과 자신의 생각을 두고 이야기를 나누지 않으면 그들이 만들어낼 놀라운 연계를 놓치게 된다.

사안을 심사숙고하는 단계별 각 과정은 아주 세심하게 실행해야 한다. 겸허함과 인내가 필요하다. AC/DC의 4요소 중 세 가지는 주로 사안을 철저히 따져보는 일이고 마지막 네 번째 요소만 주로 결론을 끌어내는 일과 관련이 있다.

훌륭한 사유의 열쇠를 한 가지 명령으로 요약하자면 그것은 결론으로 건너뛰지 말라는 것이다. 두 손과 두 발로 천천히 차근차근 땅을 짚어가며 결론까지 나아가라. 가는 내내 모든 발걸음을 천천히 점검하면서 전진하라. 온갖 약속이 신속하고 재빠르게 이루어지는 세상에서 생각만큼은 천천히 힘들게 해야 한다.

Iff (If and only if)

'만약 그리고 오직 그럴 때만'의 의미로, 쌍조건이라고도 한다. if와 iff의 논리는 매우 다르므로 둘의 차이를 명확히 알아두어야 한다. 전건 긍정과 후건 긍정의 오류도 참조하라.

가용성 휴리스틱 또는 가용성 편향 Availability heuristic or bias

가장 강력하고 관련성 높은 증거보다 최근의 증거나 눈에 띄는 증거에 근거하여 판단하는 경향을 가리킨다.

거짓 이분법 False dichotomy

다른 선택지가 있음에도 불구하고 이를 묵살하고 두 가지 선택지만 제시하는 이분법. 예를 들어 일부 사람들은 특정 형태의 허위 정보를 불법으로 규정하는 데 찬성하는 동시에 표현의 자유까지 옹호하는 것은 불가능하다고 말한다. 허위 정보를 불법으로 규정하는 걸 선택하거나 표현의 자유를 선택하거나 둘 중 하나만 선택하라는 것이다. 하지만 표현의 자유란 그 자유를 남용하여 해를 끼치지 않는 것을 조건으로 해도 괜찮다. 표현의 자유를 믿는 사람이라도 허위 정보가 해를 끼치는 정보라면 불법화해야 한다고 생각할 수 있다.

건전성 Soundness

특정 연역적 논증이 타당하고 그 전제가 진실이라면 그 연역적 논증은 건전하다.

결론 Conclusion

섣불리 내리지 말아야 하는 것. 타당한 연역 논증일 경우 결론은 필연적으로 전제를 뒤따르기 마련이다.

경험적 A posteriori

경험으로부터. 예를 들어 '과학은 ~와 달리 경험적이다.'

경험적 Empirical
증거에 기반을 둔다는 의미다. 과학은 경험적이지만 수학이나 논리는 그렇지 않다.

과학주의 Scientism
과학적으로 검증할 수 있는 믿음만 의미가 있다는 믿음이다. 과학주의는 과학적이지 않은 믿음이다.

관심 경제 Attention economy
현대의 소비자 환경에서 기업은 궁극적으로는 수익 창출을 위한 목적으로 우리의 관심을 끌기 위해 끊임없이 경쟁한다. 우리는 대개 이 기업들에 관심을 값싸게 제공하기 때문에 관심 경제는 번창하고 있다.

관용의 원칙 Principle of charity
어떤 주장이나 믿음을 고려할 때, 상상할 수 있는 가장 좋은 버전을 고려하라. 그렇지 않으면 어떤 거부라도 성급하고 미숙한 판단일 수 있다.

귀납 Induction
경험에서 나온 논증을 가리킨다. 연역적으로 타당하지 않지만 귀납 없이는 살 수 없다.

귀류법 Reductio ad absurdum
특정 믿음에서 도출된 결론이 터무니없다고 논증함으로써 그 결론의 전제가 된 믿음이 틀렸음을 입증하는 방법. 예를 들어 기후변화가 100퍼센트 입증된 것은 아니므로 기후변화에 대한 판단을 유보해도 된다는 결론을 내린다면, 모든 것에 대한 판단을 유보해야 한다. 확실한 것은 아무것도 없기 때문이다. 결론적으로 말도 안 되는 이야기다. 따라서 기후변화의 증거가 100퍼센트 확실치 않다는 판단은 기후변화에 관한 판단을 유보할 근거로 옳지 못하다.

귀추법 歸推法, Abduction
가장 좋은 설명을 추론하는 방법이다. 다른 모든 요건이 같다면ceteris paribus, 가장 좋은 설명은 단순성, 정합성, 포괄성 및 검증 가능성을 모두 갖추고 있다.

길들여짐의 오류 Fallacy of domestication
특정 아이디어를 자신에게 더 익숙하고 가까운 아이디어로 바꾸는 방식으로 해석하는 오류. 익숙하지 않은 다른 문화를 사고할 때 흔히 발생한다.

낙관주의 편향 Optimism bias
최고 또는 적어도 더 나은 것을 기대하는 성향. 보편적이라고는 할 수 없는 성향이다.

높은 재정의/낮은 재정의 Redefinition, high and low

높은 재정의는 단어의 용도를 변경하여 그 적용 범위를 합리적인 예상 범위보다 좁게 만드는 오류다. 예를 들어 진정한 친구라면 자기 친구가 불륜을 저지른다는 사실을 그의 배우자에게 숨기기 위해 감방행도 불사해야 한다는 말을 한다고 해 보자. 이런 말은 우정의 기준을 불합리할 정도로 높이는 재정의이다. 반대로 재정의가 낮으면 단어의 적용 범위가 합리적인 예상보다 지나치게 넓어진다. 예를 들어 어떤 사람이 긴급 구호 기부를 많이 하지 않았다는 이유로 그를 살인자라고 부르는 것은 지나친 확대 해석, 즉 낮은 재정의에 속하는 오류다.

다다익선의 오류 Aggregation fallacy

어떤 것이 좋을 때, 그것이 많으면 많을수록 좋다는 잘못된 믿음을 가리킨다. 일반적으로 암묵적인 가정이다.

다른 모든 것이 같다면 Ceteris paribus

'다른 모든 것이 같다면'이라는 가정. 다양한 진술에 유용하지만 흔히 사용되는 수식어는 아니다.

더미의 역설 Sorites paradox

개별적으로는 큰 차이를 만들지 않는 일련의 작은 변화가 모여서 커다란 차이를 만들어내는 역설. 머리카락이 하나 빠진다고 대머리가 되는 것은 아니지만, 하나둘씩 계속 빠지다 보면 대머리가 될 수 있다. 여러 개념의 경계가 모호하다는 사실을 보여주는 사례다.

덩어리식 사고 Cluster thinking

논리적으로나 경험적으로 서로 다른 믿음이 반드시 함께 가야 하며, 하나를 믿으면 다른 하나도 믿어야 하고, 하나를 거부하면 다른 하나도 거부해야 한다고 가정하는 오류를 가리킨다. 인지 구두쇠 오류에 속한다.

독불장군의 역설 The maverick's paradox

독불장군처럼 군중이나 집단의 의견이 아니라 증거와 논거를 따르는데도 옳지 않은 결론에 도달하는 경우를 가리키는 말.

로고스중심주의 Logocentrism

언어나 개념에 우선순위를 두는 이해 방식.

말실수의 오류 Fallacy of the telling slip

상대의 말실수나 부주의한 언급이 그의 평소 말이나 행동 전체보다 그의 진짜 모습을 더 잘 드러낸다고 착각하는 잘못된 가정을 가리킨다.

메타 귀납 Meta-induction
현재 진행 중인 사건의 구체적인 세부 사항을 근거로 하지 않고 과거 넓은 범주의 경험, '이런 종류의 일'에 관한 일반적인 선례를 통해 추론하는 방식. 구체적인 정보는 충분하지 않은데 넓은 범주의 증거는 많을 때 유용하다.

모호성의 오류 Fallacy of equivocation
의미가 모호한 단어를 실수 또는 고의로 부적절한 의미로 오용하는 행위. 예를 들어 상대가 실제 차이를 보고 구별만 하는 행위를 가리켜 부정적 의미로 차별한다고 비난하는 것이 이런 오류에 속한다.

미끄러운 경사면 Slippery slope
겉으로 보기에 좋거나 받아들일 만한 것을 받아들이다 보면 필연적으로 다른 나쁜 결과가 초래된다는 개념이다. 미끄러운 경사면은 일반적으로 논리적이라기보다는 심리적인 성격을 띠며, 경고하는 사람들이 주장하는 것처럼 필연적이지 않은 경우도 많다.

반향실 Echo chambers
자신과 같거나 비슷한 의견만 듣는 현실 또는 가상공간을 가리킨다. 이웃이나 신문사, 동호회, 협회 등이 반향실 역할을 하는 경향이 있다.

발생론적 오류 Genetic fallacy
특정 주장이나 믿음의 기원이 되는 인물이 의심스럽다는 이유로 그 주장이나 신념 자체를 거부하는 행위. 그러나 나쁜 사람들의 생각도 때로는 훌륭할 수 있다.

범주 오류 Category mistakes
다른 범주에 속하는 것들을 같은 범주에 속하는 것으로 착각하는 오류.

변화 맹시 Change blindness
물리적 환경의 변화를 알아차리지 못하는 것. 변화가 일어나고 있는 곳이 아닌 다른 곳에 신경을 쓰고 있거나, 환경의 변화에 애초부터 관심을 기울이지 않을 때 발생한다.

복합 질문의 오류 Fallacy of the complex question
상대방이 인정하고 싶어 하지 않는 것을 인정하지 않고서는 바로 대답할 수 없는 질문. 예를 들면 '당신은 왜 그리 멍청해요?' 같은 질문이 이런 오류에 속한다. (멍청한 걸 일단 인정해야 이유를 대답할 수 있다는 의미에서 복합 질문의 오류다―옮긴이)

불확실 공포 Incertophobia
불확실성에 대한 두려움으로, 지적 미성숙을 보여주는 척도다.

사고 실험 Thought experiments
직관을 끌어내고 추론에서 작용하는 핵심 요소를 밝히기 위해 고안한 가상의 상황으로, 실제 논증과 혼동해선 안 된다.

사용으로서의 의미 Meaning as use
단어의 의미는 대개 엄밀한 정의가 불가능하며, 해당 단어가 사용되는 방식에서 찾을 수 있다는 관념.

사회 인식론 Social epistemology
지식 습득과 정당화의 사회적 기반을 연구하는 학문.

상상가능성 논증 Conceivability arguments
정합성 있게 생각할 수 있는 것을 근거로 맞는 결론에 도달하는 논증 방법이다. 대부분 상상할 수 없을 만큼 형편없는데 예를 들면 의식이 전혀 없는 좀비가 상상 가능하다는 것을 근거로 유물론이 거짓이라고 주장하는 식이다.

상황 윤리 Situational ethics
여기서 말하는 상황 윤리는 구체적 상황 윤리로, 주어진 도덕적 딜레마의 구체적 상황에 주의를 기울이고 일반적인 원칙을 성급하게 적용하지 말아야 한다는 점을 강조한다. 영어 표기는 Situational ethics로 ethics를 소문자로 쓴다. 구체적인 성격의 상황윤리를 조셉 F. 플레처가 말하는 일반화 경향을 띤 기독교 상황 윤리와 혼동하지 말 것. 기독교 상황 윤리의 영어 표기는 Situational Ethics이다.

생략삼단논법 Enthymemes
명시적인 설명 없이 가정된 전제를 가리킨다. 대개 구체적으로 설명할 가치가 있다. (고대 그리스어 enthūmēma는 '수사적 논증'이라는 의미였는데, 'en'은 '들어가다'이고, 'thūmos'는 'mind', 즉 '마음'이라는 의미다. 'meme'은 원래 'idea' 혹은 'element', 즉 어떤 아이디어나 요소를 가리킨다. 따라서 철자상으로는 '마음에 들어 있는 것', '이미 마음에 있는 것' 정도의 의미다―옮긴이)

선결 문제 요구의 오류 Fallacy of Begging the question
논증이 지니는 하나 이상의 전제에서 논증이 증명해야 하는 것을 미리 가정해 버리는 오류.

선험적 A priori
경험에 앞서 혹은 경험에 의존하지 않고. 예를 들어 2+3=5를 알기 위해서는 숫자와 기호의 의미만 알면 된다. 그러므로 수학은 선험적이다.

심리화 Psychologising

개인의 믿음이나 행동이 일반적으로 숨겨진 심리적 동기에서 유래한다고 여기는 태도를 가리킨다. 거의 항상 추측에 가까우며 대체로 피해야 한다. 치료사도 물론 피해야 하는 오류다.

아포리아 Aporia (or apory)

개별적으로 참인 것처럼 보이지만 합쳐서 보면 일관성이 없는 두 개 이상의 주장을 가리킨다. 예를 들자면 스티비 원더가 '음악 천재'이며 동시에(and) 〈I Just Called to Say I love You〉같이 '우스꽝스러운 곡을 만들었다는' 것이다.

암묵적 편견 Implicit bias

무의식적인 편견. 이러한 편견은 사회 규범을 내면화하는 경향이 있기 때문에 편견의 피해자에게까지 영향을 미칠 수 있다.

약정적 정의 Stipulative definitions

단어의 기존 의미를 포착하는 것이 아니라 특정 목적을 위해 사용하고자 도입하는 정의를 가리킨다. 약정적 정의는 전문용어나 특수용어를 사용하고 있는 것이 분명한 경우에는 허용되지만, 진정한 의미를 기술하는 듯 가장하는 경우에는 허용되지 않는다.

어조 Intonation

우리가 믿음을 이해하는 방식에 커다란 차이를 만드는 요소. "신이 없으니 도덕성은 인간의 소관이다"라고 차분하고 편안하게 말하는 사람과, 공포에 질려 공황 상태에서 같은 말을 하는 사람을 상상해 보라. 믿음은 같지만 두 사람의 세계는 전혀 다르다.

연역 Deduction

전제에서 필연적으로 뒤따르는 결론에 도달하려는 논증.

오류 가설 Error theory

여러 면에서 합리적인 사람들이 잘못된 주장이나 관점을 믿는 이유를 설명하는 가설이다.

오컴의 면도날 Ockham's Razor

무언가를 설명하는 데 필요 이상으로 더 많은 실체를 상정해서는 안 된다는 원칙이다. 더 일반적으로는, 모든 것이 같을 때, 복잡한 설명보다는 간단한 설명이 더 바람직하다는 원칙이다.

우리 편 편향 Myside bias

확증 편향을 참조하라.

유의미 Significance

실수하기 쉬운 용어다. 오류의 결과일 가능성이 거의 없는 결과를 통계적으로 유의미하다고 한다. 통계와 다른 의미에서도 유의미한지는 또 다른 문제다. 예를 들어 두 행동 사이에 통계적으로는 유의미한 건강상의 차이가 있을 수 있지만, 그 차이가 너무 작아서 어떤 행동 방식을 취해야 할지 선택하는 데 전혀 중요하지 않을 수 있다. 좋아하는 음식을 먹지 않는다고 해서 평균 수명이 한 달 정도 연장된다면 그 음식을 먹지 않을 것인가?

의미의 미끄러짐 Semantic slide
단어의 의미가 유사하거나 밀접하게 연관되어 있지만 중요한 의미는 다른 것으로 바뀌는 고의적 또는 우발적 실수를 가리킨다. 예를 들어 '굉장하다awesome'라는 단어는 원래 '외경심, 일종의 공포심을 불러일으키는'이라는 의미에서 '아주 좋은'이라는 의미로 시간이 지나면서 바뀌었다. 의미가 미끄러졌다는 뜻이다. 하지만 모든 예가 무해하지는 않다. 의미의 미끄러짐 사례 중에는 유해한 것도 있다는 말이다.

이를 악물고 받아들이다 Biting the bullet
직역하자면 "총알을 깨물다." 어떤 주장이나 입장의 반직관적이거나 믿을 수 없는 결과를 받아들이는 행위. 가볍게 할 수 없는 행동이다.

인신공격의 오류 Ad hominem fallacy
논증보다는 논증하는 사람, 입장보다는 주장하는 사람에 반대하는 논증이다. 논증을 하는 사람이 어떤 사람인지는 알 필요가 있지만 그 자체만으로는 해당 논증이 훌륭한지 판단할 수 없다.

인지 구두쇠 Cognitive misers
인간은 인지 구두쇠여서 하루를 버티는 데 필요한 최소한의 정신 에너지만 소비하려 든다. 따라서 휴리스틱, 즉 지름길을 채택하는데, 이렇게 얻은 정보 중 상당수는 잘못된 정보다.

인지적 공감 Cognitive empathy
다른 사람의 감정을 공유하는 능력을 가리키는 감정적 공감과 반대로 다른 사람의 추론을 이해하는 능력을 가리킨다.

일관성 Consistency
믿음들이 서로 모순되지 않을 때 달성되는 바람직한 상태.

입증 책임 Onus of proof
확증해야 할 의무. 의견이 일치하지 않는 경우, 자신의 주장을 입증해야 할 책임이 어느 쪽에 더 있다고 할 수 있는가? 일반적으로 입증 책임은 법적으로는 명백한 피해를 준 쪽, 논쟁에서는 전문가 의견에 반하는 주장을 옹호하는 쪽에 있다.

자연주의적 오류 Naturalistic fallacy

어떤 것이 자연스럽다는 이유로 즉시 옳다고 비약하는 논증의 오류. 자연스러운 실수다.

전건 긍정 Affirming the antecedent

연역 논증의 타당한 형식이다. 만약 x라면, (그렇다면) y이다; x(전제), 따라서 y라는 형식으로 구성된다. 예를 들어 이 소시지가 두부로 만들어졌다면, (그렇다면) 채식주의자에게 적합하다. 이 소시지는 두부로 만들어졌다. 따라서 채식주의자에게 적합하다.

전제 Premise

논증의 근거가 되는 진술(또는 명제)로서, 경험이나 다른 건전한 논증에 의해 사실로 입증되어야 한다.

전체론적 설명 Holistic explanations

시스템 전체의 존재와 작동 방식에 기반을 두고 설명하는 방식. 환원주의와 대조되는 개념이다.

정확성 Accuracy

정확성은 진정성sincerity과 더불어 버나드 윌리엄스가 말한 두 가지 주요 '진실의 덕목' 중 하나다. 정확성을 고집하다 보면 진실은 뒤따라오는 경향이 있다.

존재/당위 간의 격차 Is/ought gap

사실에 대한 진술과 가치에 대한 진술 사이의 논리적 구분. 사실을 전제로 한 타당한 연역 논증은 어떤 것도 가치에 관한 결론을 내릴 수 없다. 그렇다고 해서 사실이 가치 문제와 아무런 관련이 없다는 의미는 아니다.

주의주의 Ismism

어떤 주의나 사상, 그리고 사람들이 생각하는 방식을 지나치게 깔끔하게 특정 사유나 학파로 나누려는 모든 시도. 일종의 편견이다.

죽은 고양이 전략 Dead cat strategy

문제가 될 소지가 있는 사안에 집중되는 주의를 분산시키기 위해 진실성이나 관련성과는 관계없이 터무니없거나 극적인 말을 하는 전술이다. 정치인들에게 인기가 높다.

중용 The mean

윤리와 추론에서 과잉과 결핍 사이에 있는 미덕. 사람들은 지나치게 모호하거나 지나치게 정확할 수 있고, 지나친 요구인데도 논리적 타당성을 요구하고, 더 요구해야 하는데 부족한 상태를 그냥 받아들이며, 너무 쉽게 포기하거나 너무 고집스럽게 지속할 수 있다. 모두 중용의 미덕이 부족한 사례들이다.

증언의 불의 Testimonial injustice
증언자에게 충분한 지위가 없다는 이유로 그의 증언이 받아 마땅한 관심을 받지 못하는 상황을 가리키는 용어.

직관적 믿음과 반사적 믿음 Intuitive and reflective beliefs
직관적 믿음은 우리가 뼛속 깊이 진실이라고 느끼고 그에 따라 우리의 행동에도 영향을 미치는 믿음이다. 반사적 믿음은 믿느냐고 질문을 받으면 그렇다고 대답은 하지만 우리의 감정과 행동에 영향을 미치지는 않는 믿음이다. 어떤 사람이 맥주를 한 잔 더 마시면 안 된다고 생각하지만 막상 마신다 해도 전혀 불편해하지 않는다면 그의 믿음을 반사적 믿음이라고 할 수 있다.

진정성 Sincerity
진정성은 정확성과 함께 버나드 윌리엄스가 규정한 두 가지 주요 '진실의 미덕' 중 하나다. 진정성은 다른 사람들에게 정직한 방식으로 자신의 믿음을 전달하고 진심으로 진실을 추구하는 자세를 요구한다.

집단사고 Groupthink
한 집단 내에서 의견이 하나로 수렴되는 경향이 너무 크다 보니 다른 말이나 생각이 극도로 어려워지는 현상을 가리키는 말.

초월 논증 Transcendental argument
"이것이 증거에 입각해 사실이라면 저것도 틀림없이 사실이다"라는 구조의 논증이다. 예를 들어 렘브란트의 자화상이 천재적인 작품이라면, 렘브란트도 천재임이 틀림없다는 식이다.

쿠이 보노? Cui bono?
"누구에게 이익이 될까?"라는 질문. 기득권에 대한 경각심을 불러일으키기 때문에 유용한 질문이다. 하지만 이 질문에 대한 대답만으로는 논증의 건전성 여부를 알 수 없다.

타당성 Validity
연역 논증은 전제에서 결론이 필연적으로 뒤따르는 경우 타당하다. 그러나 타당하다고 해서 모두 건전하지는 않다. 여러분에게 분별력이 조금이라도 있다면 지금 서점에 가서 내가 쓴 다른 책들을 모조리 사게 될 것이다. 여러분은 분별력이 좀 있다. 그러므로 이제 서점에 가서 내가 쓴 다른 책들을 모조리 살 것이다. 위의 논증은 타당하지만, 아쉽게도 건전하지는 않다.

평균 상태로의 회귀 Regression to the mean
많은 시스템이 자연스럽게 평형 상태로 돌아가는 경향이 있다. 이 점을 고려하지 않으면 사람들은 특정 팀의 연승이 끝나거나 질병에서 회복하는 것 같은 사례를 보고 엉뚱한 원인을 찾게 된다.

피장파장의 오류 Tu quoque

당신도 마찬가지라고 가정하는 오류로 어떤 관점에 반대하는 결정적인 논증이 아니라 논증자가 일관성이 없다는 것을 보여주는 지표다. 예를 들어 어떤 사람이 상대가 고기를 먹는다고 부도덕하다고 비난하면서 자신은 고기를 먹는다면 피장파장의 오류다. 그러나 그렇다고 해서 고기를 먹는 것이 부도덕하지 않다는 의미는 아니다. 상대의 부도덕을 지적한 사람이 위선자라는 의미일 뿐이다.

행동 피로 Behavioural fatigue

코로나19 팬데믹 기간에 규제 조치 도입이 지연된 것을 정당화하려고 영국 정부가 고안한 가짜 사회심리학 개념. 정상 과학처럼 보인다고 해서 실제로도 반드시 그렇지만은 않다는 것을 상기해 준다.

허수아비 논증의 오류 Straw man fallacy

강력한 아이디어나 주장보다는 상대방이 실제로 주장하지도 않는 약한 수준의 아이디어나 주장을 공격하는 오류.

확증 편향 Confirmation bias

자신의 견해를 뒷받침하는 근거만을 주목하거나 기억하고, 이에 도전하는 모든 증거는 무시하거나 잊어버리는 경향이다. 우리 편 편향이라고도 한다.

환원주의 Reductionism

논의 대상을 가장 작은 구성 요소로 분해하여 설명하는 방법. 과학에서는 강력한 방법이지만 대상을 세분화해서 설명이 필요한 부분을 제거해버리는 경우라면 적절하지 않다. 예를 들어 개별 픽셀 수준에서 사진을 분석하면 사진의 아름다움을 설명할 수는 없다.

회의주의 Scepticism

회의주의는 다양한 형태와 수준으로 등장한다. 방법론적 회의주의는 가장 확실한 것을 확립하려는 과정의 일부로 모든 것을 의심하는 것이다. 피론적 회의주의는 아무것도 알 수 없다는 이유로 모든 믿음을 중단하는 것이다. 데이비드 흄이 옹호한 완화된 회의주의는 확실한 것은 아무것도 없다는 사실과 우리가 진실로 받아들여야만 하는 것들에 대한 현실적 평가 사이에서 균형을 맞춰야 한다고 주장한다.

후건 긍정의 오류 Affirming the consequent

연역 논증의 오류다. '만약 x라면, y이다'라는 전제에서 시작하여 다시 y가 참이기 때문에 x 또한 참이라고 결론을 내리는 경우, 이는 타당하지 않다. 간략히 'x라면 y이다. 그러므로 다시 x이다'라는 식으로 흘러가는 논증의 오류다. 예를 들어 이 소시지가 두부로 만들어졌다면, 채식주의자에게 적합하다. 이 소시지는 채식주의자에게 적합하다, 따라서 이 소시지는 두부로 만들어졌다. (거짓: 소시지는 질감이 있는 식물성 단백질이나 다른 여러 가지 재료로 만들어질 수 있다.)

휴리스틱 Heuristics
정신적 지름길 또는 대강의 경험적 법칙이다. 우리가 지나치게 많은 생각을 하게 되는 수고를 덜어준다. 우리는 휴리스틱 없이 살 수 없지만, 휴리스틱 탓에 잘못된 길에 빠지기도 한다. 편향이라고도 한다.

철학자 사전

A. C. 그레일링 A. C. Grayling
- 학계와 공공 영역에서 활발하게 활동하는 철학자
- *The Challenge of Things: Thinking Through Troubled Times* (Bloomsbury, 2016)

T. M. 스캔런 T. M. Scanlon
- 오늘날 활동하는 가장 중요한 도덕철학 및 정치철학자
- *Why Does Inequality Matter?* (Oxford University Press, 2018)

고바야시 야스오 Kobayashi Yasuo
- 유럽 철학과 일본 철학을 중재하는 주도적 역할을 하는 학자
- 영어로 번역된 책은 거의 없지만 영어와 불어로 된 평론들이 *Le Cœur/La Mort* (University of Tokyo Centre for Philosophy, 2007)에 실려 있다.

기예르모 마르티네스 Guillermo Martínez
- 아르헨티나의 장, 단편 소설가
- 장편소설 『옥스퍼드 살인 방정식』(Abacus, 2005)

나이절 워버턴 Nigel Warburton
- 철학자. 최근 수십 년 동안 가장 대중적인 철학 입문서로 인기를 끈 저술가
- 『철학의 역사』(Yale University Press, 2011)

대니얼 데닛 Daniel Dennett
- 심리철학자
- 『직관펌프, 생각을 열다』(Penguin and W. W. Norton, 2013)

데이비드 차머스 David Chalmers
- 의식 문제에 대한 탐구로 가장 유명한 심리철학자. 주로 정신/마음을 연구
- *Reality+: Virtual Worlds and the Problem of Philosophy* (Penguin and W. W. Norton, 2022)

데일 제이미슨 Dale Jamieson
- 환경윤리와 동물권을 주로 연구하는 철학자
- *Reason in a Dark Time: Why the Struggle Against Climate Change Failed – and What It Means for Our Future* (Oxford University Press, 2014)

레이 몽크 Ray Monk
- 철학 전기 작가
- 『비트겐슈타인 평전』(Vintage/The Free Press, 1990)

로저 스크러턴 Roger Scruton
- 정치철학과 미학에 관해 광범위하게 저술 활동을 했다.
- *A Political Philosophy: Arguments for Conservatism* (Continuum, 2006)

로저 크리스프 Roger Crisp
- 도덕철학자
- *The Cosmos of Duty: Henry Sidgwick's Methods of Ethics* (Oxford University Press, 2017)

로제 폴 드루아 Roger-Pol Droit
- 일상생활 문제를 주제로 많은 저술을 해온 철학자
- 『사물들과 함께 하는 51가지 철학 체험』(Faber & Faber, 2006)

마사 누스바움 Martha Nussbaum
- 도덕철학자이자 정치철학자. 인간의 역량, 예술 및 인문학의 철학적 중요성에 관한 연구가 가장 유명하다.
- 『학교는 시장이 아니다』(Princeton University Press, 2010)

마이클 더밋 Michael Dummett
- 언어철학자
- 심호흡하시라. 더밋의 철학은 밀도가 굉장히 높다. 그렇지만 타로의 역사에도 깊은 흥미를 지니고 있어, 로널드 데커Ronald Decker와 공저로 『오컬트 타로의 역사A History of the Occult Tarot』(Duck worth, 2002)도 썼다.

마이클 마틴 Michael Martin
- 지각 철학에 주력해 연구하고 있다.

■마틴의 책은 아직 기다려야 할 것 같다. 지각 이론 내 순진한 사실주의에 관한 『외관의 뚜껑을 열다Uncovering Appearances』 출간 예정.

마이클 샌델 Michael Sandel
■도덕철학자이자 정치철학자
■『공정하다는 착각』(Farrar, Straus and Giroux/Allen Lane, 2020)

마이클 프레인 Michael Frayn
■소설가, 극작가, 철학서 두 권의 저자
■그의 걸작 연극 〈코펜하겐Copenhagen〉(1998년)을 추천한다. 2002년 TV 영화로도 각색되었다.

마일로 Mylo (마일스 매키니스 Myles MacInnes)
■전자음악 뮤지션이자 프로듀서
■혁신적 앨범 〈디스트로이 로큰롤Destroy Rock & Roll〉(2004년)

메리 미즐리 Mary Midgley
■과학, 윤리, 그리고 자연계에서 인간의 위치에 대한 저작으로 유명하다.
■*Beast and Man: The Roots of Human Nature* (Routledge, 1978; revised edition 1995)

메리 워녹 Mary Warnock
■도덕철학자, 생윤리학자이자 영국 상원의원
■*Making Babies: Is There a Right to Have Children?* (Oxford University Press, 2002)

미셸 옹프레 Michel Onfray
■프랑스의 철학자이자 캉의 민중대학 설립자
■*In Defence of Atheism: The Case Against Christianity, Judaism and Islam* (Serpent's Tail, 2007)

버나드 윌리엄스 Bernard Williams
■20세기 중반 같은 세대 도덕철학을 주도했던 철학자
■『윤리학과 철학의 한계』(Routledge, 2006)

사이먼 글렌디닝 Simon Glendinning
■유럽 철학을 전공한 학자
■*The Idea of Continental Philosophy* (Edinburgh University Press, 2006)

사이먼 블랙번 Simon Blackburn
■윤리학과 언어철학 분야를 주로 연구해 온 철학자
■*Truth: A Guide for the Perplexed* (Penguin, 2005)

사이먼 크리츨리 Simon Critchley
- 대륙 철학, 철학과 문학, 정신분석, 윤리학과 정치 이론 등 다양한 분야를 탐구한다.
- *Infinitely Demanding: Ethics of Commitment, Politics of Resistance* (Verso, 2007)

샘 해리스 Sam Harris
- 뇌과학자이자 철학자
- *Waking Up: Searching for Spirituality Without Religion* (Simon & Schuster/ Transworld, 2014)

스티븐 멀홀 Stephen Mulhall
- 비트겐슈타인, 포스트-분석철학, 영화와 철학에 관심이 있는 철학자
- *On Film*, 3rd edition (Routledge, 2015)

슬라보예 지젝 Slavoj Žižek
- 다른 모든 철학자들은 꿈조차 꾸기 어려울 만큼 많은 군중을 몰고 다니는 철학자
- 애스트라 테일러Astra Taylor의 다큐멘터리 영화 〈지젝!Žižek!〉(2005년)

알렉산더 매컬 스미스 Alexander McCall Smith
- 베스트셀러 소설가이자 전 의료법 교수
- 『일요 철학 클럽The Sunday Philosophy Club』 시리즈 중 어떤 책이건 읽으면 좋다.

알렉스 로젠버그 Alex Rosenberg
- 과학철학자이자 소설가
- *The Atheist's Guide to Reality: Enjoying Life without Illusions* (W. W. Norton, 2012)

앤서니 고틀립 Anthony Gottlieb
- 저널리스트. 두 권짜리 서양철학서의 저자
- 『이성의 꿈 – 서양철학의 역사, 그리스에서 르네상스까지』(Penguin, 2016)

앤서니 케니 Anthony Kenny
- 심리철학, 고대 및 스콜라 철학, 비트겐슈타인 철학, 종교철학 연구자
- *Brief Encounters: Notes from a Philosopher's Diary* (SPC K , 2019)

앨런 소칼 Alan Sokal
- '포스트모던' 과학과 기술 연구를 패러디한 논문을 써서 국제적으로 물의를 일으킨 물리학자
- 장 브리크몽Jean Bricmont과의 공저 『지적 사기Intellectual Impostures』(Profile, 1999), 미국에서는 *Fashionable Nonsense: Postmodern Intellectuals' Abuse of Science* (Picador, 1999)라는 제목으로 출간되었다.

오노라 오닐 Onora O'Neill

- 도덕철학자이자 영국 상원의 중립의원(독립적인 무소속 의원이나 여야 주류에 속하지 않는 소수정당에 소속된 의원―옮긴이)
- *A Question of Trust: The BBC Reith Lectures 2002* (Cambridge University Press, 2002)

올리버 레트윈 Oliver Letwin

- 전 영국 보수당 국회의원이자 철학 박사
- *Hearts and Minds: The Battle for the Conservative Party from Thatcher to the Present* (Biteback, 2017)

재닛 래드클리프 리처즈 Janet Radcliffe Richards

- 생명윤리 저작으로 가장 유명한 철학자
- *Human Nature After Darwin: A Philosophical Introduction* (Routledge, 2000)

제리 포더 Jerry Fodor

- 대개 언어철학 분야에서 탐구한다.
- *LOT 2: The Language of Thought Revisited* (Oxford University Press, 2008)

제시 노먼 Jesse Norman

- 철학자이자 영국 보수당 국회의원
- 『보수주의의 창시자 에드먼드 버크』(Basic Books, 2013)

조너선 레 Jonathan Rée

- 철학자이자 역사가
- *Witcraft: The Invention of Philosophy in English* (Allen Lane, 2019)

조너선 울프 Jonathan (Jo) Wolff

- 정치철학자
- 트위터 @JoWolffBSG를 팔로우할 수 있다.

조너선 이즈리얼 Jonathan Israel

- 사상사가
- *A Revolution of the Mind: Radical Enlightenment and the Intellectual Origins of Modern Democracy* (Princeton University Press, 2011)

조안 베이크웰 Joan Bakewell

- 지식인들에 관해 방송을 하고 글을 써 온 방송인이자 작가
- *The Centre of the Bed: An Autobiography* (Hodder & Stoughton, 2003)

존 설 John Searle
- 심리철학과 언어철학을 연구하는 철학자
- 『정신, 언어, 사회』(Basic Books, 1998)

존 해리스 John Harris
- 생명윤리학자이자 철학자
- *Enhancing Evolution: The Ethical Case for Making Better People* (Princeton University Press, 2007)

지아우딘 사르다르 Ziauddin Sardar
- 학자, 저술가, 방송인, 미래학자, 문화비평가, 공공 지식인
- *A Person of Pakistani Origins* (C. Hurst & Co., 2018)

콰메 앤서니 아피아 Kwame Anthony Appiah
- 세계시민주의cosmopolitanism와 아프리카 지성사에 관심이 많은 정치 및 도덕철학자
- *The Lies That Bind: Rethinking Identity – Creed, Country, Color, Class, Culture* (Profile Books, 2018)

크리스틴 코스가드 Christine Korsgaard
- 도덕철학, 실천이성, 행위자의 문제, 정체성, 인간/동물 관계 문제를 연구해 온 철학자
- *Self-Constitution: Agency, Identity, and Integrity* (Oxford University Press, 2009)

토니 라이트 Tony Wright
- 전 영국 노동당 국회의원이자 정치이론가
- *British Politics: A Very Short Introduction,* 3rd edition (Oxford University Press, 2020)

토니 맥월터 Tony McWalter
- 전직 영국 노동당 국회의원이자 철학 학사 학위 소지자
- 실천가로 존경할 만한 인물이다.

티머시 윌리엄슨 Timothy Williamson
- 옥스퍼드대학교 와이크햄 논리학 석좌교수Wykeham Professor of Logic
- 『내가 옳고, 네가 틀려!』(Oxford University Press, 2015)

팀 크레인 Tim Crane
- 심리철학자이면서 믿음의 성질에도 관심이 있다.
- *The Meaning of Belief: Religion from an Atheist's Point of View* (Harvard University Press, 2017)

퍼트리샤 처칠랜드 Patricia Churchland
- 심리철학과 도덕성의 신경 기초를 연구하는 신경철학자

■ 『신경 건드려 보기』(W. W. Norton, 2013)

피터 바디 Peter Vardy

■ 종교철학자. 고등학교 학생들을 위해 수십 권의 책을 저술했다.

■ The Puzzle of God (Routledge, 1997)

피터 싱어 Peter Singer

■ 세계에서 가장 저명한 도덕철학자이자 동물권 옹호자

■ 『더 나은 세상』(Princeton University Press, 2016)

필리파 풋 Philippa Foot

■ 20세기 가장 통찰력 있고 중요한 도덕철학자 중 한 사람이다.

■ *Natural Goodness* (Oxford University Press, 2001)

필립 풀먼 Philip Pullman

■ 소설가

■ *The Good Man Jesus and The Scoundrel Christ* (Canongate, 2010)

하워드 막스 Howard Marks

■ 국제 대마초 밀매업자였다.

■ 자서전 『미스터 나이스Mr. Nice』(Vintage/Secker & Warburg, 1996)

힐러리 퍼트넘 Hilary Putnam

■ 20세기 분석철학의 가장 중요한 인물 중 한 사람으로 심리철학, 언어철학, 수학 및 과학철학에 기여했다.

■ *The Threefold Cord: Mind, Body, and World* (Columbia University Press, 1999)

'철학자 사전'은 이 책에서 소개한 70여 명의 철학자 중 지난 20년 동안 내가 직접 인터뷰한 철학자들로 구성했다. 독자 여러분이 이들의 사유 방식에 대해 더 알고 싶을 경우 읽어볼 만한 입문서 격의 글이나 저서 등에 관한 정보를 담았다. 이 정보는 내가 개인적으로 추천하는 것들이라 이 철학자들을 가장 유명하게 만든 저작을 포함하고 있지 못할 수 있다. 유명 저작은 여러분 스스로도 쉽게 찾을 수 있다.

이 인터뷰들은 1997년부터 2010년까지 내가《철학자 매거진》편집장을 하던 시절에 이 잡지를 위해 진행되었다. 그 시절 철학계에서 여성들은 한심할 정도로 주목받지 못하고 있었다. 특히 학계 상층부에서는 더 말할 것도 없었다. 이러한 상황은 그 이후 아주 천천히 나아지고 있다. 불행히도 나의 인터뷰 명단 역시 이러한 불균형을 비껴 가지 못했다. 철학계의 다양성이 개선된 현실을 알고 싶다면 내가 2019년 학술 디렉터가 되었던 시기에 나온 왕립철학연구소Royal Institute of Philosophy의 관련 영상을 유튜브로 찾아보시거나, 연구소에서 제작하는 팟캐스트〈열심히 느리게 생각하기Thinking Hard and Slow〉를 들으시라.

이 인터뷰 내용 중 많은 부분은 나와 제러미 스탠그룸Jeremy Stangroom이 편집해 선집으로 만든『철학자들은 무엇을 생각하는가(제1부)What Philosophers Think』와『철학자들은 무엇을 생각하는가(제2부)What More Philosophers Think』(Continuum, 2005, 2007)에 들어 있다.『새로운 영국 철학—인터뷰New British Philosophy: The Interviews』를 위해서도 여러 철학자들이 인터뷰해 주었다. 이 책 역시 제러미 스탠그룸과 편집했다(Routledge, 2002).

주

들어가며

1 '이전 가능한 사고능력'은 케임브리지 철학 사이트에 설명되어 있다
: www.phil.cam.ac.uk/curr-students/ugrads-after-degree-folder/ugrads-trans-skills

1. 좋은 생각이란 주의를 기울이는 데서 나온다

1 Rene Descartes, *Principles of Philosophy*, (1644) Part One, Section 9, in *Selected Philosophical Writings*, trans. John Cottingham, Robert Stoothoff and Dugald Murdoch (Cambridge University Press, 1988), p. 163.(르네 데카르트, 『철학의 원리』)

2 David Hume, *A Treatise of Human Nature*, (1739) Book 1, Part 4, Section 6.(데이비드 흄, 『오성에 관하여』)

3 David Hume, 'Letter from a Gentleman to His Friend in Edinburgh: containing Some Observations on A Specimen of the Principles concerning Religion and Morality, said to be maintain'd in a Book lately publish'd, intituled, A Treatise of Human Nature, &c.' (1745).

4 Edmund Husserl, *Logical Investigations* (second edition 1913).(에드문트 후설, 『논리 연구』)

5 Edmund Husserl, *The Crisis of European Sciences and Transcendental Phenomenology* (1936).(에드문트 후설, 『유럽학문의 위기와 선험적 현상학』)

6 https://youtu.be/bh_9XFzbWV8

7 https://youtu.be/FWSxSQsspiQ

8 https://youtu.be/vJG698U2Mvo

9 Plato, *Theaetetus*, 173d-174a.(플라톤, 『테아이테토스』)

10 *The Listener*, 1978.

11 Leah Kalmanson, 'How to Change Your Mind: The Contemplative Practices of Philosophy', The Royal Institute of Philosophy, the London Lectures, 28 October 2021. https://youtu.be/OqsO2nNrUiI

2. 당연해 보이는 주장이어도 질문하고 의심하라

1 *Behind the Curve* (2018), dir. Daniel J Clark.

2 Immanuel Kant, *Critique of Pure Reason*, (1787) A548/B576(이마누엘 칸트, 『순수이성 비판』)

3 A. M. Valdes, J. Walter, E. Segal and T. D. Spector, 'Role of the gut microbiota in nutrition and health', *BMJ* 2018: 361:k2179 doi:10.1136/bmj.k2179

3. 논증이 타당하고 건전한지 단계별로 점검하라

1 'We're told we are a burden. No wonder disabled people fear assisted suicide', Jamie Hale, *Guardian*, 1 June 2018, https://www.theguardian.com/commentisfree/2018/jun/01/disabled-people-assisted-dyingsafeguards-pressure

2 https://www.scope.org.uk/media/press-releases/scope-concerned-byreported-relaxation-of-assisted-suicide-guidance/

3 https://www.unep.org/resources/report/unep-food-waste-indexreport-2021

4 One of the favourite questions of BBC Radio's highly recommended *More or Less* programme.

5 https://www.eu-fusions.org/index.php/about-food-waste/280-foodwaste-definition

6 Household Food and Drink Waste in the United Kingdom 2012, https://wrap.org.uk/sites/default/files/2020-08/WRAP-hhfdw-2012-main.pdf

7 Food surplus and waste in the UK – key facts, 2021, https://wrap.org.uk/resources/report/food-surplus-and-waste-uk-key-facts

8 https://www.usda.gov/foodwaste/faqs

9 Steven Pinker, *Rationality* (Allen Lane, 2021), p. 225

4. 주어진 사실을 따라 최선의 결론을 도출하라

1 David Hume, *An Enquiry Concerning Human Understanding* (1748/1777), Section X, 'Of Miracles'.(데이비드 흄, 『인간의 이해력에 관한 탐구』)

2 *An Enquiry Concerning Human Understanding*, Section XI, 'A Particular Providence and a Future State'.

3 G. Gigerenzer, 'Out of the frying pan into the fire: Behavioral reactions to terrorist attacks', Risk Analysis, April 2006; 26(2):347-51, doi: 10.1111/j.1539-6924.2006.00753.x. PMID: 16573625.

4 9·11 음모론에 대한 설명은 다음을 참조하라. David Oswald, Erica Kuligowski and Kate Nguyen, *The Conversation*, https://theconversation.com/9-11-conspiracy-theories-debunked-20-years-later-engineering-experts-explain-how-the-twin-towerscollapsed-167353

5. 언어는 우리를 도울 수도 방해할 수도 있다

1 Ludwig Wittgenstein, *Philosophical Investigations* (1953) §38.(루트비히 비트겐슈타인, 『철학적 탐구』)

2 Confucius, Analects, Book 13, Chapters 2-3, in James Legge, *The Chinese Classics Vol. 1*, (Oxford

University Press, 1893), p. 102.(공자, 『논어』)

3 출처는 패트릭 그리너가 밝혀주었다.

4 Ludwig Wittgenstein, *Philosophical Investigations* (1953), p. 43.

5 https://www.globallivingwage.org/about/what-is-a-living-wage/

6 https://www.livingwage.org.uk/what-real-living-wage

7 Shurangama Sutra, Chapter 2, http://www.buddhanet.net/pdf_file/surangama.pdf(『능엄경』)

8 Ludwig Wittgenstein, *Tractatus Logico-Philosophicus* (1922) §7.(루트비히 비트겐슈타인, 『논리철학논고』)

6. 사유의 폭과 깊이의 균형을 맞추라

1 David Hume, *A Treatise of Human Nature*, (1740) Book 3, Part 1, Section 1.(데이비드 흄, 『오성에 관하여』)

2 *Cosmopolitan*, July 2013.

7. 심리학자의 시선으로 생각하라

1 Anil Seth, *Being You: A New Science of Consciousness* (Faber & Faber, 2021).(아닐 세스, 『내가 된다는 것』)

2 대니얼 카너먼의 작품을 보라. *Thinking, Fast and Slow* (Farrar, Straus and Giroux, 2011).(대니얼 카너먼, 『생각에 관한 생각』)

3 Steven Pinker, *Rationality: What It Is, Why It Seems Scarce, Why It Matters* (Viking, 2021), Preface.

4 Hugo Mercier and Dan Sperber, *The Enigma of Reason* (Harvard University Press, 2017).(위고 메르시에, 당 스페르베르, 『이성의 진화 이성의 진화』)

5 David Hume, *An Enquiry Concerning Human Understanding* (1748/1777), Section V, Part I.

6 S. L. Beilock, R. J. Rydell and A. R. McConnell, 'Stereotype threat and working memory: Mechanisms, alleviation, and spillover', *Journal of Experimental Psychology: General*, 2007; 136(2): 256-76, https://doi.org/10.1037/0096-3445.136.2.256

7 https://beingawomaninphilosophy.wordpress.com/2016/04/28/itsthe-micro-aggressions/

8 Rachel Cooke, interview, Amia Srinivasan: 'Sex as a subject isn't weird. It's very, very serious', *Guardian*, 8 August 2021, https://www.theguardian.com/world/2021/aug/08/amia-srinivasan-the-right-tosex-interview

8. 무엇이 정말 중요한지 여러 각도에서 파악하라

1 Robert Heinaman, 'House-Cleaning and the Time of a Killing', *Philosophical Studies: An International Journal for Philosophy in the Analytic Tradition*, 1983; 44(3): 381-9, http://www.jstor.org/stable/4319644

2 Nicholas Rescher, 'Importance in Scientific Discovery', 2001, http://philsci-archive.pitt.edu/id/eprint/486

3 Jerry Fodor, 'Why would Mother Nature bother?', *London Review of Books*, 6 March 2003.

4 좀 더 자세한 설명은 졸저를 참조하기 바란다. Freedom Regained (Granta, 2015).(줄리언 바지니, 『자유의지』)

5 https://twitter.com/nntaleb/status/1125726455265144832?s=20

6 https://drug-dev.com/management-insight-antifragile-nassim-talebon-the-evils-of-modern-medicine/

9. 자아의 함정에 빠져 자기 생각에 갇히지 말라

1 David Papineau, 'Three scenes and a moral', The Philosophers'Magazine, Issue 38, 2nd Quarter 2007, p. 62.

2 David Hume, 'Whether the British Government inclines more to Absolute Monarchy, or to a Republic', in Essays,Moral,Political,and Literary, Part 1 (1741, 1777).

10. 혼자가 아니라 스스로 생각하라

1 https://www.philosophyexperiments.comhvason/실험의 문제점은 'if'와 'if and only if' 사이의 모호성이라고 생각한다.

2 흄을 참조하라. David Hume, A Treatise of Human Nature, (1739).

3 Janet Radcliffe Richards, The Sceptical Feminist:A Philosophical Enquiry(Routledge, 1980).

4 졸저를 참조하라. A Short History of Truth (Quercus, 2017).

11. 지식과 정보를 올바르게 연결했는지 점검하라

1 Steven Pinker, Enlightenment Now (Penguin/Viking, 2018).(스티븐 핑커, 『지금 다시 계몽』)

2 Human Action:A Treatise on Economics (Ludwig von Mises Institute, 1949, 1998), p. 33.(루트비히 폰 미제스, 『인간 행동론』)

3 다음을 참조하라. Anne-Lise Sibony, 'The UK Covid-19 Response: A behavioural irony?', European Journal of Risk Regulation, June 2020; 11(2), doi:10.1017/err.2020.22

4 https://www.bi.team/blogs/behavioural-insights-the-who-and-Covid-19/

12. 포기하지 않는 성격은 좋은 생각의 원천이다

1 David Hume, A Treatise of Human Nature, (1739), Book 1, Part 4, Section 7.

2 https://www.efsa.europa.eu/en/efsajournal/pub/2809

3 Anil Seth, Being You:A New Science of Consciousness (Faber & Faber, 2021), p. 274.

4 Carlo Rovelli, Helgoland, (Allen Lane, 2021), p. 168.

옮긴이 **오수원**

서강대학교 영어영문학과 학부와 대학원을 졸업했다. 현재 파주출판도시에서 동료 번역가들과 '번역인'이라는 공동체를 꾸려 활동하면서 인문, 과학, 정치, 역사, 예술 분야의 영미권 원서를 번역하고 있다. 역서로는 『프랑켄슈타인』 『문장의 맛』 『문장의 일』 『여성, 전적으로 권력에 관한』 『데이비드 흄』 『처음 읽는 바다 세계사』 『현대 과학·종교 논쟁』 등이 있다.

해방하는 철학자

혼란한 삶을 깨우는 철학하는 습관으로의 초대

초판 1쇄 인쇄 2023년 11월 8일
초판 1쇄 발행 2023년 11월 15일

지은이 줄리언 바지니
옮긴이 오수원
펴낸이 김선식

경영총괄 김은영
콘텐츠사업2본부장 박현미
책임편집 최현지 **디자인** 마가림 **책임마케터** 문서희
콘텐츠사업5팀장 차혜린 **콘텐츠사업5팀** 마가림, 김현아, 남궁은, 최현지
편집관리팀 조세현, 백설희 **저작권팀** 한승빈, 이슬, 윤제희
마케팅본부장 권장규 **마케팅4팀** 박태준, 문서희
미디어홍보본부장 정명찬 **영상디자인파트** 송현석, 박장미, 김은지, 이소영
브랜드관리팀 안지혜, 오수미, 문윤정, 이예주 **지식교양팀** 이수인, 염아라, 석찬미, 김혜원, 백지은
크리에이티브팀 임유나, 박지수, 변승주, 김화정, 장세진 **뉴미디어팀** 김민정, 이지은, 홍수경, 서가을
재무관리팀 하미선, 윤이경, 김재경, 이보람, 임혜정
인사총무팀 강미숙, 김혜진, 지석배, 황종원
제작관리팀 이소현, 최완규, 이지우, 김소영, 김진경, 박예찬
물류관리팀 김형기, 김선진, 한유현, 전태환, 전태연, 양문현, 최창우, 이민운

펴낸곳 다산북스 **출판등록** 2005년 12월 23일 제313-2005-00277호
주소 경기도 파주시 회동길 490 다산북스 파주사옥
전화 02-704-1724 **팩스** 02-703-2219 **이메일** dasanbooks@dasanbooks.com
홈페이지 www.dasan.group **블로그** blog.naver.com/dasan_books
종이 신승지류 **인쇄** 북토리 **제본** 다온바인텍 **코팅·후가공** 제이오엘앤피

ISBN 979-11-306-5000-5 (03100)